D1699413

„Das Wesen Österreichs ist nicht Zentrum,
sondern Peripherie."

Gedenkschrift für Hugo Rokyta
(1912–1999)

Hugo Rokyta auf dem Salzburger Residenzplatz
(Foto Oskar Anrather, Salzburg)

„Das Wesen Österreichs ist nicht Zentrum,
sondern Peripherie."

Gedenkschrift für Hugo Rokyta
(1912–1999)

Herausgegeben vom Institut
für Kunstgeschichte an der Universität Salzburg

Vitalis

Die Deutsche Bibliothek – CIP-Einheitsaufnahme
Ein Titeldatensatz für diese Produktion ist bei
Der Deutschen Bibliothek erhältlich.

Vitalis Scientia Band Nr. 5

Herausgegeben vom Institut für Kunstgeschichte an der Universität Salzburg.

Das Buch entstand im Rahmen einer Zusammenarbeit
der Verlage Vitalis s. r. o., Prag, und Vitalis GmbH, Furth im Wald.

ISBN 80-7253-039-9
ISBN 3-89919-002-5

Inhalt

Dieses Buch wurde gefördert von:

Amt der Oberösterreichischen Landesregierung,
Institut für Kulturförderung

Universität Salzburg

Intercar Austria Škoda Importeur Österreich

Stiftungs- und Förderungsgesellschaft
der Paris-Lodron-Universität Salzburg

Vorwort

Freunde, Kollegen, Schüler widmen die hier gesammelten Texte über kulturgeschichtliche Beziehungen zwischen Österreich und den böhmischen Ländern dem Andenken des großen Prager Polyhistors Hugo Rokyta (1912–1999), Honorarprofessor der Universität Salzburg, am dortigen Institut für Kunstgeschichte durch Hans Sedlmayr und Franz Fuhrmann integriert.

Er ist uns lebendig in der Erinnerung an seine Vorlesungen und Vorträge, an nächtliche Kaffeehausgespräche in Salzburg und Prag, an Exkursionen durch Böhmen und Mähren.

Die nachfolgend angesprochenen Inhalte haben sich von selbst so gefügt, daß sie ein Bild seiner Persönlichkeit zeigen. Diese Themen spiegeln Rokytas europäische Offenheit für kulturelle und sprachliche Vielfalt, deren historisch gewachsene Struktur und Erhalt, ihren Erwerb durch Erziehung und ihre Entwicklung in der Gesprächskultur des Salons – all dies auf dem Fundament von Glauben und zeremonieller Angemessenheit.

Der Titel „Das Wesen Österreichs ist nicht Zentrum, sondern Peripherie" (Zitat entnommen dem Roman Die Kapuzinergruft von Joseph Roth) verweist auf eine geistige Topographie, die man in der Projektierung und Erbauung des Schwarzenbergischen Schwemmkanals materialisiert sehen könnte. Diese technische Meisterleistung der späten Aufklärung überbrückt durch menschliches Vermögen, was aus Naturgegebenheit nicht verbunden war. So folgt im Sinne Rokytas der Gedanke des Humanismus ganz konkret den europäischen Handelsstraßen.

Dieser lebendige Austausch befördert eine eigene Dimension des „Beziehungsreichtums", der auch die wissende Illusion miteinbezieht. In diesem Sinn möchten wir bei diesem Gedenken an Hugo Rokyta auch unseren frühverstorbenen und ihm einst freundschaftlich zugetanen Kollegen Wolfgang von Steinitz (1939–1979) mit dabeisein lassen.

Monika Oberhammer   Andreas Kapeller   Ulrich Nefzger

Předmluva

Přátelé, kolegové a žáci věnují tento soubor textů o kulturněhistorických vztazích mezi Rakouskem a Českými zeměmi památce velkého pražského polyhistora Huga Rokyty (1912–1999), čestného profesora Salcburské univerzity, kde působil na Ústavu dějin umění spolu s Hansem Sedlmayrem a Franzem Fuhrmannem.

Stále žije v našich vzpomínkách díky nezapomenutelným přednáškám, debatám v salcburských či pražských kavárnách, trvajícím dlouho do noci, či společným výletům po Čechách a Moravě. Zcela spontánním spojením témat, k nimž se autoři vyjádřili, vznikl výstižný obraz jeho osobnosti. Ilustruje Rokytovu evropskou otevřenost pro kulturní a jazykovou mnohotvárnost, její historicky podmíněnou strukturu a trvalost existence, možnost osvojit si ji díky vzdělání a výchově a rozvíjet ji v jazykové kultuře salonu – to vše na základě víry a přiměřenosti formy.

Titul „Bytostná podstata Rakouska není centrum, nýbrž periferie" (citace z románu Kapucínská hrobka od Josepha Rotha) se vztahuje k topografii ducha, jejíž materializaci lze spatřovat v projektu a vybudování Schwarzenberského kanálu. Tímto mistrovským technickým dílem pozdního osvícenství překlenuje lidský um to, co příroda nespojila. Tak se v Rokytově smyslu ubírá humanistická myšlenka zcela konkrétně po evropských obchodních cestách.

Tato živá výměna postojů přináší vlastní dimenzi „bohatství vztahů", zahrnujícího iluzi vědění. V tomto smyslu bychom u příležitosti oslavy památky Huga Rokyty rádi vzpomněli i našeho předčasně zesnulého kolegu, kdysi oddaného Rokytova přítele, Wolfganga von Steinitze (1939–1979).

Monika Oberhammer   Andreas Kapeller   Ulrich Nefzger

Harald Salfellner

Eine Erinnerung an den
Kulturwissenschaftler Hugo Rokyta

Meinem Autor und in gewissem Sinne auch Lehrer Hugo Rokyta mit
wenigen Worten gerecht zu werden, mag mir selbst nach wiederhol-
tem Versuch nicht gelingen. Die meisten, die diesen einzigartigen
Menschen kannten, sahen in ihm eine außergewöhnliche Persönlichkeit, ich kann ihnen nur beipflichten. Ich hatte das Glück, Hugo
Rokyta über seine Selbstinszenierung als altprager Original, als Signet
der untergegangenen Kaffeehausära, als Zeitgenossen der großen
Prager Dichter, hinaus nahe sein zu dürfen. Sein Wesen, sein Dasein
und seine zunehmend traurige Lebensrealität als verlassener und
zuletzt aus seinem geliebten Prag in eine Provinzstadt abgeschobener
alter Mann war allerdings zu brüchig, zu vielschichtig, zu menschlich,
als daß man ihr mit wenigen glatten Worten gerecht werden könnte.
So sei dieser kurze Bericht auch kein Beitrag zu Rokytas Biographie,
sondern ein subjektiv gefärbtes Erinnerungsfragment, das ich neben
einigen nicht vermittelbaren Bildern von dem großen Denkmalpfleger und Kulturwissenschaftler im Herzen trage.
    Ich lernte den damals bereits verwitweten Mann 1994 kennen,
nachdem der damalige Chefredakteur des zwischenzeitlich einge-
stellten Prager Wochenblattes mir, dem deutschsprachigen Verleger von Prag, die Herausgabe Rokytas Handbuches der Böhmischen Länder empfohlen hatte. Mit der Unterzeichnung eines
Verlagsvertrages begann eine etwa fünf Jahre dauernde Beziehung, für
die ich dankbar bin und die ich als eine der schönsten Seiten meines
verlegerischen Wirkens in Böhmen werte. In den Jahren unserer Zusammenarbeit besuchte Rokyta nahezu täglich meinen Verlag auf der
Prager Kleinseite, freilich auch um dort zu arbeiten, aber mehr noch,
um am kurzweiligen Treiben eines jungen Verlages teilzuhaben. Die

Arbeiten für die Neuausgabe des bereits 1969 in Salzburg erstveröffentlichten Handbuches der Böhmischen Länder erwiesen sich trotz der unbestrittenen fachlichen und schöpferischen Kompetenz des Autors schon bald als eine Sisyphusarbeit, die die Leistungsfähigkeit des damals noch kleinen Verlages bis an seine Grenzen auf die Probe stellte. Professor Rokyta, dessen Arbeitsmethodik in manchem ans 19. Jahrhundert erinnerte, hatte die bereits gedruckt vorliegende Erstausgabe in mehr als zwei Jahrzehnten mit Ergänzungen, Erweiterungen, Kürzungen, Verbesserungen und Hinweisen versehen, so daß schließlich ein schier unüberschaubares Konvolut handschriftlicher Aufzeichnungen, ergänzt von Zeitungsberichten, Textschnipseln und vergilbten Zetteln, zur Produktion vorlag. Dazu sah Professor Rokyta seine Autorenarbeit keineswegs mit der Abgabe dieses heute im Verlagsarchiv ruhenden Faszikels als beendet an – Tag für Tag brachte er neues, fragmentarisches und in jedem Falle für sein ultimatives Lebenswerk unverzichtbares Material: Zeitungsmeldungen, Archivfunde, Extrakte aus jenen Büchern, die ihm von wohlmeinenden Zeitgenossen ununterbrochen zugingen. Eine Zeile hier, ein Wort da, eine Aktualisierung dort – Rokyta sah sein Handbuch als „work in progress".

Mit der Ausgabe des Teilbandes Prag im Jahr 1995 sowie der Veröffentlichung des Gesamtwerkes in drei Bänden (1997) wäre unsere Arbeitsbeziehung eigentlich beendet gewesen, aber Professor Rokyta war zu diesem Zeitpunkt bereits so etwas wie ein Verlagsinventar geworden und kam weiterhin täglich zur frühen Nachmittagsstunde, um seinen angestammten Platz am Fenster des Verlagsgewölbes einzunehmen.

Rokyta betrachtete den Verlag, der damals seinen Sitz in einem malerischen Gewölbe der Prager Kleinseite hatte, über Jahre hinweg als sein erweitertes Arbeits- und Wohnzimmer. Er trat ein, grüßte freundlich, legte ab, setzte sich, packte seine Lupe aus, ließ sich vom Personal seine Arbeitsunterlagen bringen und – amtierte. Zuerst las und beantwortete er seine Post, dann studierte er tschechische Blätter und schließlich die Feuilletons jener deutschen Tageszeitungen, die in der zum Verlag gehörigen Buchhandlung zum Verkauf auslagen. Das Verlagspersonal hatte Anweisung, dem Gast ungefragt Kaffee zu servieren und ihm bei Bedarf hilfreich zur Seite zu stehen. So kehrte nach kurzer Zeit eine Art Kaffeehausatmosphäre ein. Bald schon empfing Rokyta Besucher in dem damals auf engstem Raume operierenden Betrieb. Erst die Verschlimmerung seines Gesundheitszustandes machte ihm die Fahrt von seinem Mittagstisch am Kleinseitner Ring zu „sei-

nem" Verlag so beschwerlich, daß er seinen Salon schließlich im „Kleinseitner Kaffeehaus" einrichtete, wo er seit Jahrzehnten Gast gewesen
war. In diesem Kaffeehaus war der Professor – wenigen paßte dieser
Titel so angemessen wie Rokyta – auch treuester Gast einer literarischen „Stammtischrunde", die ich als deutscher, oder richtiger: österreichischer, Verleger in romantischer Anlehnung an einen Vorkriegs-
usus ins Leben gerufen hatte. Mit dem Ableben des Professors löste
sich dieser literarische Zirkel auf, seine Lücke war von niemandem zu
schließen.

Während der Zusammenarbeit Rokytas mit dem Verlag Vitalis
durfte ich mit ihm einige Male auf Reisen gehen. Wir flogen nicht
nur zur Frankfurter oder Leipziger Buchmesse, sondern reisten auch
per Auto oder Bahn in eine Reihe deutscher und österreichischer
Städte, wobei mir neben meiner Rolle als Verleger oder fallweise Con-
férencier auch jene des jugendlichen Reisebegleiters zufiel. Rokyta
liebte die an sich für einen Mann seines Alters beschwerlichen Fahrten und sonnte sich in der Aufmerksamkeit seiner Zuhörer. Seine Vitalität trat mehr noch als durch seine immer mitreißenden, völlig freien
Vorträge in seinem gesunden Appetit zu Tage. Er kannte die besten
Raststätten und Gasthöfe, und eine Einkehr hinter Pilsen, bei Iglau
oder vor Teplitz war obligatorisch. Wenn man dann bei Gulasch mit
Knödel saß, vergaß er nie den Hinweis auf seine Hungerjahre während
der Lagerhaft in Buchenwald, wo er geschworen hatte, nie mehr wieder zu fasten, so er freigelassen würde.

Eine große Zahl zum Teil obskurer Erlebnisse sind mir von diesen
Fahrten in Erinnerung geblieben. Rokyta war ein alter Mann, der gegen Ende seines Lebens noch einmal einen schwachen Abglanz von
Popularität genießen durfte und die Gelegenheit wahrnahm, durch
die über Jahrzehnte hinweg eingeschränkte Reisefreiheit Versäumtes
mit großem Genuß nachzuholen. Dabei gab der begnadete Erzähler
besonders während dieser langen Fahrten viel von seinen Wertvorstel-
lungen preis, erläuterte sein Weltbild, kommentierte historisches und
zeitgeschichtliches Geschehen durch die Brille eines fast neunzigjähri-
gen Mannes. Der Humor, den er dabei an den Tag legte, die Elo-
quenz und umfassende Bildung ließen manchmal über den Inhalt
seiner Reden hinweghören, in dieser Hinsicht war Rokyta ein talen-
tierter Blender, ein charmanter Verführer. Die Welt des 19. Jahrhunderts transformierte er ohne größere Probleme ins ausgehende
20. Jahrhundert – vielleicht war dies auch das Faszinierende an seiner

Persönlichkeit: Da hatte eine vergangene Epoche ihr Wesen in Gestalt eines charismatischen Intellektuellen bis in unsere Tage konserviert, und wir, die wir ihn kennenlernen durften, erhielten eine Vorstellung von einer lange entschwundenen Zeit.

Mit einer ans Rührende grenzenden Konsequenz wandte Rokyta sein Bild einer bürgerlichen Gesellschaft der Gründerzeit auch auf die Gegenwart an, und da er dieses Bürgertum glaubhaft verkörperte, sah man gerne und mit Milde über die sich auftuenden Inkongruenzen hinweg. Über all das legte sich seine vielleicht schönste Charaktereigenschaft, sein brillanter Humor, der niemals verletzend oder derb war. Die Anekdoten, die er aus einer fernen Vergangenheit zum besten gab, sind leider mit ihm aus der Welt geschieden, und da man verabsäumt hat, sie aufzuzeichnen, bleibt nur die Hoffnung, dereinst im Jenseits wieder darüber lachen zu dürfen, wo Rokyta ohne Zweifel zur Erheiterung der himmlischen Heerscharen die Position eines Geschichtenerzählers eingenommen hat. In seinen Anekdoten spiegelte sich die Welt der Vorkriegszeit wieder, ob es sich nun um das jüdische Universum innerhalb der Habsburger Monarchie handelte – Rokyta konnte den jiddischen Jargon nahezu vollendet karikieren – oder das Wesen der diensteifrigen Sparkassenangestellten auf der Prager Kleinseite, deren letzte Vertreter er noch selbst kennengelernt haben mochte.

Dabei konnte er diesen „kleinen" Leuten, von denen er so trefflich zu erzählen wußte, keineswegs nur sympathische Seiten abgewinnen. Zweimal hatte er am eigenen Leib erfahren müssen, wohin die Macht der Spießbürger führen kann. Seine oft betonte großbürgerliche Herkunft aus einer seit 600 Jahren in Mähren ansässigen Familie hatte ihn nicht vor der Verfolgung bzw. Behinderung durch die Ochlokratie, die Herrschaft des Pöbels, geschützt. Als die Königin des Boulevards, die „Queen of Hearts" Lady Diana das Zeitliche segnete, schien ihm die medial aufgeputschte Massentrauer denn auch übertrieben und unangebracht. Da wir am Tage ihres Begräbnisses in einem britischen Kulturinstitut in Deutschland eine Veranstaltung zum Thema „Prager Kaffeehäuser" geplant hatten, blieben Rokyta die Berge von Blumen und Kränzen nicht verborgen, die deutsche Bewunderer der Prinzessin vor dem Institut aufgetürmt hatten. Es kostete mich dann ziemlich viel Mühe, Rokyta von diesem Thema abzubringen, zu gerne hätte er dem von Betroffenheit triefenden Publikum seine Sicht der Dinge dargelegt, zumal nahezu gleichzeitig die von ihm sehr verehrte Mutter Teresa verstorben war.

Hugo Rokyta war bekennender Katholik, aber kein frömmelnder Mensch. Sein Glauben war sicherlich tief und unerschütterlich, unter einem spirituellen Menschen hat man sich denn doch etwas anderes vorzustellen. Christentum war für ihn nicht nur eine religiöse Angelegenheit, sondern in erheblichem Maße auch eine Frage europäischer Zivilisation. In der Kirche sah er seine geistige und kulturelle Heimat; daß diese Kirche in der Tschechischen Republik einen nur relativ geringen gesellschaftlichen Stellenwert einnahm, bedauerte er sehr. Er erklärte dies mit den für sein Volk unglücklichen Zeitläufen, die irgendwann glücklich überwunden sein würden. Große Sympathien hegte Rokyta für das katholische Österreich. Die Schmähung des Landes durch eine Reihe europäischer (und auch außereuropäischer) Staaten wäre ihm nicht recht gewesen. Er empfand sich als Altösterreicher, und da, wo ihm diese Eigenschaft im Widerspruch zu seiner tschechischen Identität geriet, verstrickte auch er sich in Widersprüche, mit denen er freilich mühelos leben konnte. Über lange Jahre war er gerngesehener Gast in der österreichischen Botschaft gewesen und hatte sich in der Aufmerksamkeit gesonnt, die ihm insbesondere in der Residenz auf dem Hradschin zuteil wurde. Ein gütiges Schicksal ließ ihn schließlich nicht mehr bewußt wahrnehmen, daß seine große Zeit auf dem gesellschaftlichen Parkett abgelaufen war. Rokytas Erscheinungsbild, durch die begreiflichen Nöte eines alten, alleinstehenden Witwers beeinträchtigt, paßte nicht mehr in die glänzende Welt der Schönen, Reichen und Guten bei Hofe. Neben den nobel gekleideten Bankdirektoren, Wirtschaftsbossen und Gesellschaftslöwen empfand man den Kulturwissenschaftler plötzlich als „nicht gesellschaftsfähig", wenn er auch von gesellschaftlichen Regeln mit Sicherheit mehr verstand als viele der sich in ihrer angemaßten Bedeutung sonnenden Parvenus. So lud man ihn seltener ein, schließlich gar nicht mehr. Mein Vorschlag, den alten Mann ein letztes Mal mit einer Auszeichnung der Republik Österreich zu ehren, blieb ungehört. Seinen letzten großen gesellschaftlichen Auftritt erlebte er dennoch in der Residenz seiner Exzellenz des österreichischen Botschafters. Anläßlich einer Präsentation der dreibändigen Ausgabe seines Handbuches der Böhmischen Länder hatte der amtierende Botschafter zu einem Gartenfest geladen. Niemals werde ich jenen kurzen Augenblick vergessen, da der gefeierte Buchautor voller Demut und Ergriffenheit den Glückwunsch des anwesenden Erzbischofs entgegennahm. Diese wenigen Sekunden, in denen der alte Mann die

Hand des hohen Würdenträgers küßte und dem geistlichen Herren in Verzückung und sprachlos, mit großen, geweiteten Augen für den Segen dankte, schienen mir wie der Gipfelpunkt seines Strebens, vielleicht sogar Lebens. Die ganz große Anerkennung war Rokyta, trotz unzähliger Preise und Ehrungen ja zeitlebens verwehrt geblieben, dieser innige Augenblick entschädigte ihn für alles Ungemach.

Hugo Rokyta besaß neben vielen Begabungen und einer selten gewordenen umfassenden Bildung eine herausragende Gabe – die absolute Zweisprachigkeit. Die deutsche Sprache liebte und beherrschte er wie die tschechische. Immer wieder betonte er den besonderen Wert der Zweisprachigkeit. In Verkennung der tatsächlichen Verhältnisse hing er immer noch einer Zeit nach, in der die Kulturleistungen der Deutschen und Österreicher eifrige Rezeption auch bei seinen tschechischen Landsleuten erfahren haben mochten. Und so spazierten wir oft genug durch die Prager Innenstadt und bedienten uns der deutschen Sprache. Da er nach Manier alter Menschen laut sprach, um sein nachlassendes Gehör zu kompensieren, gab er den Passanten mehr als einmal Grund zu Tadel und bestätigte so scheinbar das Vorurteil von den lauten Deutschen. Einmal fühlten sich deutsche Urlaubsgäste gar verpflichtet, dem allzu heftigen „Landsmann" mehr Zurückhaltung anzuempfehlen, was dieser freilich mit Unverständnis quittierte. Für Rokyta war der Gebrauch der deutschen Sprache eben keinesfalls mit all den Neurosen besetzt, die uns Deutschsprachige im Ausland in aller Regelmäßigkeit die Wahl des Englischen angezeigt erscheinen läßt.

Den Aufstieg der englischen Sprache zur Lingua franca wollte er, der er diese Sprache nicht beherrschte, nicht zur Kenntnis nehmen. Immer wieder thematisierte er den Umstand, daß im deutschen Buchverlag im tschechischen Prag die einander nicht verstehenden Angestellten in englisch kommunizierten. Was ihm wie ein köstlicher Witz erschien, war uns Jüngeren selbstverständliche Praxis. Seine anachronistische Zuneigung zur deutschen (und österreichischen) Kultur schloß natürlich eine nahezu übergroße Liebe zu seiner eigenen, der tschechischen Nation nicht aus, ein Patriotismus, der sich mit zunehmendem Lebensalter nicht abschwächte, sondern arg verstärkte. Das große Thema neurotischer Verdrängung in der Tschechischen Republik, die Vertreibung von mehr als drei Millionen Menschen in den Jahren nach dem Zweiten Weltkrieg, wollte und konnte Rokyta, wie so viele seiner Landsleute, deshalb auch nicht diskutieren. An dieser Stelle sei aber auch daran erinnert, daß gerade Rokyta viel getan hat für den Erhalt der Denkmäler und Kulturgüter der Sudetendeutschen, deren Spuren in der Nachkriegszeit von manchen Unbesonnenen zur Auslöschung freigegeben worden waren. Worin die Lebensleistung dieses so außergewöhnlichen Mannes, meines Autors Hugo Rokyta, bestand, darüber gibt seine Biographie aus berufener Hand erschöpfend Auskunft. Ein Detail, das vermutlich nur mir bekannt ist, möchte ich allerdings hinzufügen. Rokyta hat nicht nur als Heimatkundler im weitesten Sinne und als Kulturwissenschaftler und Denkmalpfleger segensreich gewirkt, er war auch ein Bücherliebhaber, der im Laufe eines langen Lebens eine stattliche und wertvolle bohemikale Privatbibliothek zusammengetragen hat. Es war Rokytas oftmals geäußerter Wunsch, daß diese in seiner Wohnung in Prag-Smíchov bewahrte Bücherei nach seinem Ableben den Beständen des Klosters Strahov einverleibt werden möge, ein Ort, an dem man sich der Bedeutung und des Wertes der einzelnen wissenschaftlichen Kostbarkeiten und Rarissima bewußt sein würde. Dieses Vermächtnis des greisen Gelehrten wurde schändlich mißachtet. Wenige Tage nach der Überführung des Verstorbenen ins Familiengrab im fernen Mähren fielen mir in einzelnen Prager Antiquariaten, deren Bestände ich als Büchersammler im Groben überblicke, Zugänge interessanter, häufig falsch niedrigbewerteter Bücher auf – Religiosa, Bohemica, Austriaca, seltene geisteswissenschaftliche Werke. Ein Blick in die Bücher machte schnell klar, daß es sich da um Stücke aus der Bibliothek Hugo Rokytas handeln mußte. Er pflegte die Bücher zu signieren, mit Kommentaren zu versehen und wichtige Stellen mit Schlangenlinien sowie charakteristischen Sternen hervorzuheben. Die Antiquare öffneten ihre Lager, und da fanden sich dann in Kisten und Kartons große Mengen seiner Büchern gestapelt, Erstausgaben mit Widmungen, gespickt mit Zeitungsausschnitten und alten Rezensionen, wissenschaftliche Werke, signiert und kommentiert, in deutsch und tschechisch, gebundene Zeugen der geistigen Welt des verstorbenen Kulturwissenschaftlers. Im Laufe der folgenden Monate tauchten in vielen Antiquariaten Prags Rokytas Bücher auf. Man hatte des alten Mannes sehnlichen Wunsch nicht erfüllt und seine bedeutende Privatbibliothek versilbert.

Wer auch immer die Verantwortung für diesen Frevel am letzten Willen des Verstorbenen trägt, er ist bestraft genug, da er nichts vom Wesen und Vermächtnis dieses großzügigen und bemerkenswerten Mannes abbekommen hat als ein Bündel wertloser Banknoten.

Abb. 1: Hugo Rokyta im Kleinseitner Kaffeehaus

Abb. 2: Hugo Rokyta auf Reisen
[Prag-Ruzyně]

Johann Lachinger

Hugo Rokyta – Ein „Stiftermensch"

Hugo Rokyta, ein großer, universaler Gelehrter, ein humanistischer Geist und ein wahrhaft humaner Mensch, ist am 16. März 1999 im Alter von sechsundachtzig Jahren in seiner mährischen Heimat verstorben. Es war die Ungunst der Geschichte, die es dem bedeutenden Anwalt der mitteleuropäischen Kultur verwehrt hat, in die allererste Reihe der international anerkannten Größen der europäischen Kultur- und Geistesgeschichte aufzusteigen, sein Gelehrtenschicksal war bestimmt und beeinträchtigt durch die politischen Schicksale des tschechoslowakischen Staates zwischen 1938 und 1989, durch fünfzig Jahre Despotie, zuerst durch den Nationalsozialismus und dann durch den Kommunismus – historische Determinanten, welche die freie Entfaltung des Geistes unmöglich machten bzw. durch Verfolgung und Schikanen radikal behinderten.

Dennoch hat sich Hugo Rokyta unter den widrigen Bedingungen seiner Epoche als Gelehrtenpersönlichkeit Anerkennung verschaffen können: Sein Wissen erschien auch den politisch-ideologischen Gegnern unverzichtbar, was sich darin bewies, daß er selbst als bekennender Katholik in der Tschechoslowakischen Akademie der Wissenschaften seinen Platz hatte und als staatlicher Denkmalpfleger wirken konnte, auf welchem Felde er auch in der ČSSR letztlich Erstaunliches bewirkte.

Er konnte der Unterdrückung des Geistes in seinem Land einzig durch seine wissenschaftlichen Verbindungen mit dem freien Westen, insbesondere mit dem politisch und militärisch neutralen Österreich entgehen, hier existierte sozusagen ein politischer Zwischenbereich für die Wissenschaft, den das Regime in der Zeit des Kalten Krieges – wenn auch mit Einschränkungen – tolerierte.

Einen dieser österreichischen Stützpunkte Hugo Rokytas stellte das Adalbert-Stifter-Institut des Landes Oberösterreich dar, zu dessen Mitglied der Gelehrte im Jahre 1958 von Landeshauptmann Dr. Heinrich Gleißner ernannt wurde. Mit Heinrich Gleißner verband ihn eine bereits in die dunkle Ära des NS-Regimes zurückreichende Freundschaft, sie waren einander „auf den Appellplätzen der Konzentrationslager Dachau und Buchenwald"[1] zum ersten Mal begegnet. Im Zeichen Adalbert Stifters wurde diese persönliche Beziehung zu einer politischen Aufgabe der Aktivierung der Kulturkontakte zwischen den durch den Eisernen Vorhang getrennten Nachbarländern ČSSR und Oberösterreich. Aldemar Schiffkorn, der Begründer und erste Leiter des Adalbert-Stifter-Institutes des Landes Oberösterreich, war der befreundete Partner in dieser schwierigen Wiederannäherung der kulturellen Sphären im Geiste der alten gemeinsamen Kulturtraditionen von Böhmen und Österreich.

Gerade die universalistische Persönlichkeit Adalbert Stifters bot Anknüpfungspunkte – Stifter als der bedeutendste böhmisch-österreichische Schriftsteller mit seinen beide Kulturräume verbindenden Werken, sein tiefes Sensorium für historische Kunstdenkmäler, das sich in seinem Werk widerspiegelt und im Amt des Landeskonservators für Oberösterreich zu konkreter Wirksamkeit kam, Stifters humanistisches Bildungsdenken, von dem sein Werk geprägt ist und dem er als Landesschulinspektor beruflich verpflichtet war, sein Künstlertum und seine Förderung von Kunst und Erziehung durch Kunst – all das bestätigte eine geistige Verwandtschaft, der sich der Gelehrte und feinsinnige Bewahrer von Kulturgütern Hugo Rokyta intuitiv bewußt war. So ist denn auch die Verbindung mit dem Adalbert-Stifter-Institut Hugo Rokyta ein großes Anliegen gewesen, dem er in vielfältiger Weise entsprach:

Mit seinem kulturellen Engagement überwand er die Barriere des Eisernen Vorhangs und erleichterte als Verbindungsmann dem Adalbert-Stifter-Institut den Zugang zu tschechischen Stifter-Stätten, an deren Bewahrung und – im Falle des Geburtshauses Stifters in Oberplan – Rettung und staatlicher Anerkennung als Kulturdenkmal er entscheidenden Anteil hatte: Unter seiner Ägide als Denkmalpfleger wurde das Adalbert-Stifter-Haus in Oberplan 1960 als staatliches Kulturdenkmal anerkannt und als Adalbert-Stifter-Museum in die Obhut des Tschechoslowakischen Staates übernommen. Prof. Rokyta übernahm die Adaptierung und museumsmäßige Einrichtung des

Stifter-Geburtshauses. Am offiziellen Akt der Eröffnung am 23. Oktober 1960 (Stifters 155. Geburtstag) nahmen Vertreter der zentralen tschechoslowakischen kulturellen Institutionen und der politischen regionalen Gebietskörperschaften teil, Hugo Rokyta repräsentierte dabei als Institutsmitglied auch das Adalbert-Stifter-Institut des Landes Oberösterreich.

Analog dazu trat Hugo Rokyta in den Jahren 1972/73 für die Rettung des Wohn- und Sterbehauses Stifters in Linz ein, das aus verkehrsplanerischen Überlegungen vom Abbruch bedroht war. In einem Schreiben an die Vollversammlung der Institutsmitglieder forderte er: „Ich halte es für undenkbar – als Mitglied des Institutes und als Denkmalpfleger, der in aller Bescheidenheit sagen kann, daß man auch im Ausland meinen Namen und meine Arbeit kennt, daß man in Linz das Stifterhaus unter was immer für einem Grund praktisch liquidieren könnte … Ich glaube mich als Konservator des Oberplaner Stifterhauses, das ich unter weitaus schwierigeren Umständen vor einem ungünstigen Schicksal bewahren konnte, dazu berechtigt, meine Stimme zu erheben."

Das Linzer Stifter-Haus, damals noch im Besitz der DDSG, wurde gerettet und 1973 vom Land Oberösterreich angekauft. Heute, nach Gesamtausbau und Neu-Adaptierung, ist es als erstrangiges Kulturdenkmal des Landes und als funktionsfähiges „Zentrum für Literatur und Sprache des Landes Oberösterreich" ein integraler Faktor des kulturellen Lebens in Oberösterreich.

Das Adalbert-Stifter-Institut verdankt Hugo Rokyta mehrere fundierte wissenschaftliche Veröffentlichungen, von denen das umfassend informierende Büchlein Adalbert Stifter und Prag[2], die kommentierte Edition eines unveröffentlichten Stifter-Briefes an die Fürstin Maria Anna von Schwarzenberg[3] und der seinem Freund Aldemar Schiffkorn gewidmete Aufsatz Zur Entstehung von Adalbert Stifters „Witiko" aus böhmischer Sicht[4] hervorgehoben seien. Mit Studien zum Umkreis Stifters wie Emilie von Binzer und Friedrich Schwarzenberg, zu Wechselwirkungen Stifters wie z. B. auf Božena Němcová und über Stifters Beziehungen zu seinem Kremsmünsterer Studienfreund P. Paulus Rath, dem Kustos der Metternichschen Sammlungen auf Schloß Königswarth bei Marienbad[5], zeichnet sich jener polyhistorische Horizont ab, der für Hugo Rokyta so überaus charakteristisch war. Am deutlichsten manifestiert sich dieser fast genialische Grundzug in dem großen kulturhistorischen Standardwerk Die böhmischen Länder. Handbuch der Denkmäler und Gedenkstätten europäischer Kulturbeziehungen in den böhmischen Ländern[6]. Dieses vor allem auch die Literaturbezüge Böhmens hervorragend dokumentierende Hauptwerk Hugo Rokytas war gerade in den Zeiten der kommunistischen Herrschaft die fundierteste Auskunftsquelle zur historischen Kulturkunde und zugleich ein unentbehrlicher Führer für Böhmen-Reisende, dieses Werk kann auch heute in dreibändiger Neuauflage als ein unübertroffenes kulturgeschichtliches Handbuch dieser großen europäischen Kulturlandschaft gelten. Daß Hugo Rokyta der hauptsächliche Vermittler Stifters in der ČSSR war, belegen nicht zuletzt die zahlreichen Aufsätze und Zeitungsartikel in tschechischer Sprache.

Das Adalbert-Stifter-Institut konnte dankbar Rokytas Wissen und Einsatz in Anspruch nehmen, wenn bilaterale Stifter-Feiern in Tschechien und Oberösterreich veranstaltet wurden: So hat Hugo Rokyta die große, vom O. Ö. Landeskulturreferat und dem Adalbert-Stifter-Institut konzipierte und gemeinsam mit dem Bezirksmuseum Krumau organisierte zweisprachige Stifter-Ausstellung Adalbert Stifter – Schrecklich schöne Welt – Adalbert Stifter – Děsivě krásný svět 1990 im O. Ö. Landesmuseum in Linz und 1991 in der Prager Nationalbibliothek im Kloster Strahov mit Festvorträgen eröffnet. Bei der großen offiziellen Feier des 190. Geburtstages Adalbert Stifters 1995 in Oberplan, die von der Tschechischen Republik, dem Land Oberösterreich und dem Freistaat Bayern veranstaltet wurde, war Hugo Rokyta der gefeierte Ehrengast, ihm wurde bei diesem Festakt in Anerkennung seiner Verdienste um Stifters Geburtshaus die Ehrenbürgerschaft der Stadt Horní Planá/Oberplan verliehen. Unvergessen bleiben dem Referenten auch seine von umfassendem Wissen geprägten, höchst lebendig gestalteten Führungen durch Prag und andere böhmische Kulturlandschaften.

Hugo Rokytas historisch-wissenschaftliche und kulturelle Leistungen als Bohemist und als Denkmalpfleger zu würdigen, sei kompetenten Fachleuten überlassen. Sein Wirken wurde durch mehrfache hohe Auszeichnungen belohnt, die bedeutendste stellt wohl die im Jahre 1965 erfolgte Verleihung des Johann-Gottfried-von-Herder-Preises der Stiftung F. V. S. zu Hamburg durch die Universität Wien dar. Dieser Preis ist laut Satzung „der Pflege und Förderung der kulturellen Beziehungen zu den ost- und südosteuropäischen Völkern" gewidmet. In der Begründung des europäischen Kuratoriums für die

Vergabe des Herder-Preises an Prof. Dr. Hugo Rokyta heißt es: „Er hat der Denkmalpflege seiner Heimat durch die Verbindung historischer, literaturgeschichtlicher und kunstwissenschaftlicher Gesichtspunkte neue Impulse gegeben und so mitgeholfen, zahlreiche Bauten vor dem Verfall zu retten, um sie – als historische und kulturelle Gedenkstätten belebt – seinem Volk und der Welt zu erhalten."[7] Die Republik Österreich dankte ihm seine wissenschaftlichen Leistungen, indem sie Hugo Rokyta als Honorarprofessor für Bohemistik an die Paris-Lodron-Universität Salzburg berief und auf diese Weise sein kulturhistorisches Wissen für die österreichische akademische Welt fruchtbar machte.

In seinem universalen Bildungsdenken wie in seinem kulturellen Wirken in humanistischem Geiste hat Prof. Hugo Rokyta das Ideengut Adalbert Stifters in seiner Zeit unter schwierigsten Bedingungen verwirklicht. Hermann Bahr hat für Menschen solchen Geistes und solcher Gesinnung das Wort „Stiftermensch" geprägt, ein Menschenbild, das Bahr für die Zukunft als österreichisches Leitbild postulierte. In Hugo Rokyta wurde es präsent.

Als geistige Größe von europäischem Format wird Hugo Rokyta weiterleben und weiterwirken als Wegweiser eines gemeinsamen kulturellen Europas der Zukunft.

Anmerkungen

[1] Rokyta, Hugo: In memoriam Heinrich Gleißner. In: VASILO. (Vierteljahrsschrift. Adalbert-Stifter-Institut des Landes Oberösterreich (Linz). 1952 ff.) Jg. 33. 1984. S. 13.

[2] Schriftenreihe des Adalbert-Stifter-Institutes. Folge 24. 1965.

[3] VASILO. Jg. 9. 1960.

[4] VASILO. Jg. 33. 1984.

[5] In: Studien und Mitteilungen zur Geschichte des Benediktinerordens. 1979.

[6] Salzburg 1970. – 2. neubearb. und erweiterte Auflage in 3 Bänden. Prag 1995/1997.

[7] Schiffkorn, Aldemar: Hugo Rokyta – 25 Jahre Institutsmitglied. Ein Wirken im Geiste Herderscher Humanität. In: VASILO. 32. 1983. S. 10.

Hans Maier

Laudatio anläßlich der Verleihung des Ehrenringes der Görres-Gesellschaft an Prof. Dr. Hugo Rokyta am 27. September 1997

Wer in den Achtzigerjahren als Tourist nach Prag kam, dem konnte das Glück widerfahren, von Hugo Rokyta durch die Altstadt geführt zu werden. So ging es auch uns, einer Münchner Gruppe von Professoren und Studenten, im Sommer 1988. Langsamen Schrittes schlenderten wir von der Karlsbrücke zum Altstädter Ring, wanderten durch alte Straßen und über besonnte, von Menschen wimmelnde Plätze – nur gelegentlich erschreckt durch das Knirschen einer um die Ecke biegenden Straßenbahn. Am Altstädter Ring stellte sich unser Stadtführer in die Mitte des Platzes, dorthin, wo bis zum 3. November 1918 die Mariensäule gestanden hatte, und beschwor, wohl eine Stunde lang, sich langsam auf dem Stiefelabsatz drehend, die mehrhundertjährige Geschichte der gotischen, barocken, klassizistischen Häuser ringsherum. Die Zeit schien in der Mittagshitze stillzustehen – und zugleich öffneten sich die Tiefen der Vergangenheit: von Kaiser Rudolf II. und seinem Astronomen Tycho Brahe bis hin zu den Bewohnern und den Besuchern des alten Prag: Gluck und Mozart, Stifter und Richard Wagner und aus unserem Jahrhundert Bertha von Suttner, Claudel und Einstein, Kafka und Rilke, Brod und Kisch.

Wir staunten. Wer war dieser Mann? Nach 1968, nach dem gewaltsamen Ende des Prager Frühlings, konnte man in Prag viele Intellektuelle treffen, die das Regime buchstäblich auf die Straße gesetzt hatte. Wissenschaftler, Schriftsteller, Künstler fungierten plötzlich als Straßenbahner, Fensterputzer, Kellner – oder eben als Fremdenführer. Rokytas Exil war freilich anderer Art. Es hatte nicht erst 1968 begonnen, auch nicht 1948, sondern schon früher. Zwei Diktaturen waren dem Hochbegabten in die Quere gekommen, hatten seine wissenschaftliche und politische Laufbahn zerstört. Doch das erfuhren wir erst im Lauf der Zeit, bei Gesprächen in Salzburg und München, bei Besuchen in der Prager Štefánikova 27, wo Rokytas Frau Brigitta – sie ist vor vier Jahren verstorben – uns gastfreundlich empfing. So lernten wir Hugo Rokyta kennen, den Literatur- und Kunsthistoriker, den Politiker, Kirchenmann und Denkmalpfleger, einen Mann von altböhmischer Höflichkeit, gebildet und vielsprachig, sarkastisch und fröhlich, tieffromm und manchmal mit einem Anflug schwejkscher Verschmitztheit, ein Weltmann und ein großes Kind in einem.

Hugo Rokyta stammt aus Mähren. Er ist in Brünn aufgewachsen. Aus seiner Jugend erinnert er sich, wie er auf dem Schulweg in der Nähe des Mendelplatzes Leos Janáček begegnete: „Er stand weltverloren unter einem Kastanienbaum und schien ein unsichtbares Orchester zu dirigieren ..." Der Direktor des Mährischen Museums Jaroslav Helfert, ein Schüler von Max Dvořák, bereitete den jungen Hugo Rokyta auf seinen späteren Beruf als Denkmalpfleger vor. 1931 begann er seine Hochschulstudien in Prag. Rokyta konnte, damals noch, an drei Hochschulen studieren: an der Tschechischen und der Deutschen Universität und an der Hochschule für Politik und Diplomatie. Seine Sprach- und Literaturstudien an der Tschechischen Universität schloß er mit einer Dissertation über die Altböhmische Katharinenlegende ab. An der Hochschule für Politik und Diplomatie regte ihn sein Lehrer Alfred Fuchs zum Studium kurialer Geschichte und Politik an. An der Deutschen Universität belegte er die Fächer Germanistik und Ethnographie. Zur tschechischen Sprache kam die vollkommene Kenntnis des Deutschen hinzu – noch heute ist es ein Vergnügen, Hugo Rokyta deutsch sprechen zu hören, ein körniges, barockes, nuancenreiches Deutsch, wie es bei uns selten geworden ist.

Es folgten Studienreisen nach Wien, Breslau, Budapest und nach Paris, wo er Jacques Maritain kennenlernte. In der katholischen Jugendbewegung war er seit den Brünner Zeiten tätig. Übrigens war seine spätere Frau Brigitta eine Nichte und Schülerin Klemens Neumanns, der durch die Herausgabe des S p i e l m a n n s , des „Liederbuchs für Jugend und Volk", bekanntgeworden war und mit Bernhard Strehler und Hermann Hoffmann die „schlesische Dreifaltigkeit" der Jugendbewegung bildete – so ergaben sich Verbindungen zum „Quickborn", zur liturgischen Bewegung und zu Romano Guardini.

So gerüstet, trat Hugo Rokyta in die Politik ein. Mit fünfundzwanzig Jahren war er der jüngste parlamentarische Sekretär in Prag und betreute die in der Koalition befindlichen Minister und Abgeordneten der deutschen Christlich-Sozialen. Er war jenen politischen Kräften zugeordnet, die man die Vertreter des „Aktivismus" nannte, weil sie sich aktiv auf dem Boden der Verfassung am politischen Leben beteiligen wollten, im Unterschied zu der – bald vom Nationalsozialismus vereinnahmten – Partei Konrad Henleins, die eine solche Mitarbeit ablehnte.

Der Aktivismus hat in der tschechoslowakischen Politik der Dreißigerjahre eine nicht unbeachtliche Rolle gespielt und noch einige Zeit die Mehrheit der deutschen Wähler hinter sich versammeln können, bis der vom nationalsozialistischen Deutschland ausgehende Druck jede Möglichkeit des Ausgleichs zunichte machte. Mit Hans Schütz, dem langjährigen bayerischen Arbeitsminister, reichen Ausläufer des Aktivismus noch bis in die deutsche Nachkriegspolitik hinein.

Als sprachlicher und politischer Vermittler zwischen Tschechen und Deutschen war Hugo Rokyta in jenen Jahren ganz in seinem Element. Die Hoffnungen waren groß: Noch immer bestand Aussicht auf eine Erneuerung der alten Symbiose von Tschechen, Deutschen, Slowaken, Ungarn, Polen, Juden im neuen Staat. Auch auf religiösem Feld schien sich ein Modus vivendi anzubahnen, seitdem der schroffe Laizismus der ersten Nachkriegsjahre abgeklungen war und Kirche und Staat sich in einem Klima größerer Duldsamkeit begegneten. Am gesamtstaatlichen Katholikentag von 1935 in Prag nahmen alle Nationalitäten teil – für den jungen Rokyta, wie er oft erzählt hat, ein bewegendes und ermunterndes Ereignis. Doch bald gingen die Linien auseinander: Der Ausgleich der Nationalitäten blieb stecken, das Ideal des gewaltfreien Zusammenlebens wurde überlagert durch soziale Konflikte und politische Radikalisierung. Nach dem Anschluß Österreichs richteten sich die Aggressionen Hitlers gegen den kleinen Staat in der Mitte Europas, den England und Frankreich in der Münchner Konferenz ohne ernsthafte Gegenwehr der deutschen Übermacht preisgaben. München und was ihm folgte entschied auch über das Schicksal Rokytas: Nach dem Einmarsch der deutschen Okkupationstruppen in Prag im März 1939 wurde er verhaftet und in die Konzentrationslager Dachau und Buchenwald verschleppt, wo er fünf Jahre in Haft gehalten wurde und mit Mühe dem Tod entrann.

Zurückgekehrt nach Prag, suchte Rokyta in der Nachkriegs-Tschechoslowakei nach einer neuen Tätigkeit. An die alte Vermittlungs- und Ausgleichstätigkeit im Parlament war nach der Vertreibung der Deutschen nicht mehr zu denken – und der kommunistische Umsturz von 1948 machte auch jede andere politische Tätigkeit unmöglich. Rokyta trat als Lektor in den Verlag Orbis ein und wirkte bei der Herausgabe kunsttopographischer und volkskundlicher Werke mit. Zdeněk Wirth, nach 1945 die unangefochtene Autorität der tschechoslowakischen Denkmalpflege, berief ihn in den Kreis der Denkmalpfleger, wo er bis 1981 tätig war. Hier hat er nicht nur eine neue Kategorie von Denkmälern mitentwickeln helfen, die inzwischen internationale Anerkennung gefunden hat – die Denkmäler internationaler Kulturbeziehungen, an denen gerade Böhmen so reich ist –, er hat sich auch in großzügiger Weise der Denkmäler und denkwürdigen Orte angenommen, an denen Schriftsteller deutscher Sprache lebten und verkehrten. Als gelernter Germanist hat er wichtige Arbeiten zur neueren Literaturgeschichte vorgelegt. Sein Augenmerk galt besonders dem Zusammenhang von Dichtung und Topographie, den literarischen Landschaften und Gebäuden und ihren Vorbildern in der Wirklichkeit. Vor allem die Stifterforschung verdankt Rokyta viel. Wer heute nach Oberplan (Horní Planá) kommt, der findet Stifters Geburtshaus, vorbildlich restauriert, als Gedenkstätte vor, was auf seine Initiative zurückgeht. Auch über Kafka und Rilke hat er wichtige Arbeiten veröffentlicht und viele Verbindungen Böhmens und Mährens mit Deutschland seit Goethe und der Romantik in ein neues Licht gerückt. Dies alles geschah, woran hier zu erinnern ist, in wenig gesicherten Verhältnissen, unter ständiger politischer Anfechtung (die z. B. jeden Gedanken an eine Habilitation unmöglich machte) und einem lange bestehenden Reiseverbot ins Ausland, das sich nur langsam lockerte. Es ist ein schieres Wunder, daß Rokyta unter solch bedrückenden Verhältnissen sein großes Handbuch Die Böhmischen Länder schreiben und 1970 in Salzburg herausbringen konnte – und ein noch größeres Wunder, daß er in diesen Tagen eine völlige Neubearbeitung dieses Standardwerks, nunmehr im Prager Verlag Vitalis, vorgelegt hat. „Es ist das bei weitem Reifste, Schönste, was es über den an sich so reichen Gegenstand gibt“, urteilte Golo Mann über die Erstausgabe. Von einem „geistesgeschichtlichen Dehio“ sprach Hans Sedlmeier. Wer dieses Buch liest, der lernt nicht nur Städte und Landschaften und ihre Geschichte, nicht nur Kunstdenkmäler und literarische Zeugnisse kennen. Er lernt Böhmen kennen. Und er beginnt zu ahnen, was Böhmen einmal war: ein „Kontinent im Kontinent“ (Goethe), eine Reibungsfläche und ein Treffpunkt der Völker.

Hugo Rokyta hat die Höhen und Tiefen unseres glorreichen und erbärmlichen Jahrhunderts wahrlich ausgekostet. Vieles blieb ihm verwehrt, was anderen mühelos zufiel. Ein wenig Entschädigung boten Ehrungen, zunächst im Ausland: der Wiener Herderpreis, die Goethemedaille, das Große Verdienstkreuz der Bundesrepublik Deutschland, die Honorarprofessur in Salzburg, die Mitgliedschaft in mehreren wissenschaftlichen Akademien. Inzwischen gilt der Prophet auch in seinem Vaterlande etwas: Die Komensky-Medaille und Auszeichnungen für den Widerstand gegen das Hitler-Regime zeugen davon. Auch höchste kirchliche Auszeichnungen hat Rokyta erhalten – war er doch jahrelang, in aller Stille, politischer Berater des unvergessenen Prager Erzbischofs Kardinal Tomášek.

Die Görres-Gesellschaft darf sich glücklich schätzen, in Hugo Rokyta einen bedeutenden Wissenschaftler auszeichnen zu können, einen tschechischen Patrioten und Freund der Deutschen, einen leidvoll erfahrenen (und darum glaubwürdigen!) Brückenbauer. Sie will damit ein Zeichen setzen, 1997, in einem Jahr mühevoller und längst nicht abgeschlossener deutsch-tschechischer Ausgleichs- und Verständigungsbemühungen, in Passau, dieser alten Stadt nahe der Tschechischen Republik, mit dem Hintergrund des Bayerischen Waldes, der früher einmal – diesseits und jenseits des Hauptkamms – der „Böhmerwald" hieß. Lieber Herr Rokyta, wir danken Ihnen für Ihr Werk und für Ihr Beispiel. Solange es Menschen gibt wie Sie, wird sich Europa immer wieder mit Gottes Hilfe aus Krisen und Katastrophen mit neuer Kraft erheben.

Hugo Rokyta, Dankwort anläßlich der Verleihung des Ehrenringes der Görres-Gesellschaft:

In dieser Stunde, in der wir uns hier eingefunden haben, läuten in Prag die Glocken das Fest des heiligen Wenzels ein, des Schutzpatrons meines Volkes vor Gottes Thron. In Prag, jener Stadt, die einer aus dem Kreis Ihrer Dichter die „Goldene Stadt" genannt hat. Fürst Wenzel war der erste christliche Herrscher meines Vaterlandes. Sie haben diesen Tag für die heutige festliche Versammlung der Görres-Gesellschaft in Passau erwählt, in Passau am Strom, der die Mitte unseres Erdteils durchmißt, der Stadt mit dem Blick auf die nahen Grenzen dreier Länder.

Der Herr Präsident der Görres-Gesellschaft hat mich wissen lassen, daß diese zeitliche und räumliche Wahl beabsichtigt war.

So lassen Sie mich, hohe festliche Versammlung, zuallererst danken für die mir in dieser Stunde zuteil gewordene höchste Auszeichnung, welche die Görres-Gesellschaft zu vergeben hat und die ich nicht ohne Ergriffenheit an diesem Festtag empfangen durfte.

Das Hochgrab des heiligen Wenzel steht in der nach ihm benannten Kapelle des St. Veits- und Adalbertdoms auf dem Hradschin zu Prag – in der Herzkammer unserer nationalen und christlichen Überlieferung. Sein Monument mit der Helmzier des Kreuzes und der Fahne in der Rüstung der abendländischen Ritterschaft bekrönt den größten Platz unserer Hauptstadt. Die Krone, die seinem Namen geweiht ist, wird im Dom aufbewahrt. Und in der Stunde der Not und Heimsuchung stimmen wir seinen Choral an: Laß uns nicht untergehen.

Über alle Schicksalsschläge, Heimsuchungen und Stunden des Zweifels hinweg denkt kein Volk an den Grenzen von Zivilisationen so oft und so viel über sein Schicksal und über seine Identität nach wie das meinige.

Uralte Völkerstraßen der geschichtlichen Frühe, die Bernsteinstraße, der St.-Jakobs-Pilgerweg, die Kreuzzüge unserer mittelalterlichen Herrscher nehmen diesen Weg zu der Mitte des Kontinents, der begleitet wird von den Monumenten der Christenheit, den Rotunden der Romanik, den hohen Domen und Hochstiften der Gotik, den Gralsburgen unserer Herrscher, den Klöstern mildreichen Erbarmens, den Hospitälern ritterlicher Obedienz mit dem Blick zur Mitte des lateinischen Erdkreises, zu dessen Zivilisation wir uns bekennen. Cyrill und Methodius brachten uns die heiligen Bücher in der uns verständlichen Schrift. In Ihrem Land, dem Nachbarvolk, empfingen unsere Stammesältesten die Taufe. Ein Abglanz früher Frömmigkeit hat sich an geheiligten Stätten und in unserer Bildung über alle Zeiten hinweg bis zu uns bewahrt. Eine Fürstentochter, die geliebte Tochter der Nation, Agnes von Böhmen, schuf das erste Hospital an der Moldau für alle Bresthaften, die des Weges kamen. Mit ihr kommt die frohe Botschaft des brüderlichsten unter den Heiligen, des immer frohen Franziskus in unser Land.

Unsere Herrscher waren in den Jahrhunderten Wahlmänner des Oberhauptes des Heiligen Römischen Reiches, nicht aber Stammesälteste eines Bedientenvolkes, zu dem uns Kriege, Niederlagen und die Zeiten zu machen versuchten.

Unser Volk hat in seiner bewegten Geschichte an allen Höhen und Tiefen in der Geschichte der europäischen Zivilisation teilgehabt, auch in Zeiten der Trennung im Glauben, in Verwirrung und Mutlosigkeit – aber auch teilgehabt am Aufstieg auf dem Wege zur Teilnahme im Verein mit seinen Nachbarn. Die Sprache eines Werkes unserer Literatur zur Zeit der Herrschaft Karl IV., die Poesie und Sakralität der Katharinenlegende war unsere Hochsprache zur Zeit der Diplomatie der Völker des nahen europäischen Ostens. Unser ritterlicher Wahlkönig Georg von Podiebrad unterbreitete den christlichen Fürsten unter Vorantritt des Papstes jenen Friedensplan eines geeinigten Europas, der ein frühes Vorbild unseres Kontinents ist. Johann Wolfgang von Goethe hat diesem Fürsten seine Bewunderung bekundet. Unser Land und sein Volk hat seine Märtyrer gefunden – Wenzel, Adalbert, Johann von Nepomuk, der Patron aller Brücken, dessen Urbild auf der Karlsbrücke steht.

Comenius wird zum Völkerlehrer, Josef Dobrovský, der Altersfreund Ihrer Klassiker zum Begründer aller slawischen Altertumswissenschaften, Ihre Klassiker und Romantiker nehmen an unseren wissenschaftlichen Werken teil – Schiller und Grillparzer wählen die Themen ihrer Schicksalsdramen aus der böhmischen Geschichte, Brentano huldigt der Gründung Prags. Herder, die Brüder Grimm, Humboldt, Kleist und Körner nehmen an unserer Überlieferung Anteil. Josef von Görres nimmt an unserer Bildungsgeschichte Anteil. Seit den Tagen Ihrer Minnesänger, seit Walther von der Vogelweide und den Meistersingern sind wir vertraut mit Ihren Werken, Hans Sachs schrieb ein Loblied auf das böhmische Land. Viele Ihrer Geisteswissenschaftler nehmen an dem Phänomen unserer nationalen Wiedergeburt Anteil und treten in den Freundeskreis des Grafen Kaspar Maria Sternberg. Goethe wird Ehrenmitglied unseres nationalen Museums. Die Großen Ihrer Musik, Beethoven, Mozart, Gluck und Carl Maria von Weber nehmen unser Land in den Bereich ihres Schaffens auf. Adalbert Stifters frühes Werk vom Hochwald und jenes retrospektive utopische Friedensbild des Witiko spielt in der gesegneten Landschaft Böhmens, in die Bedřich Smetana das Präludium seiner großen Huldigung an die Landschaft der jungen Moldau verlegt.

Zwei Dichter Ihrer Sprache der Neuzeit sind unsere Landsleute, deren Werk uns völlig vertraut ist – die gebürtigen Prager Rainer Maria Rilke und Franz Kafka. Und auf seinem Weg in einen fernen

Erdteil ruft der Gottsucher seines Glaubens, Franz Werfel, das Reich Gottes in Böhmen aus.

Unser Vaterland ist der Schauplatz eines Frühwerkes Ihrer Hochsprache im Dialog des Ackermanns von Böhmen mit dem Schöpfer aller Dinge. Und jener Pflug des Ackermanns bleibt das Symbol unserer Zugehörigkeit zur Gemeinschaft der Völker des Kontinents. Ein später Herrscher hat mit der ihm eigenen Geste zwei Furchen im Ackerland meiner Heimat gezogen und damit symbolisch die Leibeigenschaft in unserem Land abgelöst. Und auf einem Schloß in Mähren trat im Jahre 1848 jenes erste Völkerparlament zusammen, das die Erbuntertänigkeit unserer Völker beseitigt hat.

Sie haben mir, werter und lieber Freund Hans Maier, ein Füllhorn von Verdiensten nachgesagt, dessen Fülle – auch wenn sie aus freundschaftlicher Verbundenheit kommt – mich geradezu bestürzt.

Lassen Sie mich sagen, wie es zu jenen Ereignissen und mühseligen Versuchen gekommen ist. In der Zeit der schwersten Bedrohung unserer physischen und geistigen Existenz hatten mir meine gütigen Lehrer und väterlichen Freunde den Auftrag erteilt, in der Sprache der Monumente, der Denkmäler und Gedenkstätten all das zu bewahren, was uns mit der Kultur und Zivilisation unserer Nachbarn verbindet – über alle Irrwege hinweg als das Bleibende und darum Unzerstörbare. Und indem wir uns dieser Aufgabe hingeben, vergegenwärtigen wir uns, daß wir, eingedenk des Charismas und Glaubens, als Gebildete alles daran setzen müssen, daß dieser Stand seinem Auftrag gemäß seinen Platz im Leben der Völker einnehmen kann, um uns vor der Inferiorität eines plebejischen Zeitalters zu bewahren.

Die Jahrzehnte der jüngsten Vergangenheit haben tiefe Wunden hinterlassen. Wir dürfen sie nicht leichtsinnig einschätzen. Wir sollen jener mit Ehrfurcht gedenken, die frei von Schuld zu Opfern geworden sind. Wir sollen jener Mitbürger gedenken, die auf beiden Seiten und Grenzen schon einmal bereit waren, das mit friedlichen Mitteln zu verwirklichen, was wir heute gemeinsam in Angriff nehmen.

Nehmen wir Rückblick und Ausblick – Vergangenheit, Auftrag und Erbe – als Verpflichtung für den Rest unserer Lebenszeit auf uns.

Zu Ihnen spricht ein Überlebender aus Buchenwald. Von dort bis zu dieser beglückenden Stunde war es ein weiter Weg. Viele gütige Menschen haben unterwegs Hilfe und Anteil bekundet. Hans Maier gehört zu den ersten, die diesen Brückenschlag vollzogen haben – seit jener für uns denkwürdigen Stunde auf dem Altstädter Ring in Prag, als wir uns zum ersten Mal begegnet sind.

Nun lassen Sie mich aus dem Kreis meiner Landsleute einen einzigen Namen nennen, der für mich in Stunden der Entscheidung beglückend war – František Kardinal Tomášek, den Freund und Landsmann, dem ich fast ein Jahrzehnt lang ein stiller Gehilfe sein durfte.

Wenn Menschen meiner eigenen mährischen Heimat eine Reise über Land tun und freundliche Aufnahme gefunden haben, ist es Brauch, als Gastgeschenk eine Einladung zu überbringen. So darf ich Ihren Kreis, der so viel für ein brüderliches Verständnis für unser Vaterland bekundet hat, bitten, eine Einladung anzunehmen, nach Velehrad, der Wiege unseres Christentums, zu einer liturgischen Feier der Missa glagolitica unseres Landsmannes Leoš Janáček im lateinischen Ritus.

Die Stunde dieser Begegnung im hohen Dom und in der Universität in Passau ist für mich auch die Stunde des Dankes. – Nehmen Sie ihn entgegen – meinen großen, reinen und aus freudigem Herzen kommenden Dank!

Johann Apfelthaler

Häretisch initiierte Kritik am Kirchenbau vor und um 1400 in Mitteleuropa (Österreich und Böhmen)

Vorbemerkung: Der folgende Aufsatz übernimmt Teile aus der Dissertation des Verfassers (angeführt unter Diss, soweit darüber hinaus noch Literatur herangezogen wurde, ist diese in einem Abschnitt am Ende des Beitrages verzeichnet).

Seit jeher wurde dem Kirchengebäude eine für den Vollzug liturgischer Handlungen integrierende Funktion zuerkannt, seine Gestaltung wurde selbst als Faktor zur Bildung der religiösen Befindlichkeit der Gläubigen angesehen: Vertiefung und Intensivierung des Kultes. Die wachsende Fülle der Vorstellungswelt wurde dann zum Problem, als konzentrierter Bezug zu Gott verlangt wurde und damit der ausufernden Füllung des Raums und seiner Hülle Halt geboten werden sollte. Ein Reinigungsprozeß, der verständlich reduktive Züge erhält. Die Ecclesia primitiva als Ideal gesehen: arm, einfach, radikal theozentrisch, strikte Sozialforderungen waren damit verbunden.

Die folgenden kurzen Darlegungen sind nicht als Korrektur zur heute primär üblichen Sicht der gotischen Architektur zu verstehen, sondern als ergänzender Aspekt. Ein deutliches Architekturverständnis wurde im genannten Zeitraum ausgesprochen, anders als jenes der Renaissance, eine vor allem theologische Sicht und auch Kritik der Architektur. Methodisch einschränkend muß gesagt werden, daß in den heute erhaltenen Bauten tatsächliche Auswirkungen schlecht faßbar sind. (Die Komplexe der Zisterzienserbauten und der Bettelorden werden ausgeklammert.). Wir bewegen uns in einem Ideengut und dessen Tendenzen außerhalb der Kirche. Häretische Gedanken der

Waldenser, die natürlich als bekannt anzunehmen sind, auch über das oben genannte Gebiet hinaus.

Es geht dann zu Wycliff und den Kreis um Hus. Gezielt wird im Beitrag auf Teile Österreichs und auf Böhmen. Ein Desideratum ist hier: die Koine der Waldenser, Schriften von Hus und seines Kreises, die Reaktionen der Universitäten Prag, Wien (Hieronymus von Prag hat hier gesprochen[1]) diesbezüglich zu sehen. Die bereits veröffentlichten Quellen geben einen versprechenden Einstieg. Nicht zu vergessen: Erklärte Gegner von Hus und Wycliff (z. B. Dietrich von Niem[2]) erkannten manches als richtig und nachvollziehbar, auch ist zu beachten, daß der Adel Sympathie und zeitweilig Unterstützung leistete, er ist interessant als Bauherr und vielseitiger Auftraggeber.

In den Aussagen der Verhörprotokolle der Inquisition wird auf die zahlreiche Präsenz von waldensischen Anhängern in Nieder- und Oberösterreich reagiert. In den erhaltenen Protokollen wird der Kirchenraum mit Ausstattung und daraus folgender „Färbung des Raums in Frage gestellt", Inquisitoren und Verhörte sahen hier ein Problem.

Dogmatisch und praktisch wirkend, sind mit den österreichischen Aussagen sehr verwandt die von thüringischen Kryptoflagellanten (sie werden hier angeführt wegen der Nähe zum böhmischen Raum). So etwa: „Panem altaris quia non est Christus, non adorabis nec ei aliquem honorem, vel etiam imagini Crucifixi, aut imaginibus sanctorum impendas", und noch schärfer, „et sic templa et Ecclesiae sint modo contemtae et annihilatae et sint speluncae latronum, ita quod nulla indulgentia vel aliqua gratia sit in Ecclesia."[3]

Nicht zutreffend wäre die Annahme, diese Ideen hätten sich auf eine gutgebildete Schicht Intellektueller, vor allem Theologen, beschränkt. Schon im Passauer Anonymus von 1266[4] wird eine Reihe von Orten in Niederösterreich und auch Oberösterreich genannt, in denen die Inquisition derartiges Gedankengut ausspüren konnte. Im 14. Jahrhundert (1391–98) kam es sogar zu einer Kulmination von Ketzerprozessen rund um die Stadt Steyr. Kritisch wurde von der Bevölkerung über die Heiligenverehrung, den Kirchenraum mit den Altären, über Patrozinien und Statuen, den festlichen Gottesdienst reflektiert, konkret auch mit Auswirkungen auf den Raum gedacht; ein präzises, in sich geschlossenes Lehrgebäude jedoch wurde nicht entwickelt (keine Theorie im Renaissance-Sinn), das dürfte die Inquisitoren auch nicht interessiert haben. Eines kristallisierte sich heraus: ein spiritualisierter Kirchenbegriff, der Raum des Gotteshauses erhielt seine Qualitäten durch die Versammlung der Gläubigen für einen speziellen Zeitablauf. „Item credunt beatam virginem et alios in patria sanctos tantum impletos esse gaudiis, quod nichil possint cogitare de nobis. Item credunt beatam virginem et alios in patria sanctos in nullo posse nobis suffragari."[5] Aus dieser Sicht heraus erfolgte die Verneinung mit der Konsequenz: Weder zu den Heiligen noch zu ihren Bildern könne ein realer Bezug hergestellt werden. Zu überlegen wäre, ob die Gruppierung von schlichten Hallenkirchen südlich der Donau um Amstetten von diesen Kriterien her besser verstanden werden könnte (z. B. Michael am Bruckbach). Dazu noch eine Stelle: „Item ecclesiam consecratam non credunt sanctiorem quam aliam quamcumque domum communem". Konsequent wird zum Friedhof um die Kirche festgestellt: „... non credunt sanctius quam agrum"[6]. Selbstverständlich waren die Menschen religiös, doch wurde die Atmosphäre des Raums mehr hinderlich als förderlich angesehen.

Von Seiten der Inquisition war man sich der Tragweite der „Raumentfärbung" sicher bewußt, d. h., man sah hier eine Attacke auf die in langer Tradition gewordene Praxis, den Raum mit seinen Hüllen (den Wänden) als Mitbestimmer des Kultes aufzufassen. Viele Fragen zielen nun auf die Erlebniswelt der oft sehr „einfachen Leute", wie weit nämlich diese Elemente des Raums miterlebt worden sind[7], kein ästhetisches Werturteil wurde erwartet, selbstverständlich nicht, sondern nur der indirekte Rückbezug zum Kult, der Reflex dazu.

Die Verbindung zu Böhmen hin ergibt sich wenigstens teilweise aus der Funktion der Universitäten in Wien, Prag und Heidelberg. Auf dieser Ebene ist es gut verständlich, daß Schriften und Ideen von John Wycliff verbreitet worden sind. Das Gedankengebäude von Wycliff bedarf sicher einer eigenen Untersuchung, was den Bezug zur Architektur betrifft. Immerhin wurden von der Wycliff-Society in London fünfunddreißig Bände Latin Works bis 1922 herausgegeben. Im Mittelalter haben zahlreiche Handschriften in Mähren, Böhmen und Österreich sein Œuvre dem Leser geboten.[8] Für den Kunsthistoriker ist die Durcharbeit schwierig wegen des hohen Niveaus seiner theologischen Argumentation, die oft auch sozialpolitische Probleme berührt, immer mit Stützung auf Autoritäten, z.B. Johannes Chrysostomus. Einige Stellen machen klar, daß die Suche durchaus fruchtbar sein kann. So doziert er zu Math. 24, 1–2: „Ex isto textu evangelii ... sunt multa fidelibus annotanda, primo in basilicis materialibus non est affeccio nimium infigenda, quia in statu innocentie non fuissent, Christus hic tales structuras hominum non attendit ... Discamus ergo amare plus meliora quam ista corporalia peiora, et tunc non nimis adulteraremur cum basilicis, domibus, ymaginibus et fenestris".[9] Ganz im oben dargelegten Sinn ein Zitat aus De quattuor sectis novellis (VI, 1 ff.): „Et sic dicatur de consecratione basilice vel superaltaris aut alterius ornamenti. Nec video necessitatem de reconconsiliacione ecclesie post eius pollucionem, cum II Macc 5 dicitur quod non locus sanctificat hominem, sed e contra". Deutlich mit einem sozialpolitischen Anklang: „Vis domum Dei edificare? Da fidelibus pauperibus unde vivant et edificasti ratcionabilem domum Dei. In edificiis enim homines habitant, Deus autem in hominibus sanctis". Es folgt dann eine Erwähnung von Chor, Portalen und Küchen, besonders reich instrumentierte Gebäudeteile, letztlich erklärt er sie für sinnlos. Man muß sich vor Augen halten, daß die englische Architektur im 14. Jahrhundert sehr großen Reichtum an Ideen und in der Gestaltung erreicht hatte, so daß uns die Kritik Wycliffs heute noch begründet erscheinen kann. Ob sie auch Auswirkungen hatte, ist nicht leicht faßbar; das Problem sei nur angedeutet. Rigoros und klar formuliert er schließlich: „Sanctitas ergo originata in anima fecit turpissimum locum esse sanctum, sicut sanctitas anime Christi quando descenderat ad infernum"[10].

Die von Jan Hus in Böhmen begonnene Bewegung bringt für unser Thema eine Kulmination. Horst Bredekamp hat in seinem Buch Kunst als Medium sozialer Konflikte, Bilderkämpfe von der Spätantike bis zur Hussitenrevolution[11] zur Problematik dieser Bewegung und ihrem Verhältnis zur Kunst ausführlich Stellung genommen. Hus selbst war vor allem religiös-theologisch interessiert, also Reform der Kirche, es sind dann Theoretiker und Propagandisten, die seine Impulse aufgenommen haben und mit bemerkenswerter intellektueller Schärfe weiterdachten. Ihre Ausführungen (in einem reichen Schrifttum zugänglich gemacht) beschäftigen sich besonders mit der Bilderfrage und sozialen Gebieten. Ohne allzu große Schwierigkeiten lassen sich Konsequenzen für den Kirchenbau und seine Physiognomie ableiten, Bredekamp sah diesen Aspekt speziell von der ikonoklastischen Seite, Jana Nechutová hat vor kurzem zwei Autoren publiziert und besprochen: Nikolaus von Dresden (1417 in Dresden verbrannt) und Matthias von Janow († 1393). Das Werk De imaginibus von Nikolaus hat Nechutová mit den Regule Veteris et Novi Testamenti des Matthias verglichen, sie hat Abhängigkeiten erkannt, ebenso den Bezug zu Bernhard von Clairvaux. Als Nebenprodukt dieser Publikationen wurde auf weitere Autoren hingewiesen, sie verdienen Beachtung (etwa Jacobellus von Mies). Nikolaus wirkte auch in Deutschland mit entsprechenden Reaktionen von katholischer Seite.

Was nun Hus betrifft: Die Bethlehemskapelle in Prag (um 1400 dürfte ihre Einwölbung den Bau abgeschlossen haben) wird direkt mit ihm verbunden, Bredekamp referierte darüber ausführlich (nur Stiche des 17. und 18. Jahrhunderts geben Auskunft, 1786 wurde sie abgerissen)[12], Bachmann hat über sie gearbeitet und sie einigermaßen rekonstruiert. Ihre Daseinsbegründung war: ein großer Raum für die Predigt, das Gewölbe auf parlerischer Grundlage interpretierte den Raum ohne Dominanz einer bestimmten Richtung, gewissermaßen nach allen Seiten zur Bewegung und Beweglichkeit verfügbar.

Leider wissen wir nicht, von welcher Stelle aus die Predigt erfolgte, wo Hus seinen Platz hatte, ob er damit eine Richtung angab oder nach allen Seiten hin agieren wollte. Offensichtlich rechnete man mit einer großen, in sich organisch gestimmten Volksmenge. Der Gläubige konnte seinen Platz selbst bestimmen, damit seine eigene Orientierung. Fraglich scheint uns aber, diesen Raum als „antikatholisch" oder „antiliturgisch" zu definieren, wenn auch tatsächlich Ausrichtungen oder Trennungen durch Schiffe mit eigener Individualität fehlten. Erinnert sei hier an die in Böhmen durchaus häufig verbreiteten Kryptenanlagen der Romanik, deren „Säulenwald" (ein kunsthistorischer übertriebener Ausdruck) etwas Verwirrung in der Richtung bewirkt, als Beispiele: die Westkrypta im romanischen St. Veitsdom, die Hallenkrypta in Trebitsch, die in Doxan[13]. Aus Österreich schließlich die Krypta des Gurker Doms und zeitlich recht nahe die Krypta der Stiftskirche am Nonnberg in Salzburg, in der der Besucher seine Orientierung erst bestimmen muß.

Es ergibt sich also für die hussitischen Kritikansätze: Bekanntheit und Diskussion waren gegeben. Die kunsthistorische Faßbarkeit vor allem für die Architektur bleibt jedoch schwierig. Matthias in den „Regule" will den Kirchenraum allein von der Strahlkraft des Altarsakraments erhellt sehen, das Licht im Raum ist aber kein immer vorhandenes Phänomen, sondern nur dann „erkennbar", sobald die Beziehung Gläubige – Altar eintritt. Konsequent wird die Präsenz von „imagines" abgelehnt, dann auch der Farbraum, wie ihn etwa eine Kathedrale mit ihren Glasmalereien bieten konnte (der Veitsdom dürfte ja wahrscheinlich auch Glasgemälde gehabt haben). Der Beleg hat eine bemerkenswerte Präzision[14]: „... ob reverenciam magni Dei et terribilis nimis in sacramento altaris omnia alia, que alliciunt populum et distrahunt ab unico respectu ipsius et a cultu, sunt de templo amovenda et docendi sunt homines, ut ibi solum oculos et mentem ac fidem totam habeant ubi eorum vita est posita ... Nam sicut sol, dum in sua fortissima virtute claritateque girans per meridiem, replet in tantum omnia sua luminositate, quod omnis claritas stellarum hinc sophita evanescit et quasi prorsus vadit in nichilum, ita per omnem modum hoc nostro sacramento, in ,quo sunt omnes thezauri sapiencie Dei absconditi' cum plenitudine divine maiestatis existente in templo quocumque omnia alia que fuerunt vel adhunc sunt alicuius appancie ... debent omnia in nichilum deduci in ecclesia et sic quasi non sint, haberi ..." (Ianov).

Der ursächlich gemeinte Zusammenhang von „luminositas" und „deduci in nichilum" bedeutet als logische Folge Leere, positiv formuliert Freisein von störenden Elementen in der Kirche. Nikolaus von Dresden hat sich in seiner Schrift D e i m a g i n i b u s eng an Matthias angeschlossen. Ganz im Gegensatz zur allgemein üblichen Praxis des Spätmittelalters, den Kirchenraum mit einer Fülle von liturgischen und kultischen Verweilpunkten – auch zur privaten Frömmigkeit – zu versehen, dies zumindest vom Klerus her zu gestatten (man denke etwa an die Fülle von Heiligenstatuen im Wiener Stephansdom, auch der Veitsdom in Prag wird wie mit Glasgemälden usw. auch solcherart „gefärbt" gewesen sein). So sprechen Matthias und Nikolaus davon, daß man damit eine Abkehr von der Wahrheit vollzogen habe, eine „conversio ad fabulas" sei eingetreten. Da aber Konsolen, Wandnischen und bekrönende Fialen ein wesentliches Element der spätgotischen Wandgliederung gebildet haben und in die Planung normalerweise einbezogen worden sind, so wird deutlich, daß ein großer Eingriff in eine durchaus übliche Baupraxis gefordert worden ist. Nikolaus und Matthias gleicherweise verhängen auf Kleriker und Priester, die solche Erscheinungen begünstigen, ein biblisches „Ve"[15]: „Ve igitur illis sacerdotibus et clericis qui dant occasionem populo tales abhominaciones exercendi in templo Dei predicantque eis talia et dant speciales indulgencias pro flectendo coram illis vel talibus ymaginibus et quasdam oraciones fabulandi ..." (Nikolaus-Version).

Eng an Bernhard von Clairvaux anschließend, bringt Nikolaus in seiner Schrift den Satz: „Fulget ecclesia in parietibus eget in pauperibus", darauf hat auch Wycliff sehr dringend hingewiesen. Eine Konzession wird gemacht. Nikolaus spricht[16] von „sanctuariis, id est reliquiis sanctorum", und etwas später sagt er[17]: „omnia igitur, quecunque sunt in templo venerantur a populo et colluntur, alliciunt ad se corda hominum rudium in ymaginibus vel reliquiis, deberent eiici vel abscondi in capselis suis, in privato vel in altaribus reservari, prout eciam tactum supra ..." Wir möchten diese Stelle nun so verstehen, daß einerseits die private Frömmigkeit nicht zur Gänze unterbunden werden sollte und andrerseits, daß der Raumdivisionismus einer spätgotischen Kirche als offenbar notwendiges „Übel" toleriert worden ist. Die grundsätzliche Linie bleibt jedoch auf den geistigen Zentralraum ausgerichtet (wenn Nikolaus sich hier auch in einem gewissen Widerspruch befindet)[18]: „Sufficit eciam omnibus hominibus audicione et cognicione verbi Dei et operacione secundum illud credere in Deum, quamvis nunquam videant ymaginem manu factam secundum aliquam personam Trinitatis vel alterius sancti."

Wie schon einmal erwähnt, fanden die hussitischen Theoretiker ohne Zweifel Interesse auf der „katholischen" Gegenseite. Es sei hingewiesen, daß Nikolaus Cusanus in seinem „Polylog" De pace fidei die Böhmen als Vertreter der „hussitischen Religion" einführt. Nikolaus ist einer der Hauptinitiatoren und Betreiber der kirchlichen Reformbestrebungen in der Mitte des 15. Jahrhunderts[19]. Zahlreich waren die Ideen und Formulierungen von Theoretikern allgemein, von Theologen, Synoden und Konzilien. Dem Cusaner waren sowohl spätgotische Architekturen als auch die beginnende Renaissance sicher gut bekannt, die Präzision und die Klarheit der Renaissance wußte er zu schätzen. Doch zielt er nicht primär darauf hin. Der folgende Satz könnte von Nikolaus von Dresden stammen und zeigt die Richtung: „Sufficiat populo Christiano habere Christum veraciter in sua ecclesia in divinae Eucharistiae sacramento, in quo habet omne quod desiderare potest ad Salutem"[20].

Literaturliste

Apfelthaler, Johann: Spätgotische Architektur im Raum Amstetten. Phil. Dissertation. Wien 1978.

Bachmann, Erich (Hg.): Romanik in Böhmen. Geschichte, Architektur, Malerei, Plastik und Kunstgewerbe. München 1977.

Bachmann, Erich: Architektur bis zu den Hussitenkriegen. In: Gotik in Böhmen. S. 34–508.

Bredekamp, Horst: Kunst als Medium sozialer Konflikte. Bilderkämpfe von der Spätantike bis zur Hussitenrevolution. Frankfurt a. M. 1975.

Decker, B.: Nikolaus v. Cues und der Friede unter den Religionen. In: Humanismus, Mystik und Kunst in der Welt des Mittelalters.

Döllinger, Ignaz von: Beiträge zur Sektengeschichte des Mittelalters. T. 2. Dokumente vornehmlich zur Geschichte der Valdesier und Katharer. München 1980.

Ehses: Der Reformentwurf des Kardinals Nikolaus Cusanus. In: Historisches Jahrbuch der Görres-Gesellschaft. 32. 1911. S. 274 ff.

Erbstösser, Martin: Ketzer im Mittelalter, Stuttgart 1984.

Erbstösser, Martin: Sozialreligiöse Strömungen im späten Mittelalter. Geissler: Freigeister und Waldenser im 14. Jh. (Forschung zur Mittelalterlichen Geschichte. Bd. 16.) Berlin 1970.

Koch, Josef (Hg.): Humanismus, Mystik und Kunst in der Welt des Mittelalters. Bd. 3: Studien und Texte zur Geistesgeschichte des Mittelalters. Leiden ²1959.

Leff, Gordon: Heresy in the Late Middle Ages. Vol. 1–2. Manchester 1967.

Lexikon des Mittelalters. Bd 1 ff. Studienausgabe. Stuttgart 1999.

Nechutová, Jana: Bernard z Clairvaux v díle Mikuláše z Drážďan. In: Sborník prací Filosofické fakulty brněnské university. E 10. 1965. S. 313–320.

Nechutová, Jana: Traktát Mikuláše z Drážďan De imaginibus a jeho vztah k Matěji z Janova. In: Sborník prací Filosofické fakulty brněnské university. E 9. 1964. S. 419 ff.

Nicolaus von Dresden: De imaginibus. Ed. Jana Nechutová. In: Sborník prací Filosofické fakulty brněnské university. E 15. 1970. S. 21 ff.

Nikolaus von Kues: Philosophisch-theologische Schriften. Hg. v. Leo Gabriel. Bd. 1. Wien 1964.

Patschovsky, Alexander: Quellen zur böhmischen Inquisition im 14. Jh. (Monumenta Germaniae historica. Quellen zur Geistesgeschichte des Mittelalters. Bd. 11.) Weimar 1979.

Prinz, Friedrich: Böhmen im mittelalterlichen Europa. Frühzeit, Hochmittelalter, Kolonisationsepoche. München 1984.

Prinz, Friedrich (Hg.): Deutsche Geschichte im Osten Europas. Böhmen und Mähren. Berlin 1993.

Seibt, Ferdinand: Hussitenstudien. (Veröffentlichungen des Collegium Carolinum. 60.) München 1987.

Seibt, Ferdinand: Hussitica. Zur Struktur einer Revolution. (Beihefte zum Archiv f. Kulturgeschichte. 8.) Graz 1965.

Swoboda, Karl M. (Hg.): Gotik in Böhmen. Geschichte, Gesellschaftsgeschichte, Architektur, Plastik, Malerei. München 1969.

Anmerkungen

[1] Lexikon des Mittelalters. Bd. 5. Stuttgart 1999.

[2] Lexikon des Mittelalters. Bd. 3.

[3] Apfelthaler, Johann: Spätgotische Architektur im Raum Amstetten. Phil. Dissertation. Wien 1978 (Diss). S. 222 f. Nach Erbstösser: Strömungen. S. 75. Anm. 37 und 39.

[4] Diss S. 223.

[5] Diss S. 226. Zit. nach: Döllinger: Beiträge zur Sektengeschichte 2. Dokument A. Nr 17. (Es ging hier um Waldenser.)

[6] Diss S. 228. Zit. nach: Döllinger: Beiträge 2. Dokument A.

[7] Diss S. 228 f.

[8] Lexikon des Mittelalters. Bd. 9.

[9] Opus evangelicum 27, III, 25 ff.

[10] De quattuor sectis novellis VI, 19 f.

[11] Frankfurt a. M. 1975.

[12] Vgl. ebenda. S. 304 ff.

[13] s. dazu Bachmann, Erich (Hg.): Romanik in Böhmen. Geschichte, Architektur, Malerei, Plastik und Kunstgewerbe. München 1977.

[14] Nechutová, Jana: Traktát Mikuláše z Drážďan De imaginibus a jeho vztah k Matěji z Janova. In: Sborník prací Filosofické fakulty brněnské university. E 9. 1964. S. 153.

[15] Nechutová: Traktat. S. 154.

[16] Nicolaus von Dresden: De imaginibus. Ed. Jana Nechutová. In: Sborník prací Filosofické fakulty brněnské university. E 15. 1970. S. 179.

[17] Ebenda. S. 257 ff.

[18] De imaginibus. S. 550.

[19] Zum Polylog s. Diss S. 234. Anm. 402. Nach Decker: Nikolaus v. Cues. Über diesen Komplex wurde in der Diss S. 238 ff. versucht einen Überblick zu erstellen und so weit als möglich Auswirkungen auf die Baupraxis aufzuzeigen.

[20] Diss S. 261. Zitiert nach Ehses: Reformentwurf. S. 290.

Franz Fuhrmann

Die St. Nikolauskirche in Bad Gastein

Geschichte – Gestalt und Struktur – Vergleiche

Geschichte

Zum 600jährigen Jubiläum des ältesten erhaltenen Kirchenbaues im Gasteinertal erschien 1989 eine bemerkenswerte Publikation. Zwar fehlt für das Baujahr 1389 der urkundliche Beweis, und für das Bestehen der Kirche sind erst die Jahre 1412 und 1417 urkundlich gesichert, aber eine Chronik bestätigt 1389 als Erbauungsjahr, und es stützen historische Fakten die Entstehung des Kirchenbaues noch Ende des 14. Jahrhunderts. Dabei kommt dem bedeutenden Erzbischof Pilgrim II. von Puchheim (1365–96) eine Schlüsselrolle zu. Denn einerseits verfügte er über enge Beziehungen zu Prag, und andererseits gelang es ihm – in einer entscheidenden Entwicklungsphase –, 1386 die Nutzung des Goldbergreviers Gastein-Rauris endgültig für das Erzstift Salzburg sicherzustellen.

Mit dem Jahr 1386 läßt sich 1389 als „Stiftungsjahr" für St. Nikolaus vorzüglich in Einklang bringen, hat doch gerade ein geistlicher Landesherr die Pflicht, sich auch um das Seelenheil seiner Bergleute zu sorgen. Auf die Verbindungen Pilgrims II. zu Böhmen ist später einzugehen.[1]

Gestalt und Struktur

Die Nikolauskirche (Abb. 1–3) an der alten Gasteinerstraße am Nordrand von Bad Gastein, ursprünglich auffallend isoliert und inmitten eines Friedhofes gelegen, stellt sich von außen als Baugefüge von kubischem Gehäuse, eingezogenem Chor, beide von einem hohem

Walmdach zusammengefaßt, und schlankem Nordturm mit nadel-
spitzem Helm dar. Die Wände sind glatt mit Ausnahme des durch
Strebepfeiler gegliederten Chorhauptes. Diese „Wandhaftigkeit" wie-
derholt sich in ähnlicher Verteilung im Inneren. Dabei umklammert
ein Kaffgesimse den Chor mit dem Hauptraum, der als quadratischer
„Einsäulenraum" von einem vielgliedrigen Rippengewölbe gekrönt
wird. Dieser Raum, dessen Mitte durch den Rundpfeiler zwar unbe-
gehbar bleibt, täuscht auf Grund der Längsachse zum Chor „Zwei-
schiffigkeit" nur vor, was aber die zentrierende Kraft des „Einsäulenraumes im Quadrat" kaum zu schwächen vermag. Die schlichte Klarheit
und harmonische Ausgewogenheit dieses ungewöhnlichen Raumgefü-
ges zwingen gerade dazu, seine Maße am Bau selbst und in Verbindung
mit Bauaufnahmen zu bestimmen und allenfalls erwartungsgemäße
Maßverhältnisse aufzudecken.[2]

Am besten läßt sich das auf Plänen (Abb. 4) darstellen: auf Plan 1
mit den tatsächlichen Maßen, auf Plan 2 mit den umgerechneten
Fußmaßen (1 Fuß = 30 cm), der damit gewissermaßen dem Idealent-
wurf entspricht. Ausgangspunkt für die Abmessungen des Hauptrau-
mes ist die lichte Länge der Quadratseiten. Aus ihnen entwickelt sich
im Zusammenwirken mit dem Mittelpfeiler nach bestimmten geometrischen Prinzipien die Rippenfiguration des Gewölbes. Der Grundriß zeigt dieses Gebilde deutlich als regelmäßigen vom Rundpfeiler
ausstrahlenden achtfachen Rautenstern, der in Richtung der leeren
Eckquadrate um Rautenpaare erweitert ist. Der Figuration liegt – wie
allgemein festgestellt wird – ein Achteck zugrunde.[3] Doch handelt es
sich dabei nicht um ein regelmäßiges, gleichseitiges Achteck, sondern
um ein zwar ebenfalls regelmäßiges, doch ungleichseitiges „Achteck
besonderer Art". Die Konstruktion bedient sich zwar auch jener des
Achtecks aus dem Quadrat, führt sie aber differenzierend in der
Weise fort, daß die Quadratecken kürzer gekappt werden, wobei die
Schrägseiten die Hälfte der verbleibenden Quadratseiten messen. Die
Seiten der kleinen Eckquadrate – zu denen die Schrägen des „Achtecks besonderer Art" als Diagonalen gehören – ergeben exakt die Seitenlängen aller sechzehn Rauten, aus denen sich zentralsymmetrisch
die Rippenfiguration zusammensetzt. Gleichzeitig ist freilich ausdrücklich zu betonen, daß die grundrißmäßige Fixierung der Figuration
ihrer räumlichen Verwirklichung und bildhaften Anschaulichkeit in
keinster Weise entspricht. Denn der Wölbungsvorgang, bei dem die
Mitte („Säule") und die Ränder die tiefsten Fußpunkte des Systems

einnehmen, verwandelt die Rauten in langgezogene Drachenfelder auf kelchförmiger Grundlage. Mit der praktischen Umsetzung der Planimetrie in die Stereometrie kamen die geschulten und erfahrenen Bauleute der Gotik offenbar anstandslos zurecht.[4] Die Rautenstruktur setzt sich verkleinert auch in der Chorwölbung fort, wo sich ein vierstrahliger Rautenstern mit einem sechsstrahligen nach „rechtem Maß" zur Chorfiguration verbindet.

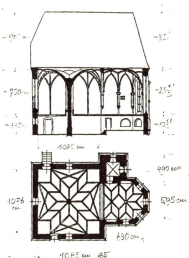

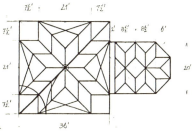

Plan 1 links: Bad Gastein, St. Nikolaus. Grundriß und Längsschnitt mit gemessenen Maßen in Zentimeter, beim Schnitt, rechts auch in Fuß (ÖKT 28).

Plan 2 oben: Bad Gastein, St. Nikolaus. Idealgrundriß mit Fußmaßen und Einzeichnung der Grundkonstruktion (2 Kreisbogen, vom Verf.).

In Fußmaße übersetzt, ergeben sich für den „Einsäulenraum" bei 36 Fuß lichter Seitenlänge gerundet die Proportionen von $7^1/_2 : 21 : 7^1/_2$ Fuß (gekürzt von $2^1/_2 : 7 : 2^1/_2$, bzw. $1 : 2^4/_5 : 1$ Fuß).

Für den Chor läßt sich ein lichtes Grundrechteck von 20 Fuß Breite : $22^2/_5$ Fuß axialer Länge (einschließlich Chorschluß) feststellen. Das Joch entspricht einer Proportion von $8^2/_7 : 20$ Fuß. Alle diese Verhältnisse sind nur verständlich auf der Grundlage genauer Konstruktionen mit Lineal (Richtscheit) und Zirkel. Dabei gewinnt man den Eindruck, daß in dem Wechselspiel von Raum und Rippenfiguration dieser der Vorrang gebührt.[5]

Die Maßverhältnisse des Grundrisses bestimmen auch jene des Aufrisses. Im „Entwurfsplan" entspricht die Höhe des „Einsäulenraumes" jener der Breite, mißt also in etwa 36 Fuß, d. h., der Raum ist mit ausreichender Genauigkeit ein Kubus. Die senkrechte Wandgliederung durch fadendünne Dienste entspricht mit $7^1/_2 : 21 : 7^1/_2$ Fuß jener des Grundrisses. Die ebenfalls dreifache waagrechte Gliederung erfolgt durch das Kaffgesimse und die Anfänge der Gewölberippen. Der Abstand des Kaffgesimses vom Boden beträgt 10 $^1/_2$ Fuß und gleicht in etwa dem Radius der halbkreisförmigen Rippenwölbungen, so daß sich für die Zwischenflächen eine Höhe von 15 Fuß ergibt. Auch der Chor übernimmt in abgeänderter Form das Proportionssystem. Denn bei durchgezogenem Kaffgesimse verringert sich dessen Bodenabstand wegen der geländebedingten Erhöhung des Bodens durch drei Stufen (à $^4/_5$ Fuß) um 2 $^2/_5$ Fuß. Auch wirkt sich die geometrische Gesetzmäßigkeit des vierstrahligen Rautensterns im querrechteckigen Joch zusammen mit dem $^3/_8$- bzw. $^5/_8$-Schluß auf die Proportionierung der reicher entwickelten Vertikalgliederung (mit Baldachinen) entsprechend aus.[6]

Insgesamt durchpulst das Raumgefüge und den Baukörper der Nikolauskirche eine wunderbare Harmonie, die, wie gezeigt werden konnte, auf dem geometrischen Zusammenwirken von den dem Quadrat ($\sqrt{2}$) und dem Kreis (π) innewohnenden Gesetzmäßigkeiten im zwei- und dreidimensionalen Bereich beruhen. Während der Chor eine vielfach angewendete Rippenfiguration aufweist, handelt es sich beim „quadratischen Einsäulenraum" um eine seltene, wenn nicht gar einzigartige Ausbildung, wie eine Gegenüberstellung von vergleichbaren Typen ergibt. Das Besondere der Figuration dieses „quadratischen Einsäulenraumes" beruht auf ihrer Fein- und Vielgliedrigkeit, ihrer Klarheit und geometrischen Vollkommenheit, die ihre Voraussetzung haben im Grundriß mit dem „Achteck besonderer Art".

Vergleiche

Die meisten quadratischen Räume des 13. bis 15. Jahrhunderts gliedern den Grundriß entweder rasterförmig oder nach dem regelmäßigen, gleichseitigen Achteck auf – oder mischen die beiden Möglichkeiten – und entwickeln darüber die Rippenfiguren der Gewölbe. Von den zahlreichen Beispielen, die bei Bachmann, Clasen, Götz, Nussbaum usw. eingesehen werden können, wähle ich aus Böhmen, Bayern und Österreich fünf aus, um die Besonderheit der Rippenfiguration des „quadratischen Einsäulenraumes" von St. Nikolaus deutlich hervorheben zu können.

Auf den Kapitelsaal von Hohenfurth/Vyšší Brod in Südböhmen (um 1270) wird der Bildung des Grundrisses wegen hingewiesen: Versteckt liegt ihm bereits das regelmäßige, gleichseitige Achteck zugrunde. Er spart die Eckquadrate aus. Die Rippenfiguration besteht aus vier Dreistrahlen, oder, bildhafter ausgedrückt, aus vier „Fünfecken besonderer Art".

Kapitelsaal (Clasen)

Die Wenzelskapelle im Prager Veitsdom, Frühwerk Peter Parlers um 1367, ist noch dem Rastersystem verhaftet, dem die Transversal- und Diagonalrippen des Gewölbes untergeordnet sind. Ihre dreidimensionale Verwirklichung verändert allerdings die Rasterordnung radikal.

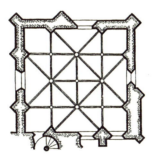

Wenzelskapelle (Clasen)

Näher an St. Nikolaus rückt die Maria Verkündigungskirche in Prag, eine Stiftung Kaiser Karls IV. von 1359. Das Gewölbe des quadratischen Raumes mit schlankem Rundpfeiler in der Mitte wird durch Längs- und Querrippen geviertelt. Die westlichen Teilquadrate besitzen Diagonalrippen, die östlichen eine Rippenführung, die zum Triumphbogen des eingezogenen Chores weiterleitet. Der Chor setzt

47

sich aus einem Joch im Verhältnis 3 : 4 und einem $^5/_8$-Schluß, beide mit einfacher Rippenführung, zusammen.

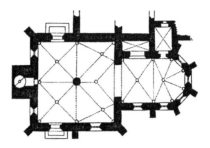

Maria Verkündigungskirche (Götz)

Ein frühes Beispiel (Anfang des 14. Jahrhunderts) eines regelmäßigen, achtstrahligen Rautensternes – entwickelt aus dem regelmäßigen, gleichseitigen Achteck als Grundriß – tritt uns in der Thomas- oder Auerkapelle in Regensburg entgegen. Dabei sind die Eckquadrate der Figuration auch durch Schrägrippen (Seiten des Achtecks!) und eine Zweigrippe ausgefüllt. Wir zeigen hier jeweils zur Hälfte diesen Stern gemeinsam mit jenem von Gastein, weil dadurch die Großzügigkeit, Einfachheit und Ruhe des einen gegenüber der Kleinteiligkeit und kaleidoskopischen Beweglichkeit des anderen besonders deutlich zum Ausdruck kommt.

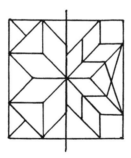

Links Regensburg, Thomaskapelle,
rechts Bad Gastein, St. Nikolaus (vom Verf.)

Aus Österreich folgt noch die Wallfahrtskirche St. Alexius bei St. Katharein a. d. Laming, nordwestlich von Bruck an der Mur (um 1445) in der Steiermark. Der quadratische Raum greift den viergeteilten Typus auf, gleichmäßig eingewölbt mit vierteiligen Drachensternen

48

und gekoppelt mit zwei spiegelgleichen Chören mit $^3/_8$-Schlüssen und Zweiparallel-Rippenfiguren: Statische Zentrierung im Einsäulenraum und fließende Bewegung in den Chören stehen sich als Gestaltungsprinzipien gegenüber.[7]

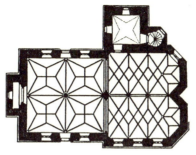

Alexiuskirche (Götz)

Zusammenfassung von Geschichte – Gestalt und Struktur

Wenn auch strenggenommen 1389 als Erbauungsjahr urkundlich nicht gesichert ist, sondern nur die namentliche Erwähnung 1412 und 1417 und damit das Bestehen der Kirche, so sind es historische Fakten, die die Jubiläumsfeier 1989 berechtigt erscheinen haben lassen. Der stilistische Zweifel an der Datierung auf das Jahr 1389 in der Ostmärkischen Kunsttopographie Bd. 28 (1940) läßt sich wohl daraus erklären, daß die Rippenfiguration, wie die Strukturanalyse ergibt, so fortschrittlich und vollkommen ist, daß ihre Entstehung noch im 14. Jahrhundert als unwahrscheinlich gegolten hat. Unverständlich hingegen ist die Datierung des Chores auf Anfang des 16. Jahrhunderts, da der Baubefund die einheitliche Errichtung des gesamten Baukörpers einwandfrei erkennen läßt und somit seine Entstehung vor 1412 als gesichert zu gelten hat.[8]

Somit kann dieser Bau als ein klassisches Werk des sogenannten „Weichen Stils" (ca. 1390–1420) betrachtet werden. In der „Entwicklungsreihe" des Typus „Raum mit quadratischem Grundriß mit oder ohne Mittelstütze" nimmt er eine herausragende Stellung ein, weil er geometrisch differenzierend auf einem „Achteck besonderer Art" aufbaut und dadurch der Wandgliederung und der Rippenfiguration einen besonders verfeinerten, edlen Charakter verleiht, der sich auch abgewandelt auf den Chorraum auswirkt. Von der gotischen

Ausstattung hat sich, abgesehen von der Steinkanzel, nur die Ende des 15. Jahrhunderts entstandene Wandmalerei erhalten. Von ihr empfängt die zu einer „Capella picta" (Neuhardt) prädestinierte Architektur des Raumes eine inhaltliche Steigerung.

Anhang

Bei der Beschäftigung mit Nikolaus von Kues (1401–1464) kam mir der Gedanke, ob der Kardinal nicht auf irgendeine Weise der St. Nikolauskirche in Bad Gastein begegnet sein könnte. Dieser Gedanke beruht auf zwei Fakten: Zum einen weist die Kapelle des von ihm gestifteten St. Nikolaus-Hospitales in Kues auffallende bauliche Ähnlichkeiten mit der Filialkirche in Bad Gastein auf.[9]

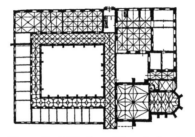

Kues, St. Nikolaus-Hospital mit
Kapelle und Kreuzgang. Grundriß (Götz).

Zum anderen ist quellenmäßig gesichert, daß der Kardinal seine zweijährige Reformreise durch Deutschland in der Erzdiözese Salzburg begonnen hat, wo er Anfang Februar 1451 den Vorsitz eines Provinzialkonzils führte. Natürlich besteht keine zwingende Veranlassung, den damals gängigen Kapellentypus allein von Bad Gastein abzuleiten, dem könnte der Cusaner z. B. auch in Regensburg begegnet sein. Böhmen hat er unseres Wissens nie besucht, wenngleich er mit der „Böhmischen Frage" und den Hussiten konfrontiert war. Die Schwierigkeit, an ein Zusammentreffen mit „Wildbad" Gastein zu denken, liegt vor allem an der quellenmäßig festgelegten Jahreszeit. Es ist nämlich aktenkundig, daß der päpstliche Legat am 25. Jänner 1451 in Spittal an der Drau (Kärnten) war, dort mit seiner Reformarbeit begonnen und bereits am 8. Februar sein Dekret dem Erzbischof Friedrich IV. in Salzburg überreicht hat. Und das alles ereignete sich

mitten im Hochwinter! Für die Reise nach Salzburg gab es für den
Legaten, wenn er das Territorium seines Kontrahenten Erzherzog
Sigismund von Tirol meiden wollte, nur zwei Möglichkeiten: über
den Radstädter-Tauern ins Ennstal oder über zwei Hochalpenüber-
gänge ins Gasteinertal. Beide Routen waren damals vor allem im
Hochwinter äußerst beschwerlich und auch gefährlich. Man fragt
sich unwillkürlich, warum der Kardinal, der vor kurzem auch zum
Fürstbischof von Brixen ernannt worden war, ausgerechnet im
Winter und durch die Alpen seine so wichtige Reise angetreten hat.
Könnte es sein, daß gerade zum Jahresbeginn 1451 ein milder Winter
geherrscht hat, der dann sogar eine Überquerung der Hohen Tauern
ins Gasteinertal ermöglicht hätte? Strapazen hat der rüstige päpstliche
Legat auf seiner Deutschlandreise ohnehin nicht gescheut, bei der er
sich meist von einem Esel hat tragen lassen. Unsere Ungewißheit
über die Witterungsverhältnisse des 15. Jahrhunderts läßt uns keine
sichere Antwort auf unsere Frage finden, obwohl allein schon die
Tatsache des Antrittes einer so großen Reise im Winter 1451 die Vermutung nahe legen könnte, es habe damals eben doch einen milden
Winter gegeben.

Es wäre verlockend, gerade Nikolaus von Kues mit der Nikolauskirche in Bad Gastein in Verbindung bringen zu können. Denn von
der außerordentlichen Harmonie dieses Baues mit dem „Einsäulen-
raumwürfel über dem Quadrat" wäre er gewiß höchst entzückt gewesen, er, der große Theologe, Philosoph, Naturwissenschafter und
Mathematiker, der – um höherer Ziele willen – auch das unlösbare
Problem der „Quadratur des Kreises" zu lösen versucht hat.[10]

Der Dezennienindex für den Winter 1450/60 in Glasers Klimageschichte gibt „normale" Verhältnisse an. Bei allem Vorbehalt hätte es damals demnach keinen „strengen" Winter gegeben und wäre eine
Überquerung der Hohen Tauern ins Gasteinertal vielleicht doch möglich gewesen[11].

Abb. 1: Joh. Fr. Pereth. Bad Gastein um 1690. Kupferstich
aus Metzgers Salzburger Chronik 1692 (Inst. f. KG).
St. Nikolaus am äußersten linken Bildrand.

Abb. 2: St. Nikolaus von Norden (Inst. f. KG).

Abb. 3: St. Nikolaus. Das Rippengewölbe des „Einsäulenraumes"
(Inst. f. KG).

Anmerkungen

¹ Neuhardt, J./Gruber, F./Greinwald, H./Telsnig, L.: Die Kirche St. Nikolaus zu Bad Gastein. Bad Gastein 1989. – Koller, F.: Der Erzbergbau. In: Geschichte Salzburgs. I/1. Salzburg 1981. S. 644.
² Martin, F.: Ostmärkische Kunsttopographie (ÖKT). 28. 1940. S. 40 ff. – Zimburg, H.: Die Baudenkmäler von Bad Gastein. St. Johann 1978. (besonders interessant wegen der Abbildungen und Angaben über Restaurierungen)
³ Z. B. bei Götz, W.: Zentralbau und Zentralbautendenz in der gotischen Architektur. Berlin 1968. S. 125. – Wagner-Rieger, R.: Mittelalterliche Architektur in Österreich. St. Pölten, Wien 1985. S. 177.
⁴ Die Konstruktion des regulären Achtecks aus dem Quadrat beruht auf der halben Diagonale des Quadrates. Durch ihre Übertragung von den Quadratecken mittels Kreisbogen auf die Quadratseiten erhält man exakt die Eckpunkte des regulären Achtecks. Das „Kunststück", daraus das „Achteck besonderer Art", d. h., die kleinen Eckquadrate und damit auch die Seiten der Rauten zu gewinnen, besteht darin, mit der Differenz Quadratseite/Diagonalhälfte von den Quadratecken aus Viertelkreisbogen zu beschreiben, die die Diagonalen schneiden. Von diesen Schnittpunkten Normale auf die Quadratseiten gefällt, ergeben die gewünschten Seitenlängen der Rautenfiguration.
⁵ Die Umsetzung der Metermaße in Fuß stützt sich auf die lichte Quadratseiten-Länge des „Einsäulenraumes" = 10,80 m = 36 Fuß a 30 cm mit ausreichender Genauigkeit. 36 Fuß (62 x 4 = 122) ist eine besonders praktikable Maßeinheit. Vom Unterschied 20 zu 21 Fuß darf man sich nicht beirren lassen: 20 Fuß bezieht sich auf die lichte Breite des Chores, so daß für die Ostwände des „Einsäulenraumes" jeweils 8 Fuß Breite bleiben, die 21 Fuß hingegen gehören zum System der Rippenfiguration dieses Raumes. – Die Proportionen des Chores hängen von jenen des vierstrahligen Rautensternes ab. Diese beruhen auf dem Verhältnis von Jochbreite zu Jochlänge = 1 : 0,414 ($\sqrt{2}$ – 1). Dieses Verhältnis wirkt sich auch auf den Chorschluß aus, ohne darauf näher einzugehen. Auf der Zeichnung sind die Jochlängen von 8 ²/₇ auf 8 ¹/₂ Fuß erhöht, so daß die lichte Chorlänge einschließlich Triumphbogen rund 25 Fuß ergibt.
⁶ Die Höhenmaße sind nur bedingt zutreffend, da nicht alle am Objekt genommen werden konnten. Das Proportionsgefüge dürfte aber der Wirklichkeit weitgehend entsprechen.
⁷ Bachmann, E.: Die architekturgeschichtliche Stellung der österreichischen Einstützenkirche. In: Christliche Kunstblätter. Jg. 95. H. 2. 1957. S. 9–14. – Ders.: Ein unbekanntes Alterswerk des Bonifaz Wolmut. In: Ostdeutsche Wissenschaft. Bd. 3–4. München 1958. S. 7–19. – Clasen, K. H.: Deutsche Gewölbe der Spätgotik. Berlin 1961. Passim. – Götz: Zentralbau. S. 96–130. (mit Hinweisen auf Krautheimer, R. 1925 und den „grundlegenden Aufsatz zum Thema" von H. Sedlmayr Säulen mitten im Raum in: Epochen und Werke 1. Wien, München 1959. S. 199–201. – Nussbaum, N./Lepsky, S.: Das gotische Gewölbe. Darmstadt 1999. Passim. Bes. 8. S. 175–182.

8 Über die Datierung des Baues und seiner Teile gab es ausgehend von der ÖKT (genau Ostmärkische KT) 28 bei Götz/Buchowiecki (Die gotischen Kirchen Österreichs), Wagner-Rieger, dem Verf. (Reclams Kunstführer, später bezweifelt bzw. berichtigt) und teilweise bei G. Brucher (Gotische Baukunst in Österreich. Salzburg 1990.) fehlerhafte Angaben. Auf die zeitlich/bauliche Einheit hat erstmals Neuhardt (wie Anm. 1) hingewiesen.

9 Das St. Nikolaus-Hospital in Kues 1447 gestiftet, Kapelle 1453–58 erbaut, geweiht 1465. Der annähernd quadratische Kapellen-Hauptraum mit achtseitigem Mittelpfeiler besitzt eine viergeteilte Rippenfiguration: im Westen je zwei vierstrahlige Drachensterne, im Osten auf die Choröffnung gerichtete Schrägrippen, beide mit Transversalrippen. Diese auf Vorbilder in Böhmen und Österreich zurückgreifenden Formen entsprechen bereits dem „harten Stil" der Jahrhundertmitte, was auch für die Chorwölbung zutrifft. Diese Rippenfigurationen unterscheiden sich somit wesentlich von jenen der Filialkirche in Bad Gastein. Dagegen entspricht die Grundkonstruktion der Figuration des südlichen Kreuzgangflügels genau – wenn auch abgewandelt – jener des Einsäulenraumes von Bad Gastein, d.h. dem „Achteck besonderer Art". Bad Gastein hätte für Kues – abgesehen vom Patrozinium – nur all-

 Kues, Hospital, südlicher Kreuzgangarm, Rippenfiguration mit Grundkonstruktion (vom Verf.)

gemeine Anregung sein können bei stilistischer Fortentwicklung unter Rückgriff auf ältere Formen.

10 Meuthen, E.: Nikolaus von Kues. Skizze einer Biographie. München 1964. S. 86 ff. – Nikolaus von Kues: Die mathematischen Schriften. H. 11 der Schriften des Nikolaus von Kues. Hamburg 1980. – Pastor, L. v.: Geschichte der Päpste. Bd. 1. S. 467 ff. – Zibermayr, I.: Die Legation des Kardinals N. Cusanus und die Ordensreform in der Kirchenprovinz Salzburg. In: Reformationsgeschichtliche Studien und Texte. H. 29. Münster 1914.

11 Glaser, R.: Klimageschichte Mitteleuropas. 1000 Jahre Wetter, Klima, Katastrophen. Darmstadt 2001. S. 59, 96.

Georg Gimpl

„Weil der Boden selbst hier brennt!"
Aus dem Prager Salon der Berta Fanta
(1865–1918)[1]

I.

Meine Geschichte hat eine etwas persönliche und erklärungsbedürftige Vorgeschichte, die nicht unwesentlich zur Aufhellung der Sache beiträgt und überdies auch ein wenig die Prager Stadtgeschichte berührt.

Wie bin ich überhaupt, so weit vom Schuß in Helsinki, auf mein Prager Thema gekommen? Da waren Zufall und Notwendigkeit im Spiel. Ich bin eigentlich von Neigung und Liebe her in erster Linie Ideengeschichtler, Philosophiehistoriker. Die Germanistik ist bei mir eher die Pflicht, die Brotwissenschaft – auch wenn die Kinder aus dieser Ehe deswegen nicht unbedingt die häßlichsten sind.

Als Philosophiehistoriker nun interessiere ich mich ganz besonders für die Geschichte der Philosophie in Österreich, und einer ihrer Schwerpunkte davon eben ist Prag. Genauer, das Prag der Jahrhundertwende – die böhmische Dreivölkermetropole am Ende der k. u. k. Monarchie Österreich-Ungarn. Wenn Sie also bei mir jetzt „Prag" hören, so vernehmen Sie am besten vom Baumgarten her immer auch ein bißchen den Radetzkymarsch mit. Noch steht die Mariensäule auf dem Altstädter Ring, und auch Kaiser Franz I. am Franzensquai darf noch dort sein, wo ihn die böhmischen Stände einst hingestellt und wo er, geliebt oder auch nicht, der Geschichte nach rechtmäßig eigentlich hingehörte.

Einer dieser Philosophen der Jahrhundertwende nun an der deutschen Universität Prag, die Universität war im Jahre 1882/83 bekanntlich in eine tschechische und in eine deutsche geteilt worden, war der aus Bayern stammende Friedrich Jodl (1849–1914). Dieser Friedrich Jodl ist ein, wenn nicht überhaupt *der* Philosoph des Liberalismus in

Österreich, so lange – oder besser: so kurz es dort so etwas wie einen „Liberalismus" überhaupt gegeben hatte. Aufklärer durch und durch, gibt er zusammen mit seinem finnischen Freund Wilhelm Bolin die Werke Feuerbachs neu heraus. Wir können uns das heute kaum noch vorstellen: damals die erste Stimme im ganzen deutschen Kulturkreis, die es wagt – in Prag! –, sich vom Katheder wieder für Feuerbach, den Atheisten Feuerbach und Philosophen der Achtundvierzig-Revolution, ins Zeug zu werfen! Und Jodl macht denn auch Prag zum Brückenkopf der Ethischen Bewegung in Österreich, einer kulturkämpferischen Bewegung gegen die Kirchen und als ein Stich mitten ins Herz der zeitgenössischen Forderung nach der Wiedereinführung obligatorischer Konfessionsschulen. – Beinahe würde ihn das die Karriere kosten, und er fürchtet schon, sich „eine böhmische Grammatik und in Olschan sein Grab kaufen" zu müssen; Kollege Willmann, sein katholischer Gegenspieler in Prag, sägt dafür an allen Ästen.[2]

Bekannter geblieben ist uns Jodl heute allerdings durch zwei Spektakel an der Jahrhundertwende: als Anführer der Professoren gegen die (dann tatsächlich zu Fall gebrachte) Ausstellung von Gustav Klimts „Fakultätsbildern" an der Wiener Universität – so liberal war er nun doch auch wieder nicht – wie als der Doktorvater und Förderer des großen Frauenschrecks der emanzipationswütigen Jahrhundertwende, Otto Weinigers, und dessen Dissertation Geschlecht und Charakter, auch wenn Jodl als „Fachmann" diesen freilich anders deutet als seine „ungebildeten" und hysterisch sich gerierenden Zeitgenossen – so sieht *er* es zumindest, wenn er sich für Weiningers Förderung dann noch auf dessen spektakulären Selbstmord im Jahre 1904 hin verteidigt.[3]

Um ein bißchen die Bauchtrommel zu rühren: Zu diesem in der Historiographie der österreichischen Philosophie nicht einmal ignorierten und gründlich verdrängten Friedrich Jodl nun habe ich eine ganze Menge publiziert, und zwar beginnend schon vor der Wende, als es auch in Prag noch nicht so populär war, sich über die deutsche Philosophie dort auszulassen – allem voran nenne ich seinen Briefwechsel mit Wilhelm Bolin[4], zumal dieser ja zur Hälfte (1885–1896) in Prag spielt; dann eine eigene Monographie[5] wie einen Symposiumband[6] – und das alles, neben kleineren Aufsätzen, schließlich garniert auch noch durch einen Ausstellungskatalog[7], die allesamt Jodls Wirken auch von seinem finnischen Pendant Wilhelm Bolin her beleuchten.

Soviel zu Gimpl über Jodl, den ich damit eigentlich „erledigt" zu haben glaubte. Offen blieb nur, was blieb da zurück von Jodl in Prag, elf Jahre immerhin wirkte er dort – und ist es wirklich so, wie die gängige Historiographie behauptet[8], daß es dort nur „Brentanoten", also Anhänger der Schule Brentanos, gegeben hätte – Anton Marty und seine Schule: Oskar Kraus, Alfred Kastil, Josef Eisenmeier, Emil Utitz, Hugo Bergmann etc. wie die nach Graz, zu Intimfeind Meinong schielenden Querköpfe der Bewegung schließlich: Christian von Ehrenfels und Alois Höfler.

Daß die Philosophie dort so vollständig geschlossen brentanistisch ausgerichtet gewesen sein sollte, so total abgeschottet von der Philosophie Deutschlands draußen wie von der der rivalisierenden Kollegen im eigenen Lande, drüben an der tschechischen Universität, das wollte ich nicht glauben. Ich hielt die Ohren immer offen, wo sich auch nur einige transzendentalphilosophische Untertöne, Objektivationen und Objektivatiönchen des „deutschen Geistes" vernehmen ließen. Es konnte doch nicht sein, sagte ich mir, daß dort nur die Tschechen dem Idealismus, Hegel und Herder zusprachen.

Und siehe da, jetzt kommt meine etwas perverse Liebe zur Germanistik wieder ins Spiel; wir sind auch schon mitten im Thema: Ich wurde fündig – wenn auch in der Literatur.

Ich sollte das Buch einer amerikanischen Germanistin besprechen, tschechischer Herkunft obendrein, nämlich von Wilma Iggers, und die Schrift des Titels: Die Juden in Böhmen und Mähren. Ein historisches Lesebuch.[9] – Ein wunderbares Buch; ich möchte es jedermann ans Herz legen. Und eben in dieser Anthologie befand sich auch ein kleiner Auszug aus Else Bergmanns Familiengeschichte[10]. Ein Auszug, der den philosophischen Kreis im Salon der Berta Fanta behandelte und dort systematisch betriebene Kant-, Fichte- und Hegelstudien erwähnte.

Zufall oder Notwendigkeit? – Man möchte an beides glauben, und an die Vorsehung obendrein.

Da hatte ich es also: Kant und die Folgen! Dem war nachzugehen. Ich erbat mir sofort das ganze Manuskript vom Leo-Baeck-Institute in New York, das als Copyright-Inhaber angeführt war, was mich zu dem wahren Inhaber der Rechte führte, Prof. Martin Bergmann, dem in New York lebenden Enkel Berta Fantas, wie später zu seiner reizenden Schwester, Dr. Eva Short in Princeton, die mir Fotos aus ihrem Familienalbum zur Verfügung stellte, und ich hoffte natürlich

nun einen ganzen Feldzug des deutschen Idealismus gegen die österreichische Philosophie zu entdecken, am liebsten ein Königgrätz sollte sich darin für meine Falsifikation finden. Aber nicht etwa, weil
ich selber so sehr am Zipfel des deutschen Idealismus hinge, nein,
sondern „von Geschäfts wegen", aus reiner wissenschaftlicher Streit-
sucht; einfach um meine Gegenthese beweisen zu können: Wissenschaft ist bekanntlich der „vorläufig letzte Stand des Irrtums" (Rudolf
Eucken).

II.

„Erstens kommts anders, zweitens als man denkt." Viel mehr an
Philosophica nun, als ich in dem Textausschnitt schon gelesen hatte,
fand ich in dieser Familiengeschichte dann leider nicht. Aber
dafür einen faszinierenden Text eines Querschnitts durch die jüdisch-
deutsche bürgerliche Gesellschaft Prags an der Jahrhundertwende.

Zum Teufel also mit der Philosophie! Mit fliegenden Fahnen
wechselte ich jetzt wieder hinüber zur Germanistik. Diesen Text, in
der Hauptsache auf die Schilderung des Salons der Berta Fanta hin
konzipiert, wenn auch gesehen durch die Augen der Tochter, galt es
nun endlich als ein Ganzes herauszugeben, am besten kommentiert
und bilddokumentiert – ein Programm, ein Projekt war geboren.
Und Zug um Zug erschloß ich mir dabei die anderen Quellen dazu:

– das für eine Publikation bereits vorbereitete Vorwort Max Brods
bei Klaus Wagenbach in Berlin, vermittelt durch Hans Gerd Koch
von der kritischen Ausgabe der Werke Kafkas in Wuppertal;

– das ebenfalls in der Schublade liegengebliebene „Nachwort" Hugo Bergmanns, ein Filigranit sui generis;

– die Nachrufe auf Berta Fanta von Oskar Baum, Max Brod und
Felix Weltsch;

– Hugo Bergmanns Nachreflexion: „Frau Berta Fanta. Aus meinem Tagebuch. Geschrieben 18. Dezember 1918, als ich allein mit
der Toten war." – Und schließlich den eigentlichen Megafund (und
wiederum alles sprengend):

– die Tagebücher Berta Fantas samt einer Sammlung von eher un-
bedeutenden Gedichten Else Bergmanns, darunter vier ihrem erheblich bedeutenderen Freund Franz Kafka gewidmet.

Aber auch die zeitgeschichtlichen Quellen flogen mir bald zu:

– die Erinnerungen an Berta Fanta in Gerhard Kowalewskis Biographie[11];

– Philipp Franks[12] und C. Seeligs[13] Einsteinbiographien;
– Josef Körners Hinweise in seiner Studie Dichter und Dichtung aus dem deutschen Prag[14] aus dem Jahre 1917 (also noch geschrieben zu Berta Fantas Lebzeiten),
– Hugo Bergmanns einschlägige Erinnerungen in seinen von Mirjam Sambursky herausgegebenen Tagebüchern und Briefen, – und schließlich auch noch
– Otto Fantas ebenso spektakuläre wie skurrile Kontrollanalyse[15] in der von ihm herausgegebenen Zeitschrift für Graphologie, in der die konvergierende Deutung der Handschrift seiner Mutter durch drei berühmte Graphologen seiner Zeit den unumstößlichen Beweis erbringen sollte, daß die Graphologie eben eine Wissenschaft sei, die es als solche denn auch zu intersubjektiv gültigen Ergebnissen und Deutungen der Ausdrucksgestalt der Schrift bringen würde. Soviel an Namedropping zum harten Kern meiner Quellenlage.

Berta Fanta war also schon zur Zeit ihres Lebens eine Legende, und auch der Nachklang in der Zwischenkriegszeit war immer noch nicht verhallt. Lediglich nach dem Zweiten Weltkrieg war es um sie erst einmal etwas ruhiger geworden und ging sie mit so vielem und vielen anderen verschütt. Das wiederauflebende Interesse an ihr kam bezeichnenderweise aus zwei anderen Richtungen, wiewohl diese sie selber nur tangierten und instrumentalisierten: von der Franz Kafka- und der Rudolf Steiner-Forschung.

Gehen wir chronologisch vor und beginnen wir bei Kafka. Kurioserweise war es auch da der Streit um die Philosophie, der die Fanta-Recherchen und Fanta-Renaissance ausgelöst hatte. Nämlich die Frage, ob Kafka Brentanist, also Anhänger der Philosophie Brentanos gewesen sei, was Klaus Wagenbach und in seinem Kielwasser dann Peter Neesen, Hans Gerd Koch, Barry Smith und Arnold Heidsieck behaupten und u. a. mit Rekurs auf seine Teilnahme am philosophischen Café-Louvre-Kreis wie an den philosophischen Zirkeln im Salon der Berta Fanta zu untermauern suchen.[16] Oder ob er dies nicht war, wie Max Brod, der selbsternannte Lordsiegel-Verwalter der Kafka-Deutung, festhält, zumal für ihn „Kafkas Interessen [...] ganz andere[r], schwermütig religiöser Färbung" waren[17] und dieser nicht eigentlich wissenschaftlich begrifflich, sondern „in Bildern" dachte und „in Bildern" sprach[18]. Ja nur in „jugendlicher Verkennung", wie Hartmut Binder dann sekundierte[19], habe er sich überhaupt der

Philosophie zugewandt und denn auch bald wieder von ihr abgewandt.

Dieser Streit also um den Bart des Philosophen Kafka hat Brods Rekurs auf Kafkas lustlose Beteiligung an den philosophischen Zirkeln evoziert und die diesbezügliche Ergänzung seiner Kafkabiographie in seinem späteren Buch Kafka als wegweisende Gestalt ausgelöst. Selbst Hartmut Binder, denke ich, bringt da nichts wesentlich Neues in den Zeugenstand.

War also, nach Brod, für Freund Kafka der Fanta-Kreis von peripherer Bedeutung, so dies freilich nicht für ihn selbst. Und so gibt ihm denn dann auch seine Autobiographie Streitbares Leben abermals Gelegenheit – und hier ausführlich, sehr ausführlich sogar –, auf jene Ereignisse im Salon der Berta Fanta einzugehen. Brod war ein Protektionskind Berta Fantas, könnten wir sagen, und er war ihr zeitlebens dankbar dafür geblieben, auch als er in seinen öffentlichen Wirkungsmöglichkeiten längst über sie hinausgewachsen war. Brod fand im Salon der Berta Fanta aber auch seinen großen Lehrer: ihren Schwiegersohn Hugo Bergmann. Dessen philosophische Kurse, schreibt er, waren seine eigentliche Hochschule, von Hugo Bergmanns Hebammenkunst des Zionismus an ihm hier einmal abgesehen.[20]

Auch die zweite Wiederentdeckung des Salons der Berta Fanta hat mit einem Streit um die Philosophie Kafkas zu tun: War Kafka Anhänger der Anthroposophie Steiners, wie die einen behaupten und dies mit Rekurs auf seine engen Konnexionen zu Berta Fanta als der Gründerin der ersten anthroposophischen Loge in Prag, der Bolzano-Loge, in ihrem Salon im Jahre 1912 gerne belegen wollen – oder doch lieber nicht; auf das „gerne" und „lieber nicht" kommt es hier an; denn, wie schon in Hinblick auf Kafkas Verhältnis zu Brentano, das Wunschdenken für und wider spielt hier allemal eine große Rolle.

Auch diese letzteren Kontakte sind inzwischen minutiös nachrekonstruiert worden[21], wobei in Anbetracht der spärlichen Quellenlage freilich der Konjunktivus potentialis nach wie vor die erste Geige spielen muß; ich will das hier im einzelnen nicht kommentieren, zumal ja „meine Berta Fanta" darin abermals nur die Konkubine zum Zweck der Demonstration für oder wider das homöopathische Verfahren der „Geisteswissenschaft" Steiners abgibt.

Nur soviel sei hier an Kritik nicht unterdrückt:

(1) In beiden Fällen, wie wir gesehen haben, spielt die Fixierung auf die Philosophie eine dominante Rolle, kommt die Literatur und damit der eigentlich literarische Salon unter die Räder. Gerade gegen diese Verdrängungsarbeit der Herren Philosophen, Kafka- und Steinerforscher und ihres „interessierten" Zugangs bietet nun Else Bergmanns Familiengeschichte eine ungemein lebendige und wertvolle Antidosis und Korrektur.

(2) Von den spärlichen bislang veröffentlichten Erinnerungen der Familienmitglieder abgesehen – in allen Fällen sprechen andere über Berta Fanta, die Forschung bislang hat so gut wie keine Primärquellen zu Gebote, und wir sehen uns in den Tagebüchern nun zum ersten Mal der authentischen Berta Fanta gegenüber, und zwar einer doppeltgebrannt authentischen Berta Fanta: wie sie selber dachte, fühlte und sich analysierte und dies dem Geheimnis des Tagebuchs anvertraute. Wir hören hier sozusagen den Herzmuskel des Salons schlagen, was wir bislang nur von der unterschiedlichst gebrochenen Fremdperspektive und der gefilterten Außenwirkung her erfahren hatten.

(3) Beide Quellen zusammen – Else Bergmanns Familiengeschichte wie die durch drei Jahre hindurch geführten Tagebücher Berta Fantas: Insider-Fremdbeobachtung wie Selbstbeobachtung und Selbstanalyse bis hin zur Auflösung liefern uns nun auf dem Hintergrund der vielfältig gebrochenen Außenwirkung ein schlicht faszinierendes Sozio- und Psychogramm des großbürgerlichen Prager Deutschjudentums, das wohl für immer und tragisch untergegangen ist.

III.

Ich komme zum innersten Zirkel meines Themas, auch wenn ich erst noch einmal einen kleinen Umkreis ziehen muß; ich verspreche, ich fasse mich dafür kürzer:

„Ein Faustschlag roher Übergewalt trifft ein komplexes und hochentwickeltes Gebilde: und was die Faust nicht zerschlägt, das zerstäubt hinaus in die Welt."

So der österreichische Schriftsteller Heimito von Doderer sehr trefflich über das Schicksal der Esten.[22] Aber könnte man dies nicht in erheblich potenziertem Ausmaße über das Prager Deutschjudentum sagen? Und waren es da nicht gleich mehrere Faustschläge, die da auf eine Kultur niederfahren sollten, auch an Brutalität der oben beschriebenen in nichts nachstehend?

Da kam zunächst der Erste Weltkrieg, der da in Österreich-Ungarn keinen Stein mehr auf dem andern lassen sollte. Der Vertrag von Versailles schafft Minderheiten, wie sie gerade in der Tschechoslowakei reichlich schutzlos zwischen den hochkommenden Nationalstaaten hüben und drüben zerrieben werden sollten. Zwischen tschechisch-national und deutschnational war zumindest die Luft für das deutsch-liberale – Judentum obendrein denklich dünn geworden. Die „hinternationale" Gesellschaft Prags wie des alten Böhmens, wie Johannes Urzidil sie später noch einmal so treffend beschworen hatte, war längst vor Hitler untergegangen.

Dann kam der Schrecken leibhaftig und für die meisten zu überraschend; der Weg vom Münchener Abkommen zum Protektorat Böhmen überschlug sich förmlich, und die Nazis bewiesen sich, daß sie einem gründlichen Volk entstammten. – Was blieb da von Theresienstadt überhaupt noch übrig? „Sie sehen hier einen der letzten Prager Juden", sagte mir Pavel Bergmann, als ich ihn, einen der letzten weitschichtig Verwandten der hier beschriebenen Familien in Prag, vor drei Jahren besuchen durfte: Mit vierzehn Jahren ins KZ gekommen, hatte der Sechzehnjährige dieses dann wie durch ein Wunder überlebt. Ich zähle diese Erfahrung der Begegnung mit ihm zu den ganz besonderen Geschenken auf dem Weg meiner Suche nach den Spuren der Berta Fanta in Prag.

Dann kamen Benesch und die Sudetenvertreibung, die ihrerseits nicht viel Federlesens machte: „Deutsche raus!"; allesamt „Nazis" pauschal, wir sind da noch mitten in den Verdrängungen der Gegenwart.

Dann kamen zwei Wellen Kommunisten, Gottwald voran und Husák/Breschnew hintennach noch 1968.

Und die Restverwertung vom Rest, der sich unter dem Druck zurechtgebogen oder auch nicht, besorgt im Moment die Wende, die nun im Zeichen der ungezügelten Marktwirtschaft deregulierend entsorgt und abwickelt, was da wie immer noch zufällig übersehen worden war. Was ein halbes Jahrhundert gleichsam durch langsames Verfallenlassen unter „Denkmalschutz" & „Denkzettelschutz" gestellt worden war, wird nun im Zeitraffer profitmaximierend niedergebaggert. Ich denke, ich überspitze da nicht viel.

Lassen Sie mich das anhand von zwei Beispielen aus meiner konkreten Forschungsarbeit garnieren: meiner Suche nach der Sommervilla der Fantas in Podbaba wie nach der Synagoge in den königlichen

Weinbergen. Dies auch als Beispiele zutiefst „erlebter Forschungsgeschichte", gestatten Sie mir also bitte abermals ein bißchen Dramatisierung:

Die Nachforschungen nach jener (nach der einstigen Besitzerin, der Mutter Berta Fantas, Emilie Sohr, benannten) Villa „Mili" – oder auch „Milly" – in Podbaba, in denen wohl in der Hauptsache die Tagebücher Berta Fantas entstanden waren, brachten mich in einen erbitterten „Zweikampf" mit Hartmut Binder, der das Rennen dann – der alte Fuchs! – natürlich gewonnen hatte.

Doch war dieser Wettkampf andererseits auch für mich nicht ganz vergebens, indem ich dadurch, auf die falsche Überholspur geraten, nun meinerseits jene Villa entdeckte, in der Hugo und Else Bergmann – Brod erwähnt es in seiner Autobiographie – in der Nähe ihrer (Schwieger-) Eltern die Sommer über (und Else auch noch während des Krieges) wohnten und die man getrost als eine Geburtszelle des Prager Zionismus bezeichnen darf. Die geradezu abenteuerlichen Begleitumstände aber, wie ich „meine" Villa gefunden habe, und der zuweilen recht stürmische und trübe Wechsel der Besitzverhältnisse dort wären ein Gustostück für eine Architekturgeschichte der Tschechischen Republik, mit allen politischen Hochspannungsleitungen des 20. Jahrhunderts vernetzt. Sie konnten das Objekt vor zwei Jahren für ein paar lächerliche Zig-Millionen kaufen, von einer amerikanischen Holding, einer Firma „Schneeweiß", wenn ich das noch recht im Kopfe habe. – Schnee deckt alles zu …

Mein zweites Beispiel. Ich suche also die Synagoge in den königlichen Weinbergen; der Anblick der zwei Türme vom Petřín aus in der Ferne bekräftigt noch den Anspruch Else Bergmanns auf „ihre Stadt"; sehr pointiert und gekonnt wird dies schon im Einleitungsgedicht ihrer Familiengeschichte festgeschrieben:

[…] Mein bist du, Stadt – meine vergessene Heimat!
Mein Anrecht auf dich
Streitet mir niemand ab
Denn das hunderttürmige Bild
Es wäre nicht vollendet,
Fehlten zwei Türme ihm
Die weit am Horizonte, im Nebelschleier schon, ich grüße
Diese setzte mein Urgroßvater dahin, der gläubig ungläubige,
Ein Gotteshaus erbaute er mit seinen Freunden

Seinem Volk, dem tausendjährigen Brauchtum.
Mit diesem Siegel im Antlitz bist du mein!

Ich denke, was ist leichter und schöner, als eine Synagoge zu finden, deren zwei Türme du vom Laurenziberg aus siehst? Dachte ich! Ich wandere hinauf zum Petřín und rotiere um sämtliche Achsen. Ich beginne bald, meine Augenkraft in Zweifel zu ziehen. Ich sehe nämlich da weit und breit keine zwei Türme. Ich bin doch nüchtern, sag' ich mir, soviel Bier kann ich doch gar nicht getrunken haben, daß ich personifiziertes Adlerauge da keine zwei Türme mehr sehen würde können. Um die Ludmilla-Kirche kann es sich ja nicht drehen ...

Ich entdecke einfach nichts. Ich beginne die Leute in der Stadt nach der Synagoge zu fragen, am liebsten alte Leute, je weniger Zähne, umso besser, denke ich. Keiner weiß da von einer Synagoge. Das wäre gelacht, sage ich mir, ich bin doch in meinem Vorleben ein Detektiv gewesen – und gehe die Sache nun professionell an: Also nun nichts wie ins Jüdische Informationszentrum – wenn jemand, müssen die doch wissen, was alles in Prag nun noch irgendwie koscher und jüdisch ist. Und setze denn auch schon der freundlich lächelnden Dame das Terzerol meiner Frage an den üppigen Busen. „Wo ist die Synagoge in Vinohrady?" Beweise ihr, daß ich auch Englisch kann und nicht nur meine lausigen Brocken Tschechisch. Sie gibt sich Mühe, mir zu helfen, blättert in sämtlichen Werbeprospekten und Das-jüdische-Prag-Reiseführern, Thema in Variationen. „Sorry, there is no synagogue in Vinohrady!"

Ich bedanke mich und sehe ein, da ist nichts zu machen. Dann find' ich sie halt selber. Ich *weiß* doch, wo sie sein muß. Ich weiß doch, daß es sie geben *muß*, eingetragen und beschrieben in den Grundkatastern meiner, respektive Berta Fantas, Tagebücher wie der F a m i l i e n g e - s c h i c h t e ihrer Tochter. Ich kreise bald wie eine Hummel um die Metro in Náměstí Míru herum. *„Hier irgendwo muß sie sein!"* Aber es ist nur die Metro da, und irgendwann geb' ich auf ...

Ein Jahr später treff' ich Arno Pařik und klage ihm so nebenbei mein Leid von der Existenz einer Synagoge, die es nicht gibt. Und er lacht. Ja, ja, natürlich – da „war" eine Synagoge; aber als (angeblich) die Amis im Zweiten Weltkrieg in der Nacht Dresden bombardiert hatten, da hätten sie halt einmal Prag damit verwechselt, und da krachte einmal eine Bombe genau in die Synagoge. Sagt es und zeigt mir denn auch schon Bilder davon, tolle Bilder gäb' es davon, makabere Bilder: die Kuppel aufgerissen und in den Nebenschiffen und Emporen der Kirche die dort deponierten Möbel von ins KZ verschleppten Juden aufgestapelt. Und natürlich hätten die Kommunisten die Synagoge dann abgerissen. Wozu auch? Für die paar Juden, die da noch überlebt hätten, gäb' es anders Synagogen genug ... Eine Gedenktafel an einer Schule in der Sázavská-Straße angebracht, erinnert heute noch daran.

Ich erzählte Ihnen diese beiden Geschichten auch, um zu zeigen, wie mühsam und spannend Forschung hier oft sein kann und daß man sich in Prag eben – nun, wem sag' ich das? – stets auf verschollenem und dennoch zutiefst geschichtsträchtigem Boden bewegt. Und ich erzähle das, ein bißchen den Schalk im Nacken und augenzwinkernd, als Geste eines dankbaren Nachtrags für die wunderbare Dokumentation Hugo Rokytas: Die Böhmischen Länder. Prag. Handbuch der Denkmäler und Gedenkstätten europäischer Kulturbeziehungen in den Böhmischen Ländern.[23]

IV.

Das Schicksal der Familien Fanta, Freund und Bergmann, oder wie sie alle heißen mögen, ist mit diesen Faustschlägen der Geschichte verknüpft; auch wenn in unserem Falle konkret die Faust erst zum Schlage ansetzt und die Fragestellung der Stunde anders tönt:

Ob nämlich die Lösung der Judenfrage dadurch herbeigeführt wird, daß der Jude, sei es nun im Sinne von Karl Marx' dialektischem Salto mortale Zur Judenfrage[24] oder sei es von Lessings Eskamotage Nathan der Weise, „seines Judeseins vergißt" und der reinen „Gattung" als einer allgemeinen, kosmopolitischen Universalkultur der „Menschheit" und des „Menschseins" zuspricht, sich also, hegelisch gesprochen, in seiner Besonderheit und Beschränkung ins „Menschliche" des „citoyen" „aufhebt" – oder ob ihre Lösung darin liegt, daß der Jude im Gegenteil „sich seiner wieder besinnt", eben wieder „Jude" wird, wie es Theodor Herzl, Martin Buber, Arthur und Hugo Bergmann und alle die anderen Kampfgefährten des „Bar-Kochba"-Kreises und ihres Organs, der Selbstwehr[25], sehen wollen.[26] Assimilation und Untergang oder Wiedergeburt – das ist hier die Frage!

Der Weg der Familien Taussig, Engel, Sohr, Brill, Fanta, wie er uns in der Familiengeschichte Else Bergmanns, in den Tagebüchern Berta Fantas und dem knappen Auszug aus ihrer (vom Sohn veröffentlichten) Selbstbiographie²⁷ entgegentritt, ist zweifelsohne der erst-skizzierte: der einer Säkularisation und restlosen Assimilation. Else Bergmanns Ahnentafel beginnt förmlich symbolträchtig mit jenem Lazar Taussig, einem Lederhändler in Budín, den uns der Dichter Seume auf seinem Spaziergang nach Syrakus erwähnt und von dem er sich Kants Einzigen möglichen Beweisgrund vom Dasein Gottes ausborgt, weil er, wie es heißt, Lessings Nathan verliehen hat. Und es ist Else Bergmann selbst, die gerade an diesem Bindfaden dann die Quintessenz einer Familiengeschichte ans Licht zieht:

„Alle diese Aufzeichnungen über meine Familie wollen ein Bild geben eines starken Geschlechtes, das mir manchmal erscheint wie Riesen an Kraft der Lebensfreude, der Erfülltheit mit Lebens- und Erlebens-kräften, die ihrer Natur entstammten, die aber auch aus der Zeit und ihrer Geborgenheit, der Gesichertheit ihrer Existenz, ihrer materiellen, moralischen und Überzeugungssicherheit entspringt und fest ver-ankert war in dem Glauben an Wissenschaft und die Höherentwick-lung der Menschheit. Dieser Glaube trat an Stelle der religiösen, der Judentums-Gläubigkeit, die wie alle Religionen ihrer Primitivität we-gen der Einfachheit den Ungebildeten und Armen mit verzeihendem Lächeln überlassen wurde, mit der festen Überzeugung, daß einmal die Wissenschaft ihre glorreiche Regentschaft über die ganze Mensch-heit verbinden und immer höherführend aufrichten würde. In dieser Überzeugung fanden sie Heimat für den Geist, wie sie in der Schön-heit ihres irdischen Zuhauseseins für ihre ästhetischen Bedürfnisse Nahrung fanden, durch Kunst und Naturgenuß zugleich. Ich lernte schon als Kind alles mit ihren Augen sehen, so daß mir ein Stück Landschaft immer als Kunstwerk schon im Rahmen entgegentrat und Musik, Malerei, Bildhauerei, alles war etwas, was vielleicht andere Kinder als Vaterunser und andere Gebete lernen. Es war eine Anbe-tung der menschlichen Höchstleistungen, die man als von Göttlichem inspiriert verehrte, und vor jedem Kunstwerk verneigte man sich gleichzeitig vor der verborgenen Gottheit, die gerade in ihrer Verbor-genheit die Gnade hatte, sich in Kunst, Wissenschaft zu offenbaren. Meine Großmutter zitierte immer Goethes Worte: ‚Wer Wissenschaft und Kunst besitzt, der hat auch Religion; wer diese beiden nicht besitzt, der habe Religion.'" (F)

Genau das ist auch der Tenor einer im Rückblick (nun bereits kritisch gesehenen) Jugend ohne Gott, wie sie Berta Fanta für sich in ihrer Selbstbiographie in Anspruch nimmt: Die Rede ist dort von einem nicht zu sättigenden Hunger nach Wissen von frühester Kindheit an; von einer durch „flachste Aufklärung" und „schärfsten Atheismus" demystifizierten „Gemüts- und Märchenwelt, in der es keinen Gemütswinkel gab, wo religiöse Inbrunst hätte aufsprießen können"; einem „inbrünstigen Einsaugen der Natur", die dieses Wert- und Wundervakuum dann besetzen sollte; wie dem „Skeptizismus einer materialistischen Erziehung, der es dann freilich doch nicht zustande gebracht hätte, die Zusammengehörigkeit mit dem geistigen Urgrund allen Seins [...] zu verleugnen."[28]

Das alles hatte sich dabei förmlich in Fallgeschwindigkeit einiger weniger Generationen vollzogen:

„Die Eltern der Urgroßmutter waren bereits ganz vom Judentum entfernt", schreibt Else Bergmann über Joachim und Judith Taussig (F). Bei Urgroßvater Simon Engel sieht das kaum besser aus. Er sammelt zwar noch das Geld für den Bau der schon erwähnten größten Synagoge in Böhmen, aber „dem tausendjährigen Brauchtum" zuliebe, wie es bei Else Bergmann heißt (F) – der Superlativ entspricht eben seinem sozialen Status, nicht seiner religiösen Gesinnung. Nur „Schwerbetuchte" (T) wohnen dann dem von der Enkelin als scheinheilig und verlogen empfundenen Schauspiel einer Gedenktafelenthüllung in Erinnerung an seine Verdienste bei. Und so hat denn auch Berta Fanta selbst dann dort, wo sie im Tagebuch einmal ihr „Glaubensbekenntnis" formuliert, (im Gegensatz zu ihrem Schwiegersohn) noch keine Schwierigkeiten, an die theistische Allerweltsformel Brentanos anzuschließen, um sich dann später der Theosophie und Anthroposophie zuzuwenden. Das sieht von der Seite ihres Mannes nicht viel anders aus: Es kostet sie Mühe, ihn, den Juden, vom Übertritt zum Mohammedanismus abzuhalten! (F)

Was Wunder also, wenn die Kinder, in Anbetracht eines solchen Indifferentismus aus allen Fugen der Tradition geraten? Elses Prüfung in mosaischer Religion artet zum Skandal aus, wie die Mutter (noch sichtlich mit Schmunzeln und innerem Behagen) ihrem Tagebuch anvertraut. „Das Kind kann aber rein gar nichts!" – So die letzte Erkenntnis des prüfenden und leidgeprüften Rabbi. Sohn Otto, um die Reihe damit abzuschließen, wird sich später der Astrologie zuwenden.

Säkularisierung ist die eine Seite der Medaille, grenzenlose Assimilation die zeitgleiche Gegenbewegung der anderen: „Die Juden hatten damals keine Ahnung davon, daß man ihr echtes Deutschtum einmal anzweifeln könnte und verkehrten mit ihren christlichen Konnationalen auf das herzlichste", schreibt Else Bergmann noch in ihrem Rückblick vom Jahre 1947.[29] Im Gegenteil. Sie bemühten sich mitunter redlich, ihr Judesein zu vergessen und ihre allzu auffällige Herkunft möglichst unter den Tisch zu kehren. Es gibt rührende und berührende Beispiele dafür, in der Familiengeschichte wie auch in den Tagebüchern:

Da wird etwa dem Schulkind Berta in der Erziehungsanstalt für höhere Töchter das Wort „Nebbich" ausgetrieben (F), weil es – o Schreck! – jüdisch ist.[30] Da zählt man selbst – heimlich – gewissenhaft die Teilnehmerschaft für Tanzveranstaltungen ab, damit dort nur ja nicht zu viele Juden sind. (F) Da gründet man den „Klub deutscher Künstlerinnen", wie Bertas Schwester Ida – bitte deutscher, nicht jüdischer! Liest täglich im Deutschen Kasino am Graben, dem Mittelpunkt der damaligen deutschen Gesellschaft „und Paradies der Jugend meiner Eltern" (Else Bergmann) seine Zeitung wie Apotheker Max Fanta. Hält man sich selbstverständlich für „kulturdeutscher" und deutschliberaler als alle Deutschnationalen, Deutschvölkischen auf der Prager Kleinseite drüben zusammen. (F) Endet die erste zionistische Versammlung mit einem Verbrüderungsfest und Toast „auf die durch gegenseitige Achtung und beiderseitiges ungeheucheltes Stammesbewußtsein zu begründende Freundschaft der beiden Kulturvölker – der Germanen und Juden", wie es ein Zeitungsbericht zum Ausdruck bringt.[31] – Ich belasse es bei diesen wenigen Beispielen.

Das Bemühen um den sozialen Aufstieg geht damit Hand in Hand, wo Besitz und Bildung das Feldgeschrei der politischen Konjunktur sind. „Schwerbetucht" weist den Weg nach oben; wir hatten schon darauf hingewiesen. Mit dem Ghetto unten, dem soeben „sanierten" Slum, zwei Steinwürfe entfernt von seinem Prager Patrizierhaus am Altstädter Ring, hat man nichts gemein! Eine Allianz mit dem Judentum von unten wird da erst, wie bei Kafka, im Gefolge der Pogrome vom Osten überhaupt denkbar und stößt in der Vätergeneration nach wie vor auf totales Unverständnis. Die „auf richtige Juden" neugierige Galizienfahrt ihres späteren Schwiegersohns Hugo Bergmann wird in den gutsituierten Kreisen der Sohrs und Fantas noch als die religiöse Versponnenheit und Schrulle eines in seinen ländlichen Vorstellungen Zurückgebliebenen beargwöhnt. Selbst die Tochter und Braut hat zunächst noch ihre Probleme mit ihrem „kleinen Talmudisten", wie sie ihn in den ersten Liebesbriefen[32] betitelt: Die Gretchenfrage wird hier zweifach andersrum gestellt, nämlich von Else an Hugo: Hältst Du es denn noch mit der Religion?!

Nein, noch hat man weder mit dem heruntergekommenen Krethi und Plethi im Ghetto noch mit jenen beschämend zurückgebliebenen Stammesbrüdern aus dem Osten etwas gemein: Kafkas Bitternis über die Indolenz und Gefühlskälte seiner Eltern dazu haben diese Paradoxien des selbstvergessenen Judentums weltliterarisch anschaulich gemacht. Oben in den königlichen Weinbergen und in Karolinenthal – die Sohrs besitzen auch dort zwei Villen – wie draußen im Villenviertel Podbabas richtet man sich ein, eben standesgemäß. Schon Mutter Emilie nimmt am Gesellschaftssport der Prager von Rang und Stand teil, dem Korso.[33] Man genießt es, im Baumgarten zu promenieren, hört sich die Konzerte der Militärkapelle an, reitet gar, wie die „österreichische Herrschaft" auch, betätigt sich, wie Onkel Hermann, als Zahnarzt für Adelige und die hohe Geistlichkeit, der man, wie Apotheker Max Fanta, exklusiv sein Zahnwasser verkauft. Man läßt sich verwöhnen von den engelgleichen Serviertöchtern in der Conditorei Stutzig am Wenzelsplatz, und man genießt vor allem das Theater und Kulturleben der Stadt, das man sich eben auch leisten kann.

Man klettert höher und höher und empfängt gegebenen- und notfalls sogar sehr gerne auch die Taufe dafür. Aber auch die kleineren Symptome dieser Kulturgeschichte des Fin de siècle in Prag sprechen Bände der Emanzipation: Man fährt Rad. Spielt Tennis. Trägt Pennyfrisur und läßt sich in Dresden Reformkleider schneidern. Schreckt nicht einmal zurück vor Beinkleidern!!

Man „tartelt"[34], spielt Karten – oder „vierhändig": Klavier. Oder auch die schon wieder weniger kleinen Genüsse des Lebens – man lebt eben auf größerem Fuße: Genießt die jährlichen Kunstreisen nach Dresden und läßt sich selbstverständlich auch die Glaspalastausstellungen in München nicht entgehen; fährt nach Wien, Berlin, an die Riviera, Florenz, Afrika. – Als wäre das ganze Leben eine einzige Kreuzfahrt nur.

Man lebt auf größerem Fuße und wird sich dessen bewußt.

V.

„… und wird sich dessen bewußt". Wir haben nun endlich alle Koordinaten soweit ausgelegt, daß wir den Schlüssel für das Sesam-öffne-dich für die Persönlichkeit Berta Fantas in den Händen haben, die Tagebücher – und ich behaupte: *nur* die Tagebücher liefern uns diesen: Denn sie sind der Brennspiegel dieser ihrer Selbstbewußtwerdung, und daß sie uns just die Phase des Aufwachens, ihres Durchbruchs zu den Stunden des wahren Denkens und der wahren Empfindungen abdekken, macht sie uns nur umso wertvoller. Und nicht der Fanta-*Kreis*, die „wissenschaftlichen" Ondits vom sozialen und gesellschaftlichen Umfeld interessieren mich primär, sondern Berta Fanta selbst, die Frau, dort wo und wieweit sie sie selbst wird und aus den Prokrustesbetten vorgegebener Fremdbestimmungen ausbricht.

Als eine unruhige, suchende, brennende und an sich verbrennende Frau wird sie uns in allen Nachrufen auf sie beschrieben. Wahrhaftig, das war sie auch: Lassen wir sie dazu nur ausgiebig selber zu Worte kommen und hören wir uns fürs erste einmal den Einsatz dieses Tagebuchs an; wir schreiben den 14. November 1900, ein kleiner Nachgeschmack von einem nun bereits 100jährigen Geburtstagsfest also: „Heute war ich [...] aufnahmefähig und nicht wenig stolz auf mich. Ich hatte so eine rechte Freude an mir, daß ich dem geistreichen Vortrage des Prof. Ehrenfels über Wagner, Tolstoi und Ibsen so recht mit Verständnis folgen konnte, ich fühlte förmlich, wie mir im ganzen Körper vom Gehirn aus warm wurde, wie ganze Gedankenreihen und Ketten sich bildeten und loslösten."

Viel dazu, zu dieser Befreiung zu sich selbst, trägt zweifelsohne „Nietzsche" bei, „mein lieber Nietzsche" immer wieder (27. Dezember 1900), ob nun wahrgenommen in Worten und im Originalton sozusagen oder vertont (15. März 1901) durch „die erhabene Symphonie von Strauß", nachgebetet und nachgelebt von all den Zarathustras ihresgleichen, die wie Ernst Horneffer[35] an ihre Tür klopfen. Mit Zähnen und Klauen verteidigt sie einmal ihren „edlen königlichen Nietzsche" im philosophischen Seminar, als man es dort wagt, ihn in den Staub zu zerren. „Weder die kühle skeptische Art des Dr. Kastil, noch das milde wohlwollende Denkerauge des Dr. Ehrenfels konnten mich einschüchtern; beiden so verschiedenen Gegnern gegenüber schleuderte ich meine überzeugenden Gefühlsmomente ins Gesicht. Ich schilderte den Rausch, die Wonne, die mir Nietzsche bereitet, die ungeheure Wirkung, die seine Gedanken auf meine

Lebensanschauung hatten, die Fülle von Freiheit und schönem, selbstbewußtem Wollen, die sie mir einflößten." (14. Dezember 1901) „Ich glaube", fügt sie hinzu, „es war beiden Herren ziemlich unheimlich zu Mute bei diesem Gefühlsausbruch; einem unerwarteten Elementarereignis gegenüber fühlt man sich immer beklommen."

Den großen Befreier Nietzsche in sich Gestalt werden zu lassen und also dem öden Alltag wieder Leben einzuhauchen, diese Aufbruchsstimmung auf dem Hintergrund erlebter Dekadenz macht hier den Nerv einer zappelnden und mit sich ringenden Seele; nicht zufällig werden da auch einmal „Werthers Leiden, die ich jetzt kennenlernte, ... mit solcher Wärme nachempfunden, daß mir schien, als spräche Goethe meine eigene Empfindungs- und Gefühlssprache; das war ich, die da träumte, sich sehnte, in der Natur atmete, die Menschen beobachtete mit liebevollem Verständnis, und nicht Werther; oder wenigstens stelle ich mir mein Ich so vor, wenn es sich hätte entfalten können, nicht eingeengt in eine Pappschachtel von falschen Vorurteilen und Beschränkungen. Ich fühle es sogar, einer selbstvernichtenden Leidenschaft wäre ich fähig gewesen, wenn nicht meine Triebe und Instinkte geschwächt und abgelenkt worden wären, eingeengt in das Prokrustesbett der gleichmachenden Alltäglichkeit." (22. November 1902)

Ja, Nietzsches Zarathustra und Goethes Werther sind es zunächst, die die Lebensrichtung angeben, auch und gerade, daß diese Befreiung immer wieder in der Artistenmetaphysik der Kunst wie in einem neuen Naturerleben vorexerziert wird, spricht dafür Bände: „Ich möchte jede Lebensstunde, aufnehmenden Geistes voll, beherrscht von intensivem Fühlen, empfinden! Sie soll mir geben, was sie an süßer Reife, Fülle in sich hat. Nicht spärlich tropfend darf sie ihren Inhalt mir schenken, nein, fließen soll aus allen Poren ihr Saft, dem goldgelben, duftenden Harze gleich, der dem Innern des Baumes entströmt. Atmen, einsaugen möcht ich ihre Kraft, bis sie mir ihr ganzes Sein geboten: die fröhliche Morgenstunde, die Mittagsglut der höchsten Entwicklung und des Abends müdes Leuchten. So wollte ich die Früchte meiner Stunden zu einem Kranze flechten und ihn mir aufs Haupt setzen. Beschwert und gebeugt von solcher Last dem Tode und der Vernichtung entgegengehen, heißt nicht sterben, sondern begraben sein in einem Blütenmeer." (25. August 1902)

Und auch die Klage, in solchem Bemühen weitgehend allein gelassen und unverstanden zu sein (wohl auch vom eigenen Manne, und das wird längerfristig eine Archillesferse dieser Beziehung), fehlt da nicht, wiewohl sie zumindest einen Menschen hat, der zu ihr steht, ein Herz und eine Seele: Schwester Ida: „Welcher Genuß müßte es für mich sein, mit einigen Menschen umzugehen, die mir geistig verwandt wären, dieser Herzenswunsch wird mir schwerlich erfüllt werden! Ich muß mich mit meinem Schwesterchen begnügen, in ihrer Gesellschaft spüre ich die Wonne der Seelenfreundschaft, dieses durch die Sinne nicht wahrnehmbare Fluidum, das unsere innere Welt belebt, ins Schwingen bringt und durch diese Bewegung Neues schafft oder erregt. In Gesellschaft der Frauen meiner Bekanntschaft komme ich mir förmlich entwürdigt vor, genotzüchtigt zu allen diesen banalen unwahren Redensarten; die Worte und Sätze, die ich dann spreche, kommen aus einem geknechteten, halb erwürgten Wesen, aber nicht aus meinem freien Ich. Ich hasse dann diese leeren Puppen, aus welchen nie ein bunter Schmetterling flog, diese von den Allerweltsanschauungen aufgezogenen Marionetten, die mich durch ihre Überzahl zwingen, mitzuspringen, mitzulächeln, mitzulispeln, wenn das kalte, fremde Ungeheuer, der Anstand und die Sitte, es befiehlt. Auch in allen diesen Mißgeburten aber lebt eine Seele, nur ist sie zu dunkler Haft verurteilt und nur hier und da, wenn eine Leidenschaft an den verrosteten Ketten und Riegeln rüttelt, kommt sie zum Vorschein, um dann, wie es einer lange strenggehaltenen Gefangenen geziemt, heftig maßlos ihre Freiheit zu genießen. So leben sie alle dahin, dumpf und stumpf, nur Eruptionen zugänglich, nicht aber ein Bett für den Strom einer schönen geistigen Entwicklung." (7. Dezember 1901)

Befreiung also zu den eigenen Gefühlen und Empfindungen ist angesagt, Thema in Variationen, und so radikal wie nur denkbar. Alles, schlicht alles gerät da in diesem Tagebuch unter das Skalpell einer Analyse, die sich selbst am allerwenigsten schont.

Aber nicht nur ein Ringen um echte Empfindungen und Gefühle. Nichts wäre verkehrter als ein Abschieben Berta Fantas aufs bloß Emotionale. Es geht hier vor allem auch um ein Ringen nach Erkenntnis. Und auch dieses läßt an Radikalität nichts zu wünschen übrig.

Wohl knapp vor dem Einsetzen dieser Tagebücher, nachdem sie sozusagen ihre eheliche Pflicht erfüllt hatte im Puppenspiel ihres Lebens und auch sonst die äußerlichen Verhältnisse in Ordnung gebracht waren, muß es gewesen sein, daß Berta Fanta, zusammen mit

ihrer Schwester Ida, beschließt, den nach ihrer Schulausbildung bei-
seite gelegten Faden ihres Erkenntnisdranges wieder aufzunehmen.
Sie will an der Universität weiterstudieren. Das kann sie natürlich nur
als „Externistin" und also in den hinteren Bänken der Vortragssäle,
um die jungen Herren nicht abzulenken; die Abgangsbestätigung der
Erziehungsanstalt für höhere Töchter sieht ja für Frauen damals noch
keine Hochschulberechtigung vor. (Dieses Privilegium erster Frauen-
studien wird erst ihre Tochter, angeblich die erste Pharmakologin
Prags, für sich beanspruchen können.)

Wie in allen Dingen wirft Berta Fanta sich nun mit voller Leidenschaft auf das Studium der Philosophie. Sie weiß, was sie will: Erkenntnis und wieder Erkenntnis. Zunächst ist es, wie sich die Dinge
da nun aus dem Tagebuch viel klarer ablesen lassen, der in den bisherigen Überlegungen von der Forschung viel zu wenig bedachte
große philosophische Einzelgänger und Sonderling dieses Kreises,
Christian von Ehrenfels, der sie in Beschlag nimmt und denn auch in
ihrem Salon eine Heimat gefunden hat, von den „orthodoxen" Bren-
tanisten aber mit seiner (von diesen ignorierten) „Gestaltpsychologie"
und (dort scharf abgelehnten nicht-aprioristischen) Ethik als abtrün-
niger Meinongianer geschnitten. Die zunächst betont praktisch-ästhe-
tische Ausrichtung seiner Philosophie wie der kolloquial-lockere
Stil seiner Vorlesungen waren Berta Fantas eigenen Neigungen und
Vorlieben wie ihrer autodidaktischen Vorbildung sehr entgegenge-
kommen, und auch die Tatsache, daß Ehrenfels, als persönlicher Schüler Anton Bruckners obendrein, auch noch Anhänger Richard Wagners
war, mußte ja zunächst wie ein Magnet auf sie gewirkt haben. Freilich
ändert sich das bald, zumal Ehrenfels just in diesen Jahren – dafür
berühmt wie verschrien – sich wie ein Besessener seinen sozialeu-
genischen Ideen zuzuwenden beginnt und der Polygamie das Wort
redet, was in diesen bürgerlichen Kreisen bei allem Liberalismus natürlich nicht so ganz goutiert werden konnte; die Beklemmungen dar-
ob lassen sich auch im Hause Fanta nicht völlig unterdrücken. Wir
kennen den etwas kauzigen Gelehrten und so vielseitig genialen
Autodidakten alle aus einem Federschnitt in Kafkas Tagebuch: „Komische Szenen, als Prof. Ehrenfels, der immer schöner wird und dem
sich im Licht der kahle Kopf in einer gehauchten Kontur nach oben
abgrenzt, die Hände aneinander gelegt und gegenseitig drückend,
mit seiner vollen wie bei einem Musikinstrument modulierten Stimme, vor Vertrauen zur Versammlung lächelnd für Mischrassen sich

einsetzt."[36] Und so sitzt Berta Fanta, gemeinsam mit Emil Utitz, Oskar Pollak, Felix Weltsch, Hugo Bergmann – und kurzfristig sogar mit Franz Kafka –, bald schon in den Vorlesungs- und Seminarveranstaltungen Anton Martys und seiner Dozenten, Emil Arleths und Oskar Kraus' – Alfred Kastil aber wird ihr dazu noch persönlich Nachhilfeunterricht geben, und auch die Pilgerfahrt zu Großmeister Franz Brentano selbst, nach Florenz, die sie gemeinsam mit ihrer Schwester unternimmt, läßt nicht lange auf sich warten. Auch außerhalb des regulären Universitätsbetriebs wird nun gepaukt bis zum „Blödwerden", wie sie ihrem Tagebuch anvertraut. Privatim, ob nun im eigenen Salon in der Stadt wie im Sommersitz in Podbaba, oder wie etwas später, gleichsam hochoffiziell, in den allwöchentlichen Sitzungen des Café-Louvre-Kreises und – damit sie allesamt nur ja nicht vom schmalen Pfad der wahren Philosophie abgleiten – unter Anleitung der Dozenten Martys. Dort kommt es dann auch zu jenem berüchtigten Eklat Max Brods, des unverbesserlichen Stänkerers und Ketzers Brod, der seinen so lange Zeit verdrängten Hinauswurf aus diesem Kreis dann zur Folge hatte – anders verursacht freilich, als er das noch in seinen autobiographischen Erinnerungen Streitbares Leben erzählt, aber das ist eine andere und spannende Geschichte für sich.[37] Dort vor allem entdeckt sie ihren zukünftigen Schwiegersohn Hugo Bergmann, „den und keinen anderen!", den brillantesten Kopf dieses philosophischen Kreises zweifelsohne, ihre, Bertas, „Wunscherfüllung" schlechthin, wie die Tochter noch in ihrer Familiengeschichte festhält, und Zäsur ihres, Bertas, Leben: „Sie wünschte sich einen Schwiegersohn, genau wie Hugo Bergmann war, und erhoffte für ihn eine wissenschaftliche Laufbahn an der Prager Universität. Seinen Posten an der Prager Universitätsbibliothek dachte sie sich immer als Vorbereitung dieses ihres Lebenswunsches." (F) – Es ist, rein schulphilosophisch gesprochen, denn auch der bedeutsamste Ertrag ihres Philosophiestudiums geworden, diesen späteren Gründungsvater der israelischen Philosophie und zugleich ersten Rektor der Universität Jerusalem entdeckt und „gebracht" zu haben.

Nietzsche also war nur die Einstiegsdroge in die Philosophie für die „Prinzessin Vogelfrei". Anton Marty aber wird ihr eigentlicher Lehrer. Der erheblich strengere, professionelle, schulphilosophische Geist Brentanos herrscht nun für Jahre über ihrem Leben, aber sehr bald wird dann auch schon ein anderer Leitstern in ihre Lebensbahn eingreifen: Rudolf Steiner und seine Anthroposophie. Und wie schon einst: hie Nietzsche, hie Brentano um ihre Seele ringen, so ist es nun Steiners Philosophie, sein die „Erkenntnis höherer Welten" einschließendes Ganzheitskonzept, das der beinharten Begriffswissenschaft Brentanos für die nächsten Jahre das Wasser abgräbt. Berta Fanta beschreibt Rudolf Steiner gegenüber einmal selbst diese Ambivalenz einer Zerrissenen: „Ich bin mir, was das theosophische Denken und Fühlen in mir betrifft, ein Problem. Den Gegnern gegenüber verteidige ich die Theosophie mit voller Hingabe einer festen Überzeugung, den treuen Anhängern aber setze ich alle Arten logisch spitzfindiger Einwendungen entgegen, dem heißen Wunsche entspringend, daß einer sie mir endlich voll und ganz widerlegen könnte. Bin ich mir selbst überlassen, dann tobt der Kampf zwischen diesen beiden Parteien, bald kommt die eine, bald die andere zum Siege."[38]

Wie schon erwähnt, 1912 wird in Prag die erste anthroposophische Loge gegründet, in Berta Fantas Salon, die Bolzano-Loge. Später freilich, wie wir durch Hugo Bergmann wissen (und wohl auch ein bißchen durch Rivalitäten mitbedingt), wird ihr Verhältnis zu Steiner, oder besser: den Steinerianern gegenüber sichtlich abkühlen; der von ihr empfundene intellektuelle Notstand in deren Kreisen wird die wachsende Skepsis in Berta Fanta nähren, während ihr Schwiegersohn, eine sehr interessante Konstellation im übrigen, Steiner, bei allen Ambivalenzen auch dort, bis an sein Lebensende die Treue hält.[39]

Aber auch ein anderer Widerpart des Brentanismus wird dann vom Salon der Berta Fanta ihren Ausgang nehmen, wohl geleitet nun schon von ihrem Schwiegersohn, aber auch die Hausherrin ist da stets mit von der Partie: das systematische Studium des an der Universität verpönten Deutschen Idealismus, wie es uns Brod festgehalten hatte: Kant voran, Fichte und Hegel hintennach, Woche für Woche, Zeile für Zeile. Daß an diesem Studium dabei vor allem auch die Physiker und Mathematiker vor Ort teilnehmen: Einstein, Kowalewski, Philipp Frank, um nur die Spitzen zu nennen, macht die Sache pikanter, zumal sich ja die Hohepriester der wahren Philosophie des Brentanismus an der Universität mit den Erkenntniszuwächsen aus den synthetischen Urteilen a priori ebenso wenig anfreunden können wie mit den, vom philosophischen Standpunkt, so sehen sie es: Hirnrissigkeiten der Relativitätstheorie.[40] Das alles ist durch Hartmut Binders so umsichtige und verdienstvolle Studie F r a n z K a f k a u n d d e r F a n t a k r e i s wohl schon weitgehend beschrieben worden, auch Einsteins spektakuläre Auftritte und Scharmützel mit Oskar Kraus, – läßt sich aber von meinen eigenen Untersuchungen her erheblich präziser beschreiben; speziell die Rolle Gerhard Kowalewskis darin wie der Paradigmenwechsel Bergmanns und dessen intensives Selbststudium des deutschen Idealismus nun schon vor und während des Krieges.

VI.

Es tut sich also etwas in diesem Salon – und dies nicht nur in dessen engerem philosophischen Kreis, den wir hier etwas beleuchtet haben. Auch die Dichtung, gerade die Dichtung, kommt da nicht zu kurz, auch wenn die Quellenlage hier noch sehr im argen liegt und – wie ich eingangs sagte – die Familiengeschichte Else Bergmanns da nun endlich mehr Licht ins Tohuwabohu der Spekulationen wirft.

Das alles wird noch tief in den Krieg hinein sein Nachbeben haben, dann freilich schon im Rahmen der zionistischen Aufbau- und Bildungsarbeit im Jüdischen Mädchenverein, an der Schulter Hugo Bergmanns, Max Brods – in Berta Fantas gleichsam letzter Phase. Auch in diesen erst durch den Krieg so recht ausgelösten Aufbruchssog der Begeisterung wird sie hineingerissen werden – Begeisterungsfähigkeit ist ja überhaupt eine Grundkategorie ihres Lebens.

Neu anfangen, noch einmal ganz von vorne – als Köchin einer Kwuzah (eines Kibbuz, wie man später sagen wird) in Palästina, an der Seite ihres Schwiegersohnes, private Probleme (mit ihrem Mann – oder ihren Männern) freilich schieben da ordentlich nach. Palästina als Befreiungsschlag also auch so? (Nun, wir überlassen diese Recherchen danach lieber den Paparazzi ...)

Berta Fanta stirbt über den Vorbereitungen zur Auswanderung. Kein großes Wort am Ende ihres Lebens, aber ein Vorwurf, den die Tochter Jakobs direkt gegen den Himmel richtet: „52 Jahre!"

Sie liegt auf dem Neuen jüdischen Friedhof in Prag begraben.

Who is who im Prag der k. u. k. Österreichisch-Ungarischen Monarchie an ihrem Ende – wer war Berta Fanta? Ich denke, wollte man die Quintessenz aus diesem Leben ziehen, so darf man immer noch, möchte ich jedenfalls immer noch, in jene Huldigung Max Brods einstimmen, die er seiner Freundin und Gönnerin einst ins Gastbuch geschrieben wissen wollte und die er noch in seinem Vorwort zu Else Bergmanns Familiengeschichte als sein letztes Wort dazu festgeschrieben hatte:

An Frau Berta F.

Geister wirken hier und dort,
Kleine Flämmchen immerfort
Züngeln auf an manchem Ort, –
Eines lischt durch Zauberwort,
Eines hebt sich und verdorrt.

Heiter gibst du diesen Flammen
Eine Heimat, ein Beisammen.
Die sonst auseinandergleiten,
Nähern hier sich aus den Weiten.

Ist es ein besondres Haus?
In der weiten kalten Welt
Selten sich ein Flämmchen hält.
Hier nur gehn sie niemals aus,
Hier gedeiht ihr heißer Schein. –
Flammen, eure Ursach nennt!

„Weil der Boden selbst hier brennt;
Eigner Flamme Licht und Pein. "[41]

Anmerkungen

[1] Der hier vorliegende Beitrag beruht auf der Grundlage eines Vortrags, den ich im Frühjahr 2000 am Österreichischen Kulturzentrum in Prag gehalten habe.

[2] Ausführlicheres zur Biographie Friedrich Jodls, speziell zu seinem Wirken in Prag, in meinem Aufsatz: Promethide versus Brentanoiden. Friedrich Jodl und die „Österreichische Philosophie". In: Benedikt, Michael/Knoll, Reinhard (Hg.)/Rupitz, Josef (Mithg.): Verdrängter Humanismus – Verzögerte Aufklärung. Philosophie in Österreich (1820–1880). Klausen-Leopoldsdorf, Ludwigsburg, Klausenburg 1995. S. 825–837. – Sowie Georg Gimpl: Ethisch oder sozial? Zur mißglückten Synthese der Ethischen Bewegung. In: Ludwig Feuerbach und die Philosophie der Zukunft. Hg. von Braun, Hans-Jürg/Sass, Hans Martin/Schuffenhauer, Werner/Tomasoni, Francesco. Berlin 1991. S. 729–762. – Georg Gimpl: Verlust des Dialogischen? Friedrich Jodl im Spannungsfeld von Personleben und Gemeinschaftsleben und die Tradition der Rechtsfeuerbachianer. In: Braun, Hans-Jürg (Hg.): Solidarität und Egoismus. Studien zu einer Ethik bei und nach Ludwig Feuerbach. Berlin 1994. S. 121–156.

[3] Siehe dazu meinen Aufsatz: Friedrich Jodl über Otto Weininger und die Biologie der Ideale. In: Georg Gimpl: Vernetzungen. Friedrich Jodl im Kampf um die Aufklärung. Oulu 1990. S. 101–241.
[4] Gimpl, Georg (Hg.): Unter uns gesagt. Friedrich Jodls Briefe an Wilhelm Bolin. Wien 1990.
[5] Gimpl, Georg: Vernetzungen. Friedrich Jodl im Kampf um die Aufklärung. Oulu 1990.
[6] Gimpl, Georg (Hg.): Ego und Alterego. Wilhelm Bolin und Friedrich Jodl im Kampf um die Aufklärung. Festschrift für Juha Manninen. Frankfurt a. M., Berlin, Bern, New York, Paris, Wien 1996.
[7] Manninen, Juha/Gimpl, Georg: Kuka oli Wilhelm Bolin? [Ausstellungskatalog] Hg. von Kristiina Hildén. Helsinki 1991.
[8] Haller, Rudolf: Wittgenstein und die „Wiener Schule". In: Dauer im Wandel. Aspekte österreichischer Kulturentwicklung. Hg. von Walter Strolz in Verbindung mit Oscar Schatz. Wien, Freiburg, Basel 1975. S. 137–162. S. 139.
[9] Iggers, Wilma: Die Juden in Böhmen und Mähren. Ein historisches Lesebuch. München 1986.
[10] Die Familiengeschichte [=F] Else Bergmanns wie das Tagebuch Berta Fantas [=T] sind nun, zusammen mit anderen Quellen, im Verlag Vitalis erschienen (Gimpl, Georg: Weil der Boden selbst hier brennt. Aus dem Prager Salon der Berta Fanta (1865–1918). Prag 2001.).
[11] Kowalewski, Gerhard: Bestand und Wandel. Meine Lebenserinnerungen. Zugleich ein Beitrag zur neueren Geschichte der Mathematik. München 1950. S. 215–271.
[12] Frank, Philipp: Einstein. His Life and Times. Translated from a German Manuscript by George Rosem. Edited and revised by Shuichi Kusaka. New York 1947. [Deutsche Erstausgabe: Einstein. Sein Leben und seine Zeit. München, Leipzig, Freiburg i. Br. 1949].
[13] Seelig, Carl: Albert Einstein. Zürich 1960.
[14] In: Donauland (September 1917). S. 777–784. S. 782.
[15] Fanta, Otto: Die Kontrollanalyse. Ein Beitrag zur Verifizierung graphologischer Gutachten. In: Die Schrift. 2. Jg. 1936. S. 91–121.
[16] Wagenbach, Klaus: Franz Kafka. Eine Biographie seiner Jugend 1883–1912. Bern 1958. – Neesen, Peter: Vom Louvrezirkel zum Prozeß. Franz Kafka und die Psychologie Franz Brentanos. Göppingen 1972. – Smith, Barry: Kafka and Brentano: A Study in Descriptive Psychology. In: Smith, Barry (ed.): Structure and Gestalt: Philosophy and Literature in Austria-Hungary and her successor states. Amsterdam 1981. S. 113–159. – Heidsieck, Arnold: The Intellectual Contexts of Kafka's Fiction. Philosophy, Law, Religion. Colombia 1994.
[17] Brod, Max: Streitbares Leben. Autobiographie. 1884–1968. Frankfurt a. M. 1979. S. 170 f.
[18] Brod, Max: Kafka als wegweisende Gestalt. St. Gallen 1951.
[19] Binder, Hartmut: Jugendliche Verkennung. Kafka und die Philosophie. In: Wirkendes Wort. 34. 1984. S. 411–421.
[20] „Zu den Meistern, von denen ich in der Hochschulzeit (und in der Dekade nachher) Entscheidendes gelernt habe, gehört auch einer, der damals kein Lehramt bekleidete. Nicht formell, wohl aber tatsächlich war er einer meiner wichtigsten

Lehrer; ihm verdanke ich Richtlinien meines Lebens, die seither nie mehr ernstlich in Frage gestellt wurden. Dieser Mann war und ist: Hugo Bergmann." (Brod, Max: Streitbares Leben. S. 219.)

[21] Váňa, Zdeněk: Rudolf Steiner und Prag. Zur Geschichte der tschechischen anthroposophischen Bewegung. In: Beiträge zur Rudolf Steiner Gesamtausgabe. Nr. 109. Michaeli 1992. S. 1–64. – Binder, Hartmut: Der Prager Fanta-Kreis. Kafkas Interesse an Rudolf Steiner. In: Sudetenland. 2/1996. S. 106–150. – Zdražil, Tomáš: Počátky theosofie a antroposofie v Čechách. Rudolf Steiner. Praha 1997.

[22] Doderer, Heimito von: Quondam felix Estonia. in: Weder – Noch. Tangenten zu den finnisch-österreichischen Kulturbeziehungen. Hg. von Georg Gimpl. Helsinki 1986. S. 411.

[23] Dritte überarbeitete und erweiterte Auflage. Prag 1997. Es sind Menschen, die Forschung machen: Daß ich selbst noch den Gelehrten in einer ehemaligen Tafelrunde der Freunde des alten Prag und seiner Literatur um ihren so rührigen Verleger Harald Salfellner herum in der Malostranská kavárna kennenlernen durfte, auch diese so menschlich gewinnende Erfahrung ist ins Schatzkästchen der Erinnerungen meiner Nachforschungen nach Berta Fanta eingegangen. – Erspart geblieben ist es Hugo Rokyta immerhin, noch mitansehen zu müssen, wie nun auch diese so geschichtsträchtige Malostranská kavárna und mit ihr ein gutes Stück Prager Kultur- und Architekturgeschichte dabei ist, einem Anschlag des McDonaldismus zum Opfer zu fallen.

[24] Marx, Karl: Zur Judenfrage. In: Marx, Karl/Engels, Friedrich: Werke. Studienausgabe in 4 Bänden. Hg. von Iring Fetscher. Bd. 1. (Philosophie). Frankfurt a. M. 1966. S. 31–60.

[25] Binder, Hartmut: Franz Kafka und die Wochenschrift „Selbstwehr". In: Deutsche Vierteljahrsschrift für Literaturwissenschaft und Geistesgeschichte. 41. 1967. S. 283–304.

[26] Das Problem dieser jüdischen Renaissance als letzter Rettung wird hervorragend gebündelt in Hugo Bergmanns erster (anonym) veröffentlichter Schrift: Die Judenfrage und ihre Lösungsversuche. Zur Aufklärung der Studentenschaft herausgegeben vom Verein jüdischer Hochschüler „Bar Kochba" in Prag. Prag 1913. 14 S.

[27] Fanta, Berta: Selbstbiographie. In: Fanta, Otto: Die Kontrollanalyse. S. 117–119.

[28] Ebenda.

[29] Ihre Idee, eine Familiengeschichte zu schreiben, läßt sich auf dieses Jahr zurückdatieren.

[30] Man ist erinnert an das von Friedrich Torberg kolportierte Bonmot Gustav Meyrinks: „Prag wird durchflossen von der Nebbich, die sich schließlich doch in die Elbe ergießt". (Torberg, Friedrich: Die Tante Jolesch oder der Untergang des Abendlandes in Anekdoten. In: Derselbe: Gesammelte Werke in Einzelausgaben. Bd. 8. Dießen [13]1979. S. 127.)

[31] Bergmann, Hugo: Die erste zionistische Versammlung in Prag. Ein Beitrag zur Geschichte des Zionismus und der Beziehungen zwischen Zionisten und Sozialisten. Typoskript (Jewish National and University Library Jerusalem).

[32] Ebenfalls verwahrt an der Jewish National and University Library Jerusalem.

[33] Wiederum sei hier Torberg zitiert: „Und am Graben fand allsonntäglich in den späten Vormittagsstunden der Korso statt, auf dem Grüßen und Nichtgrüßen kultiviert

wurde, wobei die im ersten Fall geübten Nuancen größte Bedeutung hatten. Wie tief der Grüßende den Hut zog und in welcher Entfernung er zum Gruß ansetzte, war für das Verhältnis zwischen ihm und dem Gegrüßten ebenso aufschlußreich, wie für dessen gesellschaftliche Position; er seinerseits, der Gegrüßte, bekundete durch die Promptheit und Freundlichkeit der Erwiderung, in welchem Ausmaß ihm der Gruß willkommen war. Nicht selten bahnte sich auf solche Weise ein Rapprochement oder eine Abkühlung an, nicht selten geschah es, daß auf dem Grabenkorso geschäftliche, persönliche oder sogar zwischengeschlechtliche Beziehungen entstanden oder zu Bruch gingen – wie denn überhaupt das Ende dieser segensreichen Institution, deren ungezwungene Ergiebigkeit in mancher Hinsicht sogar die des Kaffeehauses übertraf, innig betrauert werden muß." (Torberg, F.: Die Tante Jolesch ... S. 123 f.)

[34] Tarteln oder auch Tatteln: (speziell jüdisches) Kartenspiel, in der Regel für zwei, nach Friedrich Torberg (Die Tante Jolesch ... S. 209 f.) dem schweizerischen Jassen verwandt.

[35] Der philosophische Schriftsteller und Publizist Ernst Horneffer (1871–1954) hielt bekanntlich die Grabrede auf Nietzsche. Er gab ab 1909 die Monatsschrift Die Tat. Wege zum freien Menschentum heraus.

[36] Kafka, Franz: Tagebücher 1910–1923. Hg. von Max Brod. Frankfurt a. M. 1976. S. 180.

[37] Der in der Forschung des breiten beschriebene Eklat, den Brod in diesen Brentanistenkreisen heraufbeschwor, hatte seine Ursache in der Veröffentlichung zweier etwas zynisch gehaltener Novelletten in Die Gegenwart im Jahre 1905, Zwillingspaar von Seelen (Nr. 40) und Warum sang der Vogel? (Nr. 21. Wiederabgedruckt in: Brod, Max: Tod den Toten! Stuttgart 1906. S. 95–98.) Letztere, erheblich bissigere und peinlichere, hatte Brod aber noch in seiner Autobiographie sichtlich „verdrängt" oder bewußt nicht wieder aufgewärmt.

[38] Zit. nach Váňa: S. 51.

[39] So ist Hugo Bergmann unter den Schulphilosophen wohl der einzige, der Steiners anläßlich der Wiederkehr seines 100. Geburtstags sehr ausführlich und dessen Lebenswerk würdigend gedenkt. (Bergmann, Hugo: Rudolf Steiner als Philosoph. Vortrag zum 100. Geburtstag Rudolf Steiners vor der Philosophischen Gesellschaft der Hebrew University Jerusalem. In: Die Drei. Zeitschrift für Anthroposophie und Dreigliederung. 32. Jg. 1962. Heft 1. S. 1–8.)

[40] Vor allem Oskar Kraus, ein wahrer Don Quichote des Absolutismus, spielt hier eine in der Forschung bereits gut beschriebene, sehr unglückselige Rolle. Sein öffentlicher Schlagabtausch mit Einstein in Prag und andernorts ist längst Legende geworden, und noch weniger nehmen da die Briefe ein Blatt vor den Mund: „Eine Uhr, die sich auf einem mit nahezu Lichtgeschwindigkeit bewegten Körper befindet, wird erst nach nahezu unendlich vielen Jahren vom Lichtstrahl erreicht werden und daher wird die Zeit auf ihr gegenüber einem ruhenden nahezu nicht von der Stelle rücken. Daraus macht dieser Idiot, daß die Zeit im bewegten System eine andere sei und daß ein bewegter Organismus weniger rasch altere als ein ruhender. Aus der Unzulänglichkeit des Lichtes als Synchroniebestimmer folgt all der Unsinn." (Kraus, Oskar: Brief an Franz Brentano. Fond Kraus. Forschungsstelle und Dokumentationszentrum für österreichische Philosophie.).

[41] Brod, Max: An Frau Bertha F. In: Derselbe: Das gelobte Land. Ein Buch der Schmerzen und Hoffnungen. Leipzig. S. 37.

Hanns Haas

Ängste des Bürgertums
Ein Blick in altösterreichische Gelehrtenstuben

Das 19. Jahrhundert hat die großen kollektiven Ängste der vormodernen Zeit vor Hunger, Kälte und Seuchen, vor Gespenstern und Wiederkehrern und vor den Agenten des Satans überwunden.[1] Diese kollektiven Ängste reichen bis zum Aufklärungszeitalter.[2] Das nachfolgende bürgerliche Zeitalter war hingegen von Zivilisationszuversicht geprägt; die alten Ängste schienen überwunden, die postmodernen Gespenster waren noch ungeboren. In dieser liberalen Gründerzeit ist meine Untersuchung angesiedelt. Ich behandle daher weniger die Herrschaft der Angst über die Menschen, sondern die Beherrschung der Angst durch eine fortschrittsgläubige Elite österreichischer Wissenschaftler. Die ganze Untersuchung beruht auf den Selbstzeugnissen einer Handvoll Gelehrter, also einer Elite, die aktiv ins gesellschaftliche und politische Leben eingriff. Die Konzentration auf dieses soziale Segment ist pragmatisch durch das Vorhandensein von Memoiren bedingt, während beispielsweise die österreichischen Unternehmer kaum Selbstbiographien hinterlassen haben.[3] Die untersuchte Personengruppe ist vor allem durch Profession, Tätigkeit, Wohnort und Generationszugehörigkeit umgrenzt. Es sind beinahe ausschließlich universitäre Karrieren der 1870er und 1880er Jahre, die hier behandelt werden. Es sind dennoch zwei Alterskohorten. Die älteren Geburtsjahrgänge haben noch das lange Ringen zwischen Absolutismus und Konstitutionalismus mitgestaltet, die jüngeren wurden vom herrschenden Liberalismus geprägt. Beide erlebten in unterschiedlichem Alter das Ende des liberalen Zeitalters, wobei ihr Beitrag zur Kultur des Fin de siècle hier ausgeklammert bleibt. Daher kommt Sigmund Freud nur mit seinem jugendlichen Briefwechsel bzw. mit gelegentlichen Erinnerungen an die Jugendzeit zu Wort. Die Zeitzeugen repräsentieren mehrere geistes- und naturwissenschaftliche Zweige, ohne systematische Auswahl im Sinne einer Prosopographie. Es fehlen beispielsweise die im Liberalismus tonangebenden Rechtsgelehrten wie Unger und Ihering, und es fehlt die so wichtige Germanistik. Der Salzburger Alpinist Ludwig Purtscheller gehört außerdem als Mittelschullehrer nicht der akademischen Gelehrtenschicht an. Nur zur Abrundung des Bildes sind die Schriften der Literaten Ferdinand Kürnberger und Daniel Spitzer herangezogen. Sonst jedoch waren die meisten der hier behandelten bürgerlichen Heroen an der Universität Wien tätig. Sie entstammen jedoch mehreren altösterreichischen Kronländern. Der Kunsthistoriker und Zeitgeschichtler Anton Springer wurde z. B. in Prag geboren und sozialisiert. Ihre Memoiren belegen aber alle die dichte soziale Interaktion dieser sozialen Schicht durch gemeinsame Lehr- und Forschungstätigkeit sowie gesellschaftliche Begegnungen.

Bei dieser sozialen Nähe waren die hier behandelten und beschriebenen Lebensentwürfe vermutlich nicht ganz untypisch für die Gruppe der gelehrten Funktionselite insgesamt, ohne selbstverständlich von dieser Elitenmentalität auf breitere bürgerliche Schichten Schlüsse ziehen zu können. Alles in allem haben wir es mit den Selbstreflexionen einer kulturell geprägten und schreibgewandten Minderheit zu tun. Dabei ist der Bezug zur literarischen Gattung des bürgerlichen Bildungsromans zu erwähnen, welcher vielfach stilbildend wirkte.[4] Bildung bedeutet die konsequente Verfolgung einer Idee. So ist es auch nicht weiter verwunderlich, daß alle Memoiren das ganze erzählte Leben um den Gedanken stilisieren, welchen Beitrag ihre Helden durch Überwindung zahlloser innerer und äußerer Schwierigkeiten und im heroischen Kampf gegen ererbte Verhältnisse für den Zivilisationsfortschritt geleistet haben.

Alle diese heroischen Gestalten fanden ihren Lebenssinn in der Bewältigung einer großen Aufgabe, die sie von Jugend an begleitete. Viele überwanden durch größte Anstrengung die Startschwierigkeiten einer armen Geburt oder die Benachteiligung einer jüdischen Herkunft. Da waren zahlreiche Stationen zu durchleiden, z. B. die langen Hauslehrerjahre des Kunstgeschichtlers und Historikers Anton Springer, die unbezahlten Praktikantenjahre des Arztes Sigmund Freud oder die subordinären Bürodienste der Historiker Alfred von Arneth in der Staatskanzlei[5] und von August Fournier im Archiv der Hofkanzlei,[6] ja sogar ein paar Kerkermonate des Geologen Eduard

Süß wegen des Verdachtes unerlaubter politischer Tätigkeit.[7] Die erste Erfolgssprosse war jedoch mit dem akademischen Grad und dem Eintritt in das bürgerliche Gesellschaftsleben erreicht. Auch sonst ist dieses hohe Ansehen der akademischen Bildung in der Wiener Bürgerwelt, beispielsweise aus dem literarischen Zeugnis Stefan Zweigs, überliefert.[8] Wichtig war sodann der Eintritt in das kulturell-soziale Leben der „Zweiten Gesellschaft". Ein neues Leben eröffnete sich diesen Aufsteigern in den bürgerlichen Salons.[9] Es gibt keinen Emporkömmling ohne den Topos, für solche höheren sozialen Genüsse auch einmal gedarbt zu haben.[10] Erst der Bauernbub Karl Renner hat in einer nächsten Generation den Versuchungen klassisch-bürgerlicher Sozialisation widerstanden.[11] Wer die erste Sprosse erreicht hatte, der durfte auf eine bürgerliche Karriere hoffen; und dazu zählten nicht nur Ansehen und Einfluß, sondern auch Wohlstand, wenn nicht sogar Reichtum. So träumte auch der bettelarme junge Arzt Freud von einem Leben in Sicherheit und Geborgenheit. Die zwei Bände seines im Scherz geplanten Familienromans trugen die Titel Dalles (Armut) und Riches (Reichtum).[12] Auf die Phase der Ausbildung folgte die Bewährung in redlichem Ringen mit den Widernissen des bürokratischen Umfelds. Es ging darum, die Strukturbedingungen für die Zivilisationsleistung zu verbessern. Der Aufschwung des universitären Lebens war diesem Vorhaben günstig. Süß reformierte das Geologische Institut, Billroth die Klinik, Arneth öffnete das Wiener Haus-, Hof- und Staatsarchiv der Forschung, Springer wirkte an der neuen Straßburger Reichsuniversität.

Doch das waren lediglich die Rahmenbedingungen für die nun folgende Erkenntnisleistung. Die Heroen schwelgten in Entdeckerfreude, sie überwanden die Denkkategorien und Tabus ihrer Lehrer, suchten neue Erkenntnisfelder, kombinierten Denken und Experiment am lebenden und toten Objekt. „Schauen, Beobachten, Sammeln"[13] und ein „mächtig erstarktes Kausalitätsbedürfnis"[14] verdrängten die Lust an „schulmäßiger Spekulation"[15]. Die Wissenschaft wurde zur moralischen Maxime, in ihrem Namen experimentierte der Arzt Billroth bis an die äußerste Grenze der Straffälligkeit und injizierte einem Kranken trotz größter Bedenken bei einer harmlosen Knievereiterung die tödliche Karbolsäure.[16] Auch Süß wagte sich mit seinen Studenten bedenklich nahe an den Hauptkrater des Vesuvs heran,[17] und nicht zuletzt war auch die Freud'sche Psychoanalyse ein solches Experiment am lebenden Menschen. Bei allen Bedenken gegen diese

Nebenkosten des Fortschritts überwog doch die optimistische Perspektive, ja leidenschaftliche Gewißheit, daß ernste Anstrengung bei begleitender Qualitätskontrolle letztlich der Menschheit nütze. So erhielt das ganze Leben seinen Sinn in der Erfüllung von allgemein menschlichen Aufgaben, der Fortschritt war unleugbar. Die Gelehrten unterwarfen sich bereitwillig der begleitenden Kontrolle ihrer Fachwelt. Nicht zufällig entstand in diesen Jahren einer etablierten bürgerlichen Öffentlichkeit die Literaturgattung des Rechenschaftsberichtes, den Billroth jährlich stöhnend fertigstellte.

Doch so allgemein die Aufgabe, so individuell war die wissenschaftliche Erkenntnis, wie ein ins Diesseits verpflanztes Bekehrungserlebnis. Alle diese Heroen hatten ihre plötzliche Einsicht. Der Geologe Süß entdeckte „im Gelände von Eggenburg" die Weite des pannonischen Tertiärmeeres und die „Lehre von den eustatischen Strandbewegungen"[18], später „die Ähnlichkeit des Baues des Appenins und der Karpaten"[19] und schließlich in der Schweiz das Geheimnis der Alpenauffaltung. Die Feierlichkeiten zur Eröffnung des Suezkanals sowie eine Nordlandreise komplettierten sein Wissen um „das Antlitz der Erde". Billroth bereicherte seine Kenntnis des menschlichen Körperbaues als Chirurg auf den Schlachtfeldern des Deutsch-Französischen Krieges.[20] Dem Arzt Sigmund Freud enthüllte sich plötzlich in einer einzigen Nacht das Wesen der Traumdeutung.[21] Der Altphilologe Theodor Gomperz fand auf seinen Reisen zu den Stätten des klassischen Altertums Anregung und Mut zu einer Geschichte der griechischen Philosophie.[22] Seine erste „italienische Reise" eröffnete Anton Springer eine neue kunstgeschichtliche Betrachtungsweise. Rom und Florenz hatten ihm „den Sinn für das Eigentümliche der einzelnen Meister geschärft, die größere Aufmerksamkeit den Formen und nicht mehr vorwiegend dem Inhalt zuzuwenden gelehrt". Springer war somit „den historischen Studien gewonnen".[23] Alfred von Arneth revidierte durch eifriges Quellenstudium das überlieferte Bild Maria Theresias. August Fournier begründete mit einem Archivfund zur Vorgeschichte der Pragmatischen Sanktion seinen wissenschaftlichen Ruhm.[24] Leistung, Experimentierfreudigkeit und Heilserwartung verschmolzen in solchen großen Augenblicken. „Wer immer strebend sich bemüht, den können wir erlösen" – kein Dichterwort erfreute sich größerer Beliebtheit. Die bürgerlichen Heroen verfielen dennoch nicht dem Geniekult. Wieder sicherte ein Goethewort, „Genie ist Arbeit", vor der Mystifizierung des Individuellen. Die Bürgerlichen wußten alle, welchen günstigen Konjunkturen und Institutionen sie ihre Leistungen verdankten, und das Individuelle definierte sich aus der Leistung für die Allgemeinheit. Mit der Erkenntnis alleine war es daher nicht getan. Die Gelehrten des 19. Jahrhunderts waren keine Stubenhocker, sie widmeten ihr Wissen den gesellschaftlichen Aufgaben. Erst die Anwendung bewies die Brauchbarkeit ihrer Theorien. Der Geologe Süß schenkte der Großstadt Wien Idee und Planung der Hochquellenwasserleitung und er leitete die Donauregulierung.[25] Der Arzt Billroth erwarb seinen ärztlichen Ruhm durch die Kehlkopfexstirpation, den künstlichen Kehlkopf und später durch die Darm- und Magenresektion.[26] Freud und Breuer heilten oder linderten spektakuläre Fälle von Angstneurose. Gomperz entdeckte ein antikes Kurzschriftsystem. Springer bewährte sich bei der Eröffnung der Reichsuniversität Straßburg als Festredner,[27] Arneths „Maria Theresia" legitimierte den österreichisch-ungarischen Ausgleich. Sogar ein Erbübel der Menschheit, der Krieg, verlor in diesem euphorischen Zeitalter seine apokalyptische Dimension, als Überbleibsel sonst überwundener barbarischer Zustände, als „eine Schande für unsere Civilisation" – um den zeitgenössischen deutschen Historiker Ferdinand Gregorovius zu zitieren.[28] Das angeblich aufgeklärte Zeitalter suchte auch auf diesem Bereich nach Abhilfe. Das öffentliche Entsetzen über die Schlachtfelder von Solferino und Magenta führten zur Gründung der Gesellschaft vom Roten Kreuz. Die Friedensbewegung der nächsten Jahrzehnte suchte leidenschaftlich nach institutionellen Vorkehrungen gegen den Krieg. Auch die völlige rechtliche und soziale Gleichstellung der Juden und die Überwindung mentaler Barrieren zwischen den Religionen schien endlich zum Greifen nahe.[29] Der Liberalismus versprach außerdem durch Freisetzung aller produktiven Kräfte endlich die Lösung der sozialen Frage. Nicht zuletzt eröffnete die Literatur die Vision einer zwar nicht reibungslosen, aber endlich geglückten Symbiose von materiell-technischem Fortschritt und sozialer · Entwicklung. So vermittelt Ludwig Anzengruber seinen Lesern die Einsicht, daß die Maschine nicht die Arbeit raubt, sondern den Menschen dient.[30]

Wo jedoch die wissenschaftliche Überzeugungskraft des einzelnen nicht ausreichte, dort verbündete sie sich mit Gleichgesinnten zu ihrer politischen Durchsetzung. Es gab in allen diesen Biographien einen Moment, an dem das individuelle Anliegen gleichsam ins Allgemein-Politische hinüberwechselte. Dort erst verschmolz das Individuum ganz mit seiner gesellschaftlichen Aufgabe, im Gemeinderat, im Abgeordnetenhaus, später im Herrenhaus, im Landtagsausschuß, im Vereinsleben oder in gesellschaftlichen Initiativen fürs Allgemeinwohl. Doch die Heroen wollten gebeten sein, um nicht vordringlich zu erscheinen. „Trotz eifrigen Widerstrebens" fiel Springer als politischer Journalist „der Politik immer wieder in die Arme".[31] Die zufällige Anwesenheit bei einer Wahlveranstaltung 1848 löste Arneth die Zunge.[32] Gomperz widerstand nur knapp der Versuchung einer Kandidatur zum Abgeordnetenhaus. Er wurde stets „halb gegen meinen Willen durch äußere Umstände in das öffentliche Leben getragen", beklagte Süß.[33] Billroth widmete seine letzten Jahre der Erbauung seiner universitären Klinik sowie der Errichtung einer privaten Krankenanstalt. Dieses Rudolfinerhaus wollte er vollendet wissen, „ehe man mich ins Bretterhaus legt" – so berichtete er einem Freund.[34] Politik galt dieser liberalen Gründergeneration als Verwirklichung des besseren Arguments in einem geordneten Kosmos der Berechtigungen und Kompetenzen. Carl Schorske hat uns daran erinnert, daß diesem wortgläubigen Zeitalter das Recht den Glauben ersetzte.[35] Große Gelehrsamkeit und gesellschaftliches Verantwortungsgefühl berechtigten und verpflichteten zu politischem Engagement. Selbst der jugendliche Freud träumte von einer politischen Karriere, wenn nicht gar von einem Ministeramt.[36] Sein aktives Leben fiel aber bereits in eine nachliberale Ära, als das gelehrte Bürgertum der Politik den Rücken zukehrte.

Atavistische Ängste vor dem Irrationalen hatten in dieser Weltsicht keinen Platz. Die Heroen wurden zum Ausgleich von diesseitigen Ängsten geplagt. Sie fürchteten um Karriere, Durchsetzungsvermögen, Anerkanntwerden, Erfolg, sozialen Status, die gute Partie, die glückliche Ehe, Gesundheit und ein langes Leben, kurz, um die so unsicheren Bürgschaften ihrer bürgerlichen Existenz bei all den „Wechselfällen und bei der launenhaften Ungerechtigkeit, mit der das Glück den Verdienst belohnt".[37]

Der Gegenstand ihrer Libido, die Karriere, wurde daher zur ergiebigsten Quelle der Angst. Aller Anfang ist schwer, jedoch keine Schwelle schien höher als die staatliche Reifeprüfung. Dieser grausame Initiationsritus fehlt in keiner Lebensbeschreibung. Die existentielle „Angst vor dem Unbekannten der Aufgabe, vor der Möglichkeit des Misslingens in der zugemessenen Zeit"[38] bildete die Barriere zwischen Jugend und Erwachsenenleben. Die Matura blieb allen diesen Aufsteigertypen ein Leben lang „in peinvoller Erinnerung".[39] Als Lohn der Angst folgte zwar die bürgerliche Karriere.[40] Doch noch das Traumleben verpflanzte regelmäßig alle schwierigen Lebenslagen in die enge Welt der Schulklasse. Die Matura wurde zum Stoff von Tragödien, Torbergs „Schüler Gerber" zerbrach noch Jahrzehnte später an dieser Herausforderung. Schlaflose Nächte verursachten den bürgerlichen Heroen auch die Unwägbarkeiten der bürgerlichen Karriere. Doch weil die Matura offenbar das Angstpotential weitgehend absorbierte, so verblieb ein breiter Raum für einen ausufernden Kult des Beleidigtseins und Gekränktspielens wegen angeblich unverdienter Zurücksetzung. Ganze Lebensabschnitte waren ausschließlich diesem Selbstmitleid gewidmet,[41] bis endlich eine glückliche Wendung eintrat. Selbst noch die aufwendigen Grabkulte bestätigten dem Bürger die irdischen Leistungen und Anerkennungen. Der fünfzigjährige Billroth arrangierte bereits seinen Leichenzug.[42]

Wirkliche Sorgen bereitete jetzt auch das wirtschaftliche Leben, nicht alleine die persönliche Situation, sondern auch die Fortdauer der Konjunktur, die Sicherheit des Kredits, die Validität der Aktien. Diese modernen Ängste vor dem wirtschaftlichen Desaster wurden jetzt gleichsam zu schicksalshaft auferlegten Heimsuchungen, so daß der Feuilletonist Daniel Spitzer polemisch die „Creditanstalt" gleich hinter den anderen Gefahren des Alltags von „Raub, Mord und Einbruch" einreihte und die Angst vor der Nichtauszahlung der Dividende hinter der Angst vor dem Brand im Burgtheater auflistete.[43] Erfolg wurde zum Gradmesser moralischen Handelns, Mißerfolg raubte den Lebenssinn. Nach dem Börsenkrach verzeichnete die Statistik in den Jahren 1873 bis 1874 nicht weniger als 214 Selbstmorde.[44] Solche Katastrophen bewirkten ernsthafte Identitätskrisen. Man bezweifelte die Dauerhaftigkeit des so rasch angehäuften Reichtums und den Bestand aller neuen Würden und Positionen. Doch auch gegen solche Zweifel erfand das Zeitalter seine Palliativmittel in einem weitverzweigten Versicherungssystem, das bei allen denkbaren Wechselfällen schützen sollte, selbst gegen die ausbleibende Mitgift der Braut.

Diese sekundären irdischen Sicherheiten schwächten die Erklärungskraft des Numinosen. Der Zivilisationsprozeß beseitigte oder milderte die vormodernen Ängste vor dem Ungewissen, Unbekannten, Neuen, vor weiten Reisen, vor dem Meer, vor der Pest, vor Hunger und sozialem Aufruhr. Zugleich entwertete er alle bewährten Hilfsmittel zur Bewältigung der Angst. Die Gespenster der Finsternis wurden zu Ammenmärchen, die Berggeister arbeitslos. Selbst die Religion spielte in dieser hochliberalen Zeit für die intellektuellen Gesellschaftsschichten nur eine untergeordnete Rolle. Sosehr ihre kulturverfeinernde „sittigende" Funktion für das Volk anerkannt blieb, so wenig Orientierungshilfe bot sie einem Billroth, Süß, Fournier, Freud oder Gomperz.[45] Eine gewisse Kompensation bescherte dieser Generation der Darwinismus, dieses Wissen um fortwährendes „Sterben und Entstehen",[46] das Wohlgefühl, an der Spitze der Evolutionspyramide zu stehen. Damit kündigten sich schon jene wissenschaftlich vermittelten Obsessionen an, welche das angeblich säkularisierte 20. Jahrhundert beherrschten.[47] Diese Selbstgefälligkeit wurde lediglich durch die dauernde Sorge vor der Unberechenbarkeit der Erbanlagen beeinträchtigt. Doch selbst gegen solche körperlichen und geistigen Gebrechen erfand dieses Zeitalter seine Vorkehrungen in einem neuen Kult der Körperlichkeit. Die liberale Ära legte großen Wert auf gesunde und hygienische Verhältnisse, auf gute Luft, klares Wasser, auf körperliche Bewegung in der freien Zeit. Vor allem Turnen und Bergsteigen sollten den vom Zivilisationsprozeß angeblich geschwächten Körper wieder stärken und festigen.

Der Salzburger Turnlehrer und Publizist Ludwig Purtscheller war ein stilbildender Vertreter dieser liberalen Generation von Alpinisten. Bergsteigen war ihm ein Element der Charakterbildung, ein heroisches Ringen mit einem übermächtigen Gegner, in dem „eine sichere, starke, gesunde Individualität" heranwuchs.[48] Wiederum überwanden intellektuelle Fähigkeiten, gezielter Kräfteeinsatz und gute Ausrüstung die natürlichen Hindernisse auf dem Wege zu lichten Höhen. Natur und Kultur bildeten keinen Widerspruch, die moralische Veredelung ging Hand in Hand mit der technisch-wissenschaftlichen Erneuerung. Eine bildungsbeflissene Zeit brachte erneut das Schlagwort vom gesunden Geist im gesunden Körper zu Ehren. Auch die bildende Kunst paraphrasierte mit ihren hellenistisch nachempfundenen Menschenbildern einen angeblich entsexualisierten Schönheitskult.[49] Der Wiener Ästhetizismus reicht zurück ins liberale Zeitalter.[50]

Rationalität und Gefühlswelt schienen in dieser „zweiten Aufklärung" vereinbar.[51] Das gute Maß bewahrte vor Exaltation. Purtscheller verlangte vom guten Bergsteiger Mut „nicht bloß im Wagen, auch im Entsagen".[52] Der Philosoph Gomperz vererbte seinen Kindern die selbstgerechten Grundsätze: „Die Leidenschaften mäßigen, ohne sie auszurotten. Das Gefühl mit der Vernunft beherrschen, ohne es zu unterdrücken!"[53] Ferdinand von Saar erzählte immer wieder von solchen Typen, die ihren Lebenssinn im verstandesmäßig auferlegten Verzicht fanden.[54] Das ganze individuelle und gesellschaftliche Leben schien solchen klaren Prinzipien von Berechenbarkeit und Nützlichkeit zu gehorchen. Nicht zufällig fand der philosophische Utilitarismus in der Nachfolge John Stuart Mills mit seiner Ablehnung von Metaphysik und Ontologie in Wien großen Anklang und wichtige Nachfolger in Gomperz und Friedrich Jodl. In diesem philosophischen System wurde alle Moral und gesellschaftliche Ordnung aus menschlichen Interessen, alle Erkenntnis aus Erfahrung und Gewohnheit abgeleitet.[55] Die Bürgschaft humanen Fortschritts lag alleine in Arbeit. Gomperz wollte in der Nachfolge der Aristotelischen Sittenlehre „das Glück in der Thätigkeit suchen!"[56]

So opferte diese Generation dem Spekulativen im allgemeinen keine Zeit. Allfällige Sinnkrisen wurden durch Arbeit erstickt. Alle Gelehrtenmemoiren thematisierten das Thema der Arbeitsüberlastung, nicht zuletzt im Einklang mit dem bürgerlichen Leitgedanken eines hohen Arbeitsethos. „Das Leben ist schwer, ich betäube mich durch Arbeit", bekannte Freud seiner Braut.[57] Springer mußte durch journalistische Brotarbeit das universitäre Gehalt aufbessern.[58] Arneth flüchtete aus einem lange erfolglosen Berufsleben und aus einer tristen Ehe mit einer – kaum zufällig – melancholischen Frau zur achtbändigen Herrscherbiographie Maria Theresias. Gomperz fürchtete wegen Arbeitsüberlastung um sein Augenlicht. Billroth beklagte das Los des Familienvaters, der zur „Maschine zum Gelderwerb" verkomme.[59]

Doch trotz aller Arbeitsmühen fanden sie alle Glück und Geborgenheit in ihrem so mühevoll errungenen bürgerlichen Dasein, in einer gepflegten Häuslichkeit, in einem regen gesellschaftlichen Leben, in statusbewußtem Kunstgenuß und in einem genußfähigen Leben. Im Privatleben befolgten die liberalen Geistesheroen die Ideale vormärzlicher Bürgerlichkeit. So wünschte sich auch ein Sigmund Freud nichts weiter als „ein kleines Haus, in das vielleicht die Sorge Einlaß findet, aber nie die Not, ... stille Zufriedenheit, die uns die Frage erspart, wozu wir eigentlich leben".[60] Wer seinen Beitrag für die Zivilisation leistete, hatte ein Anrecht, seinen Teil „zu genießen".[61] Leistung und Fruchtgenuß bedingten einander. Diese altösterreichischen „Phäaken bauten kunstvolle Tunnels durch schieferiges Gebirge, malten und ätzten prächtige Bilder, schrieben wissenschaftlich tüchtige Bücher, heilten die Kranken, belehrten die gesunde Menschheit und waren dabei froh, wenn sie keine allzu schweren Sorgen drückten".⁶² Die Zukunft schien gesichert. Der jugendliche Freud bekannte seiner Braut: „Ich habe schrecklich wenig Furcht vor allem, was kommen will".⁶³

Schon die nachfolgende bürgerliche Generation des ausgehenden 19. Jahrhunderts verlor diese liberale Selbstsicherheit. Alle Maximen gerieten jetzt in Zweifel: daß Arbeit Lebenssinn für den einzelnen und für die Gesellschaft ergibt, daß Politik die Herrschaft des Rechts verwirklicht, daß Kunst und Religion den Menschen versittlichen, daß der Mensch „edel und gut" sei. Diese neue Generation kannte zwar nichts als Sicherheit und Wohlstand, doch es schien überflüssig, sie zu Tugenden aufzuwerten. Die Väter ermahnten zur Welteroberung, die Söhne verwarfen das Utilitaritätsprinzip. Das Verhältnis und der Konflikt zwischen Vater und Sohn wurde von Hugo Wolf illustriert. Der biedere Apotheker im südsteirischen Windischgraz ermahnte mit dem deutschen Zitatenschatz den angehenden Musiker: „Dränge dich in den Vordergrund – nur Lumpen sind bescheiden. Frisch gewagt ist halb gewonnen. Selbst der Mann! ... Faß das Glück bei den Ohren und laß es nicht aus, setz alle Hebel in Bewegung und mach es auch so wie viele andere vor dir getan, wer nichts wagt wird nie gewinnen."⁶⁴ Doch der Sohn war dieser bürgerlichen Welt bereits entwöhnt; soziale Bewährung galt ihm als Entfremdung, das Streben nach Rang und Namen als Lüge. Er verabscheute die Begegnung mit „solchen Menschen, die eben die andere sogenannte gebildete Gesellschaft ausmachen und die z. B. den Verdienst eines Menschen nicht nach dem beurteilen, was er kann, sondern was er aus seinem Können zu machen weiß". Er jedenfalls wollte nicht „etwas weiß-machen", nicht „lügen, betrügen, schwindeln und eine Maske aufsetzen".⁶⁵ Die Jungen suchten nach Authentizität in einer Welt voller klassischer Phrasen. Die ungelösten Sinnfragen zerstörten die plausiblen Erklärungen und die Sicherheiten im Verhältnis zur sozialen Stellung, zur kulturellen Überlieferung, zur Natur, zur Tradition, zum anderen, ja zum eigenen Geschlecht.⁶⁶ Die intellektuelle Welt des Fin de siècle verstand es jetzt zwar, diese Unsicherheiten zu benennen und zu analysieren, und daher wurde das Phänomen der Angst bei Sigmund Freud von einem kollektiven zu einem individuellen Problem. Doch bereits im beginnenden neuen Jahrhundert prophezeite Robert Musil in seinem Törleß eine Gesellschaft, die wiederum von der Angst vor der Unberechenbarkeit, nicht eines auferlegten Schicksals, sondern der menschlichen Bestialität, beherrscht werde.

Anmerkungen

[1] Lecouteux, Claude: Geschichte der Gespenster und Wiedergänger im Mittelalter. Köln, Wien 1987.

[2] Delumeau, Jean: Angst im Abendland. Die Geschichte kollektiver Ängste im Europa des 14. bis 18. Jahrhunderts. Reinbek bei Hamburg 1985.

[3] Mentschl, Josef: Das österreichische Unternehmertum. In: Die Habsburgermonarchie 1848–1918. Bd. 1. Die wirtschaftliche Entwicklung. Hg. v. Alois Brusatti. Wien 1973. S. 250 ff.

[4] Dazu Michael Mitterauer als Hg. der Memoiren: „Gelobt sei, der dem Schwachen Kraft verleiht." Zehn Generationen einer jüdischen Familie im alten und neuen Österreich. Wien, Graz, Köln 1987.

[5] Arneth, Alfred Ritter von: Aus meinem Leben. Die ersten dreißig Jahre (1819–1849). Wien 1894. S. 243 ff.

[6] Fournier, August: Erinnerungen. München 1923. S. 111.

[7] Süß, Eduard: Erinnerungen. Leipzig 1916. S. 77 ff.

[8] Zweig, Stefan: Die Welt von gestern. Frankfurt a. M. 1982. S. 25.

[9] Springer, Anton: Aus meinem Leben. Berlin 1892. S. 51.

[10] Fournier: Erinnerungen. S. 121 ff.

[11] Renner, Karl: An der Wende zweier Zeiten. Lebenserinnerungen. Wien 1946. S. 138. S. 211–214.

[12] Freud, Sigmund: Briefe 1873–1939. Ausgewählt und hg. v. Ernst und Lucie Freud. Frankfurt a. M. ³1980. S. 500.

[13] Gomperz, Theodor: Ein Gelehrtenleben im Bürgertum der Franz-Josef-Zeit. Auswahl seiner Briefe und Aufzeichnungen 1869–1912. Neubearb. und hg. v. Robert A. Kann. Wien 1974 (Österr. Akademie d. Wissenschaften. Philosophisch-histor. Klasse 295). S. 109.

[14] Fournier: Erinnerungen. S. 33.

[15] Springer: Leben. S. 117.

[16] Billroth, Theodor: Briefe. Hannover, Leipzig ⁸1910. S. 179.

[17] Süß: Erinnerungen. S. 225.

[18] Ebenda. S. 139.

[19] Ebenda. S. 233.

[20] Billroth: Briefe. S. 101.

[21] Freud: Briefe. S. 245.

[22] Gomperz: Gelehrtenleben. S. 177–185.

[23] Springer: Leben. S. 97–98.

[24] Fournier: Erinnerungen. S. 151.

[25] Süß: Erinnerungen. S. 191 ff.

[26] Billroth: Briefe. S. 339.

[27] Springer: Leben. S. 291 ff.

[28] Gregorovius, Ferdinand: Römische Tagebücher. Hg. v. Friedrich Althaus. Stuttgart 1893. S. 323.

[29] Wangermann, Ernst: Historical roots of intolerance in Austrian Society. In: Digestive Diseases. 199. Heft 17. S. 260–266. Hier S. 262 f.

[30] Rossbacher, Karlheinz: Literatur und Liberalismus. Zur Kultur der Ringstraßenzeit in Wien. Wien 1992. S. 219–225.

[31] Springer: Leben. S. 232.

[32] Arneth: Leben. Bd. 1. S. 299–300.

[33] Gomperz: Gelehrtenleben. S. 155–156. – Süß: Erinnerungen. S. 274.

[34] Billroth: Briefe. S. 267.

[35] Schorske, Carl: Wien. Geist und Gesellschaft im Fin de siècle. Frankfurt a. M. 1982.

[36] Freud, Sigmund: Die Traumdeutung. (Studienausgabe 2) Frankfurt a. M. 1972. S. 204.

[37] Freud: Briefe. S. 36.

[38] Fournier: Erinnerungen. S. 63.

[39] Fournier: Erinnerungen. S. 63.

[40] Dazu: Bruckmüller, Ernst/Stekl, Hannes: Zur Geschichte des Bürgertums in Österreich. In: Kocka, Jürgen/Frevert, Ute (Hg.): Bürgertum im 19. Jahrhundert. Deutschland im europäischen Vergleich. Bd. 1. München 1988. S. 163–164.

[41] Springer: Leben. S. 249 ff. – Arneth, Alfred von: Aus meinem Leben. Von dreißig zu siebzig. (1850–1890). Wien 1892. S. 155.

[42] Billroth: Briefe. S. 206. – dazu Friedländer, Otto: Letzter Glanz der Märchenstadt. Wien 1985. S. 264–272.

[43] Spitzer, Daniel: Wiener Spaziergänge. Bd. 1. Wien o. J. S. 104. Artikel vom 18. Februar 1866: Die Creditanstalt, die Hochzeit des Königs von Griechenland und andere Ursachen der Angst.

[44] Pemsel, Jutta: Die Wiener Weltausstellung von 1873. Das gründerzeitliche Wien am Wendepunkt. Wien, Köln 1989. S. 78.

[45] Fournier: Erinnerungen. S. 35. – Süß: Erinnerungen. S. 431.

[46] Süß: Erinnerungen. S. 120.

[47] Jeismann, Michael: Die kollektive Selbstbeherrschung. Ansichten eines Scheiterns. In: Ders. (Hg.): Obsessionen, Beherrschende Gedanken im wissenschaftlichen Zeitalter. S. 9–25. Hier S. 10, 14–16.

[48] Purtscheller, Ludwig: Über Fels und Firn. Bd. 2: Westalpen und außereuropäische Fahrten. (Alpine Klassiker 8) München 1986. S. 443.

[49] Vgl. dazu Kitlitschka, Werner: Aspekte der Malerei des Historismus in Wien: Spätromantik und Klassizismus. In: Das Zeitalter Kaiser Franz Josephs. 1. Teil: Von der Revolution zur Gründerzeit. 1848–1880. Beiträge. Wien, Horn 1964. S. 445–465.

[50] Fischer, Kurt Rudolf: Zur Theorie des Wiener Fin de siècle. In: Nautz, Jürgen/Vahrenkamp, Richard (Hg.): Die Wiener Jahrhundertwende. Einflüsse, Umwelt, Wirkungen. (Studien zu Politik und Verwaltung 46) Wien, Köln, Graz 1993. S. 115.

[51] Kiss, Endre: Der Tod der k. u. k. Weltordnung in Wien. Ideengeschichte Österreichs um die Jahrhundertwende. (Forschungen zur Geschichte des Donauraumes 8) Wien, Köln, Graz 1986. S. 77–91.

[52] Purtscheller: Über Fels. S. 84.

[53] Gomperz: Gelehrtenleben. S. 194.

[54] Saar, Ferdinand von: Novellen aus Österreich. Eine Auswahl. Wien 1947.

[55] Gomperz: Gelehrtenleben. S. 208.

[56] Ebenda. S. 194.
[57] Freud: Briefe. S. 99.
[58] Springer: Leben. S. 268 ff.
[59] Billroth: Briefe. S. 296.
[60] Freud: Briefe. S. 77.
[61] Ebenda. S. 36.
[62] Fournier: Erinnerungen. S. 209.
[63] Freud: Briefe. S. 221.
[64] Hugo Wolf mit Selbstzeugnissen und Bilddokumenten, dargestellt von Andreas Dorschel. Reinbek bei Hamburg 1985. S. 15.
[65] Ebenda. S. 23.
[66] Le Rider, Jacques: Das Ende der Illusion. Die Wiener Moderne und die Krisen der Identität. Teil 2. Genf 1990.

Adolf Hahnl[1]

Zwei Gemälde des böhmischen Barockmalers Karel Škréta[2] im Salzburger Dom (1667–1668):

Die Kreuzigung Jesu und die Sendung des Heiligen Geistes

Gerahmt von säulenbestückten Portalaufbauten aus rotem, weißem und grauem Salzburger und schwarzem Tiroler Marmor, entworfen von Giovanni Antonio Dario[3], und im Gegenlichteffekt der Kapellenaltäre des Salzburger Domes, dem von 1614 bis 1628 erbauten Meisterwerk Santino Solaris[4], dessen innere Ausstattung unter Erzbischof Guidobald Graf Thun[5] in Angriff genommen, aber erst unter dessen Nachfolger Maximilian Gandolph Graf Kuenburg[6] 1675[7] fertiggestellt werden konnte, erscheinen in der süd- bzw. nordöstlichsten Kapelle heute einander gegenüberliegend der Kreuz- und der Pfingstaltar des bekannten böhmischen Malers Karel Škréta. Sie bilden zusammen mit den Meisterwerken von Johann Heinrich Schönfeld, Joachim von Sandrart bzw. dem Taufe-Jesu-Bild des Antwerpeners Frans de Neve eine Suite hochbarocker Kompositionen, die in ihrem reifen Pathos und glühenden Farbschmelz dem frühbarocken Dom den besonderen Akzent einer hochbarocken Bildergalerie verleihen. (Abb. 1)

Karel Škréta hatte sein Pfingstbild signiert, so daß es über seine Autorschaft keinen Zweifel geben kann. Auch das unsignierte Kreuzaltarbild stammt von ihm, was stilistisch nachvollziehbar ist. Salzburger Archivalien über den Vorgang der Bestellung sind leider verlorengegangen.

I. Beschreibung

1. Das Kreuzigungsbild (Kreuzkapelle)

Öl auf Leinen, 332 x 192 cm, unsigniert, stilistisch um 1667–1668 einzuordnen[8]. Gegenstück zum Bild des heute gegenüberliegenden Pfingstaltares. (Abb. 4)

Das zentrale Ereignis der christlichen Kirchen wird hier weitgehend nach den Berichten des Neuen Testamentes geschildert[9]. Als Jesus von Nazareth in Jerusalem auf Golgatha den Kreuzestod erlitt, um Sühneopfer zu sein für die Schuld der Menschheit seit Adam, bebte die Erde, verfinsterte sich der Himmel und kamen die Leiber der Entschlafenen aus ihren Gräbern. Bei dem Kreuz standen die hll. Maria, Johannes und Maria Magdalena (Jo. 19, 25). Vor dunklem Himmel wird das dramatische Geschehen geschildert. Škréta wählt einen tiefen Standpunkt (die sogenannte Froschperspektive). Auf einer schmalen Erdscholle, auf der noch Platz für den Schädel und zwei Knochen Adams verbleibt, ragt der Kreuzstamm, an den Jesus geschlagen wurde, das Bild mittig teilend, empor. Er ist in üppiger muskulöser Leiblichkeit dargestellt; sein Inkarnat, im Elfenbeinton gehalten, fast ohne Spuren des Leidens. Das mit der Dornenkrone umwundene nimbierte Haupt noch nicht gesenkt, doch die Augen geschlossen. Hier zitiert der Maler eine Bildidee des Guido Reni, der das Ecce-homo-Motiv bei der Kreuzigung verwendete[10]. Jesus ist im Augenblick des Todes dargestellt. Im Typus eines sogenannten Jansenistenkreuzes reckt Jesus die Arme steil nach oben. Am Kreuzstamm über seinem Haupte ist der Titulus in hebräischen, griechischen und lateinischen Lettern angeführt: Jesus Nazaraenus Rex Judaeorum. Das weißliche Lendentuch ist in knapper Führung um den Leib geschlungen und vorne verknotet, während seine zwei Enden auf der linken Seite aufflattern. Als kompositorische Entsprechung finden sich auf der rechten oberen Seite ein anbetender kniender Engel in Rückenansicht sowie mehrere Puttenköpfchen. Als Vorbild dürfte ein Reproduktionsstich nach Peter Paul Rubens[11] gedient haben. Die rechte untere Bildhälfte dominiert die kniende Figur der hl. Sünderin, bekleidet mit einem blauem Miederkleid, dessen Seide im van-Dyck-Effekt aufleuchtet, mit weißer langärmeliger Bluse und einem goldbrokatenen Mantel. Ihre blonden, in vielen Strähnen gekräuselten Haare rieseln lang und effektvoll teils über ihren

Rücken, teils werden sie von ihren gefalteten Händen gehalten, um die blutenden Fußwunden Jesu zu trocknen. Maria Magdalena ist im Akt der Compassio Domini in tiefer Ekstase versunken und hält die Augen geschlossen. In der linken Bildhälfte findet sich die Szene, wie die hl. Gottesmutter vom hl. Johannes umfangen und gestützt wird, da sie in tiefer Trauer in eine Ohnmacht zu sinken scheint. Doch verbleibt diese Szene ohne Licht- oder Farbakzente bewußt im Halbdunkel.

Daß die Kreuzigung nicht nur die Schilderung des historischen Ereignisses darstellt, sondern noch eine andere, religiös-meditative Dimension aufweist, wird dem Betrachter klar, wenn er den Hintergrund im rechten unteren Bildsektor genauer unter die Lupe nimmt: In Kleinformat steht gedrängt eine unübersehbare Schar von Gläubigen, allen voran ein Kaiser (Leopold I.?), ein Papst (Alexander VII.?) und andere Dignitäten, darunter wohl auch der Salzburger Erzbischof Guidobald Graf Thun[12], der vermutliche Auftraggeber beider Bilder.

2. Die Sendung des Heiligen Geistes
Öl auf Leinwand 332 x 192 cm. Signiert (auf der mittleren Stufe): „C: Screta pinx:" [it] (Abb. 5)

Nach der Distributio capellarum benefitiatarum[13] von 1652 sollte ein Apostelbild die Szenen des Sturzes des Magiers Simon auf das Gebet des hl. Petrus hin sowie die Bekehrung Pauli vor Damaskus darstellen. Beide Ereignisse gehen auf die Apostelgeschichte zurück. Doch man wählte ein anderes Ereignis: Die Sendung des Heiligen Geistes (Apg. 2, 1–13). Hier schildert der Maler den Augenblick, da ein gewaltiger Sturm das Haus erfüllte, in dem sich die Apostel nach dem Tode Jesu in Jerusalem versammelt hatten, im Moment, da sich der Heilige Geist in Form von „Zungen wie von Feuer" auf jedem von ihnen niederließ. Der Raum wird im Vordergrund durch einige Stufen definiert; rechts erblickt man ein Stück Wand mit einer Säule, während die linke obere Ecke durch einen gerafften Vorhang verdeckt ist, hinter dem das göttliche Licht ins Bild einbricht. Um die Gruppe von zwölf Aposteln (anstelle des Verräters Judas wurde zuvor der Apostel Matthias gewählt) im Stand ihrer individuellen Betroffenheit darstellen zu können, wählte Škréta einen leicht erhöhten Standpunkt für seine Komposition. In der Bildmitte sitzt Maria (lt. Apg. 1, 14), die Hände gefaltet, den Blick demütig gesenkt, ein ruhender meditativer Pol als Zentrum der ganzen Komposition. (Daß Maria inmitten der Apostel beim Pfingstfest dargestellt wird, ist keineswegs die Norm. Hier kennt die Kirche auch andere Bildinterpretationen, wo inmitten ein leerer Thron als Symbol der unsichtbaren Anwesenheit Gottes mit einem Buch, wo die hll. Apostel Petrus und Paulus, bzw. wo nur der hl. Petrus inmitten der Pfingstgemeinde zu sehen ist.) Maria ist mit einem roten Unterkleid, einem blauen Mantel und einem schwarzen Schleier bekleidet, der sich schalartig vom Kopf in mehreren Bahnen über die Schulter legt. Sie sitzt auf der obersten Stufe bzw. einem nicht sichtbaren Hocker oder Podest. Um Maria als Zentrum entwickelt sich eine dynamische Komposition von Gruppen mehrerer Apostel, die in einem schrägen Oval einander korrespondieren. Links unten kniet ein Apostel in braunem Gewand, von dessen Kopf nur die Haarkalotte des Hinterhauptes sichtbar wird; er liest in einem aufgeschlagenen Buch mit hebräischen Lettern. Parallel dazu komponiert ist ein anderer in der Aktion einer Repoussoirfigur, der seine Hand gestikulierend zur Bildmitte ausgestreckt hält; von dem dritten dieser Gruppe sieht man nur mehr dessen Gesicht im Profil, erwartungsvoll nach oben gerichtet.

Nun zeigt sich eine Zäsur, denn darüber steht isoliert und dadurch hervorgehoben ein Apostel, wohl der hl. Petrus, wie er vor einem rot bedeckten Tischchen am Lektorenpult (bema) steht, die Hände gefaltet und den Blick erhoben. Über ihm, links oben, öffnet sich der Himmel. Die rechte Bildseite antwortet ihrem Gegenüber in einem variierten Aktionsablauf. Zuunterst kauert auf den Stufen ein Apostel, der ein Buch am Boden liegend liest und der zum Licht aufblickt. Darüber erscheint ein weiterer, die Rechte schirmend erhoben, damit ihn die Erscheinung der Flammenzungen nicht blende, dahinter wieder ein anderer, der die Hände zum Gebet gefaltet hält. Etwa in Höhe des Kopfes der Gottesmutter findet sich eine Zweiergruppe agierender Jünger, einer mit rotem Mantel, die Rechte zur Bildmitte weisend, aber den Blick aus dem Bild gerichtet, der andere im blauen Mantel, den die Geistflamme bereits erreicht hat, wie er sein Gesicht in beiden Händen birgt ob der Last der Gnade. Die zur Zwölfzahl bislang fehlenden drei Apostel finden sich in der Raumtiefe hinter der Gottesmutter dargestellt.

Links oben, wie erwähnt, die Stelle, wo im Bild das Überirdische ins Irdische hereinbricht, eine Lichtwolke, umgeben von Engeln,

Puttenköpfchen, ein stark theatralischer Effekt, wobei die Feuer-
zungen teils im Kommen sind, teils die Häupter der Apostel schon
bezeichnen. Wer den Vergleich mit dem Pfingstbild (1619) des P. P.
Rubens anstellt, das dieser ursprünglich für die Jesuitenkirche von
Zweibrücken-Neuburg gemalt hat und das heute die Alte Pinakothek in München aufbewahrt[14], findet hier die hl. Maria inmitten der
Apostel in einer relativ statischen Komposition stehen.

Karel Škréta kennt die europäische Malerei seiner Zeit: Peter Paul
Rubens, Antonis van Dyck, aber auch die Italiener wie Guido Reni,
Paolo Caliari, gen. Veronese, vor allem aber Michelangelo Merisi,
gen. Caravaggio. Doch meidet er dessen plastisch harte Formulierung
der Figuren (Berufung des hl. Matthäus in San Luigi alle Fran-
chese, Rom. 1599/1600[15]), sondern bettet seine Figuren in einen war-
men Braunton ein. Sein Bildlicht, dessen Quelle in der linken oberen
Ecke der Komposition situiert ist, bewirkt keine straffe zielgerichtete
Ausleuchtung der Szene, sondern Škréta läßt es frei agieren, hier ein
Antlitz, dort eine Schulter, hier die Hand, dort die kahle Wand treffend, so daß, die Bildaktion der dargestellten Figuren ergänzend und
gleichsam überspielend, sich Lichtflecken über das ganze Bild so aus-
zubreiten vermögen wie die Melodie eines Kontrabasses über dem
Dominantthema in einer Fuge Johann Sebastian Bachs. Nur das Ge-
sicht der Madonna wird voll ausgeleuchtet, es ist im Schnittpunkt der
Bilddiagonalen gleich einer Ikone der ruhende Pol.

Mit wichtigen Malern wie Nicolas Poussin bzw. Emanuel de Witte
war Škréta persönlich bekannt, da er auch deren Porträts malte; mit
Joachim von Sandrart war er offenkundig befreundet, da ihm dieser
als Autor eine warm empfundene Würdigung in der Teutschen
Academie[16] widmete, an die hier im Auszug erinnert sei:
„XXII. Capitel. Rembrand ... und Carolo Screta, Mahler von Prag
... begab sich in Italien, und hielt sich in Venedig etliche Jahre rühm-
lich und also auf, daß er alles denkwürdige sich bästmöglich zu Nutzen machte ... sondern auch von diesem Reichtum den Kunstliebenden
... schöne Bilder und ... Historien mittheilte, und dieselbe mit Ausbildung natürlicher Affecten, wolgezeichneter Inventionen, guter Manier,
künstlichen Erhebungen, und herrlichem Colorit zierte, dannenhero
diese seine Stuck stark gesucht und reichlich bezahlet worden zu immer mehr und mehr wachsenden Ruhm unseres arbeitsamen Künstlers ... [Über Florenz und Bologna] anno 1634 kam er nach Rom,
und perfectionierte sich daselbst ... dergestalt, daß er sich reich genug

schätzte, wieder in sein Vatterland Prag zurück zu kehren ... Als er daselbst .. bewillkommnet worden, fand er die edle Mahl Kunst [den Manierismus der Rudolfinischen Zeit?] in einem tieffen Schlamm äußerster Verachtung stecken ... Seine schönen Wercke alle zu erzehlen, würde die beliebte Kürze dieses Wercks allzuviel erweitern ... Nach vieler Arbeit ... ist er endlich im 60ten Jahr seines Alters in Prag ... verschieden, und deßselben Contrafät zu seiner unsterblichen Gedächtnus in die Kupferblatte OO. [neben dem Porträt Rembrandts] gesetzet worden."

II. Karel Škréta im Kontext der anderen Seitenaltarbilder des Domes; ihre Maler, Aufstellung und Restaurierung

Die erste urkundliche Grundlage für die bildnerische Ausstattung der 1628 eingeweihten acht Seitenkapellen bildet ohne Zweifel die von Erzbischof Paris Graf Lodron im Jahre 1652 erlassene Distributio Capellarum Benefitiatarum[17].

Auf der (nördlichen) Evangelienseite:
1. Kreuzaltar mit den hll. Kaisern Konstantin
   dem Großen und Heraklius,
2. Altar der hll. Kolomann, Erasmus und Albinus,
3. Altar der hll. Anna Selbdritt mit Erentrudis,
4. Altar der hll. Sebastian und Rochus.

Auf der (südlichen) Epistelseite:
5. Altar des hl. Johannes des Täufers,
6. Altar des hl. Karl Borromäus,
7. Altar der hll. Gregor, Hieronymus und Martin und
8. Apostelaltar mit dem Sturz des Magiers Simon
   und der Bekehrung des hl. Paulus.

Als man im Jahre 1675 die Kapellenausstattung abgeschlossen hatte, realisierte man nur fünf der acht ursprünglich vorgesehenen Weihetitel. Da Joachim von Sandrart in seiner 1675 in Nürnberg mit kaiserlichem Privileg K. Leopolds I. erschienenen Teutschen Academie Škréta, Schönfeld und de Neve mit einer Vita auszeichnet und deren Salzburger Werke würdigt, darf davon ausgegangen werden, daß er sie, mit Ausnahme der jüngeren Bilder de Neves, in Salzburg gesehen hatte. Die ältesten Bilder von Schönfeld sind bereits 1650, 1655 und 1659 entstanden, das jüngste von de Neve erst 1674, als das literarische Werk Sandrarts bereits in der Endredaktion stand. Die beiden Gemälde Škrétas sind laut stilistischem Befund um 1667 bis 1668 einzuordnen. So berichtet Sandrart von Schönfelds Salzburger Gemälden (Abb. 2):

„Sonderlich von seinen Werken ist zu gedenken ... Die Fürstliche Salzburgische Residenz, und viele große Altar-Blätter in den Kirchen .. zeugen öffentlich von seiner Kunst."[18]

Auch das Wirken von Frans de Neve für Salzburg findet sich hier bezeugt:

„Franciscus de Neue von Antdorf [recte Antwerpen] wurde in der Mahl-Kunst sehr berühmt ..., als er vor etlich Jahren von Rom zu Augsburg ankommen hat er ... den Verständigen gezeiget, wie ein guter Zeichner und Colorierer er seye ... von dannen reißte er nach Salzburg, woselbst er Ihro Hochfürstl[ichen] Gnaden, dem Erzbischofen noch aufwartet ..."[19]

Schließlich wird vom Mitarbeiter Sandrarts, Sigmund von Birken, Sandrarts eigenes Werk in einem Anhang der „Teutschen Academie" dargestellt. Ihr zufolge hat Sandrart, nicht de Neve, das Bild der Taufe Jesu gemalt. Das Bild Sandrarts müßte demnach als verschollen gelten:

„... [So] mahlte Er in das Hoch-Stift Salzburg für S[eine] Hochfürstl[ichen] Gnad[en] den Erzbischof und Fürsten [Guidobald] von Thun, überaus treflich und annehmlich die Taufe Christi, wie auch Unser liebe Frau mit vielen Heiligen [hl. Anna Selbdritt] vergesellschaftet."[20]

Die Teutsche Academie befand sich zwar in der alten Salzburger Hofbibliothek, war aber nicht für jedermann zugänglich; der zeitgenössische Historiker Franz Dücker von Hasslau zu Winckl übergeht in seiner Salzburgischen Chronica[21] ebenso die Domausstattung wie die Gebrüder Mezger in ihrer Historia Salisburgensis.[22]

Eine erste, allgemein zugängliche gedruckte Aufzählung der Kapellenbilder bringt Lorenz Hübners Beschreibung der hochfürstlich-erzbischöflichen Haupt- und Residenzstadt Salzburg[23] 1792:

„Die übrigen 8 Altarblätter sind von nicht minder geschickten Meistern: auf der Evangelienseite 1. Christus am Kreutze von Sciaretti, 2. der heil. Vinzenz von Heinrich Schönfeld, 3. die heil. Anna von

Sandrart, 4. die hll. Rochus und Sebastian von Heinrich Schönfeld: auf der Epistelseite der 5. heil. Carl Borromäus von Sandrart, die 6. hll. Martin und Hieronymus von Heinrich Schönfeld, die 7. Sendung des heil. Geistes von Sciaretti, und die 8. Taufe Christi von la Neve." Hinter dem verballhornten Namen Sciaretti[24] verbirgt sich unser Karel Škréta. Außerdem kann man erkennen, daß 1792 die beiden Bilder von Škréta sich nicht gegenüberlagen, sondern daß dem Kreuzbild (1) das Gemälde des hl. Karl Borromäus von Joachim von Sandrart (6) von 1655 entsprach.

Eine weitere Änderung wurde anläßlich der Renovierung von 1859 getroffen, die Schallhammer überliefert[25]:

„Auf der Evangelienseite: 1. Christus am Kreuz, von Carl Scretta aus Prag; 2. Verklärung Christi, Kopie von Fackler. Dieses Bild kam bei der Dom-Restauration 1828 hieher, nachdem das ursprüngliche Altarbild, den hl. Vinzenz nebst den Heiligen Florian, Oswald, Erasmus und die hl. Caecilia darstellend von Johann Schönfeld wegen Beschädigung entfernt werden mußte. 3. Die hl. Anna von Joachim von Sandrart, 4. Die Taufe Christi von dem Niederländer Franz [de] Neve, bis 1859 die Sebastians-Kapelle.

Auf der Epistelseite: 5. Sendung des hl. Geistes von Carl Scretta, 6. Der hl. Martin, Hieronymus 1669 von Joh. Schönfeld, 7. Der hl. Carolus Borromäus, 8. Die hl. Rochus und Sebastian von Johann Schönfeld. Dieses ist das vorzüglichste Altar-Gemälde. Bis 1859 Taufkapelle. Dieses stammt aus der Gemälde Sammlung des Erzbischofs Hieronymus [Graf Colloredo] aus Wien, und wurde von dem hiesigen Maler Streicher, indem er die Glorie hinzumalte, in diesen Zustand gesetzt."

Aus diesem Text geht hervor, daß 1828 eine Ersetzung der Bilder (Fackler gegen Schönfeld) der bisherigen Vinzenzkapelle stattfand und daß die Bilder der beiden westlichsten gegenüberliegenden Kapellen einfach ausgewechselt wurden.

Nach der Bombardierung des Salzburger Domes am 16. Oktober 1944 wurde eine umfassende Renovierung notwendig, die mit der Wiedereinweihung zu Ruperti 1959 vollendet wurde[26]. Zuvor wurden auch alle Seitenaltarbilder renoviert. Die Bilder der Kreuzigung wie auch das Pfingstbild wurden von der Dipl. Restauratorin Annemarie Fiebich-Ripke, die für das Salzburger Museum C. A. tätig war, im Jahre 1958 renoviert. In ihrem Angebot vom 17. Juni 1958 beschreibt sie den physischen Zustand der Gemälde:

„Pfingstbild (Škréta) ... wie [Punkt] 2 und 3: Schäden: Stark ver-
schmuzt, kleinere Beschädigungen am Rand, eingeschlagen. Notwendige Arbeiten: Reinigen, kitten, retuschieren, firnissen und nähren.
Kreuzigung von Škréta. Schäden: Kleinere Beschädigungen an
Ecken und Rändern, verschmutzt und eingeschlagen. Notwendige
Arbeiten. Beseitigung der Schäden, kitten, retuschieren, nähren, firnissen"[27].
Daraufhin wird seitens der Dombauleitung (gez. Zacherl) der Auftrag zur Restaurierung am 21. Juni 1958 unter folgenden Auflagen
erteilt:
„Die Bilder sind mit grösster Sorgfalt und nach den Vorschriften
und Angaben und nach den Wünschen des Hr. Landeskonservators
Dr. Hoppe zu restaurieren. Es wird Ihnen seitens der Bauherrschaft
bei den Schwestern in Morzg ein Raum zur Verfügung gestellt, wo Sie
sofort mit den Arbeiten beginnen können und sollen. Die Restaurierungen sollen bis Herbst dieses Jahres fertiggestellt werden, weil in
den kalten Monate nicht mit einer solchen Qualitätsarbeit gerechnet
werden kann. ... Die Abnahme der fertigen Bilder wird jeweils vom
H. Landeskonservator vorgenommen."
Seither ist keines der beiden Bilder des Karel Škréta restauriert bzw.
sonstwie verändert worden, während das Bild des hl. Karl Borromäus
infolge der Restaurierung der Südfassade des Domes (1994) Feuch-
tigkeitsschäden erlitten hat und restauriert werden mußte.

III. Analyse

1. Der Auftraggeber
Von der stilkritschen Datierung beider Bilder (1667–1668) ausgehend – ich folge hier Jaromír Neumann[28], dem besten Kenner von
Škrétas Werken – kommen zwei Salzburger Fürsterzbischöfe als Auftraggeber in Frage: EB. Kardinal Guidobald Graf Thun (reg. 3.
Februar 1654–1. Juni 1668)[29], der in Sandrarts Teutscher Academie ausdrücklich genannt wird, allenfalls auch EB. Kardinal Maximilian Gandolph Graf Kuenburg (reg. 30. Juli 1668–3. Mai 1687)[30],
unter dem 1675 die Ausstattung abgeschlossen wurde. Beide Adels-
familien hatten intensive Beziehungen zu Prag; die Grafen Thun[31] besaßen die Herrschaften Klösterle im Kreis Saaz, mehrere Güter im
Czaslauer Kreis, das Majorat Tetschen, Choltic sowie Herrschaften

im Bunzlauer Kreis und erbauten u. a. das bekannte Palais auf der Prager Kleinseite. Die Grafen Kuenburg[32] besaßen Schloß und Fideikomißgut Jungwoschitz mit Miltschin und Kamberg, das Allodialgut Wischetitz sowie weitere Güter in Mähren und Schlesien, so daß sowohl die Grafen Thun wie auch die Grafen Kuenburg den in Prag seit 1637 schaffenden berühmten Meister Škréta, der selbst als Ritter Sotnowski von Zaworsitz dem böhmischen Adel angehörte, gekannt haben müssen.

Aber auch im Salzburger Domkapitel[33], das vom 2. Juni bis 29. Juli 1668 in einer kurzen Sedisvakanz regieren konnte und dabei den Auftrag hätte vergeben können, befanden sich Personen mit böhmischen Optionen wie der 1652 aufgeschworene Ferdinand Leopold Graf Martiniz und der 1662 aufgeschworene Halbbruder des Erzbischofs Guidobald, Johann Ernst Graf Thun.

Beide Škréta-Bilder dürften kaum in der Stadt Salzburg selbst entstanden sein, sondern im Prager Atelier und danach ihre Reise über Linz und Passau nach Salzburg angetreten haben. Ein mehrmonatiger Aufenthalt Škrétas in der Salzachmetropole würde Spuren hinterlassen haben.

Ich schließe aus dem Umstand, daß Karel Škréta über die ihm bekannten Zeitgenossen Johann Heinrich Schönfeld (Porträt des EB. Guidobald in der Residenzgalerie Salzburg[34]) und Joachim von Sandrart (Vita Škrétas in der Teutschen Academie) zu dem Auftrag für die Kapellenbilder kam. Kaum anzunehmen ist hingegen, daß Karel Škréta bei seiner Rückreise aus Italien Salzburg besucht hat. Akten hierüber habe ich trotz einiger Recherchen in Salzburg nicht gefunden.

2. Die Vorbilder, Škrétas Stil

Škréta wurde auf seiner für damalige Künstler obligaten Italienreise 1630–1634, die ihn über Venedig, Florenz, Bologna nach Rom und Neapel führte, wohl mit allen bedeutenden Malern bzw. deren Werk bekannt gemacht: Jaromír Neumann[35] will in Škrétas Werk die Einflüsse der deutschen Manieristen Wenzel Hollar, J. Sadeler, des Callot-Schülers Johann Wilhelm Baur und Jan Liss ebenso erkannt haben wie Formungen durch die Venetianer Tizian, Veronese, Bassani, Fetti, Strozzi und Tintoretto. Zudem sieht Neumann Einflüsse des Bolognesers Guido Reni, des Florentiners Cigoli, der in Rom maßgeblichen Caravaggio, Ludovico und Annibale Caracci, Tinelli und Borgianni, des großen Flamen Rubens, des Holländers van Dyck und der Franzosen Vouet und Poussin. Im Ganzen eine stattliche Liste, die den Bildungseifer Škrétas unter Beweis stellen kann. Pavel Preiss interpretiert Škréta knapper, wenn er urteilt[36]:

„Die Botschaft einer neuen Stilanschauung [Hochbarock] in reiner Formulierung, wenn auch nicht ohne innere Widersprüche, ja geradezu Widerreden, brachte Ende der dreißiger Jahre Karl Skréta nach Prag, eine Persönlichkeit, die die verschiedenen Anregungen wild und gierig in sich aufsaugte und darüber nach der Rückkehr aus Italien ebenso impulsiv Rechnung ablegte. Es waren schnell gespeicherte und nicht immer voll erlebte Eindrücke, ihre Wahl wurde jedoch durch einen ausgeprägten Typus bestimmt: Der feste Kern von Skrétas künstlerischer Personalität, die wesenhafte Erdgebundenheit eines geborenen Realisten bedingten die treffende Erkenntnis und Auswertung des Aktuellsten, dem er in Italien begegnet war. Die von der Frühschicht der neuvenezianischen Schule, in der sich der traditionelle venezianische Kolorismus mit nordischer, flämischer und holländischer Erregtheit überschnitt, empfangene Belehrung, die bis an die Grenze des Luminismus lichtdurchtränkten Farben wußte Skréta mit den Adaptionen des Caravaggismus bei den Bolognesern in Einklang zu bringen und durch die außerordentlich starke Suggestion des römischen Klassizismus Poussins zu disziplinieren ... Skrétas epische Ausstattungsfülle und seine vielfach nahezu gegenständlich belegte Erzählkunst der gewaltigen legendären und biblischen Szenen ist bisweilen erregend durch den verwirrenden Wechsel, durch das Zusammenspiel und den Widerstreit retrograder Momente, ja sogar Stilrezidiven, die manchmal an den Prager manieristischen Ausgangspunkt des Meisters denken lassen, mit einer bestimmten kompilativen Allumfassung, mit Elementen, die die Entwicklung durch eine kompakte Geschlossenheit der durch Farbe und Licht dramatisierten Kompositionen vorwegnehmen ... Der Umfang und das Gewicht seiner Kunst räumten Skréta die Stellung eines Souveräns ein, in dessen Schatten das gesamte übrige Geschehen im Lande lebte."

Ich beziehe meine Strukturanalyse im wesentlichen auf die beiden Salzburger Bilder, die zu Škrétas beginnendem Spätwerk (Neumann nennt es „Klasicismus") zu zählen sind.

Škréta ist sichtlich durch den die erste Jahrhunderthälfte stark dominierenden Caravaggismus geprägt, wobei er weniger die detailnaturalistische Seite des Italieners betont, sondern das großräumige Inszenieren großer Bilddramaturgien vor dunklen Bildhintergründen im Seitenlichteffekt. Da seine Lichtquellen oft fluoreszierend die Dargestellten treffen, möchte ich dies einem möglichen Einfluß Tintorettos zugute halten. Da einige der von Jaromír Neumann erwähnten Maler wie Cigoli und Borgianni ebenfalls zu den Caravaggisten gerechnet werden, ist es müßig, darüber zu befinden, ob der Einfluß bei Škréta direkt oder indirekt erfolgte.

Obwohl Škréta als weiterentwickelter Caravaggist der Komposition durch Seitenlichtführung großes Augenmerk widmet – auch in der klassischen Phase unserer Dombilder –, verwandelt er die kalte Härte, den packenden Zugriff, die plastische Realistik Caravaggios, in eine Art Sfumato, eine weiche, doch nicht eigentlich lyrische, sondern emphatische Tönung, die an Rembrandt (1606–1669) erinnern möchte, dessen Jahrgangsgenosse er ja auch gewesen ist. Dann ist Škréta ein gelehrter Maler, etwa wie Sandrart oder Giorgio Vasari, der auf Salzburger Wunsch hin das Kreuzbild nach Rubens gestaltet, wie oben ausgeführt. (Abb. 3) In seinen Salzburger Werken kann ich Škrétas Eingehen auf schönfarbige Polychromie, wie es im Werk Annibale Carraccis oder bei Veronese gegeben ist, nicht eigentlich ausmachen, obwohl er sie bei Porträts (z. B. der Gräfin Maria M. von Sternberg, 1665[37]) einzusetzen wußte. In der Künstlerliteratur, durch seine Ausbildungsbreite gelegentlich unter dem Verdacht des Eklektikers[38] stehend, bleibt Škréta seinem ihm eigenen Stil, wie Pavel Preiss darlegt, im Bildton treu.

Es liegt an der Gesellschaft des hohen Barock – der Repraesentatio fast alles bedeutete –, daß die Themen, vor allem die religiösen, mit einem Pathos gesehen werden, die dem modernen Zeitgenossen fremd erscheinen. Diese Überlegungen dürfen den Betrachter aber nicht abhalten, den hohen ästhetischen Wert, die überzeugende dramatische Komposition, den unvergleichlichen Farbton der Gemälde Škrétas, die Leichtigkeit seiner Faktur zu erkennen. Alle, die im 17. Jahrhundert in den Süden reisten, um den Künsten zu begegnen, kehrten verwandelt zurück, so auch Karel Škréta, der eine italianisierende Fassung seines Namens annahm, mit dem er signierte.

Das hieß wohl kaum Absage an seine tschechische Heimat, Verleugnung seiner Herkunft, sondern Bekenntnis zu einem größeren Europa, in dem die Künste trotz religiöser und nationaler Konflikte, wie dem Dreißigjährigen Krieg, zur übernationalen Einheit drängten.

Abb. 1: Johanna Sibylle Küsell: Der Salzburger Dom von Norden (Ausschnitt). Kupferstich. Augsburg. Um 1690.

Abb. 2: Porträt des Karel Škréta neben dem des Rembrandt van Rhijn. Kupferstich von Philipp Kilian nach Joachim von Sandrart. In: Teutsche Academie. 1678. (Foto Inst. f. KG. Sbg. Auer)

Abb. 3: Christus am Kreuz. Kupferstich von J. B. Prasser. Augsburg.
Nach Peter Paul Rubens. Mitte des 17. Jahrhunderts.
(Foto Inst. f. KG. Sbg. Auer)

Abb. 4: Kreuzaltar des Domes zu Salzburg. Ölgemälde
von Karel Škréta. Um 1668. (Foto O. Anrather. Sbg.)

Abb. 5: Pfingstaltar des Domes zu Salzburg. Ölgemälde
von Karel Škréta (Signiert). (Foto O. Anrather. Sbg.)

Anmerkungen

[1] Ich widme diesen kleinen Beitrag dem Andenken des im vorigen Jahr verschiedenen Europäers Prof. Dr. Hugo Rokyta. Ich lernte ihn persönlich kennen, als er zu Vorträgen an die Salzburger Universität geladen wurde und sein Buch Die Böhmischen Länder im Verlag St. Peter in Salzburg 1970 herausbrachte, wo ich damals als Lektor arbeitete.

[2] Alle Daten nach der Monographie von Neumann, Jaromír: Karel Škréta 1610–1674. Národní Galerie v Praze. Praha 1974. – Vgl. Neumann, Jaromír: Der böhmische Barock. Wien 1970. – Preiss, Pavel: Betrachtungen zu Karel Škrétas zeichnerischer Eigenart. In: Barockberichte. Nr. 31. Salzburg 2001. S. 42–52. – Wagner, Franz: Wenig beachtete Meisterwerke der Barockmalerei in Salzburg. Sandrart und Škréta im Salzburger Dom. In: Barockberichte Nr. 8/9. Salzburg 1994. S. 306 f. – Frau Dr. phil. Markéta Kabelková, Prag, danke ich herzlich für Hinweise und für Übersetzungen aus der tschechischen Sprache.

[3] Die kirchlichen Denkmale der Stadt Salzburg. Bearb. von Hans Tietze. In: Österreichische Kunsttopographie (ÖKT). Bd. 9. Wien 1912. S. 6 f. – Zu Dario vgl. Thieme-Becker: Allgemeines Kunstlexikon. Bd. 8. Leipzig 1913. S. 203 f.

[4] Wallentin, Inge: Der Salzburger Hofbaumeister Santino Solari 1576–1646. Leben und Werk auf Grund der historischen Quellen. Kunsthistorische Dissertation der Universität Salzburg. Salzburg 1985.

[5] Martin, Franz: Salzburgs Fürsten in der Barockzeit. Salzburg ⁴1982. S. 103–114.

[6] Martin (wie Anm. 5). S. 115–141.

[7] Ich verweise auf die ursprüngliche Datierung, wie sie in der ÖKT 9. S. 11 bezeugt wird: „... wird von einem einfachen Eisengitter mit der Jahreszahl 1675 im Scheitel geschlossen". Bei der Renovierung 1959 hat man diese Jahreszahlen auf die heutigen ausgewechselt: „774, 1928 und 1959".

[8] Neumann (wie Anm. 2). S. 57.

[9] (Mt. 27, 31; Mk. 15, 20; Lk. 23, 33; Jo. 19, 16)

[10] Ecce homo, Dresden; in der National-Galery, London; auch durch den Kupferstich verbreitet. – Thieme-Becker: Künstlerlexikon. Bd. 28. S. 162–166.

[11] Rosenberg, Adolf: Rubens. Stuttgart, Leipzig 1906. Er zeigt drei im Typ vergleichbare Kreuzigungen, nämlich im Museum Antwerpen, 1610 (S. 94), im Louvre, Paris (1615) und in der Alten Pinakothek, München (1612); Kreuzigungen dieses Typs wurden auch von Lucas Vorsterman und Schelte Bolswert gestochen. Die im sonstigen im Oeuvre Škrétas verzeichneten Kreuzigungsbilder (z. B. Neumann: Škréta. Abb. 15. Prag St. Mikuláše 1645 bzw. 1673.) entsprechen nicht dem sog. Jansenisten-Typus, so daß hier wohl eine spezielle Salzburger Anregung zugrunde liegen könnte.

[12] Martin (wie Anm. 5). Abb. S. 55 u. 56.

[13] Vgl. ÖKT IX. S. 6. – Hahnl, Adolf: Die Bildprogramme des barocken Domes – Versuch einer thematischen Interpretation. In: 1200 Jahre Dom zu Salzburg 774–1974. Salzburg 1974. S. 120–139.

[14] Rosenberg (wie Anm. 11). S. 182.

[15] Hubala, Erich: Die Kunst des 17. Jahrhunderts. In: Propyläen Kunstgeschichte. Berlin 1970. Taf. 4.

[16] Sandrart, Joachim von: Teutsche Academie der Bau-, Bild- und Mahlerey-Künste. Nürnberg 1675–1680. Bd. 1. Reprint. Nördlingen 1994. S. 327. (In ursprünglicher Form neu gedruckt (nach dem Exemplar der Oettingen-Wallersteinschen Bibliothek in der UB Augsburg). Mit einer Einleitung von Christian Klemm.

[17] Wie Anm. 13.

[18] Sandrart (wie Anm. 16). S. 318.

[19] Ebenda. S. 318. Sandrart verwendet die Gegenwart, d. h., er weiß, daß sich de Neve zur Zeit der Drucklegung in Salzburg aufhält.

[20] Sigmund von Birken: Lebenslauf und Kunst-Werke des ... Joachims von Sandrart ... von Desselben Vettern und Disciplen. Nürnberg 1675. In: Sandrart (wie Anm. 16). S. 3–13.

[21] Franciscus Dücker von Hasslau: Saltzburgische Chronica. Das ist ... Salzburg 1666. Reprint Graz 1779. Kommentar von Robert Wagner.

[22] Mezger, Joseph, Franz u. Paul: Historia Salisburgensis. Hoc est ... Salzburg 1692. S. 827. (EB. Guidobald Graf Thun) „Porro in ipsa basilica ... duas Capellas variegato marmore construavit". Ebenda. S. 920. (EB. Max Gandolph Graf Kuenburg) „in lateralibus capellis sex insignibus aris e nitissimo marmore excitas, ornare coepit in quibus deinde (ut suo loco pro sequemur) cara urbis Juvensis pignora & cimelia DD. [sanctorum] ... collocavit".

[23] Lorenz Hübner: Beschreibung der hochfürstlich erzbischöflichen Haupt- und Residenzstadt Salzburg und ihrer Gegenden, verbunden mit ihrer ältesten Geschichte. Bd. 1. Salzburg 1792. Reprint 1982 mit Kommentar von P. Karl Friedrich Hermann OSB. S. 197.

[24] Ein Künstler dieses Namens ist in Thieme-Beckers Allgemeinem Künstlerlexikon unbekannt.

[25] Anton von Schallhammer: Beschreibung der eb. Dom-Kirche zu Salzburg. Salzburg 1859. S. 58 f. Die Aufzählung der Altäre erfolgt hier ausgehend von der Taufe Jesu; um einem Irrtum vorzubeugen, wurde sie hier umgereiht.

[26] Der Dom zu Salzburg. Symbol und Wirklichkeit. Herausgegeben zur Vollendung des Wiederaufbaues. Salzburg 1959. Abb. 12, 13, 16. Alle Seitenaltäre kurz erwähnt im Artikel von Anton Strasser. S. 46 f.

[27] Konsistorial Archiv Salzburg. Fach 1/86. Fasz. 11. Ich danke Frau Archivarin Elisabeth Engelmann für freundlichst erteilte Auskünfte und umfangreiche, leider negativ verlaufene Recherchen nach Karel Škréta.

[28] Neumann (wie Anm. 2). – Vgl. Preiss, Pavel: Die Malerei. In: Kunst des Barock in Böhmen. Recklinghausen 1977. S. 125 f.

[29] Martin (wie Anm. 5).

[30] Martin (wie Anm. 6).

[31] Wurzbach, Constant von: Biographisches Lexikon des Kaiserthums Österreich. 60 Bde. Wien 1856–1891. Bd. 45. S. 38.

[32] Ebenda. Bd. 13. S. 320.

[33] Heinisch, Reinhard: Die bischöflichen Wahlkapitulationen im Erzstift Salzburg 1514–1688. In: Fontes rerum Austriacarum 2. Abt. 82. Wien 1977. S. 233. Kapitulation 1654. Nr. 16. Das Domkirchengebäude soll nach dem vorhandenen Modell aufgeführt werden. S. 244. Kapitulation 1668. Nr. 17: „Daß der Dombau vast, biß auf acht [Seiten-]altär, zu ende gebracht." In der nächsten Wahlkapitulation

für EB. Johann Ernst Graf Thun ist dieser Passus abgeändert und betrifft die gewünschte Ausstattung der Altäre mit Silberleuchtern, Kreuzen und Ornaten, was auch erfolgte.

[34] Residenzgalerie Salzburg mit Slg. Czernin und Sammlung Schönborn-Buchheim (Katalog). Salzburg 1962. Nr. 173. Entstanden 1651.

[35] Neumann (wie Anm. 2). S. 45.

[36] Preiss (wie Anm. 28). S. 125 f.

[37] Neumann (wie Anm. 2). Tafel vor S. 33.

[38] Vgl. Drost, Willi: Barockmalerei in den germanischen Ländern. Wildpark-Potsdam 1926. In: Handbuch der Kunstwissenschaft. S. 280: „Screta hat sich die virtuose italienische Art des Heruntermalens zu eigen gemacht ... Die Runzeln der ausdrucksvollen schmalen Gesichter ... dreht der Meister behend aus dem Pinsel, ohne sich an Flüchtigkeit und Unfertigkeit zu stoßen. Alles in allem beweist er eine freie, talentvolle Art, und besonders seine trotz breiter Pinselführung dünn aufgetragenen Farben, die in den schattenden Teilen oft ins Weinrot spielen ... können eine schöne Leuchtkraft entwickeln ...“

Reinhard Rudolf Heinisch

Die böhmische Sprachenfrage im 17. Jahrhundert

Seit den Nationalitätenkämpfen des 19. Jahrhunderts ist es in Böhmen ein regelrechter Topos, vom 17. Jahrhundert als dem dunklen Jahrhundert zu sprechen, in dem die Schlacht am Weißen Berg von 1620 und die Verneuerte Landesordnung von 1627 den Absolutismus der Habsburger besiegelt hätten. Und dies nicht nur auf politischer und konfessioneller Ebene, sondern die Habsburger hätten durch die Güterkonfiskationen und den darauf folgenden Zustrom Landfremder das Königreich Böhmen überdies germanisiert und in allen Bereichen des öffentlichen Lebens die deutsche Sprache zu Ungunsten des Tschechischen favorisiert. Diese irrige Meinung entspricht nicht nur tschechischnationalen Traditionen, sondern auch einer slawophilen Geschichtsschreibung des Westens, für die das 1903 unter dem Eindruck der internationalen Spannungen vor dem Ersten Weltkrieg publizierte Buch von Ernest Denis mit dem Titel La Bohème depuis la Montagne Blanche als Beispiel gelten kann. Die darin geäußerten Thesen vom Beginn des „Martyriums" des tschechischen Volkes unter der habsburgischen Herrschaft gerade im 17. Jahrhundert geistern seither über alle politischen Systemwechsel hinweg bis zur unmittelbaren Gegenwart durch das tschechische Geistesleben.[1]

Tatsächlich liegen die Dinge völlig anders. Natürlich hat es in Böhmen seit der deutschen Einwanderung im Hochmittelalter immer wieder Spannungen zwischen den beiden Volksgruppen gegeben, die allerdings überwiegend auf soziale, wirtschaftliche und machtpolitische Fragen zurückzuführen sind. Wenn auch eine gewisse Ausländerfeindlichkeit bereits beim 1125 verstorbenen Chronisten Cosmas von Prag festzustellen ist, haben doch erst das Auftreten von Jan Hus und die darauffolgenden Hussitenkriege[2] den nationalen Fanatismus und eine vor allem gegen die Deutschen praktizierte barbarische Kriegführung mit sich gebracht.[3] Und das, obwohl während des Mittelalters Gemeinschaften wie Stämme und Landsmannschaften stärker als Völker gewirkt haben und ansonsten die Ordnungskräfte von Dynastie, Stand und Konfession über den sprachlichen und Volksbezügen standen, was natürlich den Sprach- und Mentalitätsunterschied zu erkennen nicht ausschloß.[4] Erst mit der Neuzeit ist das Nationale in einem vielschichtigen historischen Vorgang zur bestimmenden Ordnungsvorstellung geworden, die Nation wird zur beherrschenden Gruppenform, die alle anderen an Bedeutung übertrifft.[5]

Das bei allen europäischen Völkern zu beobachtende Phänomen des frühneuzeitlichen Nationalismus beruhte bei den Tschechen zum Großteil auf den Traditionen des Hussitismus, der eben eine seiner Stoßrichtungen gegen die Deutschen in Böhmen, aber auch gegen Deutsche in den Nachbarländern gerichtet hatte.[6] Während das 16. Jahrhundert eine tschechischnationale Ideologie nur ganz am Rande und vielleicht mehr im Sinne eines Landespatriotismus gezeigt hatte, der sich etwa in der Forderung an König Ferdinand I., für böhmische Angelegenheiten nur „Böhmen" zu verwenden, und in Anordnungen zum Gebrauch der „böhmischen" – also tschechischen – Sprache äußerte,[7] kamen zu Beginn des 17. Jahrhunderts zu den religiösen, sozialen und ständischen auch die nationalen Spannungen, die schon frühzeitig eine zum Teil aggressive antideutsche Stimmung verrieten.[8]

Hier ist vor allem der Mährer Karl von Zierotin (Žerotín) zu erwähnen, der für seine tschechische Muttersprache ähnliche Pläne vertrat wie die deutschen Sprachgesellschaften eines Martin Opitz oder die 1517 in Weimar gegründete „Fruchtbringende Gesellschaft", die sich nationaler und sprachlicher Überfremdung mit Hilfe oft lächerlicher Purismen zu erwehren versuchten. Zierotins Kampf galt der deutschen Sprache schlechthin, obwohl er selbst sie fehlerfrei in Wort und Schrift beherrschte. Als ihm 1610 die Bürger von Olmütz – vielfach Deutsche – ein Schreiben in deutscher Sprache übersandt hatten, rügte Zierotin, daß dies nicht nur gegen die Gepflogenheiten seines Landes und seines Amtes, sondern auch gegen das Wesen der Untertanen selbst verstoße!⁹ Schon 1599 war der mährische protestantische Humanist Zierotin gegen Franz von Dietrichstein aufgetreten, der als Bischof von Olmütz im Landtag seine Stimme in deutscher Sprache führen wollte; Zierotin vertrat dagegen die Meinung, ohne Kenntnis des

Tschechischen könne in Mähren kein Amt ausgeübt werden.[10] Eine eindeutige Festlegung in der Sprachenfrage, die nach Ansicht mancher Historiker einem Deutschenhaß gleichkommt, wie er vor allem dem tschechischnational denkenden Brüderadel zu eigen war.[11]

Hatte Zierotin noch 1606 in seiner Schrift Apologie schwere Anklagen gegen die Fremden im Land ganz allgemein gerichtet und sich dabei auch über die Tschechen aus Böhmen beschwert (!),[12] so richtete sich der tschechische Nationalismus in der Folge immer stärker und ausschließlicher gegen das Deutsche. Ein Graf Dohna erklärte 1611: „Deutsch soll in Deutschland gesprochen werden, aber tschechisch in unserem Land!"[13] Ein Ersuchen der Deutschen der drei Prager Städte, an Montagen und Donnerstagen deutsche Predigten in der Teynkirche am Altstädter Ring abhalten zu dürfen, wurde wegen „künftiger Übel und Gefahren für die tschechische Sprache und für die ganze Stadt" abgelehnt.[14]

Die sicher nicht ganz zu Unrecht erhobenen Bedenken und Befürchtungen um tschechisches Volkstum und tschechische Sprache wurden auch am Prager Generallandtag von 1615 formuliert, der das seit 1600 in den böhmischen Ländern verstärkt vordringende Deutschtum als Gefahr ansah. Der Landtag beschloß nun das eigenartige, erstaunliche Gesetz „Von der Erhaltung der ehrwürdigen tschechischen Sprache und ihrer Ausbildung", das nach Weizsäcker „verblüffend in der schlagenden Ähnlichkeit seiner Gedanken und Ziele mit denen des modernen Nationalismus" ist.[15] Das Gesetz forderte nicht nur die Beherrschung der tschechischen Landessprache, sondern sie wurde Voraussetzung für die Beerbung von Grundbesitz; am Landgericht und auf den Landtagen, in den Stadtverwaltungen und -gerichten sollte nur noch in tschechischer Sprache gesprochen und mit strengen Strafen alle diejenigen bedroht werden, die sich ihrer nicht bedienten und eigene Gemeinden bilden wollten. Kinder von „Ausländern", also Deutschen, waren zum Erlernen des Tschechischen gezwungen, das in Schulen und Kirchen ausschließlich verwendet werden durfte. Deutsche, die in ihrer Muttersprache verkehrten, waren innerhalb eines Jahres von ihren Dienststellen zu entlassen. Die bei einem Verstoß gegen das Gesetz vorgesehenen Geldstrafen sollten zu einem Teil auch den Denunzianten zugute kommen ...[16] Das sind eindeutige Prämissen, auch wenn gewisse Forscher das abzuschwächen versuchen, indem sie meinen, daß diese auch mit den Stimmen des deutschen Adels beschlossene Sprachverordnung von 1615 nur als Ausdruck adeliger Widerstandshaltung gemeint gewesen sei und überdies nichts an den bestehenden Verhältnissen geändert hätte.[17]

Das war sicher nicht nur als Widerstand gegen den habsburgischen König gedacht, sondern eine Facette des starken Mißtrauens der Tschechen gegen die Deutschen, wie es sich am Vorabend des Prager Fenstersturzes von 1618 auch anderweitig zeigte. Das vom bekannten Schriftsteller Pavel Stránský in tschechischer Sprache verfaßte Buch Warnruf an den achtlosen Tschechen gegen die in Böhmen sich in die Kirchen drängenden Sprachen der Gäste argwöhnt einen vorgefaßten Plan der Deutschen gegen das tschechische Volk, eine Art Verschwörung, wobei ganz offen die nationale über die konfessionelle Solidarität der Protestanten gestellt wurde. Sicher kein Ausdruck der allgemeinen Stimmung im Volk, da sonst der „Warnruf" ja überflüssig gewesen wäre. In der böhmischen Rebellion sind ja dann auch deutsche Protestanten an führenden Stellen tätig gewesen, wie Graf Thurn, Leonhard Colonna von Fels oder Graf Schlick.[18]

Im November 1620 ist schließlich in der Schlacht am Weißen Berg nicht der tschechische Nationalismus untergegangen, sondern der protestantische Glaube, das ständische Selbstbewußtsein und die ständischen Ansprüche der Böhmen beider Sprachgemeinschaften. Das Altstädter Blutgericht von 1621 hat sowohl Tschechen als auch Deutsche betroffen, wie etwa den Grafen Schlick, die Herren von Ottendorf und von Loos oder den Rektor der Prager Universität, Dr. Jessenius, und auch die vielzitierten Güterkonfiskationen Ferdinands II. waren „zweisprachig". Auch die dann einsetzende Zuwanderung adeliger Familien war nicht ausschließlich deutsch, also nicht im germanisierenden Sinn: Die Bucquoys, die Collaltos, die Piccolominis und viele andere entsprossen romanischem Bereich. Und schließlich ist auch der größte Profiteur der Änderung der böhmischen Besitzverhältnisse in der nachweißenbergischen Zeit kein Deutscher, sondern ein Tscheche gewesen: Albrecht von Wallenstein (Valdštejn)!

Sicher war die Rache des Hauses Habsburg für Böhmen von weitreichender staatspolitischer Bedeutung, wie sich auch im letzten Schlag, der Verneuerten Landesordnung von 1627, deutlich zeigte: Die böhmischen Stände verloren das Wahlrecht, das politische Schwergewicht verlagerte sich eindeutig von Prag nach Wien. Trotzdem zeigt gerade diese vielgeschmähte Landesordnung, dieses neue Staatsgrundgesetz, in der Sprachenfrage durchaus moderne Züge, die dem Territorialprinzip heutiger Minderheitenpolitik entsprechen. Zur Regelung der Sprachenfrage im Königreich Böhmen heißt es im Artikel C II wörtlich: „Und nachdem wir die teutsche und böhmische Sprach zugleich in unserem Erbkönigreich Böhaimb gehalten und vortgepflanzet haben wollen, als sollen die Schriften entweder in der teutschen oder in der böhaimischen Sprach eingebracht werden. Jedoch also, daß wan kundbahr, daß der Beklagte der teütschen Sprach nicht kundig, die Klag in böhmischer, und wan er der böhmischen Sprach nicht kundig, in teutscher, und wan Beklagter nicht ein gebohrner Teütscher oder Böhaimb wäre, in ainer unter denen baiden Sprachen ... eingeantworthet und nachmals der Proceß in derselben Sprach bis zu Ende geführt und in solchem Proceß sowohl bey dem Landrecht als bey der Landtafel in keiner andern Sprach etwas eingegeben, gehandlet oder tractirt werden."[19]

Eine ähnliche Landesordnung für Mähren von 1628 hat wie die böhmische von 1627 tiefe Eingriffe in Landesbrauch, Herkommen und Landrechte mit sich gebracht, aber eben keine Unterdrückung der böhmischen = tschechischen Sprache, wie das immer wieder und bis heute behauptet worden ist. Sicher hat der habsburgische Absolutismus in der Folge notwendigerweise auch eine stärkere Verwendung und Verbreitung der deutschen Sprache des Hofes mit sich gebracht und auch bei den Gerichten begann sich nach der theoretischen Gleichstellung später ein gewisses Vorrecht der deutschen Sprache herauszubilden,[20] während das Tschechische an Geltung verlor. Zu dieser Entwicklung haben aber im Adel und im Bürgertum auch andere Faktoren beigetragen, wie freiwillige Assimilierungstendenzen, Wechselheiraten, sozialer und wirtschaftlicher Aufstieg durch Anpassung an das Deutsche und vieles andere mehr.

Trotzdem ist die tschechische Sprache während des ganzen 17. Jahrhunderts jedenfalls nicht untergegangen. Symptomatisch und exemplarisch für diese Behauptungen ist eine im Jahre 1989 auf der niederösterreichischen Schallaburg veranstaltete Ausstellung unter dem Titel Prager Barock gewesen.[21] Neben österreichischen Fachleuten haben daran auch tschechische Kollegen mitgearbeitet, von denen u. a. auf Zdeněk Míka, Jan Diviš oder Jan Novotný verwiesen sei. Auch hier bei den Exponatseinführungen vor Ort immer wieder der lamentöse Hinweis auf den durch die Habsburger angeblich verursachten Niedergang des Tschechischen im 17. Jahrhundert. Umso verwunderter war dann der Besucher beim Anblick der ausgestellten Kaiser- bzw. Böhmen betreffenden Königsurkunden Ferdinands II.,

Ferdinands III. und Leopolds I., die erstaunlicherweise alle in tschechischer Sprache abgefaßt waren! Als Beispiel sei hier nur die Urkunde Ferdinands II. vom 8. April 1627 angeführt, die im Archiv der Hauptstadt Prag (Archiv hlavního města Prahy) in der Urkundensammlung aufliegende Bestätigung der Privilegien der Altstädter Bürger mit der gleichzeitigen Verordnung, daß kein Nichtkatholik Mitglied des Stadtrates sein dürfte und ihm weder das Bürger- noch das Wohnrecht in der Stadt zustehen würde.[22] Beispiele dieser Art ließen sich beliebig fortführen.

Auch eine am Haus mit der Prager Konskriptionsnummer 184, also am Fährhaus am Altstädter Ufer der Moldau angebrachte Salva guardia, die mit 29. Juni 1690 datiert ist und die Strafen für Rechtsbrüche und das Ziehen von Waffen festlegte, wies eine Inschrift in tschechischer Sprache auf.[23] Gleichfalls aus dem volkskundlichen Bereich stammt ein weiterer Beweis für tschechische Sprachkontinuität: Eine aus der Prager Altstadt stammende Zunftkanne der Fischer vom Ende des 17. Jahrhunderts mit den Darstellungen der typisch böhmischen Heiligen Wenzel und Veit weist eine tschechische Inschrift mit den Namen des Primators, des Kanzlers und des Schreibers der Altstadt, der Handwerksinspektoren und das Datum 26. September 1742 auf, als die Kanne auf Kosten der Zunft renoviert worden ist.[24]

Aus mancherlei Gründen nahmen sich die Jesuiten der tschechischen Sprache an und vertraten ihre Gleichberechtigung mit anderen europäischen Sprachen![25] Erwähnt seien der Sprachapologet und patriotische Geschichtsschreiber Bohuslav Balbín (1621–1688) sowie die Sprachwissenschaftler Georg Konstanz (1607–1673) und Matthäus Wenzel Steyer respektive Štajer (1630–1692), deren tschechische Sprachlehrbücher weit verbreitet waren. Der Jesuit Matěj Václav Šteyer, wie er auch firmierte, wurde vor allem bekannt durch seine Postila katolická, na dvě části rozdělená, nedělní a sváteční (Katholische Postille, in zwei Teilen, für Sonn- und Feiertage), aber auch durch sein Kirchengesangbuch Kancionál český, das seit 1683 in sechs Auflagen herausgegeben wurde, und durch seine St.-Wenzels-Bibel, von der das Neue Testament im Jahre 1677, das Alte erst zwischen 1712 und 1715 erschienen ist. Šteyer betätigte sich auch als Übersetzer und Herausgeber von Büchern, wozu er 1669 den Verlag Svatováclavské dědictví (Erbe des heiligen Wenzel) gründete. Seine Katholische Postille erschien in insgesamt sieben Auflagen zwischen 1691 und 1737; zusammen mit dem Buch Norma vitae christianae des Albert Chanovský (1581–1645), das zwischen 1676 und 1733 sechs Auflagen erlebte, war Šteyers „Postille" die in Böhmen zur Zeit der Rekatholisierung am häufigsten veröffentlichte Publikation.[26] Auch der Prager Jurist Wenzel Johann Rosa (1620–1689) betätigte sich eifrig als Sprachreiniger und -verbesserer, gleichsam ein Pendant zu den deutschen Sprachgesellschaften; er war der Verfasser der Čechočešnost (Tschechische Redekunst) und eines vierbändigen tschechischdeutschen Wörterbuches, das in einem Auszug unter dem Titel Thesaurus linguae bohemicae erschienen ist.[27]

In der gesamten böhmischen Barockzeit ist der Anteil der katholischen Geistlichen an der lateinischen wie der tschechischen Literatur außerordentlich groß. Als Lyriker trat z. B. Felix Kadlinský (1613–1675) mit dem Buch Zdoroslavíček, v kratochvilném háji postavený (Prag 1665) hervor, die bekannteste Sammlung seiner geistlichen Lyrik, die eher eine Paraphrase als eine Übersetzung der Gedichtsammlung Trutznachtigall des deutschen Jesuiten Friedrich von Spee (1591–1637) darstellen soll, die 1649 in Köln erschienen ist. In seinen Gedichten entfaltete Kadlinský die damals modische bukolische und idyllische Poesie, die aus Italien und Spanien über Deutschland auch nach Böhmen kam. Gemeinsam mit dem Angelus Silesius nahestehenden Friedrich (Bedřich) Bridel (1619–1680) gehörte Kadlinský zu den führenden Vertretern der tschechischen Barockdichtung.[28] Ins Tschechische wurde auch das Buch des italienischen Jesuiten Giovanni Battista Manni (1606–1682) La Prigione eterna dell' inferno übersetzt, und zwar durch den schon erwähnten Matthäus Wenzel Steyer; zwischen 1676 und 1701 sind davon in Prag drei Auflagen erschienen.[29] Interessant ist schließlich auch das Werk Klíč kacířské k rozehnání otvírající, k vykořenění zamykající (Calvis haeresim claudiens et aperiens) von Antonín Koniáš (1691–1760), ein 1729 in Königgrätz erschienenes Verzeichnis der verbotenen nichtkatholischen Bücher, das als Handbuch für die Kommission und die Behörden bei der Fahndung nach „ketzerischen" Büchern diente. Es enthielt 1233 Titel, die der Konfiskation unterworfen waren, einschließlich etwa einem Drittel bereits früher gedruckter tschechischer Bücher. Eine zweite Auflage des Werkes ist 1749 erschienen.[30]

Diese Reihe tschechischer, angeblich in der nachweißenbergischen Zeit so unterdrückten Literatur ließe sich endlos fortsetzen, hingewiesen sei nur noch auf den Lyriker Bohumír Bílovský (1659–1725) und den schon erwähnten Balbín, der u. a. auch Epigramme veröffentlichte. Zahlreiche lateinische und volkssprachlich-tschechische Schauspiele wurden verfaßt und auch aufgeführt, von uns unbekannten Autoren stammten durchaus qualitätsvolle Volksspiele, Weihnachts-, Oster- und Johannes-Nepomuk-Spiele, die einen weiteren tschechischen Nationalheiligen rezipierten. Es gab in Böhmen damals eine reiche Barockepik, wie etwa die Sagen vom Herzog Soběslav, von den Rittern des sagenhaften Berges Blaník, die zahlreichen Märchen und Legenden aus dem tschechischen Volkstum. Sie alle lebten eher in der mündlichen Überlieferung als in Büchern und Handschriften weiter und wurden erst in der Romantik aufgezeichnet. Allen diesen Volkserzählungen wie auch den Krämer- oder Jahrmarkts- und Volksliedern ist in der tschechischen Kultur- und Sprachgeschichte eine besondere Bedeutung beigemessen worden, ebenso den Predigten für die breite Bevölkerung, die der tschechischen Sprache größeres Ansehen verliehen. Von den bedeutendsten Predigern seien Jan Tanner, Andreas de Waldt, Anton Dvořák, Georg Procházka und Adam Chanovský erwähnt.[31]

Viel verdankt die tschechische Sprache auch den um größere Volkstümlichkeit bemühten Verlagen der Barockzeit, allen voran der Drukkerei des Prager Clementinums. Ihr Leiter, Georg Plachý der Ältere (1594–1655), verfaßte das sehr verbreitete Gebetbuch Zlatý nebeklíč (Goldener Himmelsschlüssel), das bis zum Jahre 1800 in rund 150 Auflagen herausgebracht wurde! Nach der Clementinum-Drukkerei trat seit 1683 das oben genannte „Dědictví Svatováclavské" (St. Wenzelserbe) in Erscheinung, das bis in das 19. Jahrhundert hinein tschechische katholische Bücher druckte. Die Nachfrage nach volkssprachlichen Erbauungsbüchern gemäß der alten Tradition war so groß, daß etwa in Zittau, aber auch in Dresden und in schlesischen Orten tschechische protestantische Literatur gedruckt und von hier aus heimlich in die böhmischen Länder eingeführt wurde, wo sie dann vielfach den Nachforschungen des bereits erwähnten eifernden Jesuitenmissionars Koniáš zum Opfer fiel. Koniáš wird dabei in späterer Sicht gerne als tschechischer Patriot gesehen, weil er es angeblich vor allem auf deutschsprachige lutherische Bücher abgesehen gehabt hätte.[32]

Auch im böhmischen Musikleben kann von einer Unterdrückung des tschechischen Elements keine Rede sein. Adam Michna z Otradovic, ein Organist in Neuhaus (Jindřichův Hradec), hat drei Gesangbücher herausgegeben, für die er die Texte und die Melodien selbst

verfaßt hat. Seine Česká mariánská muzika (Böhmische Marien-
musik) ist 1647 in Prag im Druck erschienen, seine Svatoroční
muzika aneb Sváteční kanconial (Gesangbuch für Feiertage)
ebenfalls in der böhmischen Landeshauptstadt im Jahre 1661. Die
Lieder dieses Gesangbuches, die „dem Herrn Bürgermeister und den
Ratsherren sowie der gesamten Gemeinde der hochlöblichen Prager
Altstadt" gewidmet waren, sind nach dem Ablauf des liturgischen Jahres geordnet. Schließlich ist diesbezüglich noch Václav Karel Holan
Rovenský mit seinem Werk Capella regis musicalis – Kaple
královská zpěvní a muzikální (Königliche Gesang- und Mu-
sikkapelle) zu erwähnen, ein Gesangbuch, das 773 Gesangnummern
einschließlich der Solokantaten mit Instrumentalbegleitung sowie einige selbständige Instrumentalkompositionen enthält.[33]

Alles in allem zeigen diese nur ausgewählten Beispiele ein blühendes
tschechisches Geistesleben im 17. und auch noch im 18. Jahrhundert.
Die Sprachenfrage in der Barockzeit ist also auch unter der Herrschaft
der Habsburger durchaus bipolar geregelt worden. Klarerweise haben
aber die tschechischen Ober- und Bildungsschichten neben den
Kultsprachen Französisch und Italienisch auch die deutsche Sprache
gebraucht, was letzten Endes der Ausbreitung des deutschen Elements in Böhmen und Mähren zugute gekommen ist.[34] Mit der deutschen Romantik und vor allem mit dem vielzitierten „Slawenkapitel"
aus Johann Gottfried Herders Ideen zur Philosophie der Geschichte der Menschheit hat sich das dann allerdings grundlegend zu verändern begonnen.

Anmerkungen

[1] Gegen diesen Germanisierungsvorwurf hat sich schon Zöllner, Erich: Geschichte
Österreichs. Von den Anfängen bis zur Gegenwart. Wien, München [8]1990. S. 213.
Anm. 1, mit allem Nachdruck gewandt.

[2] Vgl. dazu Seibt, Ferdinand: Die Zeit der Luxemburger und der hussitischen Revolution. In: Bosl, Karl: Handbuch der Geschichte der böhmischen Länder. Bd. 1.
Stuttgart 1967. S. 494 ff.

[3] So bei Zöllner (wie Anm. 1). S. 144.

[4] Wittram, Reinhard: Die nationale Vielfalt als Problem der Einheit Europas. Zur
Geschichte und Problematik der kontinentaleuropäischen Nationalitätenfragen.
Das Nationale als europäisches Problem. Göttingen 1954. S. 9.

[5] Vgl. dazu noch immer die beiden Altmeister der Nationalismusforschung: Kohn,
Hans: Die Idee des Nationalismus. Ursprung und Geschichte bis zur Französischen

Revolution. Frankfurt a. M. 1962, und Lemberg, Eugen: Nationalismus. Bd. 1: Psychologie und Geschichte. Reinbek bei Hamburg 1964.

[6] Lemberg, Eugen: Geschichte des Nationalismus in Europa. Linz 1951. S. 154.

[7] So noch im böhmischen Stadtrecht von 1579. Vgl. Kaindl, Raimund Friedrich: Der Völkerkampf und Sprachenstreit in Böhmen im Spiegel der zeitgenössischen Quellen. Wien, Leipzig 1927. S. 28. Nr. 41.

[8] Vgl. dazu allgemein Heinisch, Reinhard Rudolf: Patriotismus und Nationalismus in den österreichischen Ländern im konfessionellen Zeitalter und im Hochbarock (1521–1713). In: Volk, Land und Staat. Landesbewußtsein, Staatsidee und nationale Fragen in der Geschichte Österreichs. Schriften des Instituts für Österreichkunde 43. Wien 1984. S. 23 ff., speziell S. 36 f.

[9] Korkisch, Gustav: Karl von Žerotín. Lebensbilder zur Geschichte der böhmischen Länder, Bd. 1. Hg. von Karl Bosl. München, Wien 1974. S. 65.

[10] Ebenda. S. 76.

[11] So etwa bei Korkisch (wie Anm. 9). S. 65.

[12] Ebenda. S. 79.

[13] Wiskemann, Elizabeth: Czechs and Germans. A Study of the Struggle in the historic Provinces of Bohemia and Moravia. London, Melbourne, New York 1967. S. 9.

[14] Weizsäcker, Wilhelm: Rings um den Majestätsbrief. Erbe und Auftrag der Reformation in den böhmischen Ländern. 1960/61. S. 13.

[15] Ebenda. S. 14.

[16] Kaindl (wie Anm. 7). S. 28 ff.

[17] So bei Richter, Karl: Die böhmischen Länder von 1471–1740. In: Handbuch der Geschichte der böhmischen Länder. Bd. 2. Stuttgart 1974. S. 264.

[18] Weizsäcker (wie Anm. 14). S. 16.

[19] Der Römischen Kaiserlichen, auch zu Hungern und Böhaimb etc. Königlicher Majestet Ferdinandi des Andern etc. Vernewerte Landes-Ordnung Deroselben Erbkönigreichs Böhaimb. 1627. S. 101.

[20] Dazu Zöllner (wie Anm. 1). S. 213, und Richter (wie Anm. 17). S. 288.

[21] Vgl. dazu den Ausstellungskatalog. Erschienen als Katalog des N. Ö. Landesmuseums. Neue Folge Nr. 227. Wien 1989.

[22] Ebenda. S. 140.

[23] Ebenda. S. 125.

[24] Ebenda. S. 173.

[25] So bei Richter (wie Anm. 17). S. 376.

[26] Ausstellungskatalog (wie Anm. 21). S. 154. mit Literaturangabe: Dějiny české literatury (Geschichte der tschechischen Literatur). 1959. S. 462.

[27] Richter (wie Anm. 17). S. 376.

[28] Ausstellungskatalog (wie Anm. 21). S. 151.

[29] Ebenda. S. 153.

[30] Ebenda.

[31] Richter (wie Anm. 17). S. 376 und Anm. 18.

[32] Ebenda. S. 376 f. und Anm. 21.

[33] Ausstellungskatalog (wie Anm. 21). S. 365.

[34] So bei Richter (wie Anm. 17). S. 377.

Johanna von Herzogenberg

Die Sammlung Hugo Bratmann, Mährische Ansichten aus vier Jahrhunderten

Drei Jahreszahlen markieren die Begegnung mit einem der liebenswürdigsten Sammler, den ich kennenlernen durfte: Dr. Hugo Bratmann. – 1961 das Erscheinen seines Werkes über mährische topographische Blätter und die persönliche Bekanntschaft.

1967 das Ableben des sechsundachtzigjährigen verehrten Grandseigneurs, der dem Adalbert-Stifter-Verein seine Sammlung vermachte.

1975 haben wir dann in großer Dankbarkeit eine Ausstellung mit dem Titel Mähren, Malerische Ansichten aus Romantik und Biedermeier zu seinem Andenken in Österreich und Bayern gezeigt, die im wesentlichen auf dem Sammlungsbestand Dr. Bratmanns basierte.

1961 erschien in den Veröffentlichungen des Adalbert-Stifter-Vereins – des Kulturinstitutes der vertriebenen Deutschen aus der Tschechoslowakei, gegründet 1947 – in der wissenschaftlichen Abteilung als Band 5 das Werk Hugo Bratmanns Mähren im graphischen Bild. Das Werk umfaßt 255 Druckseiten, zahlreiche Schwarzweißabbildungen und ein zweisprachiges Ortsnamenverzeichnis. Prof. Dr. Karl Maria Swoboda, Ordinarius für Kunstgeschichte in Wien, bis 1945 ebenfalls für dieses Fach in Prag, hatte die Verbindung mit dem Autor hergestellt. Dr. Hugo Bratmann lebte in Wien, er war leitender Beamter in der Handels- und Gewerbekammer in Troppau und Brünn gewesen, 1881 in Wallachisch Klobouk geboren.

Während der Korrekturen für den Druck besuchte ich Herrn Dr. Bratmann in Wien, wo er mit seiner Frau im vierten Bezirk in der Gusshausstraße in einer großbürgerlichen Wohnung lebte. Es sei erlaubt, zu seinem Gedenken gerade in dieser Festschrift eine Szene zu schildern, die jene nobel verschwiegene Not eines altösterreichischen

Pensionisten schildert. Unangemeldet kam ich an einem Wintertag in die Gusshausstraße. Im riesigen Treppenhaus stand unten im Parterre Dr. Bratmann, achtzigjährig, im Wintermantel, neben sich eine kleine Schachtel mit Briketts. Von oben aus dem vierten Stock ließ Frau Bratmann ein Körbchen an einem langen Strick herab, in das jeweils zwei Briketts gelegt wurden, die sie dann heraufzog. So war das im Winter wohl täglich. Ein einziges hohes, großes Zimmer konnte geheizt werden.

Ein Leben lang hatte Hugo Bratmann mährische Ansichten gesammelt und dazu auch Nachrichten über solche Blätter, die er nicht besaß oder erwerben konnte. Aus Auktionskatalogen, aus Museums- und Bibliotheksinventaren, aus Korrespondenz mit anderen Sammlern hat er getreulich die Besitzer und Standorte verzettelt ebenso wie den eigenen Bestand. Freilich konnten Aufzeichnungen, die im Januar 1945 abgeschlossen worden waren, nicht überprüft werden, hatten sich ja schon in Friedenszeiten große Hindernisse bei der Arbeit gezeigt. Bratmann schreibt in der Einleitung: „Nicht nur, dass darauf Verzicht geleistet werden mußte, bedeutende Bibliotheken in Deutschland, Frankreich und Schweden zu durchforschen, auch in Mähren selbst zwang die Unmöglichkeit, alle Ortsmuseen und sonst in Betracht kommende Bibliotheken und Stätten aufzusuchen, zur Arbeit auf Grund von Berichten und Daten, die sich häufig widersprachen oder ungenau waren. ... Topographische Zeichnungen und Aquarelle muss diese Arbeit, von wenigen Ausnahmen abgesehen, unberücksichtigt lassen. (So wurden der Vollständigkeit wegen die Zeichnungen Johann Willenbergers, des Schöpfers der ersten mährischen Stadtansicht, und die Zeichnungen Friedrich Bernhard Werners, des für die topographischen Ansichten Mährens wichtigen Künstlers, erwähnt.)"

Von den eigenen Blättern und Büchern wollte sich Hugo Bratmann zu Lebzeiten nicht trennen. Er begrüßte unseren Plan, eine Ausstellung zu initiieren, die sein Lebenswerk zeigen würde – ja ausleihen würde er gerne. Testamentarisch hat er seine Sammlung dem Adalbert-Stifter-Verein vermacht, da er über die Veröffentlichung seines Lebenswerkes sehr glücklich war.

1967 ist Hugo Bratmann in Wien gestorben, und die Sammlung kam nach München. Es dauerte dann freilich noch mehrere Jahre, bis der Bestand so erfaßt war, daß wir für eine Ausstellung mit zusätzlichen Leihgaben einen konkreten Plan vorlegen konnten. „Das Wesen

Österreichs ist nicht Zentrum, sondern Peripherie", dieses Motto traf hier in München bei den Vorbereitungen unmittelbar zu. „Wo ist denn Mähren?"

1975 konnten wir dann in Schloß Grafenegg bei Krems, in Niederösterreich, das eine lange gemeinsame Grenze mit Mähren hat, die Ausstellung Mähren, Malerische Ansichten aus Romantik und Biedermeier zeigen, die in demselben Jahr auch im Stadtmuseum München großes Interesse fand. Die hohen Protektoren, die wir gewonnen hatten, waren der regierende Fürst von und zu Liechtenstein, Franz Josef II., der großzügig Leihgaben zur Verfügung gestellt hatte, der Bundeskanzler der Republik Österreich, Dr. Bruno Kreisky, aus Mähren stammend, und der Ministerpräsident des Freistaates Bayern, Dr. Alfons Goppel. Ein farbig ausgestatteter Katalog konnte erscheinen, Beispiele mährischer Ansichten in all ihrer Qualität zeigend. Von den 231 Katalognummern sind fast neunzig Prozent mit dem Signum B, das heißt Sammlung Bratmann versehen. Die Einführung schrieb Dr. Betka Matsche. Dort heißt es:

„Die Sammlung Hugo Bratmann ist weniger eine Kunst- als eine topographisch-historische Sammlung über Mähren. Sie besteht ausschließlich in druckgraphischen Darstellungen Mährens, in Stichen, Radierungen und Lithographien, und aus Druckwerken wie Büchern, Alben, Theaterzetteln, Urkunden und amtlichen Anschlägen; diese Bewahrung oft nebensächlich erscheinender Dinge aus dem täglichen Leben, die darum selten erhalten sind, macht sie für uns heute umso reizvoller. Sie gibt der Sammlung ihren eigenen lebendigen Charakter und vermittelt uns ein buntes Bild einer vergangenen Epoche und des Lebens einer bestimmten Landschaft.

Die Sammlung hat verschiedene Schwerpunkte. Bratmann lebte und wirkte lange in Brünn, und so ist es natürlich, daß die Hauptstadt Mährens sein Hauptsammelgebiet bildete. Es reicht von zahlreichen Ansichten der Stadt, ihrer Plätze, Kirchen und Gartenanlagen bis zu Dokumenten ihrer kulturellen Stätten wie dem Königlich-Städtischen Theater, dem Redoutensaal, Konzertplakaten und einer Mitgliedsurkunde des Naturforschenden Vereins, von Erinnerungsstücken patriotischer Ereignisse, wie der am 15. August 1845 abgehaltenen Zweihundertjahrfeier des Sieges über das schwedische Belagerungsheer im Dreißigjährigen Krieg, und der Errichtung des Denkmals auf dem Franzensberg, die 1818 zum Andenken an den Sieg der Alliierten bei Leipzig 1813 über die napoleonischen Heere, der den Befreiungskriegen die entscheidende Wende gab, erfolgte, bis zu Gesellenbriefen der Tischler-, Schlosser- und Weberzunft.

Der zweite Akzent der Sammlung Bratmann liegt auf der Eisenbahn und der mit ihrem Bau verbundenen raschen Entwicklung der Schwerindustrie ... Die Eisenbahn bedeutete für das alte Bauernland Mähren, das nun plötzlich aus seinem jahrhundertealten Randdasein in den Mittelpunkt des Interesses der Monarchie rückte, den Beginn der modernen Zeit ... All diese Entwicklungen und ihre Begleiterscheinungen zeigt die Sammlung Bratmann in anschaulicher Breite: die uns heute naiv erscheinende Freude an technischen Bauten wie Tunnelbauten, Viadukten und Bahnhöfen, die Begeisterung bei den Eröffnungsfahrten mit Freudenfesten an jedem Ort der Strecke ... die Unglücksfälle, durch die die Strecke unterbrochen wurde. Sie enthält Fahrpläne und kunstvoll gestaltete Statistiken, welche die steigenden Transportzahlen, die Ausweitung des Maschinenparks und den guten Kurs der Eisenbahnaktien stolz verkünden. Darstellungen der entstehenden Industrielandschaft mit ihren rauchenden Schloten, die in die Idylle der lieblichen Bauernlandschaft einzudringen beginnen, ergänzen das Bild."

Allein zum Kapitel Eisenbahn haben wir zweiundzwanzig Katalognummern aus der Sammlung. Es sind aber auch die wunderschönen Volkstrachten, die Wallfahrten oder das Militär anschaulich vertreten. Hier konnte der Adalbert-Stifter-Verein, besonders bei den Trachten, eine große Zahl von Gouachen beisteuern, die wohl ursprünglich für eine Drucklegung bestimmt waren. Bratmann hatte hier „seine nähere" Heimat gesammelt: den Brünner Kreis mit sechs Blättern, den Hradischen Kreis mit drei Blättern, den Olmützer und den Prerauer sowie den Znaimer Kreis mit insgesamt zehn Blättern.

Seit dieser Präsentation eines Großteils der Sammlung Bratmann ist ein Vierteljahrhundert vergangen. Der Bestand liegt in München im Adalbert-Stifter-Verein und steht dort der Forschung ständig zur Verfügung. Ein großer Teil der Erkenntnisse aus der Bearbeitung dieses Konvolutes ist in die unentbehrliche Bibliographie altösterreichischer Ansichtenwerke aus fünf Jahrhunderten, herausgegeben von Ingo Nebehay und Robert Wagner, seit 1981 eingeflossen.

Abb. 1: „Kaiser Ferdinands Nordbahn von Brünn". Viadukt über die Schwarza. 1840. Litho. 15 x 21,1 cm. Bez. links unten: Gez. v. Reichert. Rechts unten: Gedr. v. Rauh. Adalbert-Stifter-Verein. München. Sammlung Bratmann. Inv.-Nr. 137.

Abb. 2: „Herrschaft Wallach. Meseritsch, lediges Paar. Wallachen“.
1837. Kol. Litho. 29,3 x 22,3 cm. Adalbert-Stifter-Verein. München.
Sammlung Bratmann. Inv.-Nr. 542.

Peter Husty

Julius Leisching ... „ein durchaus moderner Museumsgestalter"

Auch auf musealer Ebene verbindet eine große Persönlichkeit den böhmisch-mährischen Bereich mit Salzburg aufs engste: Julius Leisching (1865–1933) war hier wie dort Direktor eines Museums, der sich nicht nur als Verwalter von Kunstwerken sah, sondern in der Vermittlung von Kunst, ihrem Wesen und ihren regionalen Strömungen seine wichtigste Aufgabe fand. Selbst wenn in der Biographie des Julius Leisching zunächst Architekt und Museumsfachmann als Berufe genannt werden[1], so sind dies Bezeichnungen, die einerseits seine Ausbildung und andererseits seinen Wirkungskreis betreffen. Hinzugefügt werden müssen aber Tätigkeitsbereiche wie Lehre und Pädagogik, denn das Weitergeben von Wissen über Kunstgeschichte, über Künstler und deren Werke und die Sensibilisierung für regionale Eigenheiten war ein wichtiger Teil seiner Tätigkeit. Umfangreich ist Leischings Publikationsliste und lang jene seiner Vorträge, in denen er – wie Hugo Rokyta – mit Inbrunst und Herzenswärme, mit Begeisterung und Einfühlsamkeit Kunst und Kunstgeschichte, Stilrichtungen und Epochen vermittelte. Gemäß seiner Biographie sind es zunächst mährische Kunst und Kunstgewerbe bzw. Aufsätze in mährischen Zeitungen und Zeitschriften, bis 1908 erstmals ein Beitrag über das Salzburger Museum Carolino Augusteum erschien und 1917 sein bedeutender Aufsatz Die Zukunft des Salzburger Museums in den Mitteilungen des Mährischen Kunstgewerbemuseums publiziert wurde. Ab 1921, dem Beginn seiner Laufbahn in Salzburg, widmete sich Julius Leisching vornehmlich der Salzburger Kunst und den Aufgaben und Zielen des Salzburger Museums, blieb jedoch seiner früheren Wirkungsstätte in Brünn weiterhin verbunden.

Julius Leisching wurde am 7. August 1865 in Wien geboren (Abb. 1).[2] Er entstammte einer Kaufmannsfamilie, der Vater kam aus Erfurt, die Mutter aus Leipzig, und beiden wurde Wien ab 1850 zur neuen Wahlheimat. Der Bruder Eduard Leisching schildert das Elternhaus, das prägend für die berufliche Zukunft der Kinder war, folgendermaßen: „... Vor allem aber gab sich unser Vater der herrlichen Natur Österreichs, seiner alten künstlerischen Kultur, seiner hohen Musikalität wie dem liebenswürdigen Wesen des Volkes ganz gefangen. In diesem Sinne wurde er allmählich Österreicher, lange ehe er seine weimarische Staatsbürgerschaft aufgegeben hat. In diesem Geist suchte er uns zu erziehen."[3] Im Haus Leisching pflegte man in Gesellschaften Kammermusik, Gesang und Klavier; Komponisten, Sänger und Musiker waren gerngesehene Gäste, und die Kinder waren, solange es ihnen Freude machte, an diesen Abenden immer dabei.

Eduard (1858–1938), der um sechs Jahre ältere Bruder, studierte an den Universitäten Wien und Berlin Philologie, Geschichte und Philosophie und begann nach Studienabschluß (1884) seine Laufbahn im Österreichischen Museum für Kunst und Industrie[4], das er von 1909 bis 1925 auch leitete. Er arbeitete beständig an der Vermehrung der Sammlung – beispielsweise dem Porzellankabinett aus dem Palais Dubsky in Prag – und deren wissenschaftlicher Auswertung in Ausstellungen und Vorträgen. Darin gleicht ihm sein Bruder Julius, der jedoch nicht auf demselben direkten Weg ins Museum gelangte. Julius Leisching studierte zunächst an den technischen Hochschulen in Wien und Dresden (1885–87) Architektur und übte auch einige Jahre diesen Beruf aus – aus dieser Zeit stammt beispielsweise der Entwurf einer Gustav-Adolf-Kirche. Seine frühesten Publikationen und Vorträge im Wiener Volksbildungsverein beschäftigten sich hauptsächlich mit pädagogisch-didaktischen Themen, etwa der Beitrag Programm eines Unterrichtskurses über Kunst und Kulturgeschichte Wiens[5]. Bald jedoch entdeckte er – wohl durch die Tätigkeit seines Bruders im Museum für Kunst und Industrie beeinflußt – seine Vorliebe für das Kunstgewerbe, vertiefte seine Kenntnisse auf diesem Gebiet und wurde durch zahlreiche Vorträge in Fachkreisen bekannt. Aus diesem Grund berief man den erst Achtundzwanzigjährigen 1893 zum Direktor des Mährischen Gewerbemuseums (später Erzherzog-Rainer-Museum für Kunst und Gewerbe) in Brünn. Leisching setzte sich intensiv mit der Geschichte Mährens, mit den Künstlern und vor allem dem Kunstgewerbe auseinander. Er gestaltete das

Museum um, baute die Sammlung aus[6] und begann sofort mit einer regen Ausstellungstätigkeit, in die er historische und moderne Kunst, lebende Künstler und vor allem mährisches Kunstgewerbe, wie etwa Schmuck und Buchkunst, Medaillen, Spielzeug, Keramik usw. einbezog. Seine kunsthistorischen Kurse, die Führungen und die zahlreichen Kunstwanderungen fanden bei Laien und Fachkollegen größtes Interesse. Auf diese Weise konnte er den Ruf des Museums in Brünn steigern, und das Mährische Gewerbemuseum wurde zu einer der angesehensten musealen Institutionen in der gesamten Monarchie.

Im Jahr 1900 gründete Julius Leisching, der stets um eine enge Zusammenarbeit verschiedenster Museen bemüht war, den „Verband österreichischer Kunstgewerbe-Museen", der vorerst alle rein kunstgewerblichen, ab 1912 im „Verband österreichischer Museen" alle größeren kunst- und kulturhistorischen Museen Österreichs – mit Ausnahme der Wiener Staatsmuseen – zusammenfaßte. „Julius Leisching war ein durchaus moderner Museumsgestalter, der sich nicht auf die Vermehrung und Verwaltung der musealen Sammlung beschränkt, sondern seine Aufgabe in der Herstellung lebendiger Wechselwirkungen zwischen den Museen, Künstlern, Kunsthandwerkern und weitesten Kreisen der Bevölkerung sah."[7] Die Volksbildung im Rahmen seiner musealen Institution, das Vermitteln kultureller Werte und das Wecken des Interesses seitens des Publikums für verschiedenste Kunstwerke und Kunstrichtungen war ihm zu allen Zeiten wichtigstes Anliegen, und das konnte Leisching auch in Salzburg fortsetzen. Bereits eine seiner frühesten Publikationen beschäftigte sich noch vor seinem Amtsantritt im Brünner Museum mit einem Salzburger Kunstgewerbethema. In den Blättern für Kunstgewerbe veröffentlichte Leisching 1891 einen Beitrag über Salzburger Schmiedeeisenarbeiten[8]. Die Annäherung an Salzburg beruht auf familiären Ursachen. Schon in seiner Jugend verbrachte er mit seinen Eltern die Sommer in Salzburg – ganz in der Tradition des Adels und Bürgertums in der zweiten Hälfte des 19. Jahrhunderts. Allerdings war nicht das Salzkammergut Ziel der Sommerfrische, sondern Unken und Lofer im Pinzgau, wo sich die Familie, manchmal auch nur der Vater mit dem Sohn, häufig aufhielt. Der junge Julius Leisching „hatte so Gelegenheit, Stadt und Land kennen zu lernen. Die schwärmerische Begeisterung, die damals in ihm entbrannte, blieb in ihm tief verwurzelt und zog ihn auch später wieder nach Salzburg, mit dessen Museum er während

seiner direktorialen Tätigkeit in Brünn in enge Verbindung trat. Als
im Jahr 1916 die Frage auftauchte, das Museum in die Festung oder in
das Schloß Mirabell zu verlegen, ergriff Leisching selbst dazu das Wort
und machte in einem Aufsatz ‚Die Zukunft des Salzburger Museums‘
Vorschläge zur Entlastung der überfüllten Sammlung im alten Hause,
die später größtenteils auch ihre Verwirklichung fanden."[9] Seine Verbundenheit mit Salzburg, seine Kenntnis der lokalen Kunst und
Kultur, seine Kontakte mit dem Städtischen Museum und seine Vorschläge zur Zukunft seiner Sammlungen waren der Grund dafür, daß
der Museumsverwaltungsrat im Jahr 1921 beschloß, Julius Leisching
als Nachfolger Oskar Seefeldners (Direktor von 1919–1921) ins Amt
des Museumsdirektors des Städtischen Museums in Salzburg zu
berufen. Leisching hatte sich nach Kriegsende und den damit verbundenen politischen Veränderungen von Brünn abgewandt und wollte
nunmehr als neuer Leiter trotz schwerer Zeiten seine Ideen umsetzen.
Die ihm gestellte Aufgabe der Sichtung und Neuordnung der Mu-
seumsbestände sowie einer Neustrukturierung der Schauräume war
angesichts der tristen Zeit, größter Not und finanzieller Engpässe in
den Nachkriegsjahren besonders schwierig. Die wichtigsten Ideen
Leischings waren Luft, Licht und systematischer Aufbau aufgrund wissenschaftlicher Erkenntnisse für die völlig überfüllten Schauräume,
das alles jedoch unter Maßgabe künstlerischer und kunsterzieheri-
scher Grundsätze. Nach den Ideen von Jost Schiffmann (Direktor
von 1870–1881) waren die Säle immer noch wie bewohnbare Zimmer,
wie szenische Bühnenräume eingerichtet, die mit zum Raumthema
passenden Objekten aller Stilrichtungen und Epochen bestückt waren. Leisching bereinigte diese beim Publikum sehr beliebte, jedoch
völlig unwissenschaftliche Anordnung – wenn auch rigoros, so doch
nur schrittweise – durch Reduzierung der Objekte und trennte Schau-
von Studiensammlung. Im Erdgeschoß waren die Schauräume der
historischen Entwicklung von Stadt und Land gewidmet, der erste
Stock präsentierte wie bisher die wichtigsten Wohnräume, und die
Sonderabteilungen waren im zweiten Stock vereint (Abb. 2).[10] Er legte Wert auf die Präsentation von kostbaren, künstlerisch qualitativen
Einzelobjekten auf Kosten einer malerisch dekorierten Fülle und
wollte so dem Besucher das Einzelkunstwerk in einem größeren Zusammenhang verständlich machen.
　　Die aufgrund von Wohnungsmangel nach dem Krieg ausgelagerte
und daher obdachlos gewordene Bibliothek wurde vorerst im Fran-

ziskanerkloster und in einem Trakt der Residenz untergebracht. Ein weiterer wichtiger Schritt zur Bereinigung des Museumsbestandes war die Abtrennung der Naturgeschichtlichen Sammlung, die zunächst leihweise an das neu gegründete Naturkunde-Museum[11] abgegeben wurde. Auf wahrhaft glückliche Weise vereinigte Leisching profunde Fachkenntnis, wissenschaftliche Klarheit und enormen Fleiß mit der langjährigen Erfahrung des Praktikers.[12] Mit der Neuaufstellung und der beginnenden Ausstellungstätigkeit sowohl regionaler als auch international wichtiger Themen, z. B. der Albrecht-Dürer-Schau zum 450. Geburtstag des Künstlers im Jahr 1921 oder einer Ausstellung der Werke der Malerfamilie Sattler 1922, war Leisching nicht zufrieden. Denn nach seinen eigenen Worten genügte es nicht, „daß ein Museum bloß kauft und aufspeichert: es braucht einen Resonanzboden, ein Echo. Sonst bleibt es ein leerer Schall, ein Magazin."[13] Neben dem Sammeln und Bewahren waren das systematische Präsentieren und Vermitteln gleichwertige Standbeine in Leischings Tätigkeit, und damit war er ein wichtiger Vorreiter noch heute gültiger Museumsideen. Leisching verfaßte neben dem Museumsführer auch einen „Wegweiser", der – in knapper Ausführung – den Besucher, insbesondere den Laien, zu den wichtigsten Stücken des Museums führte.

Noch wichtiger waren ihm jedoch der Vortrag, die Führung und die persönliche Vorstellung von Kunstwerken. Die schon im Brünner Museum eingeführten kunstgeschichtlichen Kurse nahm er sofort auch in Salzburg auf. Sie fanden großes Interesse und wurden zur ständigen Einrichtung. Immer wieder ließ er die mährische Kunstgeschichte einfließen und publizierte auch weiterhin über die Kunstströmungen seiner früheren Wirkungsstätte, die er kurz vor seinem Tod mit dem großen Werk K u n s t g e s c h i c h t e M ä h r e n s abschloß.[14]

Leisching ging in der Klärung der Sammlungssituation noch einen Schritt weiter und gründete mit der Ausgliederung der Volkskundlichen Abteilung eine erste Filiale des Museums. Er konnte hierfür eigene Schauräume gewinnen: Auf seine Anregung hin stellten die Stadtgemeinde Salzburg und die Schloßverwaltung von Hellbrunn das Monatsschlößl auf dem Hellbrunnerberg als Ausstellungsort für die umfangreiche Volkskundliche Sammlung zur Verfügung. Der 1615 errichtete Bau in traumhaft schöner, naturnaher Umgebung, oberhalb von Schloß Hellbrunn und seinen Wasserspielen gelegen, ist ein anziehendes Ambiente und mit der Präsentation von bäuerlichen

Möbeln, Trachten und lokalem Brauchtum eine wichtige Außenstelle des Museums Carolino Augusteum (Abb. 3).

Um das Publikum noch enger an das Museum zu binden und noch mehr Interessenten in die Ausstellungen zu locken, gründete Leisching einen Museumsverein, der bis zum heutigen Tag besteht und eine wichtige Stütze des Museums und seines Leiters ist: Im Juni 1922 erschien die erste Nummer der Salzburger Museumblätter[15], in der noch keine Rede von einem Museumsverein war. Die Absicht dieser Zeitschrift war die Werbung für und die Information über das Museum. In einer kurzen Rubrik der zweiten Nummer findet sich folgende Anmerkung: „Behufs Förderung des Museums, seiner Bücherei und des Stadtarchives ist ein Museumsverein in Gründung begriffen, der nach dem Beispiele ähnlicher Vereine in anderen Städten (Berlin, Stuttgart usf.) die Aufgabe hat, die vom Verein erworbenen Kunstgegenstände dem Städtischen Museum zu widmen, falls dessen Mittel zu eigenen Erwerbungen nicht ausreichen, auch ihm Leihgaben zu vermitteln und vor allem Geldbeträge zur Verfügung zu stellen."[16] Noch vor der eigentlichen Gründung sind hier die zielgerichteten, sehr persönlichen Vorstellungen Leischings dokumentiert, die bis in die Gegenwart der heute über 2500 Mitglieder umfassenden Vereinigung die wichtigsten Statuten des Salzburger Museumsvereins bilden.

Leischings überregionale Kontakte sicherten ein Startbudget für diesen Verein, und so konnten bereits in den ersten Jahren wertvolle Kunstwerke für das Museum erworben werden (Abb. 4). Die Salzburger Museumsblätter, die Leisching in den folgenden Jahren redaktionell leitete und in der er selbst ein Sprachrohr hatte, wurden zu einem bedeutenden Organ des Museums und zu einem wichtigen Tauschobjekt mit anderen musealen Institutionen.

Neben den zahlreichen monographischen Publikationen findet sich im Werk Leischings eine schier endlose Liste von Aufsätzen zu kunst- und kunstgewerblichen Themen. Weniger bekannt sind seine Gedichte bzw. poetischen Dichtungen, die hier als Ergänzung zu einem von Energie und wissenschaftlicher Akribie, von unermüdlichem Fleiß und Forscherdrang strotzenden Arbeitsleben eine weitere Facette Leischings dokumentieren sollen.

Salzburger Frühling.
Er ist launenhaft wie ein junges Mädchen, dieser Salzburger Frühling.
Himmelhoch jauchzend, zu Tode betrübt. In letzter Zeit gar in Tränen
gebadet, dass selbst die Sandbänke der Salzach in brausenden Fluten ver-
schwunden sind.
Wenn aber sein Antlitz lacht, verführerisch verheißungsvoll, wie nur ein
Frauenantlitz zu lachen vermag, so etwa am österlichen Karfreitagsmorgen,
dann stecken über Nacht viel tausend Leberblümchen, Himmelschlüssel
und Buschwindröschen ihre Köpfe heraus und breiten den allerschönsten
Teppich über den Wiesengrund. Dazu leuchtet aus der Hand des besten
aller Maler ein südlich blauer Himmel und von den blendenden Ber-
gesrücken und Häuptern ringsum umher frischer Neuschnee. Nord und
Süd in einem Atemzug. [...] Da sprangen endlich auch die wasserspeien-
den Rösser Antonio Darias am Dombrunnen aus ihrem hölzernen Win-
terstall. Der kühne Pferdebändiger vor dem Hofstall und Neptun mit
seinen beiden Tritonenkumpanen spiegeln sich wider in den endlich auf-
getauten Fluten der barocken Pferdeschwemmen und aus den Gärten der
Riedenburg, Hellbrunns und des alten Morzg grüßt süßer Apfel- und
Pflaumenblütenduft. [...] Der wolkenlose Himmel, der sich vor meinem
Fenster über Kapuziner-, Gais- und Heuberg wölbt, läßt erhoffen, daß
der August halten wird, was der Mai verspricht. Dann folgt wohl auch
der ein und andere den Spuren seines Olmützer Landsmannes Fritz
Ehlotzky. Er hat im rührigen Kunstverlag Fr. Grosse (Olmütz – Leipzig)
12 flotte Federzeichnungen aus ‚Salzburg‘ erscheinen lassen. Ein Gruß
von Nordost nach Südwest, der dieses Echo geweckt hat.[17]

1933 schreibt Max Silber, Kustos für Archäologie und Nachfolger
Leischings im Nachruf: „Vom städtischen Museum Carolino Augusteum weht die Trauerfahne. Am 25. Mai ist, wie berichtet, Julius
Leisching nach kurzem Leiden in Wien gestorben. Sein Hingang bedeutet einen schweren Verlust für die musealen Bestrebungen in
Österreich, für die er, kämpfend und führend, immer mit seiner ganzen Kraft und Persönlichkeit sich eingesetzt hat."[18] Eine Porträtfotografie (Abb. 1) – nach der auch Max von Poosch 1933 das Porträt
für die Direktorengalerie im Museum anfertigte – zeigt Julius Leisching am Schreibtisch sitzend, nicht nur repräsentierend, sondern
mit seinem „Werkzeug" umgeben: Ein Schriftstück in Händen haltend, auf dem Tisch wie zu einem Stilleben arrangiert Bleistift, Zoll-
stab und Brieföffner liegend sowie als Symbol seiner Vorliebe für das

Kunstgewerbe ein eisernes Votivbild eines sitzenden Männchens stehend, zeigt das Bild den etwa sechsundsechzigjährigen Leisching, einen Mann mit entschlossenen Gesichtszügen, kein Zaudern und Zögern ist zu verspüren, ein Museumsmensch mit großer Durchsetzungskraft und mit großem Einfühlungsvermögen für die ihm anvertrauten Kunstwerke.

Abb. 1: Porträtfotografie von Julius Leisching. Ca. 1930/33.
(Fotoarchiv des Salzburger Museums Carolino Augusteum.)

Abb. 2: Salzachseitige Fassade des Städtischen Museums, heute Salzburger Museum Carolino Augusteum, nach der unter Leisching durch-
geführten Fassadenveränderung. 1927. (Fotoarchiv des Salzburger
Museums Carolino Augusteum.)

Abb. 3: Monatsschlößl auf dem Hellbrunnerberg. Volkskundemuseum des Salzburger Museums Carolino Augusteum seit 1924. (Fotoarchiv des Salzburger Museum Carolino Augusteum.)

Abb. 4: Postkarte mit der Abbildung eines eisernen Votivbildes. Der Salzburger Museumsverein gab diese wie eine ganze Serie von Postkarten mit kunstgewerblichen Motiven 1924 heraus und finanzierte den Druck. (Fotoarchiv des Salzburger Museums Carolino Augusteum.)

Leonhardi=Figur, eiserne Votivgabe
(Salzburger Museum, Volkskundliche Abteilung)
Monatsschlößchen im Hellbrunner Park

Anmerkungen

[1] Österreichisches Biographisches Lexikon. Wien 1972. S. 110.

[2] Österreichisches Biographisches Lexikon. Wien 1972. S. 110. – Nachruf für Julius Leisching. In: Salzburger Museumsblätter. Jg. 12. 1933. Nr. 3–4. – Lebenslauf aus Privatbesitz. – Silber, Max: Zum Tode Julius Leischings. In: Salzburger Volksblatt. 1933. Nr. 124. 10. Mai 1933. S. 6–7.

[3] Kann, Robert A./Leisching, Peter: Ein Leben für Kunst und Volksbildung. Eduard Leisching 1858–1938. Erinnerungen. Wien 1978. S. 32–33. (Vgl. Husty, Peter: behufs Förderung des Museums ... ist ein Museumsverein in Gründung begriffen ... 75 Jahre Geschichte des Salzburger Museumsvereins. In: Unser Museum braucht Freunde. 75 Jahre Salzburger Museumsverein. Festschrift. Hg. vom Salzburger Museumsverein Salzburg. 1997. S. 32.)

[4] Heute Museum für Angewandte Kunst in Wien.

[5] In: Wiener städtisches Jahrbuch. 1893.

[6] Leisching, Julius: Neuaufstellung der Sammlung des Mährischen Gewerbemuseums. In: Mitteilungen des Mährischen Gewerbemuseums. 1895.

[7] Lebenslauf aus Privatbesitz (Vgl. Husty, Peter: behufs Förderung ... (wie Anm. 3).)

[8] Leisching, Julius: Salzburger Schmiedearbeiten. In: Blätter für Kunstgewerbe. 1891. Nr. 9.

[9] Silber, Max: Zum Tode Julius Leischings. In: Salzburger Volksblatt. 1933. Nr. 124. 10. Mai 1933. S. 6.

[10] Silber, Max: Die Neugestaltung des Museums 1921–1931. In: Das Museums Carolino Augusteum 1921–1931. Salzburg 1931. S. 7.

[11] Heute Haus der Natur.

[12] Meisterwerke aus dem Salzburger Museum Carolino Augusteum. Hg. von Albin Rohrmoser. Salzburg 1984. S. 14.

[13] Silber, Max: Zum Tode Julius Leischings. In: Salzburger Volksblatt. 1933. Nr. 124. 10. Mai 1933. S. 6.

[14] Leisching, Julius: Kunstgeschichte Mährens. Brünn 1932.

[15] Salzburger Museumsblätter, geleitet von Dir. Julius Leisching. Jg. 1. Nr. 1. 3. Juni 1922.

[16] Wie Anm. 15. Nr. 2. 5. August 1922. S. 3.

[17] Ausschnitt aus einer nicht bezeichneten Tageszeitung von 1922 in der Bibliothek des Salzburger Museums Carolino Augusteum. Signatur: Personalia Las-Le: Julius Leisching.

[18] Silber, Max: Zum Tode Julius Leischings. In: Salzburger Volksblatt. 1933. Nr. 124. 10. Mai 1933. S. 6.

Andreas Kapeller

Josef Andreas Kranner (1801–1871)
Ein gotischer Idealist

Im Triforium des St. Veitsdomes in Prag befinden sich neben den Reliefbüsten der Dombaumeister des Mittelalters, Matthias von Arras und Peter Parler, auch jene von Josef Andreas Kranner, Josef Mocker und Kamil Hilbert. Die drei letztgenannten waren, in Anknüpfung an die mittelalterliche Tradition, die Prager Dombaumeister des 19. bzw. des beginnenden 20. Jahrhunderts. Ihnen oblag die Aufgabe, die damals erfolgte Vollendung der St. Veitskathedrale zu leiten. Die Prager Domkirche präsentierte sich nämlich – ähnlich wie jene in Köln – bis ins 19. Jahrhundert als Torso, lediglich bestehend aus Chorraum und Turm.

Alle drei verbrachten in jungen Jahren einige Zeit in Wien bzw. an der dortigen Akademie der bildenden Künste. Absolvierten Mocker und Hilbert ihr Studium an dieser, so belegte Kranner dort lediglich „einige Curse in der höheren Baukunst"[1]. Im Gegensatz zu den beiden anderen zog es Kranner im gesetzten Alter dann nochmals nach Wien zurück. Genau diesem zweiten Wienaufenthalt Kranners gilt ein Hauptaugenmerk der folgenden Ausführungen.

Obwohl Kranner als *der* Gotiker seiner Zeit in Böhmen galt, obwohl er 1844 in den Vorstand der dritten Versammlung deutscher Architekten und Ingenieure – sie fand 1845 in Halberstadt statt – gewählt wurde, obwohl er einige Jahre später zum korrespondierenden Mitglied des Royal Institute of British Architects ernannt wurde und – last but not least – obwohl unter ihm mit der Renovierung und den Vorarbeiten zur Vollendung der St. Veitskathedrale in Prag begonnen wurde, ist sein Name heute wohl noch immer nicht so geläufig wie jene von Mocker und Hilbert. In diesem Zusammenhang muß kritisch angemerkt werden, daß selbst die ansonsten in Biographiefragen so zuverlässige Quelle „Wurzbach" bei Kranner lückenhaft ist. Constant von Wurzbach lobt in seinem Lexikon zwar Kranner mit den Worten: „Ein, wenngleich nur selten genannter und vornehmlich nur in Künstlerkreisen bekannter, aber so ausgezeichneter Baumeister der Gegenwart, daß er unter den Besten seiner Kunst eine hervorragende Stelle einnimmt"[2], fand es offenbar aber trotzdem nicht der Mühe wert, dessen Geburtsdatum herauszufinden, was ja ein Kinderspiel gewesen wäre, weil Kranner persönlich danach hätte gefragt werden können. Wie sonderbar mußte sich Kranner – vorausgesetzt er bekam den 1865 erschienenen dreizehnten Teil von Wurzbachs Lexikon in die Hand – gefühlt haben, über sich selbst „geb. in Böhmen um das Jahr 1810"[3] zu lesen. Aber nicht nur Wurzbach nahm es mit Kranners Geburtsdatum nicht so genau. „Moriz Bärmann läßt in seinem 1880 erschienenen ‚Alt- u. Neu-Wien' Kranner erst 1818 zur Welt kommen, dafür auch 1876 sterben!"[4] Bleibt die Frage offen, was weniger schlimm ist: Kranner zwar zu erwähnen, aber – wie hier gezeigt – mit falschen bzw. ungenauen Angaben, oder ihn gar nicht zu nennen. Letzteres geschah im Slovník naučný, einem im 19. Jahrhundert herausgegebenen Konversationslexikon, in dem die Künstler Böhmens aufgelistet wurden. Das Fehlen von Kranners Namen in diesem Lexikon wurde denn auch nach seinem Tod in einem in der Zeitung Bohemia vom 22. Oktober 1871 abgedruckten Nachruf kritisiert.[5] In das gesamte Bild rund um die Bewertung Kranners paßt auch, daß Walter Wagner in seinem Werk über die Geschichte der Akademie der bildenden Künste in Wien von Kraner bzw. Kranner Josef H. senior statt von Kranner Josef Andreas spricht sowie daß Felix Czeike in seinem Wienlexikon Kranner im biographischen Teil nicht berücksichtigt,[6] obwohl dieser – wie schon kurz erwähnt – einige Jahre in Wien verbracht und – wie zu zeigen sein wird – hier eine nicht zu unterschätzende Rolle gespielt hat.

Sieht man von Nachrufen wie dem bereits genannten in der Zeitung Bohemia ab, so war Rudolf Müller[7] im Jahre 1882 einer der ersten, der Kranner eine ausführlichere Würdigung zuteil werden ließ. Allerdings ging er auf Kranners Zeit in Wien nur peripher ein.

Kranner wurde am 13. Juni 1801 als zehntes Kind des wohlhabenden und angesehenen Hofbau- und Steinmetzmeisters Johann Ludwig Kranner auf der Kleinseite in Prag, und zwar in der Johannesbergelgasse Nr. 320, geboren.[8] Nach seiner Lehre in der väterlichen Werkstatt und dem Besuch des Polytechnischen Instituts in Prag – hier wurde er unter anderem von Ludwig Kohl unterrichtet – zog es ihn vorerst nach Wien, „wo er richtigen Blickes ... bald die Nothwendigkeit einsah, sich für die in Aussicht genommene Reise zum Studium der historischen Bauwerke in Italien, Frankreich und Deutschland durch einige Curse in der höheren Baukunst an der Wiener Akademie gründlich vorzubereiten"[9]. 1822 machte er sich nach Italien auf. Von dort ging es weiter nach Frankreich, wo er – und zwar in Paris – eine Zeitlang als Steinmetz arbeitete. Über Deutschland kehrte er im Jahre 1826 nach Prag zurück. Bereits zwei Jahre später übernahm er die Steinmetzwerkstatt seines Vaters. 1830 legte er die Baumeisterprüfung ab. Er entwickelte Maschinen, die die Steinbearbeitung wesentlich erleichterten. 1833 erhielt er das Bürgerrecht. Seinen Ruf begründete Kranner mit der um 1835 in Prag begonnenen Errichtung der „Versorgungs- und Beschäftigungsanstalt für erwachsene Blinde in Böhmen". Im Jahre 1841 begann er aus freien Stücken damit, den Prager St. Veitsdom zu vermessen und in seinem Bestande aufzunehmen. Kranner war an der Errichtung von Denkmälern beteiligt, so an jenem für Kaiser Franz I. auf dem Altstädter Quai in Prag, an einem Denkmal in Temeschwar und am Monument des Erzherzogs Karl auf dem äußeren Burgplatz in Wien – für diese Arbeit erhielt er übrigens das goldene Verdienstkreuz mit der Krone. In der Folge wurde er beauftragt, das Piedestal zum Prinz-Eugen-Monument und für das Schwarzenberg-Denkmal zu schaffen. Für deren Ausführung bekam er anschließend den Franz-Josephs-Orden verliehen.[10] „Von seinen sonstigen Bauten ... ist die bedeutendste eine gothische Kirche auf der fürstl. Metternich'schen Herrschaft Plaß."[11] Bei diesem Bau stürzte er übrigens von einem der Gerüste und zog sich schwere Verletzungen zu.[12] Erwähnenswert erscheint darüber hinaus seine Mitarbeit an der Errichtung der Kirche in Marienbad. Nicht ungenannt bleiben dürfen auch zwei bittere Erfahrungen, die Kranner in Prag machte, wobei die zweite wohl ganz wesentlich zu seinem Abgang aus Prag und seiner Hinwendung nach Wien beitrug. Die erste bittere Enttäuschung war für Kranner die, daß sein Plan für den Umbau der östlichen Fassade des Altstädter Rathauses in Prag zwar von der zuständigen Stelle in Prag die Zustimmung erhielt, dann aber von der nächsten Instanz, dem Baudepartement in Wien, abgelehnt wurde und stattdessen ein Projekt von Hofbaurat Peter Nobile zum Zug kam. Noch größer bzw. schmerzvoller war aber wohl die Enttäuschung, die Kranner im Zusammenhang mit der zu Ehren der beiden

Slawenapostel Cyrill und Method im Prager Vorort Karolinenthal zu errichtenden Kirche erlebte. Es wurden von ihm Pläne gewünscht, die Kranner in der Sitzung des hinter dem Projekt stehenden Katholikenvereines vom 1. Mai 1851 vorlegte. Die im neugotischen Stil gehaltenen Entwürfe wurden zuerst von der Mehrheit der Anwesenden angenommen, aber im Laufe der Sitzung kippte die Stimmung. Auslöser dafür war der Schwiegersohn von František Palacký, Ladislav Rieger, der sich gegen den gewählten „germanischen"[13] Stil aussprach. Das Ganze gipfelte darin, daß Kranners Projekt schließlich fallengelassen und ein Konkurs ausgeschrieben wurde, bei dem bestimmte Architekten – Kranner war nicht darunter – eingeladen wurden, Pläne für eine Kirche im byzantinisch-romanischen Stil zu liefern. Die ganze Angelegenheit nahm aber eine neuerliche Wendung, denn der damalige Prager Fürsterzbischof Friedrich Kardinal Schwarzenberg beauftragte im Alleingang den Wiener Architekturprofessor Karl Roesner, ein Projekt auszuarbeiten. Dieses kam dann mit kleinen Abänderungen – sie betrafen die Stellung der Türme – auch tatsächlich zur Ausführung.

Die erlittene Zurücksetzung wirkte sich auf Kranners Kunstschaffen „bedenklich lähmend"[14] aus „und brachte ihn auf Jahre aus dem richtigen Geleise"[15]. Zu allem Überdruß geriet er auch noch in finanzielle Schwierigkeiten.

In dieser Lebensphase erwies sich die Freundschaft zu Franz Graf Thun als Rettungsanker. Näher kennengelernt hatten sich die beiden wohl nicht erst bei den in den vierziger Jahren des 19. Jahrhunderts von Thun veranstalteten Gesellschaftsabenden, sondern vermutlich schon bei den Soireen, die der Hamburger Architekt Friedrich Stamann bis zu seinem Abgang aus Prag im Jahre 1840 dort gegeben hatte.

1850 wurde Franz Graf Thun vom Kultus- und Unterrichtsminister – das war sein jüngerer Bruder Leo – nach Wien berufen. Dort sollte er die Reform der Akademie der bildenden Künste vorantreiben. Bei den folgenden Reformsitzungen, die von Februar 1850 bis November 1852 dauerten, war auch Josef Kranner eingebunden,[16] wodurch er erste Kontakte nach Wien knüpfte. Aber Kranner schlug in Wien nicht nur Sympathie entgegen. Als er nämlich die im Jahre 1852 beschränkt ausgeschrieben gewesene Konkurrenz für die Errichtung der Breitenfelder Kirche gewann, behauptete der Kunsthistoriker Eduard Melly, „das Ganze wäre nur ein Manöver gewesen, um

146

den Prager Architekten und Steinmetzen Josef Kranner in Wien ansässig zu machen"[17]. Elisabeth Springer kommentierte diese Behauptung mit den Worten: „Wenn die Brüder Thun auch sehr für Kranner eintraten, ist ihnen eine solche kleinliche Haltung doch nicht zuzutrauen."[18] Es mag schon stimmen, wenn Springer weiter argumentiert, daß die Brüder Thun „nicht so sehr einen bestimmten Künstler, sondern eine bestimmte Kunstrichtung"[19], nämlich die Neugotik, protegierten. Aber gerade deshalb mag wohl in der Behauptung von Melly ein Funke Wahrheit liegen, denn zu jenem Zeitpunkt gab es weder in der Residenzstadt noch in den übrigen Teilen der Monarchie einen Architekten, der, was die Neugotik im Kirchenbau anlangte, so versiert gewesen wäre wie Kranner. Nicht von ungefähr vertrat Franz Graf Thun noch Jahre später, und zwar 1860, als es um die Besetzung der Dombaumeisterstelle in Prag ging, die Auffassung, daß es nur zwei Architekten gebe, die für diese Aufgabe in Frage kämen, nämlich Friedrich Schmidt und Josef Andreas Kranner.[20] Schon allein der Umstand, daß Kranner in einem Atemzug mit Schmidt genannt wurde, zeigt den tatsächlichen ‚Marktwert', den Kranner damals in Wirklichkeit besessen haben muß bzw. besaß. Dennoch ereilte ihn mit seinem Projekt für die Breitenfelder Kirche in Wien ein ähnliches Schicksal wie wenige Jahre zuvor mit jenem für die Karolinenthaler Kirche in Prag. Anfang 1854 sprach sich zwar sowohl eine Jury als auch die niederösterreichische Statthalterei und das erzbischöfliche Konsistorium für Kranners Pläne aus, aber der Wiener Gemeinderat erhob Einwände.[21] Diese betrafen im wesentlichen die Kosten, den Stil und die Zweckmäßigkeit. Eine Kernpassage der in gewisser Weise tendenziös wirkenden Kritik lautete: „Die Durchbildung des Ganzen steht im grellen Widerspruche mit der Grundidee, und es mangelt die nothwendige Einheit u. Harmonie. Durch die Erhöhung des Mittelschiffes über die Seitenschiffe und die Übertragung des Seitenschubes der Gewölbe auf die Strebepfeiler der Seitenschiffe mittelst Strebebögen ... ist Zierlichkeit, Leichtigkeit und Eleganz der Grundcharakter des Ganzen, mit diesem Charakter steht aber die übrige Durchführung im Wiederspruche (sic!); man findet an vielen Theilen eine Einfachheit und Armuth an Schwerfälligkeit gränzend, dagegen an manchen Theilen eine Zierlichkeit, wohin sie gar nicht paßt."[22] Das negative Gutachten trug auch die Unterschrift von Ludwig Förster, der allerdings eine Beilage anfertigte, in der er im wesentlichen die Kritik wieder relativierte. In der genannten Gemeinderatskommission saß übrigens

mit Leopold Ernst auch ein Architekt, der es trotz Einladung seinerzeit abgelehnt hatte, am Konkurs für die Kirche in Breitenfeld teil-
zunehmen. Elisabeth Springer mutmaßt, „daß Ernst das Projekt
seines ‚oben‘ beliebteren Kollegen nicht allzu günstig beurteilte"[23].
Nachdem Kranner geringfügige Modifikationen an seinem Plan
vorgenommen hatte, wurde sein Projekt neuerlich einer Kommission
des Gemeinderates vorgelegt. In dieser saß diesmal zwar nicht Ernst,
dafür aber – quasi als schlechtes Omen – Karl Roesner, der ja den Bau
der Karolinenthaler Kirche nahe Prag zugeschanzt bekommen hatte.
Laut Protokoll vom 5. Februar 1857 äußerte sich die Kommission
auch diesmal negativ zu Kranners Projekt.[24] Vermutlich dadurch sah
sich Leo Graf Thun am 21. März 1858 veranlaßt, den damals an der
Akademie in Mailand tätig gewesenen Friedrich Schmidt zu bitten,
ein Urteil über Kranners Projekt „in constructiver und artistischer
Beziehung – so wie über die dagegen erhobenen Einwendungen ...
abzugeben"[25]. Schmidts Antwort konnte leider im Zuge der Recherchen für diese Arbeit nicht aufgefunden werden. Faktum ist jedenfalls, daß Kranners Entwurf für die Breitenfelder Kirche nie realisiert
wurde. Jedoch „hatte Kranner wenigstens den Erfolg für sich, daß er
gelegentlich der Ausstellung der Concurrenzarbeiten in Wien als
exacter Gothiker bekannt und auf Grund dessen laut Beschlusses des
Baucomités der Votivkirche – vom 22. Oct. 1855 und 12. März 1856
– zum Mitgliede der Bauleitung dieser Kirche und in der Folge zum
Baumeister derselben ernannt wurde"[26]. Das Engagement Kranners
war für den erst 26jährigen Heinrich Ferstel, von dem die Pläne für
die Votivkirche stammten, ein Glücksfall. Schließlich brachte Kranner jene handwerkliche und praktische Erfahrung mit, die ihm
(noch) fehlte. Während ihrer gemeinsamen Tätigkeit am Bau der Votivkirche entwickelte sich ein inniges Freundschaftsverhältnis.[27] Neben der Tatsache, daß Ferstel vom Alter her Kranners Sohn hätte sein
können, mag eine Rolle gespielt haben, daß Ferstel familiäre Gründe
mit Prag, der Geburtsstadt Kranners, verbanden. Ferstels Vater wurde
nämlich 1848 arbeitsbedingt von Wien nach Prag versetzt. Der junge
Heinrich lernte dort Charlotte Fehlmayer, die Tochter eines gebürtigen Wieners, kennen, die er 1856 in Prag vor den Traualtar führte.[28]
Kranner war beim Votivkirchenbau Vorsteher der dortigen Bauhütte und führte den Titel „Oberwerkmeister"[29]. „In allen Schwierigkeiten der gothischen Steinconstruction stand Kranner Ferstel treu
zur Seite."[30] Ferstel bekannte nach Kranners Tod denn auch frei-

mütig: „Kranners gründliche Kenntnisse, seine großen praktischen Erfahrungen und seine Begeisterung für mittelalterliche Baukunst waren für die richtige Instandsetzung des Baues entscheidend."[31]

Kranners Fähigkeiten blieben in Wien auch anderen nicht verborgen. So traten – allerdings erfolglos – 1862 bei Vergabe der Steinmetzarbeiten für den Bau der Oper Eduard van der Nüll und August von Sicardsburg „entschieden"[32] für Kranner ein, „obwohl sein Offert das teuerste war"[33]. In ihren Augen war Kranner „der erste Steinmetz der Monarchie"[34]. Ob solchen Lobes darf es nicht verwundern, daß Kranner sowohl 1858 bei der Stadterweiterungskonkurrenz als auch 1861 beim Wettbewerb für die Oper als Mitglied der jeweiligen Jury im Gespräch war.[35] In der erstgenannten Jury nahm, nachdem sich Bürgermeister Dr. Johann Kaspar Ritter von Seiller vehement für Leopold Ernst ausgesprochen hatte, dann dieser statt Kranner Platz.

Im selben Jahr, also 1858, allerdings wenige Monate vorher, hatte Kranner in einer anderen, viel wichtigeren Angelegenheit das Nachsehen gegenüber Leopold Ernst. Es ging dabei um die zu besetzende prestigeträchtige Dombaumeisterstelle am Stephansdom in Wien. Kultusminister Leo Graf Thun hatte in der Ministerkonferenz vom 14. April 1857 vorgeschlagen, „die Leitung des Baues dem, als tüchtigen Architekten und Kenner der gothischen Bauart bekannten Kranner, zu übertragen"[36]. Die Mehrheit der Konferenz vertrat zu diesem Vorschlag die Ansicht, „daß dagegen zwar nicht der geringste Anstand obwalten, daß jedoch diese Bestimmung kein Gegenstand der Allerhöchsten Entscheidung Seiner Majestät seyn, sondern von Allerhöchstdenselben dem Minister des Kultus nach Einvernehmung des dießfalls zu bildenden Baucomité's überlassen werden dürfte"[37]. Thun konnte über diese Auffassung seiner Ministerkollegen nicht glücklich sein, denn dadurch waren die Chancen, Kranner als Dombaumeister zu installieren, plötzlich rapide gesunken. Thun versuchte, das Beste aus der Situation zu machen. So ließ er sich von seinen Ministerkollegen am 30. April 1857 seine Interpretation des Beschlusses bestätigen, die da hieß: „... es sey der Baumeister von dem Comité im Wege des Kultusministers zur Allerhöchsten Genehmigung vorzuschlagen, nachdem er, Minister, als Mitglied des Comité's, unter dem Vorsitze des Erzbischofes nicht wohl allein hierüber entscheiden kann"[38]. Indem er die Personalentscheidung von sich nahm, spielte sich Thun dahingehend frei, daß er den Kaiser, selbst wenn er einen anderen Kandidaten vorzuschlagen hatte, auf Kranner aufmerksam machen konnte. Kranners Namen erwähnte er, als er den vom Statthalter, vom Bürgermeister und vom Fürsterzbischof favorisierten Leopold Ernst dem Kaiser in Vorschlag bringen mußte, dann zwar nicht, aber er übte immerhin vernichtende Kritik an Ernst und äußerte Zweifel an dessen Befähigung, ein solches Amt bekleiden zu können. Damit aber noch nicht genug. Er brachte einen Antrag mit folgendem Wortlaut ein: „Die Wahl des Architekten Leopold Ernst, zum S. Stephansdombaumeister, finde ich nicht zu genehmigen, sondern dem Comité aufzutragen, einen andern, als gründlichen Kenner des gothischen Baustyles erprobten Architekten, in Vorschlag zu bringen."[39] Nach Intervention von Fürsterzbischof Joseph Othmar Kardinal Rauscher wurde durch wenige Federstriche aus dem Antrag die allerhöchste Entschließung, die hieß: „Ich genehmige die Wahl des Architekten Leopold Ernst, zum S. Stephansdombaumeister."[40]

Eine gewisse Genugtuung für Kranner mag gewesen sein, als er kurze Zeit später mit anderen Kapazitäten, darunter Friedrich Schmidt und August von Sicardsburg, beauftragt wurde, ein Gutachten über den Bauzustand des Stephansturmes zu verfassen, was er mit Datum vom 27. Februar 1860 auch tat.[41]

Im selben Jahr sollte Kranner dann doch noch Dombaumeister werden. Zwar nicht in Wien, dafür aber in Prag. Wieder setzte sich ein Mitglied der Familie Thun mit aller Kraft für Kranner ein. Diesmal war es aber nicht Kultusminister Leo Graf Thun, sondern dessen Bruder Franz, der zu diesem Zeitpunkt Präsident des Prager Dombauvereins war. In der Generalversammlung dieses Vereines vom 20. Oktober 1860 sollte die Wahl des Dombaumeisters stattfinden. Thun und seine Gefolgsleute schienen dabei auf Nummer Sicher gehen zu wollen. Diese Vermutung lassen zwei Tatsachen zu: Zum einen wurden die Teilnehmer der Generalversammlung erst in der Sitzung über die bevorstehende Wahl informiert, zum anderen war der Tagesordnungspunkt nach der Wahl des Dombaumeisters jener der Neuwahl des Vereinspräsidenten. Es ist anzunehmen, daß Thun sich nicht wieder für die Funktion des Vereinspräsidenten zur Verfügung gestellt hätte, wenn er nicht seinen Kandidaten – nämlich Kranner – als Dombaumeister durchgebracht hätte. Es gelang ihm aber, allerdings nicht ganz widerspruchslos. Ein gewisser Richard Dotzauer sprach sich vor allem deshalb gegen die Ernennung Kranners aus, weil dieser „bei dem Bau der Votivkirche beschäftigt und dadurch an Wien gebunden"[42] sei und daher „nicht in der Lage

150

sei, den am St. Veitsdome nöthigen Arbeiten Zeit und Aufmerksamkeit in dem Maße zu schenken, wie es die Wichtigkeit des Gegenstandes erfordere"[43]. Zudem solle man, so Dotzauers Argumentation, „nicht wieder aus der Ferne berufen, was man vielleicht in der Nähe ebenfalls finde"[44], denn „man dürfe die hiesigen Fachmänner nicht auf diese Weise beleidigen, daß man ihnen ohne Frage einen Fremden vorziehe"[45]. Diese Kritik zeigt, daß bereits einige wenige Jahre Aufenthalt in Wien den gebürtigen Prager Kranner in seiner Heimat bei einigen zum Fremden stempelten.

Dotzauer hatte allerdings in einem Punkt mit seinen Bedenken gegen die Wahl Kranners recht. Kranner weilte nämlich nach seiner Bestellung tatsächlich äußerst selten vor Ort, was teilweise zu massiver Kritik führte. Dennoch: Kranner organisierte die Dombauhütte beim St. Veitsdom und lieferte die zu seinen Lebzeiten gelobten Ausbaupläne für die Kathedrale. Allerdings wurden auch sie letztendlich nicht ausgeführt, denn nach Kranners Tod entwarf sein Nachfolger im Amt des Prager Dombaumeisters, Josef Mocker, neue Pläne.

Wann Kranner übrigens definitiv nach Wien zog, darüber gehen die Meinungen auseinander. War Kranner laut Renate Wagner-Rieger „seit 1851 gelegentlich, seit 1858 ständig in Wien"[46], so meint Rudolf Müller, daß Kranner „im Jänner 1855 bleibend nach Wien übersiedelte"[47]. In „Lehmann's Allgemeinem Wohnungsanzeiger" der Stadt Wien und seiner Umgebung scheint Kranners Name überhaupt erst im dritten Jahrgang – also 1861 – zum ersten Mal auf.[48] Gestorben ist Kranner jedenfalls in Wien, und zwar am 20. Oktober 1871, begraben wurde er am alten Schmelzer Friedhof.[49]

Ein Problem von Kranner war, daß er es offenbar nicht verstand, seine eigenen Leistungen ins rechte Licht zu rücken. Er war alles andere als ein Blender und Selbstdarsteller. Nicht von ungefähr meinte Ferstel in einem Nachruf: „Wohl erkannten sein liebenswürdig bescheidenes Wesen, die Vielseitigkeit seiner Kenntnisse und seine eminente Technik nur Jene, die in sehr intimem Verkehr mit ihm standen. Diese erkannten auch die ihm innewohnende seltene Ehrenhaftigkeit, vielleicht zugleich jenen gewissen Mangel an sogenannter Klugheit, aus dem reichen Schatze seiner Erfahrungen Kapital zu schlagen, in Folge dessen ihm sein an Kindlichkeit streifendes Vertrauen zu seinen Mitmenschen bittere Täuschungen bereitete, seine letzten Lebensjahre ziemlich trübe wurden. Dennoch ertrug er mit ursprünglicher Kraft und echtem Mannesmuthe die ihn bedrückende Lebenslast."[50] Worum es Kranner wirklich ging, zeigen seine Abschiedsworte an Ferstel. Nachdem er sich für die erwiesene Freundschaft bedankt hatte, fügte er noch hinzu: „Dieser verdanke ich die Freude über mein Wirken an der Votivkirche, welches die lichtvollste Zeit meines Lebens umfaßt."[51]

Kranner erhielt weder in Wien noch in Prag jene Aufträge, die ihm aufgrund seiner Qualifikation eigentlich zugestanden hätten. Dies mag unter anderem damit zusammengehangen haben, daß er aus Sicht der Wiener ein Böhme war, während die tschechischen Nationalisten in Prag in ihm einen Deutschen sahen. So oder so, er galt als Eindringling, als Fremder.

Kranner besaß die Größe, Franz Graf Thun auf einen potentiellen ‚Konkurrenten' – nämlich Friedrich Schmidt – aufmerksam zu machen.[52] Damit hatte er übrigens indirekt Anteil an der Berufung Schmidts nach Mailand (1858) bzw. Wien (1859). Allein dieses Faktum zeigt, daß Kranner ein Mensch war, dem es wohl in erster Linie um die Sache an sich gegangen ist. Dabei mag er eigene Interessen zurückgestellt haben. So etwa bei seiner Mitarbeit am Bau der Votivkirche. Er begnügte sich hier als Leiter der Bauhütte damit, im Schatten des viel jüngeren Ferstel zu stehen und ihm zuzuarbeiten. Als Beleg für Kranners Idealismus mag gelten, daß er im Jahre 1841 von sich aus, also ohne Auftrag, damit begann, den St. Veitsdom in Prag zu vermessen und in seinem Bestande aufzunehmen, sowie daß er sich beim Bau der Oper in Wien zwar einen Vorschuß für die Herstellung einer von ihm erfundenen Maschine zur Bearbeitung von Gesimsen erbat, aber sonst bereit war, auf jedes Honorar zu verzichten.[53] Er begann mit Vorarbeiten, aber es blieb bei Probestücken. Dies deshalb, weil einerseits von dem von Kranner verwendeten Material (Marmor) abgegangen und ihm andererseits nicht die nötige Zeit zur Erprobung anderer Steinsorten eingeräumt wurde. So schied Kranner aus dem Steinmetzkonsortium aus, dem die Arbeiten am Bau der Oper übertragen worden war. „Kranner ... verlor damit den Muth und betheiligte sich seit jener Zeit an keinem Unternehmen mehr"[54]. Seine Aufmerksamkeit galt ab diesem Zeitpunkt einzig und allein den Bauarbeiten an der Votivkirche und am Prager Dom.

Was seine handwerklichen Fähigkeiten anlangte, stand Kranner Friedrich von Schmidt übrigens um nichts nach. Den Eindruck, den – laut Peter Haiko[55] – letztgenannter mit der selbstgewählten Grabinschrift „Hier ruht in Gott ein deutscher Steinmetz"[56] der Nachwelt vermitteln wollte, daß er nämlich nicht so sehr moderner Architekt als vielmehr ein „sich in seinem Selbstverständnis bewußt und betont zurücknehmender (Kunst-) Handwerker"[57] war, trifft auf Kranner wohl viel eher zu. Des weiteren war bei Kranner „das romantisch Rückwärtsgewandte seiner Persönlichkeit"[58] ausgeprägter vorhanden als bei Schmidt, was auch stilistisch zum Ausdruck kommt. Wird, wie Haiko es tut, Friedrich von Schmidt als „gotischer Rationalist"[59] gesehen, so müßte Kranner konsequenterweise wohl als gotischer Idealist bezeichnet werden.

Zu Abb. 1:

Laut Aussage des Malers Joseph Trenkwald, der mit Kranner in Triest eine Auftragsarbeit für einen Bankier namens Revoltella ausführte, war „schon der ganze Eindruck, den der von Natur aus ungewöhnlich groß gestaltete, kräftig gebaute Mann machte, danach, ihn für bedeutendes, die Alltäglichkeit überragendes Schaffen bestimmt zu halten. In Uebereinstimmung mit der Gestalt war auch sein wuchtiger, ausdrucksvoller Kopf mit dem dunklen krausen Haare, den lebhaften, von dichten Brauen überschatteten Augen, der wohlgeformten breitgesattelten Nase und den zum Ausdrucke der Milde wie des Ernstes gleich gefügen, von stets kurz gehaltenem Barte umrahmten Munde. Dem schlichten Wesen entsprach der schlichte, gewöhnlich dunkelblaue Anzug, der während der Arbeitsperiode seinen Abschluß erhielt in einem breitkrämpigen, schmiegsamen grauen Hute."[60]

Abb. 1: Josef Andreas Kranner (1801–1871); Repro aus: Jahrbuch des Prager Dombau-Vereines für die Zeit vom 1. Januar 1875 bis 31. Dezember 1875, Prag 1876, Frontispiz.

Zu Abb. 2:

Wie die Entwürfe für die Karolinenthaler Kirche in Prag und die Breitenfelder Kirche in Wien kam auch jener für die Vollendung der St. Veitskathedrale in Prag nicht zur Ausführung. Dieser Entwurf zeigt nicht nur Kranners tiefes Verständnis für die Materie, sondern auch seine Fähigkeiten, weshalb ihm zweifellos ein Platz unter den namhaften Vertretern der neugotischen Richtung der Architektur des 19. Jahrhunderts gebührt.

HLAVNÍ CHRÁM SV. VÍTA NA HRADĚ PRAŽSKÉM

JOSEFA KRANNERA

Abb. 2: Entwurf von Josef Andreas Kranner für die Vollendung der St.-Veits-Kathedrale in Prag. Der Stich – gezeichnet von Josef Andreas Kranner, gestochen von Heinrich Büllemeyer – wurde wahrscheinlich zwischen 1867 und 1871 vom Prager Dombauverein herausgegeben.

Anmerkungen

[1] Müller, Rudolf, Künstler der Neuzeit Böhmens. Biographische Studien. Joseph A. Kranner, in: Mittheilungen des Vereins für Geschichte der Deutschen in Böhmen, 20. Jg., Prag 1882, S. 166.

[2] Wurzbach, Constant von, Biographisches Lexikon des Kaiserthums Oesterreich, 13. Teil, Wien 1865, S. 129.

[3] Ebenda.

[4] Müller (wie Anm. 1), S. 166, Anm. 1.

[5] Bohemia vom 22. Oktober 1871, S. 3722.

[6] Vgl. dazu: Wagner, Walter, Die Geschichte der Akademie der bildenden Künste in Wien, hrsg. v. der Akademie der bildenden Künste in Wien (Neue Folge Bd. 1), Wien 1967, S. 143, 160, 427 u. 458 sowie Czeike, Felix, Das große Groner Wien Lexikon, Wien, München, Zürich 1974.

[7] Müller (wie Anm. 1).

[8] Müller (wie Anm. 1), S. 166.

[9] Ebenda.

[10] Müller (wie Anm. 1), S. 180.

[11] Bohemia vom 22. Oktober 1871, Titelseite.

[12] Ebenda, S. 3722.

[13] Vgl. dazu: Müller (wie Anm. 1), S. 176.

[14] Müller (wie Anm. 1), S. 178.

[15] Ebenda.

[16] Wagner, Walter, Die Geschichte der Akademie der bildenden Künste in Wien, Wien 1967, S. 143 u. 160.

[17] Springer, Elisabeth, Geschichte und Kulturleben der Wiener Ringstraße, in: Die Wiener Ringstraße. Bild einer Epoche, hrsg. v. Renate Wagner-Rieger, Bd. 2, Wiesbaden 1979, S. 62.

[18] Ebenda.

[19] Ebenda.

[20] Kalender des Prager Dombau-Vereines 1861, 1. Jg., S. 78.

[21] Springer (wie Anm. 17).

[22] DAW (Diözesanarchiv Wien), Praesidialia, fasc. T 12: Bau der Votivkirche [darin auch Breitenfeld], Kommissionsprotokoll vom 17. Februar 1855.

[23] Springer (wie Anm. 17), S. 63.

[24] DAW, Praesidialia (wie Anm. 22), Protokoll vom 5. Februar 1857.

[25] Akademie der bildenden Künste, Kupferstichkabinett, Autographensammlung, 715 C 100, Friedrich von Schmidt. Eine Sammlung von auf den Künstler bezüglichen und von ihm herrührenden Schreiben 1857–1889.

[26] Müller (wie Anm. 1), S. 179.

[27] Eitelberger v. Edelberg, R[udolf], Gesammelte Kunsthistorische Schriften, I. Bd. (Kunst und Künstler Wiens der neueren Zeit), Wien 1879, S. 290.

[28] Ebenda, S. 274 u. 296.

[29] Ebenda, S. 289.

[30] Ebenda.

[31] Zit. nach: Müller (wie Anm. 1), S. 189.

[32] Springer (wie Anm. 17), S. 301.

[33] Ebenda.

[34] Ebenda.

[35] Springer (wie Anm. 17), S. 117–118 u. S. 297.

[36] HHStA (Haus-, Hof- und Staatsarchiv, Wien), Kabinettskanzlei, M. C. Z. (Minister-Conferenz-Zahl) 1390ex1857, K. 7, Auszug aus dem Protokoll der Ministerkonferenz vom 14. April 1857.

[37] Ebenda.

[38] HHStA, Kabinettskanzlei, M. C. Z. 1390ex1857, K. 7, Auszug aus dem Protokoll der Ministerkonferenz vom 30. April 1857.

[39] HHStA, Kabinettskanzlei, M. C. Z. 444ex1858, K. 3, Vortrag des Kultusministers vom 5. Februar 1858.

[40] Ebenda, Allerhöchste Entschließung vom 11. Februar 1858.

[41] Kranners Gutachten befindet sich in: WStLA (Wiener Stadt- und Landesarchiv), H.A.-Akten (Hauptarchivsakten), Kleine Bestände, Besondere Projekte/Stephansdom, Schachtel A 34/1, Mappe 1.

[42] Kalender des Prager Dombauvereins 1861, S. 77.

[43] Ebenda.

[44] Ebenda.

[45] Ebenda.

[46] Wagner-Rieger, Renate, Wiens Architektur im 19. Jahrhundert, Wien 1970, S. 164.

[47] Müller (wie Anm. 1), S. 180.

[48] Lehmann, Adolph, Allgemeiner Wohnungs-Anzeiger und vollständiges Gewerbe-Adreßbuch der k. k. Haupt- und Residenzstadt Wien und dessen Umgebung mit Benützung amtlicher Quellen, 3. Jg., 1861, Wien o. J. Laut den darin auf den Seiten 164 und 192 gemachten Angaben wohnte Kranner in der Mariahilfer Hauptstraße 274, Bezirk Neubau (S. 164) und hatte seine Steinmetzwerkstatt in der Josefstadt, und zwar in der Herr(e)ngasse 51 (S. 192).

[49] Müller (wie Anm. 1), S. 187–188.

[50] Zit. nach: Müller (wie Anm. 1), S. 190.

[51] Zit. nach: Ebenda.

[52] Nechansky, August, Friedrich Schmidts Berufung nach Österreich. Nach Briefen und Papieren aus seinem Nachlaß, in: Österreichische Rundschau, Bd. III (Mai–Juli 1905), Wien 1905, S. 75.

[53] Vgl. dazu: Klar, Paul Aloys, Über den Ausbau des Domes zu St. Veit in Prag, in: Libussa. Jahrbuch für 1842, S. 400–401; Springer (wie Anm. 17), S. 301 sowie Kalender des Prager Dombau-Vereines 1862, 2. Jg., S. 104.

[54] Zit. nach: Müller (wie Anm. 1), S. 190.

[55] Haiko, Peter, Friedrich von Schmidt. Ein gotischer Rationalist, in: Friedrich von Schmidt (1825–1891). Ein gotischer Rationalist, Katalog zur 148. Sonderausstellung des historischen Museums der Stadt Wien, S. 8–15.

[56] Zit. nach: Haiko (wie Anm. 55), S. 8.

[57] Haiko (wie Anm. 55), S. 8.

[58] Ebenda.

[59] Ebenda.

[60] Zit. nach: Müller (wie Anm. 1), S. 181.

Barbara Krafft

Gruß über den Zaun
Bilder aus dem adeligen Landleben im Prager
Œuvre von Barbara Krafft

Es sieht ganz nach einer der wunderlichen Launen Mnemosynes aus: daß eine Künstlerpersönlichkeit, deren Eigenart das zupackende Erfassen einer Individualität im Porträt ausmacht, selbst so wenig zu fassen ist. Wer Bildnissen von Barbara Krafft (1764–1825) gegenübersteht, ist überrascht von deren „Leibhaftigkeit", einer physisch-psychischen Präsenz, die man unwillkürlich als Gewährleistung von „Ähnlichkeit" empfindet. Wesentlich trägt dazu der allen gemeinsame Ausdruck einer inneren Regung bei, fast immer formuliert als Ansatz eines ansteckend auf den Betrachter überspringenden Lächelns – so, als wären die sensibel beweglichen Mundwinkel ein Vorposten der Seele.

Wie Barbara Krafft selbst ausgesehen hat, ist nicht überliefert – sicherlich nicht wie die seit Julius Leisching (1923) unverdrossen als Selbstbildnis tradierte alte Dame im Salzburger Museum C. A.: Die Künstlerin war zur Entstehungszeit des Bildes erst in den Vierzigern. Außer dürren Meldeeinträgen gibt es keinerlei persönliche Nachrichten, Briefe oder Tagebücher vom Leben der Malerin. Wohl aus diesem Grund wurde sie von der Forschung nur marginal wahrgenommen, die sich in den letzten Jahrzehnten so sehr auf das künstlerische Potential von Frauen gerichtet hat. Ein mühevoller, aber ergiebiger Weg der Annäherung führt über die facettenreiche Gesellschaft der Dargestellten. In ihr nimmt Barbara Krafft als Porträtistin ihrer Zeit durch die Zeitgenossen auch biographisch Gestalt an.[1]

Sie wurde 1764 in der deutschen Sprachinsel Iglau in Mähren als Tochter des Johann Nepomuk Steiner (1725–1793) geboren, der sich in Italien unter dem Einfluß seines Freundes Anton Raphael Mengs zum Maler ausgebildet hatte. Steiner kam 1767 als Hofmaler nach

Wien und lehrte an der Akademie der bildenden Künste. Wohl aufgrund der Unterweisung durch den akademischen Vater nimmt sich Barbara später das Recht heraus, sich selbst als „Mitglied der k. k. Akademie zu Wien" zu titulieren, obwohl zu ihrer Zeit Frauen dort keine Aufnahme fanden. Als sie 1786 ihr erstes Porträt ausstellt, erhält sie sofort Aufträge. Seit 1789 mit dem Apotheker Joseph Krafft verheiratet, signiert sie zeitlebens „Barbara Krafft nata Steiner pin(xit)", um sich durch den hochgeschätzten väterlichen Namen zu empfehlen. Mit dem 1792 geborenen Sohn Johann August zieht die Familie nach Salzburg. Nach einem siebenjährigen, künstlerisch ertragreichen Prag-Aufenthalt läßt sich die Malerin neuerdings in Salzburg nieder; von ihrem Mann verliert sich jede Spur. Um sich beim Salzburger Publikum wieder zu empfehlen, veranstaltet sie im September 1804 eine Verkaufsausstellung, in der sie sich in allen Fächern versiert zeigt, vom Historien- und Heiligenbild über das mythologische und „Holländer"-Genre bis hin zum Stilleben. Nur die Landschaft fehlt. Die war auch wirklich nicht ihre Stärke. Sie lebt mit dem Sohn und der 1801 geborenen Tochter von den Einkünften ihrer Bildnismalerei. Mit sechsundfünfzig Jahren eröffnet sich Barbara Krafft noch einen ganz neuen Wirkungskreis: in Bamberg. In vier sehr fruchtbaren Jahren ab 1821 erreicht ihr reifer Altersstil ein Höchstmaß an charakterisierender Intensität.

Mit derzeit rund 180 benennbaren Gemälden stellt sich ihr Œuvre für eine Professionistin nicht allzu umfangreich dar. Mehr als ein Viertel davon ist zerstört, verschollen oder nur durch schriftliche Quellen überliefert. Aus Familientradition dürften noch zahlreiche Porträts in Privatbesitz verborgen sein. Nahezu völlig unbekannt und weitgehend unpubliziert sind die Arbeiten aus den Prager Jahren 1797 bis 1803. Die Malerin kommt mit allen Formaten zurecht, von der (Öl-) Miniatur bis zum lebensgroßen Standesporträt und zum monumentalen, vielfigurigen Altarbild. Aus Prag gelangt schon 1798 der früheste Bericht über ihr Schaffen und die bemerkenswerteste Schilderung ihrer Malweise an die Öffentlichkeit: „Madame K r a f t [sic!] (so heißt die Künstlerin nach ihrem Gemahl) besitzt eine außerordentliche Kunst (Talent muß ich sagen) in saisiren oder treffen; ihr mißlingt kein Portrait; auch malt sie mit solcher Leichtigkeit, daß sie wie erst kürzlich, vier Köpfe in etwas über zwei Stunden auf ein Bild setzte. Ihre Manier ist männlich-dreist und ihre liebste Arbeit in breiten pastosen Strichen. Nie hat ein Frauenzimmer meines Wissens so kühn gemalt."[2]

Während in Salzburg und später in Bamberg überwiegend wohlhabende Bürger den Kundenkreis der Malerin bildeten, verbindet sich der Großteil des Prager Œuvres mit adeligen Namen. Ihr Atelier war am Kleinseitner Ring inmitten der Stadtpalais der böhmischen Grund- und Bergherren, und sie hatte Anschluß an die 1796 gegründete „Privatgesellschaft patriotischer Kunstfreunde", die sich auch die Förderung lebender Künstler zur Aufgabe machte. Der Sohn Johann August war in Bamberg und ab 1830 in München als Lithograph tätig; vermutlich dank seiner authentischen Auskunft konnte Georg Kaspar Nagler dort in sein Neues allgemeines Künstler-Lexicon eine Anzahl heute verschwundener Werke aufnehmen: „Sie malte zweimal den Baron Lederborn [Ledebur]: auf der Bärenjagd mit seinen Jägern, und als Bergknappe [...] und den Grafen Colobrad [Kolowrat] malte sie als Landmann, ebenfalls in Lebensgröße."[3]

Aus böhmischem Adelsbesitz wurden nach dem Zweiten Weltkrieg zahlreiche Kunstschätze in staatliche Depots zusammengezogen; dabei dürfte viel mit den Bildern tradiertes Wissen verlorengegangen sein. Aus Schloß Zahrádky (Neugarten) bei Böhmisch Leipa (Česká Lípa) stammen zwei Bilder, vermutlich Pendants, beide von Barbara Krafft signiert, die hier erstmals vorgestellt werden sollen. Im Staatsschloß Mnichovo Hradiště verwahrt, sind sie bisher nur in schwarzweißen Arbeitsfotos zugänglich; Angaben über Format, Farbqualitäten und etwaige Datierung liegen nicht vor.[4]

Das erste Bild trägt die Bezeichnung Fürst Kaunitz als Landmann (Abb. 1): Ein älterer Herr in Dreiviertelfigur, den linken Arm auf einen aufgestellten Rechen gelehnt, lüftet mit der Rechten den Hut. Raumgreifend und spontan wie der Gruß an einen Vorübergehenden geht eine Drehbewegung durch den Körper. Die hängenden Wangenpartien des vollen Gesichts lassen die Physiognomie weich erscheinen, die ausdrucksvollen Augen haben gütigen Ernst, während dem breiten Strich des Mundes das Lächeln nicht ungewohnt scheint. Auch die Perücke wirkt commode, das Zopfband flattert hervor, der freie Hals steckt im einfachen Volantkragen eines leinenen Hemdes, das sich jedoch beileibe nicht als bäurisch ausgibt. Die Ärmel zeigen ein weich sich fältelndes Material von bequemer, an den Handgelenken zusammengefaßter Weite. Darüber trägt der Herr eine über die Hüften reichende, längsgestreifte Weste. Der breitkrempige Hut – wahrscheinlich aus feinem Stroh – ist mit einem Blumenstrauß besteckt. Diesem luftigen Habitus schafft der Stamm rechts am Bildrand den sommerlichen Freiraum: Nur mit ein paar Laubbüscheln begrünt, bietet er die Atmosphäre eines Baumes, wenn auch in tapetenhafter Unkörperlichkeit. In dem kleinen „Bild im Bild" links unten, in das die Hand lässig hineinhängt, ist ein Landschaftsausschnitt sichtbar, in dem ein Bauernpaar mit der Ernte beschäftigt ist.

Mit jovialem Gestus grüßt der Gutsherr von seinen Feldern herüber – solch lockere, momentane Bewegungen kommen in Bildnissen der Barbara Krafft sonst nicht vor. Andererseits gewinnen beim Verweilen und genaueren Hinsehen Details an Wirkung, die zweifellos wohlüberlegte Kunstgriffe sind. Dazu gehört die witzige Pointe, daß die Holzzähne des rustikalen Arbeitsgeräts im ästhetischen Kontrast mit dem eleganten Streifenmuster der Weste korrespondieren. Ebenso auffällig bildet die lässig-elegante Hand, vom Rechen herabhängend, das Vordergrund-Repoussoir zur fernbildlichen Erntearbeit. Mit diesem Motiv erscheint am Ende des 18. Jahrhunderts noch einmal beispielhaft das Selbstverständnis des adeligen Patrons auf seinen Landgütern, wie es im 16. Jahrhundert in der Villentheorie der Terra ferma entwickelt worden war.[5] Doch nunmehr deutet sich im Zusammenspiel von grüßender und wahrender Hand ein anderer Konnex an. Es ist zu vermuten, daß der Auftraggeber die demonstrative Zusammengehörigkeit von Grundherrn und Landvolk verbildlicht sehen wollte.

Gerade in Böhmen wirkte sich die theresianisch-josephinische Reformpolitik für den grundherrlichen Adel einschneidend aus, da dort eine zunehmende Industrialisierung entstand. In den Reformen von 1781 (Untertan- und Strafpatent, Aufhebung der Leibeigenschaft) sind die Anfänge eines Zersetzungsprozesses des Grundadels zu suchen, welcher aus dem Widerspruch zwischen adeliger Grundherrschaft und den Interessen eines auf effiziente Wirtschaftlichkeit ausgerichteten Staatswesens entstand. Auch die Rücknahme der Urbarialregelung unter Leopold II. (1790) konnte diesen Verfall nur verzögern.[6] Auch erforderten die Hungerkatastrophen in Böhmen 1771/72 mehr Tatkraft als die dreitägigen Gebetsandachten im Wiener Stephansdom, „um den lieben Gott zu besänftigen", wie der Obersthofmeister der Kaiserin, Graf Khevenhüller-Metsch, in seinem Diarium berichtet.[7] Dieser unternimmt im Juli 1771 sogar eine „Landraiß" nach Böhmen „aus oeconomischen Motiven", wobei unter anderem auch Getreideäcker besichtigt werden. Selbst dieser äußerst konservative Hofmann vermerkt bei Besichtigung einer neuen Granatmine zu Radborz, daß man „nicht ohne Vergnügen" beim Graben und Waschen des Gesteins zugesehen habe, da nicht allein der Herrschaft daraus ein Nutzen erwachse, „sondern auch denen Unterthanen Brod und Nahrung verschaffet werden wird".[8]

Man darf, mutatis mutandis, eine ähnliche Disposition auf dem Bild des Grafen Kaunitz annehmen: Die Hand soll bei aller „Conservatio" (Erhaltung, Beobachtung) nicht eine „lastende" sein, sondern die mildbewahrende des Grundherrn als „Conservator" (Beschirmer, Beschützer). Sinnergänzend zu dieser ökonomischen Herrschaftsikonographie dürften auch Bedeutungsreste der Metapher vom zu bestellenden und zu hegenden Garten sein, da das Bild auch unter der Bezeichnung Fürst Kaunitz als Gärtner tradiert wird.[9] Überhaupt würde dem „gärtnerischen" Aspekt dieses Bildes die Tendenz der aufklärerisch-sentimentalen Adelswelt mit ihrer Vorliebe für „Garten-Ländlichkeit" entsprechen: Was bei Marie-Antoinette galant-spielerisches Landleben im „Hameau" von Versailles war, findet sich auf der „Woburn Farm" in England als einer der frühesten „ornamental farms" (1735) in ländlich-sittlicher Ernsthaftigkeit vorbereitet. Ihr Grundthema ist ein Spaziergang durch das ländliche Leben des Gutes für die gehobenen Ansprüche der Herrschaft, ohne allzu nahen Kontakt mit dem Pächter.

Näher in räumlicher und zeitlicher Hinsicht zum Kaunitzschen Gärtnerhabitus steht in ähnlich inszenierter Ländlichkeit das damals hochberühmte Seifersdorfer Tal bei Dresden.[10] In einer Schrift von 1780 wird dessen Motto beim ersten der alljährlichen Erntedankfeste – eigentliche Veranlassung der Anlage – zitiert: „Moritz und den ländlichen Freuden". Bezogen war diese Inschrift einer Holzlaube auf Hans Moritz Graf Brühl, der mit seiner belesenen Frau Christine auch Ökonomie als Steckenpferd betrieb. Mit schwärmerischem Aufklärungsgedanken wurde hier das Verhältnis von Gutsherrschaft und Dorfleuten als bukolische Harmonie gefeiert. So traf man zum Beispiel in einem Getreidefeld einen Obelisken, von dem es heißt: „Die sämtlichen Unterthanen errichteten dem Grafen denselben zum immerwährenden Denkmale seiner Güte und ihrer Liebe". Anstelle des Denkmalhaft-Rührenden für das Sentiment des Vorbeiwandelnden steht auf dem Kaunitzschen Bild der Gruß des „Als-ob-Landmanns". Dieser grüßt, durchaus im durchschaubaren Verwechslungssinn des Rokokos in heiterer Würde, alles andere als durch körperliche Arbeit oder Untertänigkeit gebeugt, aber doch gleichsam vom Feldrain her, als gelte der Willkomm in scherzhaftem Inkognito dem Besucher seiner Ländlichkeit. Es ist dies eine Bildvorstellung, in der das ländliche Befinden nicht eine unliebsame Entfernung vom politischen Getriebe der kaiserlichen Residenzstadt bedeutet, sondern das Wiederfinden der Conditio humana in der Bewirtschaftung der Felder. Für dieses Bild des auf den Rechen gestützten Herrn ist die Identifizierung als Fürst Kaunitz tradiert. Die Grafen und Fürsten Kaunitz hatten ausgedehnten Landbesitz mit zahlreichen Ortschaften in Mähren und Böhmen, auch in Böhmisch Leipa und Zahrádky[11], von wo das Bild stammt. Während des Prager Aufenthaltes der Malerin lebten dort mehrere Mitglieder der Familie, Söhne und Neffen des Staatskanzlers Wenzel Fürst von Kaunitz (1711–1794). Dem Alter nach käme sein zweiter Sohn Dominik Andreas Kaunitz-Rietberg-Questenberg (1739–1812) in Frage, der seinem um zwei Jahre älteren, 1797 verstorbenen Bruder in der Fürstenwürde folgte.[12] Den berühmten Staatskanzler als Protektor der Wiener Akademie der bildenden Künste hatte übrigens Vater Steiner mit großem Repräsentationsapparat porträtiert (nur als Nachstich von Mathias Schmuzer erhalten).

Nicht in ländlich-legerer Sommertracht, sondern im formellen Gehrock mit Weste und großem Spitzenjabot steht der andere Herr (Abb. 2) in strenger, elegant durchgebogener Seitenansicht, aber mit zum Betrachter gewendetem Kopf. Ein spaßhafter, fast verschmitzter Gesichtsausdruck entsteht aus den angehobenen Augenbrauen und dem Lächeln, das sich nicht lediglich andeutet, sondern in fast amüsierter Mimik durchgeformt ist. Er stützt die Hand auf einen Spazierstock und hält dort seinen Hut fest. Hinter ihm bringt ein schief nach links verzogener Zaun mit grob daraufgezimmerter Querplanke ein Bewegungsmoment ins Bild, das der Spazierstock in seiner nach rechts geführten Gegenläufigkeit unterstützt: als zeige sich der Herr beim Abschreiten seiner Güter. Symmetrisch zum Gegenstück ergibt sich in der rechten unteren Bildecke ein ausgegrenztes Feld zwischen Hut und Stock, darin sich grünes Buschwerk zeigt. Das Lebhaft-Unmittelbare an diesem Porträt ist seine in Distanz „en passant" wirkende Körperhaltung zusammen mit der aufmerksam-erheiterten Fixierung des Betrachters. Gilt ihm, vielleicht einem Verwandten, der Gruß des „Landmanns" mit dem Rechen?

Aus Schloß Mimoň bei Zákupy (Reichstadt in Nordböhmen) übernahm die Prager Nationalgalerie ein eigenartig befremdliches Doppelporträt in Lebensgröße (Abb. 3).[13] Es ist ausführlich signiert: „Barbara Krafft Natta Steiner pin: Anno 1797" – übrigens zum letzten Mal in dieser Weise. Jemand muß der Malerin dann bedeutet haben, daß man das Lateinische besser „nata" schreibt, und so hielt sie es fortan. In die Bilddiagonale komponiert, ruht in einem Lehnstuhl ein alter Mann, durch dicke moosgrüne Polster aufrechtgehalten. Das ausgezehrte Gesicht ist von Krankheit gezeichnet, der schmerzverkrampfte Mund erzwingt ein angestrengtes Lächeln. Dagegen richten sich die Augen mit wachem, fast belustigtem Blick auf den Betrachter. In der heiteren Stirnpartie mit den gespannten Brauenbögen verrät nur die eingesunkene Schläfe den bedrohlichen Gesundheitszustand. Der Kopf ist eingebettet in den hohen Umlegekragen des Schlafrocks, der auf schwarzem Grund ein rötlichgoldenes Längsstreifenmuster mit eingestreuten Blüten trägt. Diese Streifen modellieren in der dunklen Masse des Stoffes die Körperform und die leise Beugung der Arme, die mit überschlanken Händen kraftlos auf der weiß-rot gestreiften Polsterung der Armlehnen aufliegen.

Ebenfalls zum Betrachter blickend, steht hinter dem Kranken, leicht über ihn gebeugt, eine füllige junge Frau, die mit geöffnetem Mieder dem Greis die rechte Brust darbietet. Aus dem slawischen Gesicht mit breiten Wangenknochen sind die braunen Haare straff zurückgekämmt und mit einem roten Band durchflochten. Die gütig-besorgten, graublauen Augen und der Mund zeigen ein Lächeln, das nicht sich selbst zur Geltung bringen will, sondern mitfühlend von Traurigkeit berührt ist. Dieser weniger auf Fixierung des Betrachters, sondern auf den Kranken bezogene Ausdruck bewirkt – neben dem evidenten Standesunterschied –, daß sich die nuancierte Bedeutsamkeit unmerklich auf das Gesicht des Greises hinkonzentriert, obwohl beide Gesichter gleich sorgfältig charakterisiert sind. Vom rostbraunen Mieder hängen hellblaue Schleifenbänder herab. Das Leinen des Ärmels ist mit derben, heftigen Pinselstrichen gemalt, wie sie im Œuvre der Barbara Krafft mehrfach das Bäuerliche (auch physiognomisch) und das „holländische Genre" kennzeichnen, z. B. im Bildnis des ebenfalls in Prag gemalten Schmauchenden Alten von 1799.[14]

Bei einer Reihe innerer Krankheiten setzte man in der früheren Medizin die der Kuhmilch an Nährstoffen und Bekömmlichkeit überlegene Frauenmilch ein. War die Ernährung eines Erwachsenen durch eine Amme als Therapie nicht ungebräuchlich, so ist sie doch als Motiv der Porträtgestaltung ganz und gar ungewöhnlich. Etwas Vergleichbares stellt die „Caritas Romana" dar, ein exemplarischer Tugendtypus der Kindesliebe, von dem Valerius Maximus in seinen „Factorum et dictorum memorabilium libri novem" (1. Jahrhundert) in zwei Varianten berichtet.[15] Einer im Gefängnis zum Hungertod verurteilten Frau werden Besuche ihrer Tochter gestattet; man durchsucht diese sorgfältig, damit sie nicht etwa Speisen brächte. Als die Gefangene nach mehreren Tagen keine Entkräftung zeigt, entdeckt man, daß die Tochter „ihrer Mutter die Brüste reichte, und ihre Milch als das Mittel gebrauchte, um den Hunger Derselben zu stillen". Aufgrund dieses außerordentlichen Beweises von Kindesliebe wird der Frau die Freiheit geschenkt. Den sonderbaren Beigeschmack der Szene kommentiert Valerius: „Eine Mutter, ernährt durch die Brust der Tochter, ist gewiß die seltsamste und unerhörteste Erscheinung! Auf den ersten Anblick könnte man hier einen Widerspruch gegen die Natur finden, wenn nicht gerade Aelternliebe das erste Gesetz der Natur wäre." Die noch bekanntere Variante vom Athener Bürger Cimon und seiner Tochter Pero rückt Valerius sogleich ins Bildhafte: „Dasselbe gilt von der kindlichen Liebe der Pero. [...] Das überraschte Auge kann sich nicht losreissen, wenn sein Blick auf das Gemälde fällt, welches diese Geschichte darstellt."

Das Thema erfreute sich im Humanismus wegen seiner antik-allegorischen Bedeutung großer Beliebtheit; in Cesare Ripas I c o n o l o g i a (Padua 1630) erscheint es beim Begriff der „Pietà de Figlioli verso il Padre", und über mehrere Fassungen von Rubens wirkte es auf die deutsche Barockkunst ein.[16] Als ein mit dem K r a n k e n ungefähr zeitgenössischer Beleg für die Darstellung von Cimon und Pero sei das Gemälde I m K e r k e r von Gottlieb Schick (1776–1812) genannt.[17] Der Schwerpunkt liegt auf dem inhumanen Kerkermilieu als Schauplatz unerhörter Menschlichkeit, ohne daß jedoch jene halb inzestuöse und dennoch tadelfreie, ja vorbildliche Beziehung zwischen Pero und ihrem Vater direkt dargestellt würde.

Über eine solche erste Assoziation hinaus scheint das Doppelbildnis nichts mit der „Caritas Romana" zu tun zu haben. Es zeigt nicht Vater und Tochter, sondern einen adeligen Standesherrn und eine bestellte Amme. Von solcher Vitalität hat man sich die berühmten Iglauer Ammen vorzustellen, die zu den Säuglingen in wohlhabende Prager und Wiener Häuser geholt wurden. Die Bildatmosphäre ist – nichts weniger als kerkerhaft – die eines gepflegten Krankenzimmers. Davon zeugt in besonderer Weise die dritte Bildkomponente in der linken unteren Ecke: Ein ovales Tischchen, im Zopfstil wie der Sessel, setzt den Betrachter in die notwendige Distanz zu der intimen Szene;

das Stilleben darauf fügt ihr eine ästhetische Dimension hinzu. Auf dem Henkeltablett steht neben Porzellankanne und -koppchen eine Glaskaraffe, die Medizin oder Rotwein als Stärkungsmittel enthält. Etwas von der roten Flüssigkeit schimmert auch in dem kugeligen Trinkglas. Dieses kleine „Geschirrstück" besitzt durch die energischen Reflexlichter ein wirkliches Eigenleben und erreicht damit eine spannungsvoll kontrastierende Bildwertigkeit der Medizin- und Trinkgefäße gegenüber der unmittelbar-prallen Körperlichkeit der nährenden Brust. Außer einem Miniatur-Stilleben mit Flaschen und Gläsern (Privatbesitz München) ist dies das einzige Beispiel, das eine Vorstellung von der porträthaften Qualität der (verschollenen) Zwey Geschirr-Stücke und Zwey Speise-Stücke geben kann, womit sich die Malerin bei ihrer Salzburger Verkaufsausstellung auch als Könnerin im Stillebenfach empfahl. Ihre Signatur scheint sie mit gutem Grund an der Zarge des Tischchens angebracht zu haben. Im ganzen weiteren Œuvre ihrer erwerbsmäßigen Bildnismalerei müssen sich solche stillebenhaften Elemente – Arbeitskörbchen, Fächer, Blumen – als brillant gemalte, doch nur nebenbei charakterisierende Motive unterordnen.

Die Provenienz des Bildes läßt darauf schließen, daß der Dargestellte einer der in Böhmen reich begüterten Grafen von Hartig ist, denen auch Schloß und Herrschaft Mimoň bei Zákupy gehörte. Nimmt man an, daß der „Kranke" noch im Entstehungsjahr des Bildnisses seinem Leiden erlag, so könnte man ihn identifizieren als Franz de Paula Graf von Hartig, gestorben 1797, k. k. Geheimrat und Kämmerer, bis 1793 Gesandter und bevollmächtigter Minister am kursächsischen Hofe, vermählt mit Eleonore Gräfin von Colloredo.[18]

Über die Entstehungsumstände des Bildes kann man nur mutmaßen. Vielleicht hatte sich durch den Apothekerberuf ihres Mannes eine Verbindung zu ärztlichen Kreisen ergeben und die Künstlerin so in das Stadtpalais des „Kranken" eingeführt; für die medizinische Fakultät in Prag malte Barbara Krafft – allerdings erst zwei Jahre später (1799) – große Repräsentationsbilder dreier Kaiser (Joseph II., Leopold II., Franz II.) und die vorzüglichen Porträts von drei Professoren. Ihre notorische Geschwindigkeit beim Anlegen von Bildnissen kam ihr jedenfalls zustatten, um dieses denkwürdige Szenarium mit der Amme festzuhalten. Gerade wegen seiner menschlichen Wärme und Würde spricht aus dem intimen Erinnerungsbild an die letzten Tage eines Mannes auch die mythologisch-allegorische Dimension

des Caritas-Motivs: das Bäuerlich-Vitale in seiner nahrungs- und le-
bensspendenden Natürlichkeit als Ressource und Verpflichtung des
aufgeklärten Adels – also in gewisser Weise doch Vater und Tochter.

Abb. 1: Barbara Krafft: Fürst Kaunitz als Landmann.
Um 1798. Staatsschloß Mnichovo Hradiště (Münchengrätz).

Abb. 2: Barbara Krafft: Herr am Zaun. Um 1798.
Staatsschloß Mnichovo Hradiště (Münchengrätz).

Abb. 3: Barbara Krafft: Der Kranke. Signiert und datiert 1797.
Prag. Národní galerie.

Anmerkungen

[1] Dies war der methodische Ansatz der Münchner Dissertation über meine Ahnin, „Barbara Krafft nata Steiner 1764-1825. Eine Portraitistin ihrer Zeit", die ich 1983 vorlegte. Bei den Forschungsarbeiten in Prag erfuhr ich durch Prof. Hugo Rokyta wesentliche Unterstützung seitens des Denkmalamtes und seiner Fotodokumentation. Ihm zum dankbaren Gedenken stelle ich hier drei besonders interessante böhmische Bilder aus der mittlerweile erheblich erweiterten Werkmonographie vor, deren Drucklegung in Vorbereitung ist. Zugleich ist dieser Beitrag dankbar dem Andenken von Dr. Eva Bukolská, damals Nationalgalerie Prag, gewidmet, die mir ihr für eine geplante Publikation gesammeltes Material über B. Krafft uneigennützig zur Verfügung stellte.

[2] Meusel, Johann Georg (Hg.): Neue Miscellaneen artistischen Inhalts für Künstler und Kunstliebhaber. 9. Stück. Leipzig 1799. S. 108 f.

[3] Bd. 7. München 1839. Artikel „Krafft, Barbara". S. 154-156.

[4] Inv.-Nr. 819/756 (Kaunitz); Inv.-Nr. des zweiten Bildes nicht bekannt. Format vermutlich ca. 100 x 80 cm.

[5] Vgl. Rupprecht, Bernhard: Villa. Zur Geschichte eines Ideals. In: Probleme der Kunstwissenschaft. Bd. 2. Berlin 1966.

[6] In diesem Zusammenhang ist auch folgende Begebenheit von Bedeutung: Am 19. August 1769 ackerte Kaiser Joseph II. beim Dorfe Slavíkovice in der Nähe von Brünn mit dem Pfluge des Bauern Andreas Trnka einige Furchen. Ein Jahr später wurde der Pflug von den Bauern als eine Art Reliquie in das „Haus der mährischen Stände" gebracht und 1802 im mährischen Ständesaal aufgestellt. Im Umkreis dieser Demonstration zur programmatischen Wertschätzung des Bauernstandes entstand ein Entwurf für ein Denkmal des pflügenden Kaisers als Kupferstich vor 1787. Kaiserin Maria Theresia hatte die Verbreitung der Episode gewünscht. Der Bauer Trnka und seine Frau kamen zu Ansehen und ließen sich von einem Miniaturmaler portraitieren. Vgl. Ausstellungskatalog Österreich zur Zeit Kaiser Josephs II. Stift Melk 1980. Nr. 123-129.

[7] Khevenhüller-Metsch, Rudolf Graf/Schlitter, Hans (Hg.): Tagebuch des Fürsten Johann Josef Khevenhüller-Metsch. Bd. 7. Wien 1925. S. 114 f.

[8] Ebenda. S. 87.

[9] Zur fürstlichen Gärtnermetapher vgl. Finkenstaedt, Thomas: Der Garten des Königs. In: Probleme der Kunstwissenschaft. Bd. 2. Berlin 1966. S. 183-209. – Zur literarisch-ökonomischen Barocktradition des österreichischen Landadels vgl. Brunner, Otto: Adeliges Landleben und Europäischer Geist. Salzburg 1949. – Vgl. auch: Stekl, Hannes: Österreichs Aristokratie im Vormärz. Herrschaftsstil und Lebensformen der Fürstenhäuser Liechtenstein und Schwarzenberg. München 1973.

[10] Zur Woburn Farm vgl. Hennebo-Hoffmann: Geschichte der deutschen Gartenkunst. Bd. 3. Hamburg 1963. S. 27. und ebenda. S. 99 f. zum Seifersdorfer Tal. – Zitat nach Rave, Paul Ortwin: Gärten der Goethezeit. Leipzig 1941. S. 65.

[11] Das später barockisierte Renaissanceschloß Zahrádky, Wohnsitz der Witwe Wallensteins, gelangte durch die Heirat ihrer Tochter an das Geschlecht der Kaunitz. Christoph Willibald Gluck verbrachte dort fünf Jugendjahre, weil sein Vater 1717-1722 als Forstmeister angestellt war. Vgl. Rokyta, Hugo: Die böhmischen Länder. Salzburg 1970. S. 214.

¹² Kneschke, Ernst Heinrich: Neues allgemeines Adels-Lexicon. Bd. 5. Leipzig 1864. S. 42 ff.

¹³ Prag. Národní galerie. Inv. Nr. 0-9690. 117 x 101 cm. Die vor der Restaurierung entstandene Fotografie zeigt für Krafft-Bilder charakteristische Schäden: Sprünge und abgeplatzte Stellen, die teilweise auf die flüchtige Maltechnik zurückgehen.

¹⁴ Bayerische Staatsgemäldesammlungen München. Neue Pinakothek. Inv. Nr. 9557.

¹⁵ Maximus, Valerius: Sammlung merkwürdiger Reden und Thaten. Übersetzt von D. Friedrich Hoffmann. Bd. 1. Stuttgart 1828. 5. Buch. S. 333 ff.

¹⁶ Reallexikon zur Deutschen Kunstgeschichte. Bd. 3. Stuttgart 1954. „Caritas Romana". – Pigler, Andreas: Valerius Maximus et l'iconographie des temps modernes. In: FS f. Alexis Petrovics. Budapest 1934. S. 213 ff.

¹⁷ Sammlung Georg Schäfer. Schweinfurt. Abgebildet im Ausstellungskatalog Klassizismus und Romantik in Deutschland. Germanisches Nationalmuseum Nürnberg 1966. Kat. Nr. 153.

¹⁸ Kneschke (wie Anm. 12). Bd. 4. Leipzig 1863. S. 217. – Unmittelbar vor Drucklegung dieser Gedenkschrift erschien der Aufsatz von Claire Madl (Mádlová): Hrabe František de Paula Hartig. Osvícenský aristokrat v českých zemích (Graf Franz de Paula von Hartig, ein aufgeklärter Aristokrat in Böhmen). In: Dějiny a současnost. H. 1. 2002. S. 28–33. Mit Farbabbildungen. Dieser Auszug aus der Dissertation von Claire Madl bestätigt von historischer Seite den malerischen Befund. Ich danke der Autorin herzlich, daß sie mir eilends ihr ursprünglich französisches Manuskript zur Verfügung stellte.

Der 1758 geborene Hartig setzte sich auf seiner Kavalierstour in Frankreich und England mit dem Gedankengut der Aufklärung auseinander. Eine seiner wichtigsten Schriften heißt „Kurze historische Beschreibung über die Aufnahme und den Verfall der Feldwirthschaft bey verschiedenen Völkern" (Prag und Wien 1786). Er erkannte die zeitgemäße Rolle des Adels als Wirtschaftsunternehmer zur Verbesserung der Lebensverhältnisse der Bevölkerung. Krankheit zwang ihn, die diplomatische Laufbahn am Hof zu Dresden aufzugeben. Seine Bibliothek in Mimoň öffnete er den Prager geistigen Zirkeln und wurde 1794 zum Präsidenten der königlichen böhmischen Gesellschaft der Wissenschaften gewählt. Sein Freund und behandelnder Arzt war Johann Mayer, dessen Bruder Prof. Joseph Mayer von Barbara Krafft für die medizinische Fakultät in Prag portraitiert wurde. Als Hartig sich mit der Amme malen ließ, erschien der erst 39jährige durch die Schwindsucht im Endstadium zum Greis gealtert. – Das Gemälde wurde auch in den Ausstellungskatalog aufgenommen: Štěpánek, Pavel: Lékařství ve výtvarném umění (Die Medizin in der bildenden Kunst). Středočeská galerie v Praze – Československá lékařská společnost J. E. Purkyně, Prag 1987.

Michael und Almut Krapf

Der Mann mit dem geschlossenen Visier. Bemerkungen zu Feldmarschall Radetzkys Grabmal auf dem Heldenberg.

> Die Stimme der Wahrheit ertönt
> gewöhnlich am lautesten und
> eindringlichsten aus Gräbern und Särgen.
>
> Josef Parkfrieder

Es ist das ein seltsames Gefühl, wenn man auf der Terrasse des Invalidenhauses stehend über die „in Erz gegossene" heroisch dominierte Stätte[1] hinweg in die tatsächliche allmählich verebbende Hügellandschaft des niederösterreichischen Bauernlandes unweit Hollabrunn – an der Franz-Josefs-Bahn gelegen – blickt: Ein Hauch von Wehmut kommt auf, gepaart mit Staunen über all den Aufwand. Und doch scheint es so, als würde die „ehrenwerte Gesellschaft" in diesem weitläufigen „Friedhof der Geschichte" (Obenaus) auf ihre späte Auferstehung in Fleisch und Bein warten. Der Blick schweift vorbei an den zwei Siegessäulen mit der „Victoria" und an den Postamenten mit den rundum ausgeteilten Helden der italienischen und ungarischen Feldzüge von 1848/49, hinweg über die Statue der „Clio", der Muse der Geschichtsschreibung, welche die erklärende Inschrift bereithält: „Der heldenmüthigen k. k. Italienisch und ungarischen Armee für Ihre Ao 1848 u. 1849 unerschütterliche Treue und unbezwingbare Tapferkeit als Andenken gewidmet", hin zu Obelisk und der Gruft (Abb. 1), wo die Feldmarschälle Josef Wenzel Graf Radetzky und Maximilian Freiherr von Wimpffen ruhen, darunter im Harnisch, den er zu Lebzeiten bisweilen auf seine Tauglichkeit für die Ewigkeit probiert haben soll[2], die Totenwache haltend, der „Inventor" dieser patriotischen wie makaberen Anlage, der Unternehmer und Heereslieferant Josef Parkfrieder.

Die Stufen von der Terrasse hinuntersteigend, findet man sich umgeben von Helden der österreichischen Vergangenheit. Entlang der Treppen geht es vorbei an den Feldherren Leopold Reichsgraf von Daun, an Prinz Eugen von Savoyen, an Erzherzog Carl und an Gideon Ernst Laudon, bevor man unvermutet auf vier Ritter (Abb. 2) stößt, die so gar nichts Persönliches an sich haben, scheinbar anonym bleiben wollen in ihrer heroischen Gebärde. Sie stehen in voller Rüstung, das Visier geschlossen, einen Helm mit Helmbusch tragend, einen Fuß martialisch vorgestreckt, auf das Schwert gestützt, und starren vor sich hin in die Weite der zu bewachenden Heldenlandschaft. Hinter jeder Statue sind Trophäen aus Geschützrohren, Kanonen, Fahnen, Spießen, Trommeln und Kriegszeug angeordnet.[3] Bald schon erkennt man, daß diese anonymen Gewappneten wie der „Unbekannte Soldat" so manchen Mahnmales oder der Ideenhintergrund des „Friedhofs der Namenlosen" für jeden einzelnen stehen können, der in diesen Feldzügen für Gott, Kaiser und Vaterland gefallen ist. Nicht nur der zu benennende „große Held" ist an dieser neuralgischen Stelle präsent wie etwa Prinz Eugen oder Erzherzog Carl, sondern jeder „Gemeine", der in dem Ritter wieder lebendig wird, der die Totenwache für Radetzky, Wimpffen und Parkfrieder hält. Zu Benennendes und Anonymes fallen in diesem Totenkult zusammen, und dreht man sich um, sieht man gleichsam als Beweis für diesen Gedanken in der Giebelinschrift des Invaliden- bzw. Säulen-Hauses: „Den würdigen Söhnen (!) des Vaterlandes sei dieses Haus für ihre in den Jahren 1848 und 1849 bewiesene unerschütterliche Treue und heldenmüthige Tapferkeit gewidmet". Wir wissen, daß Radetzky, der Nutznießer dieser Anlage, auf jeden einzelnen Krieger während seiner Italienfeldzüge allergrößten Wert gelegt hat. In jeder seiner Ansprachen nach den spektakulären Siegen in Italien ist zu spüren, daß er die errungenen Siege jeweils „den anderen" zusprach, sie dem anonymen Ritter seiner Tage zu verdanken habe.[4] Nach der Schlacht bei Novara schrieb Radetzky, daß jeder einzelne wie ein Held war und er, um gerecht zu sein, eigentlich alle als solche nennen müßte. Der letzte Armeebefehl vom 1. März 1857 lautet dementsprechend: „Eurer Tapferkeit verdanke ich, was ich geleistet. Eure Tugenden wanden mir die Krone, die mein greises Haupt schmückt."

So zieht sich dieser Gedanke vom eisernen Ritter, der die Ehrenwache hält, wie ein Leitmotiv durch das Areal. In den flachen Ecknischen des eigentlichen Gruftraumes, in dem Radetzky und Wimpffen ruhen, finden wir dieselben eisernen Ritter, die, ihre Hände auf das

Schwert gestützt, die Ehrenwache halten. Ebenfalls vier an der Zahl, sollen sie uns nachdenklich stimmen. Noch einmal erscheinen die Ritter im Aufsatz der Gruftplatte Radetzkys, indem sie, seitlich des Wappens plaziert, dieses und das Goldene Vlies halten, wobei die ornamentale Verschlingung in diesem Bereich mit den ohrenartigen Schlußstücken zum Kunstvollsten gehört, was das Grabmal kennt (abgesehen von dem prunkenden Aufwand, den sich Parkfrieder in seiner eigenen Gruft zukommen ließ, der allerdings vergleichsweise überladen scheint). Der genannte Parkfrieder übertrug nun vollends die anonyme Ritterromantik in den persönlichen Bereich, nachdem er als Testamentsvollstrecker Radetzkys von Kaiser Franz Joseph das Komturkreuz des Franz-Josephs-Ordens verliehen erhalten hatte, was mit der Erhebung in den Adelsstand eines „Ritters von" verbunden war.[5] Diesen Titel wörtlich nehmend, bewacht Parkfrieder demzufolge, in eine Ritterrüstung gezwängt, ein zinkenes Schwert in der hohlen Ritterhand, seine „hohen Herrschaften" in ihrem Totenschlaf.[6] So hat Parkfrieder als Zivilist zu einer gleichsam „militärischen" Funktion gefunden, die ihm seine neue Würde als „Ritter" zuwies.

Jedoch nicht erst im Tode war diese romantische Idee von der ewigen Ritter-Wache geboren worden. Im Journal de Petersbourg wurde auch Radetzky als Parkfrieders „Gegenüber" in einer aus den Fugen geratenen Welt als nachgeborener guter Ritter gesehen, wie einst Kaiser Maximilian als „letzter Ritter" das Mittelalter beschlossen hatte[7]: „Radetzky ist ein Hohepriester unserer alten Ritterehre, hingestellt inmitten dieses letzten Kampfes der neuen mit der alten Welt. Und wie auch die Urteile der Menschen und ihre Sympathien für oder gegen die zwei im Streite liegenden Prinzipien beschaffen sind, so gibt es doch sicher kein edles Herz in Europa, und keines Mannes Brust, die nicht lauter schlüge, nicht höher gehoben würde bei dem Namen dieses edlen Greises, der in unserer, aus den Fugen wollenden Welt die Beispiele jenes Heldenmutes erneuert, die wir fast nur noch aus den Überlieferungen unserer ritterlichen Vorzeit kennen." Die Ritterehre wurde dergestalt in der guten grauen Vorzeit angebunden. Auch beim Begräbnis bzw. Trauerkondukt krönte den Leichenwagen Radetzkys, der von sechs Rappen gezogen wurde, ein Ritterhelm. Hinter dem Sarg wurde mit langer schwarzer Schleppe von zwei Hoflakaien das Lieblingspferd des Feldmarschalls geführt. Ihm folgte wie bei jeder altösterreichischen „Generalsleich" ein Ritter in Panzerrüstung auf einem ebenso gepanzerten Rappen. Bei der Aufbahrung in der Schloßkapelle in Kleinwetzdorf (Abb. 3) vor der eigentlichen Beisetzung am nächsten Tag (19. Jänner 1858) schmückten lebensgroße Porträtgemälde der Feldmarschälle Radetzky und Wimpffen das Kircheninnere mit dem ordensgeschmückten Katafalk[8], wobei auch hier die Ehrenwache nicht fehlen durfte. Auf einer anonymen höchst instruktiven zeitgenössischen Fotografie finden sich sechs Geharnischte mit Schwert und geschlossenem Visier, auf Sockeln den Sarg umstehend.

Die Ahnen dieser Wächterfiguren entnahm Parkfrieder dem reichen Zitatenschatz der Geschichte, für die sich auch sein alter Freund Radetzky sehr interessiert hat. Wie wir wissen[9], hat er doch seiner geliebten Tochter Fritzi den Rat gegeben: „... Lasse deine Kinder vorzüglich in der Geschichte ... unterrichten, es ist das einzige, was uns im praktischen Leben nützlich, ja als ein Spiegel in Betrachtung der lebenden Zeit lehrt." Ausgehend von den Wächtersoldaten der Dynastie der Han in China, den „Schwarzen Rittern" in den Stundenbüchern des Mittelalters, dem voll gerüsteten Ferdinand von Portugal mit dem ebenfalls geschlossenen Visier innerhalb des Maximilian-Grabmales in der Hofkirche in Innsbruck, der Ritterproblematik bei Cervantes, fand die Figur Einlaß in die Ritterherrlichkeit des Laxenburger Schloßparks unweit von Wien. Hier ist diese unmittelbar spürbar, in der Rittersäule, dem Turnierplatz, der gotischen Burgveste und der Rittergruft, wo süßes Genießen der Natur und die Vergänglichkeit alles Irdischen aufeinandertrafen.[10] Dazu paßt die aus England kommende Mode, sich in den Landschaftsgärten des eigenen Besitzes bestatten zu lassen, wie das für den Wiener Bereich die Gräber beweisen, die der vorsichtige Taktiker Franz Moritz Graf von Lacy (gestorben 1801 – er war der erste Lehrer Radetzkys in der Kriegskunst) angelegt hat, der im eigenen Neuwaldegger Park in einem Tempelchen beigesetzt wurde; ebenso der Eroberer von Belgrad, Feldmarschall Ernst Gideon Freiherr von Laudon, der ein Grabmal im Park seines Schlosses in Hadersdorf erhielt: Franz Anton Zauners Monument weist einen sinnenden, vor sich hindösenden Grabeswächter in Ritterrüstung auf. Auf dem Heldenberg haben diese „landschaftlichen Gräber" in „schöner Natur" zu einer monumentalen Gestalt gefunden, wobei Patriotismus, Heldenverehrung und Totenkult zu einer neuen Einheit verschmolzen (Kaiser- und Heldenallee in Verehrung v. a. der herrschenden Dynastie, die Attentats-Geschichte um den jungen Kaiser Franz Joseph sowie die Löwengruft, wo die niemals installierte Wachmannschaft beigesetzt werden sollte, sind lediglich Annexe der ursprünglichen Idee.). Die geistesgeschichtliche Klammer zwischen den verschiedenen Bereichen bildet der anonyme Ritter, der das Einzelschicksal des oft zu wenig gewürdigten einfachen Kriegers meint, aber auch die Wache wie die Totenwache, die „Aufmerksamkeit" im allgemeinen. Parkfrieder als „Inventor" des Ganzen ist im Tode in seiner seltsamen Panzerung, gerade erst „zum Ritter geschlagen", vom Individuum „in der Verwandlung des Menschen"[11], wie er selbst in seiner Gruft schrieb, zum Typus des Wachenden geworden. Diese Entindividualisierung macht ihn zum „Bruder" der vier Wachenden im Gruftraum, der zwei Wappenhaltenden des Aufsatzes der Gruftplatte, der vier Geharnischten am unteren Treppenabsatz des Säulenhauses (und in einer Art Rückblende des Begräbniszeremoniells Radetzkys: der sechs Rüstungsmänner der Grabeswache in Kleinwetzdorf, des Rüstungshelms des Leichenwagens, des „Schwarzen Ritters" auf dem Rappen im Kondukt des Feldherrn, der geharnischten Ritter am Postament des Castrums in der Villa Reale in Mailand). Das oftmalige Wiederkehren des wachenden Ritters findet seine weitere Ergänzung auf dem Postament des Standbildes von Radetzky – seitlich des Säulenhauses, wo zwei Geharnischte als Schildhalter fungieren. Im Wappen erscheint die Grabschaufel, mit der der Legende nach Königin Libussa, Prag gründend, einen Schutzwall um diese Stadt errichtet haben soll. Die „goldene Stadt" ist die Stadt der Jugend Radetzkys: Sie sollte von Libussa geschützt werden wie der Totenhain von namenlosen und daher „unzerstörbaren" Rittern ohne individuelles Gesicht. Typenhaftigkeit und Entindividualisierung nehmen ihm gleichsam die „Sterblichkeit", machen ihn unverwundbar wie austauschbar: Immer „derselbe", könne er ewig wachen.

Wer waren nun die einzelnen Figuren im „Spiel" um den Heldenberg – zwei davon waren echte Spielernaturen und als „Spielratzen" bei der Armee verschrien –, die hier im Tod zusammentrafen. Waren sie schon zu Lebzeiten schicksalhaft verschwistert? Das ist unsere Frage, die eher von mentalitätsgeschichtlicher als von rein historischer oder gar kunsthistorischer Relevanz ist. Die Auswirkungen der Schicksalsgemeinschaft haben allerdings zu einem Ergebnis geführt, dem jenseits des Kuriosen Unikatscharakter zukommt.

Um 1789 in Schloßhof im Marchfeld geboren[12], war Joseph Gottfried Parkfrieder (Abb. 4), der auf den erhaltenen Porträts einen ebenso lebhaften wie listigen Eindruck vermittelt, ein Arme-Leute-Kind. Er war vermutlich Sohn eines niederösterreichischen Schullehrers – und nicht, wie die Legende es wollte, der Sohn Kaiser Josefs II. und einer schönen Jüdin. Er selbst schrieb: „Ich ward sehr arm geboren und kümmerlich erzogen." Aufgefordert durch einen Onkel, wandte sich der ehrgeizige junge Mann der kaufmännischen Tätigkeit zu und erwarb zunächst eine kleine Krämerei in Znaim. Wenig später scheint er in der Stadt Budapest als Hausbesitzer und dann auch in Wien (in der Leopoldstadt) als erfolgreicher Geschäftsmann auf. Er selbst skizzierte seine Laufbahn im Jahr 1841 und seine Förderer bei der Armee, unter denen eigens Graf Radetzky erwähnt wird, folgendermaßen: „Kaum vierzehn Jahre alt, mußte ich mir in der Fremde mein Fortkommen suchen. Mein Vermögen habe ich mir mit der Gnade Gottes selbst erworben, durch Fleiß, Sittlichkeit und strenge Rechtlichkeit, deshalb auch hochgeachtet von Seiner Majestät dem Höchstseligen Kaiser Franz, den Erzherzogen Joseph Reichspalatin, Erzherzog Ferdinand und Maximilian de Este, Fürsten Hohenzollern, der Marschälle Alvinzi, Bellegarde, Grafen Radetzky (!), Minister Grafen Kolowrat und vielen anderen hohen Herrn Herrn pp., da ich dem Staat durch fünfunddreißig Jahre wesentliche Dienste geleistet, und den Allerhöchsten Ärar über zwei Millionen Gulden an Ersparungen zugewendet hatte, ohne hiefür das Geringste anzusprechen."[13] Zu großem Reichtum kam Parkfrieder vor allem durch Armeelieferungen, wobei er u. a. mit Lebensmitteln, Schuhen und Stoffen handelte, was nach dem Tod des Sonderlings zu dem Spottvers führte: „Hier ruhen drei Helden in ewiger Ruh'/ zwei lieferten Schlachten, der dritte die Schuh'". Daß er auch weit gereist war – es sind Fahrten nach Paris und London überliefert –, zeigt die Inschrift in seiner Gruft auf.[14] Die Bereisung von Afrika könnte mit dem zu dieser Zeit besonders florierenden Sklavenhandel in Verbindung stehen, wie vermutet worden ist.[15] Im Jahr 1832 erwarb er die Herrschaft Wetzdorf vom Gubernialrat Czikann um 90.000 Gulden Konventionsmünze, die der Kristallisationspunkt für die Idee des Heldenberges werden sollte. Hatte Parkfrieder ursprünglich in Napoleon, dem Kaiser der Franzosen, seinen Helden gefunden, der für ihn wie das Bürgertum als Überwinder der Französischen Revolution galt – dazu paßt die Einrichtung der Napoleon-Zimmer in seiner Herrschaft[16] –, so kippte diese Verehrung seit dem Jahr 1848 in eine Bewunderung für die Armee und ihre herausragenden Repräsentanten, wie eben Radetzky

oder Wimpffen, um, die „die alte Ordnung" wiederhergestellt hatten.
Der eigentliche Grund jedoch, weshalb Parkfrieder sich der Visuali-
sierung der Helden, zumeist in Büstenform, zuwandte, ist der, daß
sich der erste konstituierende Wiener Reichstag nicht bereit erklärt
hatte, der Armee den „Dank des Vaterlandes" auszusprechen, wie das
der Abgeordnete Strasser gefordert hatte: Als das Parkfrieder zu Ohren
kam, entschloß er sich, Abhilfe zu schaffen und der siegreichen Armee
und damit dem greisen Feldmarschall Radetzky ein quasi öffentliches
Denkmal zu setzen. Seine patriotische Gesinnung drückt sich in der
Vorrede des von ihm selbst verfaßten Prunkwerkes D e r H e l d e n -
b e r g i m P a r k z u W e t z d o r f (1858) aus, wo gleichsam mit Blut
geschrieben wird: „Die gefahrvollen Zeiten der Jahre 1848 und 1849
boten der k. k. österreichischen Armee reiche Gelegenheit dar, ihre
Tapferkeit zu erproben, mit wahrem Heldenmuth und kalter Todes-
verachtung, jeder Gefahr trotzend, die Rechte des Thrones und den
alten Ruhm zu wahren, und ihre Ehre und den Ruf der Treue glän-
zend aufrecht zu erhalten. Sie hat diese Gelegenheit nicht vorüberge-
hen lassen, und ist dem Rufe der an sie erging, gefolgt; und sie hat in
vielen und heißen Schlachten, in Italien und Ungarn, für Kaiser und
Vaterland muthig gekämpft, und den alten Auszeichnungen neue
und ruhmvolle, den früheren Lorbeeren frische und unverwelkte zu-
gefügt. Die Erwägung dieser Momente hat den Unterzeichneten stets
mit Gefühlen der Verehrung und Bewunderung erfüllt; und sie war es
auch, die den Plan in ihm hervorrief, diesen Gefühlen dadurch einen
sicheren Ausdruck zu geben, daß er das Andenken unserer Helden
jener Periode und ihrer ruhmvollsten Tathen bei Zeitgenossen und
Nachkommen bleibend sichere, indem er – in dem hier dargestellten
Denkmale – ihre Gestalten in Erz abbilden ließ, ihnen selbst zu un-
vergänglichem Ruhm, den lebenden und künftigen Geschlechtern
zur Erinnerung und Begeisterung / Josef Pargfrider. Besitzer des Heldenberges."[17] Deutlich kommt im ruhmredigen Text zum Ausdruck,
daß die Gestalten der Helden „in Erz abzubilden" seien, wodurch
ihnen eine „Überlebenschance" geboten würde, die Möglichkeit, dem
„Nachgeborenen" gleichsam in das Zeitlose entrückt gegenüberzutre-
ten.
     Im Dreigestirn der Kräfte spielt neben Parkfrieder und Radetzky der
Bildhauer Adam Rammelmayer (1807–1887) eine besondere Rolle.[18]
Von ihm hat sich ein heroisches, fast napoleonisch wirkendes Porträt
von Carl Rahl in der Österreichischen Galerie Belvedere in Wien

erhalten (1835, Abb. 5). Er zeichnete für die ästhetische Verwirklichung des Konzeptes Heldenberg verantwortlich bzw. war für die Herstellung der Büsten dortselbst auserkoren worden. Im Jahr 1832 Preisträger an der kaiserlichen Akademie in Wien – er erhielt den Reichelschen Kunstpreis für seine Gruppe Anchises vom Blitz beteubt und zu Boden geschleudert, reüssierte der Künstler 1833 an der Mailänder Akademie mit der Gruppe des Dornausziehers. Trotzdem wird er innerhalb der Interpretation des Heldenberges in der Literatur meist als Dilettant apostrophiert, seine gußeisernen Büsten – in Serie geschaltet – als ermüdend und monoton eingestuft. Mehrfach wurde der überzeichnende Detailrealismus kritisiert. Dabei ist für das Jahr 1840/41 ein Reisestipendium für Rom bekannt, wohin sich der Bildhauer zur Ausbildung für vier Jahre begeben hatte und wo ihn Parkfrieder auch kennengelernt haben dürfte. Bei dem umfangreichen detailverliebten Programm für den Heldenberg ist anzunehmen, daß eine ganze Reihe von erfahrenen Mitarbeitern zur Verfügung stand, die wir in ihren herausragenden Exponenten namhaft machen können:[19] Es sind dies der Wiener Anton Dietrich (1797–1872), der mit Klieber gemeinsam an der Ausschmückung der Johann-Nepomuk-Kirche in der Praterstraße in Wien gearbeitet hatte (von ihm stammt z.B. die Gruppe Herkules mit der Hydra kämpfend vor Schloß Wetzdorf) sowie der geborene Vorarlberger Johann Fessler (1803–1875), der als tüchtiger Kunsthandwerker mit zahlreichen Arbeiten an der Votivkirche in Wien beschäftigt war. Daß Rammelmayer der führende Geist in gußtechnischer Hinsicht war, der das ehrgeizige Projekt seit 1848 (bis 1858) in relativ kurzer Zeit realisierte – immerhin galt es Dutzende von Figuren (ursprünglich waren es 167 Plastiken insgesamt) in ihrem Ordensschmuck, in Uniform bis zum letzten Knopf mit entsprechender Haar- und Bart-Tracht zu konterfeien –, geht daraus hervor, daß die Gedächtnistafel auf dem Heldenberg, die Parkfrieder eigenhändig für die Gruft konzipiert hatte, über die Tätigkeit des Bildhauers dafür informiert: „An diesem Bau haben gearbeitet: ... Herr Rammelmayer acad. Bildhauer in Wien modellierte den Todesengel von 8 Schuh Höhe stehend auf der Spitze der Pyramide, selber ist 16 Ztr. schwer und in der Fürst Salmschen Fabrik in Blansko (in Mähren) in Eisen gegossen, die übrigen Figuren in der Gruft, von Zink, sind von eben demselben ausgeführt ...“[20] Auch wenn man dem Künstler schon frühzeitig vorwarf, daß es ihm an Poesie mangle, wurde andererseits zugegeben, daß bestimmte Arbeiten innerhalb des Heldenberges sehr wohl entsprächen: so z. B. die Gruppe der drei Parzen hinter der Gruftanlage, die durch harmonische Komposition und zarte Bewegtheit auffalle. Ungeteilte Bewunderung kam stets den trauernden Frauen in der Gruftkapelle selbst zu, die den klassischen Pleurants nachempfunden sind. Daß die wichtigste, vor allem höchstrangige Standfigur, nämlich jene Radetzkys, von Rammelmayer stammt, geht daraus hervor, daß sie im äußersten Rand der Standplatte des Feldmarschalls, der leger mit offenem Mantel alten Musters in Marschall-Uniform, in der Rechten den Marschallstab, die Linke am Säbel, gegeben wurde, mit den Initialen „A R" bezeichnet ist. Zur Sicherung des Œuvres des Bildhauers sei aus der handschriftlich überlieferten Biographie[21] zitiert, die der Sohn des Bildhauers, der Generalintendant Ludwig Rammelmayer, für seinen Vater zur „einzig dastehenden patriotischen Schöpfung" des Heldenberges festgehalten hat. Im einzelnen werden die folgenden Werke für den Heldenberg angeführt: 3 lebensgroße Standbilder: Kaiser Franz Joseph (in jungen Jahren), Feldmarschall Radetzky und Graf Wimpffen / 48 Büsten von Helden aus dem italienischen bzw. ungarischen Feldzug der Jahre 1848–49 / 44 Büsten von Feldherren, welche in älteren Zeiten die Heere Österreichs zum Sieg geführt haben / 22 Büsten von Herrschern des habsburgischen Hauses / 4 Büsten der Feldherren Daun, Prinz Eugen, Erzherzog Karl und Laudon / Büsten von Festungskommandanten der Kriegsjahre 1848–49 / 16 Büsten österreichischer Marschälle / 2 Büsten von Errettern des Kaisers aus den Händen eines Attentäters (1858) / Statue des „Genius des Todes" auf Pyramide (des Mausoleums) / 4 klagende Frauengestalten im Mausoleum / Bronzegruppe 3 Parzen / Standbild der Clio auf dem Obelisken / Ruhender Löwe am Fuß eines Obelisken (Löwengruft) / Statue des Mars als Abschluß der Ruhmeshalle / Kruzifix auf gotischem Sockel / 2 Statuen der Siegesgöttin / 4 Standbilder von Wache haltenden Soldaten / Lebensgroßes Standbild Kempens (Polizeiminister zur Zeit der Revolution) / Kolossalstatue des Herkules (vor dem Schloß) / Steinerner Löwe (Triumphbogenaufsatz im Garten) / 22 Sockelbüsten berühmter Männer der Wissenschaft und Kunst (vom ursprünglichen Konzept).

Den dritten im Bund der Männergesellschaft, den Feldmarschall Josef Wenzel Graf Radetzky (Abb. 6) – er wird als klein und gedrungen, blauäugig und von gesunder Gesichtsfarbe, lebhaft und herzlich, mit tiefer Stimme sprechend beschrieben –, schilderte der bayerische Schlachtenmaler Albrecht Adam während seines Aufenthaltes beim österreichischen Armeekommando in Italien Anno 1848 folgendermaßen[22]: „Er war durch und durch Soldat, seine Denkart war philosophisch, seine Lebensweise höchst einfach, seine Kleidung anspruchslos." Dazu gehört seine Ansicht, daß in der höchsten Einfachheit die höchste Vollendung der Kriegskunst bestehe. Die philosophische Denkungsweise in allen Dingen des Lebens wird vornehmlich von den Zeitgenossen überliefert. Daneben wird er als leutselig, geschickt in der Behandlung von Menschen und als gerecht hingestellt. Seine Meinung war, daß man jeden Menschen achten müsse, ob hoch oder niedrig. Es paßt die bei Grobauer (1957)[23] überlieferte Geschichte dazu, derzufolge ein Invalide mit Stelzfuß in ein Lokal kam. Man wollte den Mann, der schon bessere Tage gesehen hatte, hinausdrängen. Radetzky aber bahnte sich zu ihm den Weg, lud ihn ein, Platz zu nehmen, und erzählte den Kameraden, was er in mehreren Feldzügen gemeinsam mit jenem erlebt habe. Er endete damit, daß jener stets als Reiter seine Pflicht und Schuldigkeit getan habe. Die „philosophische" Pointe kam, indem er sagte: „Ihm ist ein Stelzfuß, mir ein Orden zuteil geworden." Die tragikomische Geschichte, die Nestroys Geist ahnen läßt, ist ebenso signifikant wie seine Meinung: Erst wenn man dem Feind das Letzte nimmt, bringt man ihn zur Verzweiflung. Die Verzweiflung verschaffe ihm große Vorteile: das Recht der Verzweiflung, alles tun zu dürfen.[24] Interessant ist ferner, daß Radetzky, oft jeden Tag während der Schlachten mit dem Tod konfrontiert, es eigentlich gerne vermied, diesen direkt anzusprechen. So äußerte er anläßlich seines Abschiedes vom Heer nach zweiundsiebzig Dienstjahren vorsichtig, daß die Gesetze der Natur ihn zwingen würden, den Dienst zu quittieren[25]: kein Wort über den Tod und mithin über das Generalthema des Heldenberges. Ein weiteres Mal ist verbrämt in seinem Testament vom Sterben die Rede, wo er schreibt: „Als Mensch bewußt, meiner Urbestimmung folgen zu müssen, habe ich bei voller Geistesgegenwart und Gesundheit meine letzten Wünsche und Anordnungen niedergeschrieben ..."[26] Auf die Gratulation seines Schwiegersohnes, des Grafen Karl Wenckheim, der mit seiner geliebten Tochter Fritzi verheiratet war, zum 80. Geburtstag antwortete Radetzky zum ersten Mal mit stoischer Ruhe: der sei eine Erinnerung an das nahende Ende, das er allerdings noch um immerhin zwölf Jahre hinauszögern konnte. Einmal schrieb er, daß die je wollende Person sterblich sei,[27] ein anderes Mal, daß er in

Italien grau geworden sei und auch hier sterben wolle. Erst ganz am Schluß, schon an den Lehnstuhl gefesselt und sich seines nahen Endes sicher, sprach er sich mit philosophischer Ruhe über dieses aus. Bereits auf dem Sterbebett sagte er zu seinen Vertrauten: „Meinen Leuten einen Lohn, ich danke euch, lebt wohl, laßt mich ruhig sterben."[28] Einige Zeit davor noch hatte er auf die Frage, wie es ihm gehe, geantwortet: „Wissen S' was? Die Zeit ist mir zu groß."[29] Seine Meinung, um gerecht zu sein, müsse man eigentlich alle nennen, die etwas „Bedeutendes" geleistet haben, Hoch wie Niedrig, paßt so eigentlich auch zur „Philosopie" des Heldenberges und Parkfrieders, der auch vom großen Feldherren bis zum kleinen Gemeinen – Radetzky hatte sich für die Abschaffung dieser Anrede eingesetzt – alle in Rechnung zog in seinem „ehernen Geschichtsbuch", wissend, daß letztendlich alle wichtig werden können, wie der Feldherr meinte: „Was wäre ich denn, wenn meine Soldaten ihre Schuldigkeit nicht getan hätten. Allein? Ah, allein hätt' ich gar nichts ausrichten können." Radetzkys philosophischen Geist bringt auch die folgende Geschichte zum Ausdruck. Dem Kriegsberichter Hackländer antwortete der Feldmarschall auf die Vorstellung, die Soldaten könnten Vater Radetzky nun einmal nicht entbehren, mit herzlichem Ausdruck: „Wird auch bei ihnen bleiben – in der Erinnerung."[30]

Bevor wir uns der Besprechung der Anlage des Heldenberges als architektonisches Denkmal selbst zuwenden, soll noch ein weiterer Akteur zur Sprache kommen, der hier neben Radetzky ruht. Es ist dies Maximilian Freiherr von Wimpffen (1770–1854), den Radetzky seit der Belagerung von Belgrad (1788/89) kannte, Parkfrieder wohl in geschäftlicher Hinsicht als Heereslieferant (und eventuell als Freimaurer). Aus Münster in Westfalen stammend, hatte er die Wiener Neustädter Militärakademie besucht, bevor er als Chef des Generalstabes, wie Erzherzog Carl, das große Vorbild Radetzkys, selbst anmerkte, die Grundlagen zum ersten Sieg der österreichischen Armee gegen Napoleon in der Schlacht bei Aspern (1809) schuf.[31] Als Figur in Lebensgröße ist Wimpffen gegenüber von Radetzky angeordnet, was seine Wertigkeit unterstreicht. Er wurde als Erster im Jahr 1854 auf dem Heldenberg beigesetzt.

Als Vorbilder für die einzigartige Anlage des Heldenberges wurde neben dem Völkerschlachtdenkmal in Leipzig immer wieder die von Ludwig I. von Bayern beauftragte Walhalla (1830–1842) bei Regensburg genannt – der Heldenberg wurde ja auch als „Österreichische

Walhalla" bezeichnet –, aber auch die Befreiungshalle bei Kelheim, ein Rundbau, der zur Erinnerung an den Freiheitskampf von 1813–1815 errichtet wurde.[32] Der Architekt war in beiden Fällen Leo von Klenze. Vor allem die letztgenannte Anlage ist als Rundtempel ebenso zentral angelegt wie die beiden Rondeaus für die Soldaten der Feldzüge von 1848/49 auf dem Heldenberg. Daß unsere Anlage auch als „Pantheon für Österreichs Helden" apostrophiert wurde,[33] verbindet mit dem Pantheon in Paris, das allerdings mehr den „großen Menschen an sich" meint als den Krieger und Soldaten. Als Heldendenkmäler in Österreich, die vor Parkfrieders Werk anzusetzen wären, ist die Gloriette in Schönbrunn zu nennen, die an die siegreiche Schlacht bei Kolin (1757) erinnert. Das äußere Burgtor gehört hierher – es ist dies ein Erinnerungsmal an die Völkerschlacht bei Leipzig (1813) und im weiteren Sinne auch an Radetzky: Immerhin hatte dieser das grundlegende Konzept für die entscheidende Schlacht gegen Napoleon erarbeitet. Auch der Husarentempel bei Mödling soll hier genannt sein. Dieser wurde im Auftrag von Fürst Johann I. von Liechtenstein errichtet, und zwar als Dank an die Reiter seines Regimentes, die ihm 1809 das Leben retteten.[34] Die Erinnerung an „jeden Mann im Feld" ist ja, wie schon erwähnt, für Parkfrieders Heldengedenkstätte von großer Bedeutung. Auch wissen wir, daß sich im nur teilweise ausgewerteten Nachlaß von Parkfrieder einige Zeichnungen von Mausoleen befinden, die undatiert und nicht näher zugewiesen sind.[35] Ziemlich sicher dürfte jedoch ein Denkmal auf italienischem Boden die Gestaltung des Heldenberges beeinflußt haben: nämlich die Isola Memmia auf dem weitläufigen Platz Prato della Valle in Padua, auf der berühmte Schüler der dortigen Universität ihr Denkmal erhielten (1775–1838). Auch wenn diese Denkmalhäufung eher zivilen Charakter besitzt, sind Parallelen dadurch gegeben, daß die Helden der Geistesgeschichte gerundete Wasserflächen umstehen (wie am Heldenberg die Helden im Kreis die Siegessäulen).

Zentrum der Anlage ist das Mausoleum, über dem sich ein steinerner Obelisk erhebt, dessen Spitze den Todesgenius mit gesenkter lorbeerumkränzter Fackel trägt. Hier sollte die seltsame Trias, bestehend aus Radetzky, Feldmarschall Wimpffen und dem Erbauer der Anlage, Parkfrieder, zur letzten Ruhe gebettet werden. Parkfrieder war es jedenfalls, der Radetzky in diese Gruft „zwang", bevor ihn der Kaiser in der Kapuzinergruft bestatten lassen konnte. Dazu ist eine Äußerung Radetzkys an den preußischen Militärattaché Prinz Hohenlohe überliefert (1855),[36] die da heißt: „Schaun S' der Kerl, der Pargfrieder kommt immer (wieder) und quält mi, i soll ihm meinen Leichnam testamentarisch vermachen, daß er mi in seinem Park in Stockerau bei Wien begraben kann." Parkfrieder scheint mit großer Hartnäckigkeit immer wieder diesbezügliche Vorstöße gemacht zu haben. So ist ein weiterer Ausspruch Radetzkys überliefert, diesem seinen Leichnam zu überlassen: „I hab 's ihm auch versprochen, aber noch nit tan. Denn i hab' mir halt denkt, wann i 's tu, stirb i gleich, und dös mag i do no net."[37] So sehr Radetzky auch abergläubig war und sich gegen das Schicksal sträubte, so sicher ist es, daß er letztendlich den bürgerlichen Freund Parkfrieder, der so manche Schulden für ihn beglichen haben dürfte – einmal ist von immerhin 50.000 Gulden die Rede –, als Vollzieher seines „Letzten Willens" einsetzte. Er äußerte sich in dem am 2. November 1855 in Verona geschriebenen Testament dazu und kommt auf Parkfrieder zu sprechen[38]: „... habe ich ... somit als guter katholischer Christ meinen letzten Willen im Namen Gottes des Vaters, Gottes des Sohnes und heiligen Geistes ausgesprochen. Als Christ bereue ich alle begangenen Sünden und Fehler, bitte um Vergebung, wenn ich Jemanden wider meinen Willen beleidigt oder gekränkt habe ... Ich bitte meinen alten Freund Pargfrieder, bei welchem ich in seinen Park zu Wetzdorf am Heldenberg an der Seite meines alten Freundes Marschall von Wimpffen beigesetzt zu werden wünsche, als Testamentsexecutor meines letzten Willens zu sein, dessen Ausspruch Alles überlassen bleibt." Deutlich kommt in den Zeilen des Testaments eine philosophische Betrachtungsweise von Leben und Tod zum Ausdruck, wie das schon die Zeitgenossen berichtet haben. Auch in der Gruft selbst spinnt sich dieser Faden von Lebens- und Todesweisheit weiter, wobei als „Inventor" der Sinnsprüche zum „Gebrauch" bzw. als „Anleitung" für die Grabstätte nur Parkfrieder in Frage kommen kann. Nach Öffnen der Grufttür mahnt der Satz: „Ehret, schonet und erhaltet das Eigenthum der Todten."[39] Nach dieser praktischen Einbegleitung führt der Weg über vierundzwanzig Stufen vorbei an den trauernden Frauengestalten hinunter zum unterirdischen Gruftraum, wo die Feldmarschälle Radetzky und Wimpffen hinter hohen vergoldeten Gruftplatten aus geschwärztem Zinnguß, die den gehobenen Offiziersgrabstätten der Zeit gleichen, ruhen. Die Inschrift der ordengeschmückten Grabplatte Radetzkys lautet: „Hier ruhet Josef Wenzel Graf Radetzky von Radetz / Ritter des kais. öster. Ordens des Goldenen Vliesses, Grosskreuz des kais. Militair Maria

Theresien des ungarischen St. Stefan des öster. St. Leopold und des
Ordens der eisernen Krone, Besitzer des Militair Verdienst Kreutzes,
Grosskreutz vieler hoher Fremd herrlichen Orden, k. k. wirklich
Geheimer Rath, Kämmerer, Feldmarschall, General Civil und Militair Gouverneur des Lombardisch Venet. Königreichs, Inhaber des
Husaren Regiments Nr. 5, Feldmarschall der russisch kais. Armeen,
und Inhaber eines russischen Husaren Regiments Grosskreutz des
kais. russischen St. Georgs Ordens, und des Goldenen Degens der
Tapferkeit in Brillanten, Ehrenbürger der Residenzstadt Wien, und
vieler anderer Städte Ehrenmitglied vieler gelehrten Gesellschaften etc.
etc. etc. / geboren am 2. November 1766 zu Trzebenitz in Böhmen /
gestorben Mailand, Villa Reale, 5. Januar 1858." An den seitlichen
Pilastern sind die Feldzüge vermerkt, in denen Radetzky erfolgreich
kämpfte: „Belgrad 1788 / Belgrad 1789 / Voltri 1796 / Trebbia 1799
/ Novi 1799 / Genola 1799 / Brassi 1800 / Ebersberg 1809 / Wagram
1809 / Dresden 1813 / Kulm 1813 / Leipzig 1813 / Brienne 1814 /
Sta. Lucia 1848 / Somma Campagna 1848 / Vicenza 1848 /
Curtatone 1848 / Custoza 1848 / Volta 1848 / Mailand 1848 /
Mortara 1849 / Novara 1849". In den Nischen des Raumes stehen
die bereits erwähnten vier eisernen Ritter, die Hände auf das Schwert
gestützt, als ewige Ehrenwache. Über der Türe, die in den zweiten
Gruftraum führt, steht eine weitere bannende Inschrift, die einerseits
die Totenruhe einmahnt und andererseits an das „ewige Leben" des
Helden, der in der Geschichte weiterlebt, gemahnt: „Weh' dem, der
unsere Ruhe stört! / Wir sind nicht todt, weil wir schweigen!" An der
gegenüberliegenden Seite der Grabkammer ist über der Eingangstüre
vermerkt: „Nicht wir, die Geschichte, die die Wahrheit an den Tag
bringt, bleibt unser Richter und es gibt nichts Erhebenderes auf
Erden, als ein vorleuchtendes Beispiel zu werden; des Lebens Höchs-
tes ist die That." Die Geschichtsgläubigkeit der Zeit führte zur These,
daß die Geschichte als „letzte Instanz" im Gewordenen die Wahrheit
in einer Art Entelechie an den Tag brächte. Im Goetheschen Sinne
wird dann dem „Tat-Denken" das Wort gesprochen, das andererseits
die geforderte „heroische Geschichte" am Leben erhält. Im Boden des
schmucklosen zweiten Gruftraumes ist eine Falltüre mit Kreuz einge-
lassen, die über neun Stufen abwärts zu einer weiteren vertikalen
Eisentüre führt: Dahinter befindet sich die letzte Ruhestätte Parkfrieders. Auf der Innenseite der Falltüre ist vermerkt: „Nachdem ich
den grössten Theil von Europa, einen Theil von Asien und Afrika

durchreist, ist dies meine letzte Reise hierher. Josef Pargfrieder." Parkfrieder thematisierte hier geschickt den Begriff der „letzten Reise", der
im bewußten Widerspruch zum Lebensentwurf steht, der das „Kennenlernen der Welt" eingefordert hat. Weitere „Lebensweisheiten"
des Erbauers des Heldenberges vervollständigen das Programm. So
steht in der rechten Zinkwand (des Abganges) das naturwissenschaftlich fundierte „Glaubensbekenntnis" Parkfrieders: „Mir war der Glaube und die Wissenschaft zwei Welten. Ich liess den Glauben und die
Wissenschaft nebeneinander ablaufen." Der skeptische Stoizismus,
der in diesem Denkspruch zum Ausdruck kommt, erinnert an die
Denkwelten Schopenhauerscher Prägung, aber auch an die Aufklärung durch den Josefinismus, in der Glaube und Wissenschaften
auseinanderzudriften begannen. Der Satz an der linken Seitenwand
ergänzt den stoizistischen Grundgedanken: „Ich habe schon frühzeitig unter dem Wechsel des Glückes gelernt, Wohlstand, Armuth,
Überfluss, und Mangel, Freuden und Leiden." An dem Deckel der
Gruft sind Symbole angebracht, die an die Ideenwelt der Rosenkreuzer gemahnen: Symbole für Klopfzeichen kommen ebenso vor wie
entsprechende Hinweise (Rosen als Umrandung), die freimaureri-
schen Ursprungs sind. So findet sich neben der Inschrift: „Hier
arbeitet die Natur an der Verwandlung des Menschen", Worte über
den Zeitbegriff auf dem Gruftdeckel: „Ihr glaubt die Zeit vergeht!
Thoren. – Weil ihr's nicht versteht!! Die Zeit steht! – Ihr vergeht!"[40]
Die Eisentür der Gruft zeigt innen einen Pelikan mit dem von vier
Rosen gebildeten Kreuz und die Symbole Krone und Winkelmaß
sowie den Spruch: „Reden ist Silber! Schweigen ist Gold!" Der Gedanke von Verwandlung und Wiederkehr erinnert an kabbalistische
bzw. altägyptische Vorbilder, wie sie im Freimaurertum gang und
gäbe waren. Auch der Umkehrschluß in der Sentenz über die Zeit,
der besagt, daß die Zeit stillsteht und der Mensch vergeht, ist durchaus originell und philosophisch kühn gedacht. Die Gedanken über
Zeit, Natur und deren Verwandlung zeigen Parkfrieders skeptizi-
stisches naturwissenschaftlich unterlegtes Denken auf. Daß gerade
die Freimaurer viel für die mittelalterlichen Ritter übrig hatten, zeigt
einmal mehr auf, woher Parkfrieder seine Ideen bezog. Auch die Idee
der Rosenkreuzer, daß Antike und Christentum unter den Symbolen von Rose und Kreuz vermählt werden sollten, die Natur ver-
edelt werden sollte, paßt so ganz zum „Ausdruckswillen" des Grabmals.

Parkfrieder verfügt in seinem Testament, lediglich interessiert daran, seine Wache anzutreten: „Nach meinem Tode soll mein Leichnam gehörig einbalsamiert und in den Sarge, welcher durch den Tischlermeister Rokosch bereits verfertiget, und in fünf Bretter einstweilen zusammengeschraubt in meiner Schloßkapelle depositiert ist hineingelegt, nach 24 Stunden vom H. Pfarrer in Großwetzdorf eingesegnet und gleich der Leiche des ärmsten Mannes im Dorfe, ohne alles Aufsehen, ganz im Stillen, ohne allen Glockengeläute, und ohne Begleitung des H. Pfarrers, des Schullehrers oder anderen Trauernden, oder Nichttrauernden, indem ich durchaus kein feierliches Begängnis haben will, Abends zehn Uhr, in die von mir erbaute Gruft am Heldenberge durch meine Meierpferde hingeführt, und alldort an dem für mich bestimmten Platz beigesetzt werden. Worüber die Bewilligung Sr. Majestät unter den Akten über die Abtretung des Heldenberges vorliegt."

Weiters findet sich eine Notiz in seinem Taschenkalender, die da lautet: „Ich will unbeweint und klaglos von dieser Welt verschwinden, daher auch keine Todesanzeige für mich nötig ist." Seinen Platz „zu Füßen" seiner Herren beschrieb er folgendermaßen: „Flach am Boden befindet sich eine doppelte eiserne Thür mit einem Kreuz versehen. Öffnet man diese Thüre, so führen 9 enge Stuffen zu einem aus Zink verfertigten schiefliegenden Sarge mit einer genau passenden Thüre versehen; innerhalb dieses, man kann sagen Kastens, ist ein Sessel ebenfalls aus Zink angebracht; darauf sitzt der Tode in einem rotgeblumten seidenen Schlafrock (Mantel der Rosenkreuzer) mit einem Käppchen ohne Schirm auf dem Kopfe, wie man es eben oft gestickt im Hause aufträgt; damit aber der Leichnam halte und zugleich verdeckt werde, so ist über ihm eine zinkene Rüstung eines Ritters aus 3 Theilen, welche genau wieder zusammenpassen, angebracht; wovon der erste Theil Kopf und Brust, der zweite Schenkel und Vorderfüsse und der 3. Theil die unteren Füsse bedeckt. Diese hohle Rüstung ist von der Wand, wo der Tode sitzend lehnt, mittelst Schubern befestiget, und von vorne geht ein zinkenes Schwert durch die hohle Ritterhand, welche unten am Boden in einer Narbe befestiget, und von vorne die Rüstung fest verschließend macht. Man glaubt von außen einen Ritter mit dem Schwerte sitzend zu sehen. Über diese eiserne Rüstung samt Leiche ist eine kleine genau passende Thür angebracht und geschlossen, dann erst folgt die oben beschriebene Thüre des schiefen Sarges, die 9 engen Stufen und die äußerste flach am Boden liegende eiserne mit dem Kreuz versehene Thür.“⁴¹ Allen Anordnungen wurde Folge geleistet, wie bei der Öffnung der Gruft (1979) festgestellt werden konnte. Die angeordnete Einbalsamierung mit Asphalt dürfte ebenfalls ein Steckenpferd Parkfrieders gewesen sein, der immerhin als einer der ersten im Land eine Asphaltierung seines Weges auf den Heldenberg hatte durchführen lassen.

Insgesamt scheint der Heldenberg, mag man die Akzente, die in ihm gesetzt sind, richtig „lesen“, ein überaus geschichtsbewußtes Denkmal zu sein, wie ja auch Radetzky, der bedeutendste „Nutzer“ dieses, die Geschichte als Lernstoff für das Leben hochgeschätzt hat. Auch Kaiser Franz Joseph I. scheint gespürt zu haben, daß Radetzky in seinem Leben sozusagen eine „historische Aufgabe“ erfüllt habe, denn nur so ist zu erklären, daß er es in seinem Armeebefehl anläßlich der Totenfeier des greisen Heerführers auf den Punkt brachte: „Dem Willen des Allmächtigen hat es gefallen, den ältesten Veteranen Meiner Armee, ihren sieggekrönten Führer, Meinen treuesten Diener, den Feldmarschall Graf Radetzky, aus diesem Leben abzuberufen. Sein unsterblicher Ruhm gehört der Geschichte. Damit jedoch sein Heldenname Meiner Armee für immer erhalten bleibe, wird Mein fünftes Husarenregiment denselben fortan und für immerwährende Zeiten zu führen haben. Um dem tiefen Schmerz Meines mit Mir trauernden Heeres Ausdruck zu verleihen, befehle Ich weiter, daß in jeder Militärstation für den Verblichenen ein Trauergottesdienst gehalten und von Meiner ganzen Armee und Flotte die Trauer vierzehn Tage hindurch angelegt werde.“⁴² Worte wie „Geschichte“ und „Unsterblichkeit“ fallen dem Kaiser bei, wenn es um die Leistungen seines „ältesten Veteranen“ geht, der 1857 anläßlich seines Abschiedes vom aktiven Dienst seinen Soldaten versprochen hatte, daß er keinen Abschied nähme, sondern unter ihnen bliebe. Auch im Denkmal des Heldenberges ist sie durch Clio präsent, durch die Muse der Geschichtsschreibung, die den eisernen Griffel zum Aufzeichnen der Leistungen der Armeen im Italien- und Ungarn-Feldzug erhoben hat. Schon von der Stellung her im Gesamtkonzept hat die Geschichtsschreibung ihren ausgezeichneten Platz vor dem Säulenhaus zwischen den kreisförmig angelegten Büstenzyklen. Versonnen blickt sie nicht auf das Geschriebene, sondern in die Ferne, als würde sie über das Schicksal der ihr anvertrauten Helden nachdenken. In wundersamer Nähe zur Geschichte findet sich der bereits mehrfach erwähnte Genius des Todes, der auf der oberen Plattform des zentralen Obelisken steht. Die gesenkte Fackel weist auf die Todessymbolik hin, die dem Grabmal inhärent ist. Noch deutlicher kommt der letztlich lebensverneinende Geist der Anlage, daß alles Lebende im Sinne Schopenhauers einem „blinden Willen" unterstellt sei, darin zum Ausdruck, daß hinter dem Obelisken als „Schlußwort" die Figurengruppe der drei Parzen, wie erwähnt, aufgestellt wurde. Unerbittlich und ohne Gnade sind die drei, Klotho, Lachesis und Atropos, dabei, den Schicksalsfaden zu spinnen und abzuschneiden. Dieses Motiv, der klassischen Mythologie entnommen, ist Symbol für die Unvollkommenheit des Menschen. Der Tod setzt ihm ohne Ankündigung ein jähes Ende. Die antikische mittlere Figur, eigentlich Geburtsgöttin, spinnt den Faden, die rechte teilt ihn den Menschen zu, während links die in Trauer verhüllte Velata mit ihrer Schere den Faden abschneidet.

Denselben Geist eines gewissen Fatalismus, einer Illusionslosigkeit, beschwören die vielen Ilionäus-Figuren,[43] die ursprünglich den Park bevölkert haben (heute sind nur noch wenige erhalten). Es handelt sich dabei um einen um 1800 ergänzten Torso nach einem Original des vierten Jahrhunderts v. Chr. in der Glyptothek in München. Ilionäus, der letzte der Niobiden – Niobe hatte sechs Söhne und sechs Töchter – ist als nackter Jüngling gegeben, die Hand zur Abwehr erhoben, um dem tödlichen Angriff vor Theben zu entgehen. Gerührt war auch schon der Schütze, nämlich Apoll, so erzählt es die Geschichte bei Ovid in den Metamorphosen, jedoch zu spät, war doch schon der Pfeil von der Sehne des Bogens geschnellt. Verbrämt wird ausgesprochen, daß auch nicht der letzte der Söhne der Niobe seinem Schicksal nach dem Tod all seiner Brüder entgehen kann ... wie auch der Held nicht dem seinen.

Der „Geist" hinter all den Gestalten des Heldenberges – so meinte es wohl auch Parkfrieder – ist einerseits der der „Raison" von der althergebrachten Ordnung, des Maßhaltens, der Wahrung von Recht und Sitte. Dazu stimmt seine Ansicht, daß der Reichtum jeden konservativ mache, derjenige, der nichts habe, sei liberal. So wie das auch etwa Adalbert Stifter in seinen Romanen, man denke an den Nachsommer, verstand.[44] Dabei ist interessant, festzustellen, daß beispielsweise Franz Grillparzer ein großer Verehrer Radetzkys war, der seinerseits in politischen Dingen ein Bewahrer war. Schon die erste Strophe seines Gedichtes Feldmarschall Radetzky, nach der Schlacht bei Santa Lucia verfaßt, führt die Schonungslosigkeit auf, mit der das Recht verteidigt werden müsse: „Glück auf mein Feldherr, führe den Streich! / Nicht bloß um des Ruhmes Schimmer, / In deinem Lager ist Österreich, / Wir andern sind einzelne Trümmer." Wiederum ist die „historische Aufgabe" Radetzkys klar formuliert, der wie Fürst Windischgrätz – er eröffnete übrigens anläßlich des Radetzky-Begräbnisses hinter den Erzherzögen die Abordnung der Generalität – und Jellacic die „Furie der Revolution" niedergerungen hatte, bevor man nach dem „ruhmvollen Krieg" sich „freudig die Hände reichen" konnte, wie es das Gedicht verspricht. Demselben Geist eines Stoizismus huldigte Ferdinand von Saar, der, selbst Offizier, die folgenden Worte fand: „Nicht allzu leicht bestieg er mehr das Streitroß – / Doch saß er oben – saß er wie aus Erz. / Wie gütig war sein Herz, wie schlicht sein Sinn! / Er haßte Redeprunk – wie jeden Prunk. / Nicht tollkühn war er – doch kein Zauderer ..." So sind sie in Reih und Glied „in Erz gegossen" aufgestellt, die Helden vom Heldenberg. Ihr unsterblicher Ruhm gehört nun schon lange der „Geschichte", wie das Kaiser Franz Joseph anläßlich des Ablebens von Radetzky formuliert hat. Die Geschichte wird als Kraft begriffen, die den Helden nicht vergessen läßt, wobei das Maßhalten auch im Triumph – nach Grillparzer – das typisch Österreichische wäre.

Zur oberen Terrasse des Säulenhauses des Heldenberges zurückgekehrt, ertönt aus müden Lautsprechern – etwas blechern klingend – der Radetzky-Marsch. Sinnend auf den Stufen sitzend und zuhörend, fällt einem bei, daß die besten Philosophen in Österreich immer die Dichter waren, wie etwa Ferdinand Raimund in Der Bauer als Millionär, Johann Nestroy in Lumpazivagabundus, Karl Kraus in Die letzten Tage der Menschheit oder gar Joseph Roth im Radetzkymarsch. Einer der Feinsinnigsten und Zeitgenosse von Parkfrieder und Radetzky war der oben erwähnte Franz Grillparzer. In Der Traum ein Leben (1840) läßt er Rustan zur Erkenntnis kommen, in welches Dilemma ihn die ersehnte Heldenrolle stürzen würde: „... Und die Größe ist gefährlich, / Und der Ruhm ein leeres Spiel; / Was er gibt, sind nicht'ge Schatten; / Was er nimmt, es ist so viel!"

Abb. 1: Beisetzung Feldmarschall Radetzkys auf dem Heldenberg.

Abb. 2: „Der Mann mit dem geschlossenen Visier"
an der Treppe des Säulenhauses auf dem Heldenberg.

Abb. 3: Aufbahrung der Leiche Radetzkys in der
Kapelle des Schlosses Wetzdorf (Foto 1858).

Abb. 4: Josef von Parkfrieder vor Schloß Wetzdorf.

Abb. 5: Carl Rahl: Der Bildhauer Adam Rammelmayer (1835).

Abb. 6: Feldmarschall Josef Wenzel Graf Radetzky (Altersbildnis, Foto).

Anmerkungen

[1] Die Statuen, Büsten und Inschriftentafeln sind in Eisen-, großteils jedoch (vor allem unter der Erde) in Zink-Guß (seit 1830 in Berlin entwickelt) ausgeführt. Die wichtigste Literatur zum Heldenberg: Steyrischer Grenadier (anonym). Feldmarschall Graf Radetzky's Ruhestätte auf dem Heldenberge. Wien 1858. – Müller, J.: Der Heldenberg bei Wetzdorf, des heldenmüthigen Feldmarschalls Grafen J. Radetzky's Ruhestätte. Prag 1858. – Kandelsdorfer, K.: Der Heldenberg/Radetzky's letzte Ruhestätte und Schloß Wetzdorf. Wien – Leipzig 1894. – Obenaus, H.: Der Heldenberg als vaterländisches, militärgeschichtliches und kulturhistorisches Denkmal. Phil. Diss. Wien 1985. S. 94. – Neuerdings: Noever, P. (Hg.): Katalog der Ausstellung: Die Entdeckung eines Kontinents. H. Szeemann, Wunderkammer Österreich. MAK Wien 1996. Kunsthaus Zürich 1997. – Riesenfellner, S.: Der Heldenberg – die militärische und dynastische Walhalla Österreichs. In: Riesenfellner, S. (Hg.): Steinernes Bewußtsein. 1. Die öffentliche Repräsentation staatlicher und nationaler Identität Österreichs. Wien – Köln – Weimar 1998. S. 13 ff.

[2] Grobauer, F. J.: In seinem Lager war Österreich. Selbstverlag 1957. S. 133.

[3] An einer der Fahnenspitzen das Selbstbildnis und die Signatur des Bildhauers Rammelmayer. Vgl. Obenaus (wie Anm. 1).

[4] Regele, O.: Feldmarschall Radetzky. Wien – München o. J. S. 295. – Auch: Trebitsch, M.: Das Radetzky-Denkmal. Prag 1858.

[5] Stradal, O.: Der andere Radetzky. Wien 1982. S. 66.

[6] Vocelka-Zeidler, S.: Schloß Wetzdorf. Mit Einleitung von A. Wandruszka. Kleinwetzdorf o. J. S. 11.

[7] Grobauer (wie Anm. 2). S. 46.

[8] Die Einbringung von lebensgroßen Porträts der Feldmarschälle ist eher ungewöhnlich und erinnert an Funeralgebräuche in England (frdl. Mitteilung Dr. Monika Oberhammer).

[9] Regele (wie Anm. 4). S. 479. – Vgl. auch Duhr, B.: Briefe des Feldmarschalls Radetzky an seine Tochter Friederike. Wien 1892.

[10] Vgl. Hajos, G./Bodi, E./Schober, M. C.: Der Schloßpark Laxenburg. Laxenburg 1998.

[11] Vocelka-Zeidler (wie Anm. 6). S. 13.

[12] Obenaus (wie Anm. 1). S. 11. – Dazu auch Wurzbach. 1870. S. 304. – Es existiert ein interessantes Porträt des wundersamen Kunstsammlers Parkfrieder von Johann Donat (1815) in antikischer Kleidung in der Ungarischen Nationalgalerie. Neuerdings dazu: Heym, S.: Pargfrider (Roman). München 1998. – Und Weyr, S.: Geschichten aus dem alten Österreich. Darin: Der Heldenberg des Parvenus. J. G. Pargfrieder. Wien 2000.

[13] Obenaus (wie Anm. 1). S. 14.

[14] Ebenda. S. 134.

[15] Ebenda. S. 11.

[16] Vgl. das von Parkfrieder herausgegebene Prunkwerk D e r H e l d e n b e r g i m P a r k z u W e t z d o r f. O. O. 1858 (mit kol. Tafeln von Johann Stark).

[17] Der Text des Prunkwerkes zit. bei Obenaus (wie Anm. 1). S. 29.

[18] Zur kunsthistorischen Bedeutung des Bildhauers vgl. Poch-Kalous, M.: Wiener Plastik im 19. Jahrhundert. In: Geschichte der bildenden Kunst in Wien. Wien 1970. S. 198–201. – Auch: Wagner, W.: Die Rompensionäre der Wiener Akademie der bildenden Künste. In: Römische historische Mitteilungen. 15. H. Rom – Wien 1973. S. 57–59.

[19] Ebenda. S. 201.

[20] Ebenda. S. 245.

[21] Die Biographie des „gewesenen österr. k. k. Historienbildhauers" stammt aus Wiener Privatbesitz und wurde dem Autor durch Frau Dr. Cornelia Reiter freundlicherweise zugänglich gemacht.

[22] Stradal (wie Anm. 5). S. 144. Weitere Literatur zu Radetzky: Schneidawind, F. J. A.: Aus dem Hauptquartiere und Feldleben des Vater Radetzky. Stuttgart 1854. – Gavenda, A. Frh. v./Branko, F. de Vuko et: Feldmarschall Graf Radetzky, sein Leben und seine Thaten. Prag 1858. – Novak, A.: Erinnerungen an das Leben und die Thaten des k. k. Feldmarschalls J. W. Graf Radetzky von Radetz. Wien 1858. – Bruna, J.: Im Heere Radetzkys. Skizzen aus den Jahren 1848 und 1849. Prag 1859. – Erinnerungen aus dem Leben des FM Grafen Radetzky, nach Aufzeichnungen des Feldzeugmeisters Graf Thun. In: Mittheilungen des k. k. Kriegs-Archivs. N. F. Bd. 1. Wien 1887. – Arno, O. Frh. Wolf-Schneider v.: Der Feldherr Radetzky. Wien 1934. – Kerchnawe, H.: Radetzky. Eine militärbiographische Studie. Prag 1944.

[23] Grobauer (wie Anm. 2). S. 31.

[24] Ebenda. S. 117.

[25] Stradal (wie Anm. 5). S. 128.

[26] Grobauer (wie Anm. 2). S. 120.

[27] Regele (wie Anm. 4). S. 201.

[28] Ebenda. S. 440.

[29] Stern-Braunberg, A.: In deinem Lager ist Österreich! Geschichte und Anekdoten um Feldmarschall Radetzky. Graz 2000.

[30] Grobauer (wie Anm. 2). S. 122. – Auch Stradal (wie Anm. 5). S. 78.

[31] Vocelka-Zeidler (wie Anm. 6). S. 21.

[32] Obenaus (wie Anm. 1). S. 78.

[33] Ebenda. S. 40.

[34] Ebenda. S. 83.

[35] Vocelka-Zeidler (wie Anm. 6). S. 14.

[36] Ebenda. S. 23.

[37] Grobauer (wie Anm. 2). S. 131.

[38] Hagenbüchl, D. (Hg.): Der Heldenberg. Führer durch die Gedenkstätte in Kleinwetzdorf, N. Ö. Großwetzdorf o. J. – Auch: Martin, G.: Der Heldenberg ... Wien o. J.

[39] Obenaus (wie Anm. 1). S. 129.

[40] Ebenda. S. 27.

[41] Ebenda. S. 49.

[42] Regele (wie Anm. 4). S. 441.

[43] Obenaus (wie Anm. 1). S. 153. Diese Figuren wurden in der Literatur vielfach falsch gedeutet.

[44] Regele (Wie Anm. 4). S. 491. – Vgl. auch Häusler, W.: Die Zeit steht! – Ihr vergeht. Bemerkungen zum Wandel von Geschichtsbild und Geschichtsbewußtsein in der österreichischen Kunst des 19. Jahrhunderts. In: Kat. der Ausst.: Aus Österreichs Vergangenheit. Entwürfe von Carl v. Blaas. Österreichische Galerie Wien 1991. S. 23 ff. – Auch: Krapf, M.: Von der Universalität des Herrschens zur Selbstfindung im österreichischen Kaiserstaat (im selben Kat.). S. 15 ff. – Auch ders.: L. F. Schnorr v. Carolsfeld. Von der Krypto-Historie zu der des österreichischen Kaisertums. In: Vogel, G.-H. (Hg.): Julius Schnorr v. Carolsfeld und die Kunst der Romantik. 7. Greifswalder Romantikkonferenz in Schneeberg (Sachsen). Greifswald 1996. S. 170 ff.

Ulrich Nefzger

Abschiedsblicke, Abschiedsbilder – Joseph Roths zeremonieller Flor und der Zerfall der Monarchie

Am Schluß des ersten Teils von Joseph Roths Radetzkymarsch (1932) betrachtet Carl Joseph Trotta, Leutnant bei den Ulanen, die Taschenuhr und den Säbel seines im Duell gefallenen Freundes Doktor Demant, welche ihm dieser hinterlassen hat. Die Uhr ist stehengeblieben. Trotta zieht sie auf, und sie beginnt tröstlich zu ticken. Dann hängt er den Säbel in den Schrank. „Er hielt das Portepee in der Hand.[1] Die metallumwobene Seide rieselte zwischen den Fingern, ein kühler, goldener Regen. Trotta schloß den Kasten; er schloß einen Sarg." Dann löscht er das Licht, legt sich auf das Bett und sieht „den gelben Schimmer aus den Mannschaftsstuben" im weißen Türlack schwimmen. Er lauscht den „tiefen Stimmen der Männer", die ein ukrainisches Lied singen: Wie der gute Kaiser seinen Ulanen voranreitet und wie die Kaiserin ganz allein im Schloß auf ihn, auf den Kaiser, wartet. Die Kaiserin ist schon lange tot, aber die ruthenischen Bauern glauben, daß sie noch lebt.

Am Schluß des dritten, letzten Teils gemahnt das Sterben Trottas wieder an diese schwermütige Stunde; es sind auf verzerrte Weise gleichsam deren letzte Sekunden vor der todbitteren Endgültigkeit. Da liegt der Leutnant verblutend auf einem Bahndamm, ausgeschüttet ist das Wasser, das er für seine dürstenden Männer geholt hat. „Von unten her riefen die ukrainischen Bauern seines Zuges im Chor ‚Gelobt sei Jesus Christus!' ‚In Ewigkeit Amen!' wollte er sagen. Es waren die einzigen ruthenischen Worte, die er sprechen konnte. Aber seine Lippen rührten sich nicht mehr." Kurz zuvor, während er die beiden Eimer füllt, erinnert er sich unter den Schüssen der Kosaken an die trommelnden ersten Takte des Radetzkymarsches, an die schmetternden Tschinellen. Und der Leser wiederum erinnert sich an den Anfang, an jenen Griff des Großvaters Trotta, der „mit beiden Händen nach den Schultern des Monarchen griff, um ihn niederzudrücken". Eine komplexe Handlung, in der auf beobachtende Unachtsamkeit achtsames Mißachten folgt: Der ans Auge geführte Feldstecher zieht das Visier des Feindes auf sich, gleichzeitig den erkennend-nächstliegenden Zugriff. Für solch geistesgegenwärtige Durchbrechung aller zeremonieller Schranken wurde der Leutnant mit dem solchen Umständen entsprechenden Maria-Theresia-Orden ausgezeichnet, militärisch und familiär stieg er zum Hauptmann Joseph Trotta von Sipolje auf, in den Lesebüchern wurde er zum Helden von Solferino.

Joseph Roths erzählerischer Blick auf die vergangene österreichische Monarchie ist von unverkennbar eigener Qualität. Diese Sicht akzentuiert die Nuance und fordert vom Leser ein aufmerksames Gespür für das „Bemerkenswerte" im scheinbar nebensächlichen, aber beredten Detail; durch ein visuell-verweilendes „Feststellen" bildhafter Details gewinnen bestimmte Situationen einen spezifischen, markierenden Rang: Das assoziierende Wiedererkennungsgedächtnis wird aufgerufen, es wird „erinnert". Solche Darstellungsweise ist mehr von „sichtlich" andeutender Art, eher ein Wink, als etwa die „ausgesprochen" kunstvoll mäandernde, beispielhaft sich verflechtende und zu verfolgende Leitmotivik bei Thomas Mann. Das ist – mit Richard Wagner als Vorbild – kompositorisch gedacht und geformt. Bei den von der zerfallen(d)en Monarchie geprägten Roman-Erzählungen Roths werden dagegen „zeremoniell" wiederkehrende, bildhafte Fügungen sichtbar. Das im Erinnern sich verbindende „Zusammensehen" dieser in ihrer Wiederholung sich modifizierenden Details ergibt eine eigenartig brüchige Würde. Ihre „Haltung" wahrt ein grundsätzlich zeremonieller Charakterzug, der bei Roth alles bestimmt; bewahrende Ordnung besteht und zerfällt mit ihrer fraglosen Gefügtheit aus Distanz und Vertrautheit.[2]

Eine barocke Sentenz zum Sinn des Zeremoniells mag diese recht abstrakten Darlegungen veranschaulichen:[3] „Denn was das Auge sieht, glaubet das Herz." Daher würden „die Ceremonien gar wohl einem Gemälde verglichen", worin man „mit Kurzem diejenigen Dinge und Geheimnisse erlernet", welche sonst nur weitläufig in den Büchern zu finden sind.

Durchziehen die Klänge des Radetzkymarsches als leitmotivische „Komposition" den Roman, so bildet das Porträt des Helden von Solferino dessen augenscheinliches Pendant in „zeremoniell" strukturierender Sicht. Dieses Porträt wurde von einem begabten Schulfreund des Sohnes Franz gemalt – und zwar aus dem Gedächtnis. Er hatte bei Tisch die Züge des Hausherrn auswendig gelernt. Zum Abschied wurde diesem das Bild überreicht, und Roth belebt es mit einem Hauch feiner Ironie: Wie der Alte es bedächtig und lächelnd studiert, es umdreht, als suche er dort weitere Einzelheiten, wie er es gegen das Fenster hält, dann weit vor die Augen und schließlich sein Spiegelbild damit vergleicht. „Es war seit vielen Jahren seine erste Freude." Ein paar Wochen hielt ihn das Bildnis in seltener Laune, „er lernte erst jetzt sein Angesicht kennen" und hält damit stumme Zwiesprache. Doch dann weicht alle Lebhaftigkeit einer wehen, schattenden Kühle: „Aus der bemalten Leinwand strömten sie ihm entgegen, die Einsamkeit und das Alter." Schließlich beschwört er am Grab seiner Frau mit geschlossenen Augen ihr Bild herauf. Eine knappe Seite später stirbt er. Das darauffolgende großartige zweite Kapitel des ersten Teils porträtiert voll stilistischen Glanzes den Lebensstil einer sommerlichen Kleinstadt zur Zeit der Monarchie. Die schneidige Zelebration des Radetzkymarsches und die feriale Examinierung des fünfzehnjährigen Kavalleriekadetten Carl Joseph durch seinen Vater, den Bezirkshauptmann Franz Freiherr von Trotta, Sohn des Helden von Solferino. Danach seine erotische Exekution durch Amors Pfeil bei der Frau des Wachtmeisters Slama. Das dritte Kapitel hebt wiederum mit einer Betrachtung des Trottaschen Ahnenbildes an. Da es hoch im Dämmer des Herrenzimmers hängt, steigt Carl Joseph im sommerlich dunkelgrünen Reflexlicht der Kastanien auf einen Stuhl, um den Großvater aus der Nähe zu betrachten. „Es zerfiel in zahlreiche tiefe Schatten und helle Lichtflecke, in Pinselstriche und Tupfen." Die bemalte Leinwand zeigt nur „ein hartes Farbenspiel getrockneten Öls". Dann steigt er vom Stuhl, und alles fügt sich wieder „zu der vertrauten aber unergründlichen Physiognomie", die Augen zeigen wieder den gewohnten fernen Blick. Bei diesen stumm fragenden, alljährlichen Unterhaltungen verrät der tote Ahn nichts. Er scheint nur von Jahr zu Jahr jenseitiger zu werden, als zöge er sein Andenken immer mehr hinüber, bis nur noch eine leere Leinwand aus dem schwarzen Rahmen niederstarrt. Nur Jacques, der alte Diener, weiß beim Stiefelputzen Ehrfürchtig-Einfältiges zu erzählen.

Gleichnishaft indiziert diese Betrachtungsebene die Erschütterung des vorbildhaft gefügten „Zusammensehens" aus nötiger Distanz und innerer Vertrautheit. Später wird in einer fernen Grenzgarnison der tief unglückliche Carl Joseph in hilfesuchender und betrunkener Schwäche zu seinem Vater sagen: „An dieses Bild hab' ich immer gedacht. Ich bin nicht stark genug für dieses Bild." Ganz anders der herzensgute Diener, dessen Sterben voll heiterer Seelenkraft Roth pointiert schildert. Jacques duzt, schon todvertraut, den Bezirkshauptmann: „Bring's her, das Bild, sei so gut, bring's her!" Der Baron holt es, fröhlich, staubt es noch mit dem Taschentuch ab, mit dem er die Stirn des Sterbenden getrocknet hatte. Der Diener schaut lange auf das Porträt: „Halt's in die Sonne!" Bei diesem großartig naiven Apotheosenlicht richtet sich Jacques auf: „Ja, genau so hat er ausg'schaut." Der Anblick stärkt ihn noch einmal, vertreibt den Tod – Jacques erhebt sich, putzt die Stiefel und trägt schließlich bei Sonnenuntergang, bevor er wirklich stirbt, noch das Bild hinauf, zurück an seinen verschatteten Platz. Die wirksame Bildkraft ist evident, das „Sterbebild" kulminiert beim apotheotischen Sonnenzitat zu „augenblicklich" bestärkender Bilderergriffenheit.

„Genauso möcht' ich auch einmal sterben", sagt Trotta zu seinem Sohn. Er ist in die östliche Grenzgarnison gefahren und überbringt ihm Jacques' letzten Gruß mit einem Stück Lohwurzel gegen das Fieber in dieser sumpfigen Gegend. Eine solche Wurzel ist offizinell nicht nachweisbar,[4] doch wird es Roth um das symbolische Vermächtnis erdverbundener Festigkeit gegangen sein. Das Entwurzelte der den Krieg erwartenden Generation manifestiert sich nicht nur in der Vergeblichkeit, einen jungen „Jacques" zu finden, sondern vor allem darin, daß Carl Joseph die Armee verlassen will. Als man Herrn von Trotta verdeutlicht, daß ein Krieg das Ende der Monarchie bedeute und sein Sohn dies genau wisse, stellt er ihm in seinem Antwortschreiben diesen Schritt frei. Dann sucht er in seiner Resignation beim Porträt seines Vaters Halt. Obwohl er im Abenddunkel alle Lichter entzündet, zerfällt auch ihm das Gemälde in hunderte ölige Lichtflecke, und die Augen des Ahnen sind nur zwei Kohlensplitter. Aber ohne Deckenlampe schimmert das Gesicht lebendig, es nähert und entfernt sich und scheint schließlich aus unermeßlicher Weite ins Zimmer zu schauen – müde schläft er vor dem Bild ein. Die Zeitphänomene des Wankenden, Zerfallenden, sich Entfernenden spiegeln sich also in den Zügen des Helden von Solferino. Der Kaiser selbst, d. h. sein allgegenwärtiges Bild in allen Amtsstuben, auch im Arbeitszimmer des Bezirkshauptmanns, wirkt auch fern, aber aus Unveränderlichkeit: in „seiner eisigen und ewigen, silbernen und schrecklichen

Greisenhaftigkeit eingeschlossen, wie in einem Panzer aus ehrfurcht-
gebietendem Kristall" (Kap. 5). Trotz dieses Fröstelns unter dem
blauen Blick des Kaisers rettet kurz danach Carl Joseph dessen Bildnis
aus dem Offiziersbordell der Frau Horwath. Und zu Doktor Demant
sagt der Heldenenkel: „Ich hab' keine Gelegenheit, ihm das Leben zu
retten; leider!"

1934, zwei Jahre nach dem Radetzkymarsch, erschien auf französisch erstmals Joseph Roths Erzählung Die Büste des Kaisers.
In einer Züricher Nachtbar stürzt sich da ein Graf Morstin aus Lopa-
tyny in Ostgalizien auf einen betrunkenen Kriegsgewinnler, den
russischen Bankier Walakin, der sich mit der Stephanskrone (einem
Falsifikat) gekrönt hat, um ihm diese mittels Siphon und Sektflasche zu
entreißen. Die Attacke wird niedergeschlagen, gereicht aber zum moralischen Sieg. Davon durchdrungen, holt der Graf nach seiner Rückkehr sofort die im Keller internierte Büste Kaiser Franz Josephs hervor und stellt sie ostentativ wieder auf. Alles wird nun wieder wie zur
Zeit der Monarchie, bis nach Jahren – in denen Wind und Wetter
und jeder Gruß mit künstlerischem Bewußtsein den naiven Gedenk-
stein veredeln – auf Befehl des Wojewoden die Büste entfernt werden
soll. Da bereitet der störrische Graf als letzte noch mögliche Form der
Ehrerbietung der kaiserlichen Büste ein Begräbnis mit allem zeremoniellen Aufgebot, der Dorfgemeinschaft zur „memoria". Gewiß – mit
diesem Zeremoniell wird die verlorene kaiserliche Vergangenheit zu
Grabe getragen. Sie wird aber zugleich in ihrer Würde gerettet, eben
das, was Carl Joseph gleichfalls tat, obwohl er spürte, wie den Kaiser
die Kälte der Erstorbenheit umwehte. Insofern ist bei Roth der „zeremonielle" Aspekt in einer umflorten Sinngebung zu verstehen. Denn
das ungebrochene Ritual, das Zeremoniell, bringt wiederkehrende
Abläufe in feste Form. Die Vergangenheit erscheint vergegenwärtigt
und die Zukunft darin als künftige Gegenwart. In dieser „Überzeit"
herrscht der statische Augenblick, in dem sich die Vergangenheit mit
der Zukunft vermählt.[5] Bei Roth gibt es diese „repraesentatio" nicht;
da herrscht nur noch die Vergangenheitsform der zeremoniellen Struktur, sie dient der sich vergewissernden Identität im Erinnern. Diese
wehe Abart der Gegenwart begreift das Zukünftige nur als einen ver-
worrenen Reflex der aufgelösten Vergangenheit – ein finaler Gesichts-
punkt.

Es ist nicht ganz unrichtig, aber oberflächlich, diese Auffassung
Roths als „nostalgische Verklärung" zu sentimentalisieren, worin die

„Vergangenheit immer stärker märchenhafte Züge annimmt".[6] Wenn es in der Kapuzinergruft (1938) bekanntermaßen heißt, daß Österreich kein Staat – also begrenzt – sei, sondern eine Religion, so ist das eine „confessio" mit Blick auf das Kaisertum. Das gleicht dem müde sich sammelnden Blick des Bezirkshauptmanns auf seinen Vater, den „Helden", der nur aus weiter Ferne noch erscheint. Dorthin blickt übrigens auch Graf Morstin mit verfallenem Gesicht: „In eine Weite ohne Grenze [...], nämlich in die verlorene Vergangenheit". Tatsächlich hat Graf Morstin ein wirkliches Porträt-Vorbild, einen historischen Grafen Morzin, der eigentlich glühender polnischer Patriot war. Roth beschreibt 1928 dessen Gesichtsausdruck auf einem französischen Gemälde mit sehr bezeichnenden Worten: „Ein romanisches Angesicht, stolz und bitter und von jenem noblen Hochmut, der ein Vorrecht der wirklich Traurigen ist", ja darauf gründe sein Adel als „Ritter aus Eisen und Wehmut".[7]

Diese Gestimmtheit geht von der Figur Morstins in das Grillparzer-Porträt von 1937 ein – mit nicht wenigen sprechenden Zügen Roths. Es kann hier keine interpretierende Sichtung dieses zugleich subtilen wie polemisch verzerrenden Zeitspiegels erfolgen. Auf seinem tonig-herben Grund changiert der schlechthin überzeitliche Glanz aus der Vergängnis der Monarchie. Darin erscheint, unvermutet weitgespannt, Grillparzers Dasein „vom Alcazar bis zu Königgrätz", „von der Grandezza und dem Zeremoniell bis zur Vulgarität und zu Preußen". Der spanische Kontrast verdient einen angemessenen Blick. Demnach seien die Habsburger Spanier mit österreichischem Charakter und spanischem Zeremoniell. Rigoros halte dieses der Leichtfertigkeit Österreichs stand – so wie in der Fahne das Schwarz über dem Gelb dieses behütet. Wenn auch „aus der Etikette, der strengen Tochter Spaniens" die seichte „Liebenswürdigkeit" wurde, erinnere sich ein musikalisches Ohr bei den Anfangstrommeln des Radetzkymarsches an Kastagnetten. Ein spanisch-habsburgisches Motiv bleibt jedoch verschleiert, wenn es von der „Allerhöchsten Anerkennung" für Grillparzer heißt, sie „war eine Sonne, die Kälte spendet". In der Skizze Seine k. und k. Apostolische Majestät (1928) formuliert Roth en passant, daß des Kaisers Abfahrt in die Sommerfrische nicht das „spanische Zeremoniell der Habsburger, das Zeremoniell der spanischen Mittagssonne" befolgte, sondern „das kleine österreichische Zeremoniell einer Schönbrunner Morgenstunde", in der es grundsätzlich nicht regnete. Ihre geschilderte Frische rührt auch von einem kühlen Anhauch minutiöser Beobachtung. Noch am Beginn dieser zwiespältigen Erinnerung entsinnt sich Roth seiner Erbitterung als einrückender Soldat und gleichzeitigen Ergriffenheit vor der „Zeremonie, mit der die Majestät (und das war: Österreich-Ungarn) zu Grabe getragen wurde": „Die kalte Sonne der Habsburger erlosch, aber es war eine Sonne."

Unter ungleich wärmerem Licht sieht Roths versonnener Erinnerungsblick Die k. und k. Veteranen (1929): „Die ganze sonnenkräftige Symbolik des Imperiums" scheint und schimmert bei deren schillernden Hutbüschen aus schwarzen Hahnenfedern auf. Hingerissen musterte Roth die detailliert geschilderten Uniformen, die Waffen und Musikinstrumente der Veteranen – im Licht ewig währender Sommer: „Reservoire des Friedens, grün, heiß und unerschöpflich." Solchen *Fluren* dienen zum Zeremoniell die grünen Reiherbüsche einer Truppe, deren Gründungszweck es sei, „den Frieden zu erhalten, damit in ihm der Krieg repräsentiert werden könne". Einen *Flor* im Zeremoniell trägt und bedeutet dagegen der Abschiedsblick, die tödliche Vergängnis. So erscheint auch die metallumwobene Seide des Portepees, die als „kühler goldener Regen" unter Carl Josephs Hand und Blick rieselt. Man hat Roth der Mythomanie geziehen, weil er als Augenzeuge des Begräbnisses von Franz Joseph behauptete, es habe dabei unaufhörlich geregnet: „Es regnete nicht vom Himmel her, es weinte von ihm hernieder."[8] Zumindest in fiktionaler Hinsicht wird da ein stilatmosphärisches Faktum mit der Faktizität eines Barometers verwechselt. Mit höchster Eindringlichkeit seiner stilistischen Mittel zeigt Roth, wie sich die lastende, sumpfige Welt der fernen Garnison mit dem kaiserlichen Plakat „An meine Völker!" vollends auflöst. Aus dem gelassenen Aufmerksamkeitsblick wird ein geradezu kinematographisches Hin und Her und Durcheinander, das nur einmal anhält, als Carl Joseph seine Uniform anzieht: „Er schnallt die Feldbinde um, die riesigen schwarz-gelben Quasten streicheln zärtlich das schimmernde Metall des Säbels. Jetzt schließt Trotta den Koffer." Noch schließt sich nicht der Sarg über ihm, aber das Endkapitel des letzten Teils ist eine einzige Agonie. Die tadellosen Offiziersuniformen sind von Regen und Kot bespritzt, die langen Säbel sind hinderlich, die Quasten der Feldbinden verfilzt, bespritzt von tausenden Schlammkügelchen. Der Krieg beginnt mit militärischen Verworrenheiten, Standgerichten, Bränden. Eines Nachts schneidet der Leutnant im öden Niemandsland drei Gehenkte ab und begräbt sie mit seinem erdaufscharrenden Säbel. Tags darauf, bei glühender Sonne und Brunnen voller Leichen, fällt er beim Wasserholen.

Auch dem Bezirkshauptmann wird nun der helle Tag verhaßt. Er sehnt die Nacht herbei, wo ihm oft im Traum sein Sohn erscheint, die Offiziersmütze voll Wasser, und zu ihm sagt: „Trink, Papa, du hast Durst!" Aber über den Abschied von seinem Kaiser berichtet dann der „Epilog". Bei einer „Audienz", die ihm im Irrenspital von dem auf dem Schlachtfeld wahnsinnig gewordenen Freund seines Sohnes, Graf Chojnicki, „gewährt" wird, prophezeit ihm dieser des Kaisers baldigen Tod. So erwartet Trotta im Landregen hinter den rauschenden Bäumen von Schönbrunn das Ableben seines Kaisers. Franz Joseph liegt währenddessen im Sterbezimmer und will beim Geräusch des Regens nach dem Rieseln vor dem Fenster fragen, als ihm beim Wort „rieseln" die Zunge versagt: „Warum säuselt es so?" In der Verfinsterung dieser sich auflösenden Zeit ist es dann einleuchtend, daß der seinem Kaiser im Sterben unmittelbar folgende Trotta nicht mehr imstande ist, das Bild des Helden von Solferino zu erkennen, nach dem er verlangt hatte. Doch vom zwitschernden Seelenvogel des alten Jacques, „diesem lieben Vieh" von Kanarienvogel, das er ebenfalls holen ließ, wußte er noch zuvor: „Es überlebt uns alle! ... Gott sei Dank!"

Anmerkungen

[1] Den im Gedenken zu Ehrenden und die Herausgeberin verbindet gleichfalls ein sinniges Portepee. Auf einer Exkursion in Mähren vor zwanzig Jahren sagte Hugo Rokyta zu Monika Oberhammer voll Stolz, daß er das Tanzen noch mit Portepee erlernt und geübt habe. Das machte nachhaltigen Eindruck.

[2] Schon durch die Struktur seiner Prosa gewinnt Roth jenen unverwechselbaren „Ton", der diesen Leseduktus trägt. Bei Thomas Mann vollzieht sich die Lektüre dementsprechend über eine ganz anders strukturierte Suggestivität, die von einem ganz anderen Satz- und Sprachstil getragen wird. Roths Höchstmaß an kalkulierter „Transparenz und Suggestivität" erfolgt u. a. durch Verzicht auf hypotaktische Konstruktionen – also auch da kein „Mäandern", wodurch die Sprache für bildhafte Eindrücke und atmosphärische Wirkungen frei wird. Lakonismus, assoziative Gedankensprünge, optisch drängende Vorstellungen etc. bewirken eine spezifisch Rothsche Vereinnahmung des Lesers – insbesondere, wenn es sich um Erinnerungsmotive handelt. Vgl. Nürnberger, Helmuth: Die Welt des Joseph Roth. In: Die Schwere des Glücks und die Größe der Wunder. Joseph Roth und seine Welt. Hg. v. der Evangelischen Akademie Baden. Karlruhe 1994. S. 36 f. unter Anfüh-

rung von Hansjürgen Böning: Joseph Roths „Radetzkymarsch". Thematik, Struktur, Sprache. München 1968. Die damit verbundene Bedeutsamkeit immer wiederkehrender Topoi zwischen übergeordneter Autorität und individueller Auflösung – auch hinsichtlich anderer österreichischer Autoren – untersucht David Bronsen: Das literarische Bild der Auflösung im Radetzkymarsch. In: Kraske, Bernd M. (Hg.): Joseph Roth. Werk und Wirkung. Bonn 1988. – Grundlegend für diese österreichische Problematik: Magris, Claudio: Der habsburgische Mythos in der österreichischen Literatur. Salzburg 1966 (it. 1963). – Ein vielfältig-vielgestaltiges Bild von Person und Werk Joseph Roths ergibt der Sammelband: Bronsen, David (Hg.): Joseph Roth und die Tradition. Aufsatz- und Materialiensammlung. Darmstadt 1975. Hier besonders: Plard, Henri: Joseph Roth und das alte Österreich, mit der Bemerkung (S. 106): „Roth ist wohl der Autor der ‚Auflösung', wie Thomas Mann der Autor des ‚Verfalls' ist." Dies zielt auf eine spezifische Melancholie bei Roth. In diesen Untersuchungen kommt die besondere Funktion der bild-sprachlichen und „zeremoniellen" Affinität Roths und deren Konkretisierung im Ahnenbild des „Helden von Solferino" nicht zur Sprache. Im übrigen lassen sich noch mehr, motivisch anders ausgerichtete „zeremonielle" Wendungen bei Roth ausmachen. Der hier vorgelegte Aspekt ist nur ein wesentlicher unter vielen anderen.

[3] Rippel, Gregorius: Alterthum, Ursprung und Bedeutung aller Ceremonien, Gebräuche und Gewohnheiten in der heiligen katholischen Kirche. (1722) Augsburg 1784. S. 7.

[4] Mein Schulfreund, Apotheker Gerhard Riemerschmid in München/Au sei hier herzlich für seine liebenswürdigen Bemühungen bedankt, ganz besonders aber Frau Apotheker Dr. Gertraud Schorer, Herrenberg, die auf scharfsinnige Weise über „Ioe = Teucrium chamaedrys" den Edelgamander vorschlägt. Damit wäre eine volksmedizinische Verwendung u. a. als Liebeszauber in Österreich und der Slowakei gegeben.

[5] Vgl. dazu Wolff-Windegg, Philipp: Die Gekrönten. Sinn und Sinnbilder des Königtums. Stuttgart 1958. Bes. S. 9 (Einleitung).

[6] In diesem Grundton die ansonsten informativen, die komplexe politisch-kulturelle Problematik verdeutlichenden Beiträge von Krzysztof Lipinski: Seine Apostolische Majestät. Zum Bild des Kaisers bei Joseph Roth. S. 94 bzw. 100. In: Die Schwere des Glücks ... (wie Anm. 2) und Helmuth Nürnberger, ebenda S. 28 f. Dagegen ganz im Sinne einer zeremoniellen Beobachtung die Ausführungen S. 46 f. im Zusammenhang von Habsburger Titulatur, Religion und Übernationalität.

[7] Zitat in der Frankfurter Zeitung 12. 8. 1928. Nach: Nürnberger, Helmuth/Schimmel, Kerstin/Hohnbehn, Harald: „... ein Hort Polens im Unglück". Krakau in der deutschsprachigen Literatur des 19. und 20. Jahrhunderts. In: Literatur in Wissenschaft und Unterricht. Bd. 25. 1992. Teil 2. S. 191. Anm. 59.

[8] Nürnberger (wie Anm. 2). S. 27. zitiert diesen Satz aus Roths In der Kapuzinergruft. Ob dies überhaupt als „Bericht" gedacht ist, bleibe dahingestellt. In der betont präzis gehaltenen Augenzeugenschaft von Seine k. und k. Apostolische Majestät erwähnt Roth nichts „Regnerisches" beim Kaiserbegräbnis, dafür aber die „vielen Soldaten [...] in der neuen feldgrauen Uniform". Gerade an diesem sonnighellen Spätherbsttag konnte dieses ungewohnte Erscheinungsbild Roths sensibles, seelisch-optisches Empfinden nachhaltig eintrüben.

Monika Oberhammer

„... byla to nezkrotná živá touha vykonat něco, co by prospělo celému Slovanstvu."

„… es war eine unbezähmbare lebendige Sehnsucht, etwas zu machen, was für alle Slawen nutzbar wäre", schreibt[1] Alfons Mucha 1936, drei Jahre vor seinem Tod, sich seiner „Pariser Jahre" im besonderen der Eindrücke erinnernd, die eine Studienreise auf den Balkan hinterlassen hat. Grund dafür war die Vorbereitung der dekorativen Ausgestaltung des Pavillons von Bosnien-Herzegowina auf der Weltausstellung 1900 in Paris. Die Regierung Österreich-Ungarns hatte den Künstler aus Mähren, der seit 1887 in Paris lebte, damit beauftragt.

Die intensive Beschäftigung mit Geschichte und Kultur der Südslawen brachte eine nachhaltige Wende in seinem Schaffen mit sich: von den dekorativen Ikonen seiner Plakate und panneaux décoratifs mit den ihm eigenen, immer wiederkehrenden Phrasen der Linien hin zu einer mit Vehemenz vorgetragenen Botschaft über Geschichte und Auftrag der Slawen, voll Symbolik und visionärem Pathos.

Beide Elemente, das narrativ-symbolistische und das ornamentalerstarrte, haben sein Werk von Anfang an geprägt, waren nebeneinander vorhanden, in ihrer Gewichtung lediglich vom jeweiligen Zweck und Auftrag bestimmt.

Auf der Weltausstellung 1900 in Paris gaben die Regierung Österreich-Ungarns bzw. deren Spezialkomitees Alfons Mucha nicht nur als Ausstatter, sondern auch als Aussteller die Gelegenheit, das ganze Spektrum seiner Kunst zu zeigen. Subtile und überlegte Ausstellungspolitik[2] hatte ihn, den „österreichischen Künstler", dem Kontext der jeweiligen Abteilung der Ausstellung entsprechend plaziert. Der Künstler wiederum hat seine Ausstellungsobjekte entsprechend gewählt und in der Folge seinen künftigen Weg angetreten.

I.

Die Einladung zur Teilnahme an der Weltausstellung in Paris war an das Außenministerium der Gesamtmonarchie ergangen. Man entschloß sich zur Trennung: Es sollte eine österreichische und eine ungarische Abteilung sowie eine vom gemeinsamen Finanzministerium veranstaltete bosnisch-herzegowinische geben.[3]

Die französische Regierung hatte vorgesehen, daß alle Nationen gemeinsam an den nach achtzehn Themenkreisen gegliederten Gruppenausstellungen – im Grand und Petit Palais, an der Esplanade des Invalides, auf dem Marsfeld, im Park von Vincennes – teilnahmen bzw. teilnehmen konnten. Die Situierung der in erster Linie der Repräsentation dienenden „Palais des Nations" war von der französischen Ausstellungsleitung am linken Seine-Ufer, am Quai d'Orsay (zwischen pont des Invalides und pont de l'Alma) vorgesehen. Der Baustil derselben sollte „ein für das Land charakteristischer, der ‚style notoire' dieses Landes sein, also an nationale Traditionen des Wohnhauses oder Monumentalbaues, sei es vergangener Epochen, sei es der Gegenwart, anknüpfen".[4]

Die Wahl des österreichischen General-Commissariates fiel auf jenen Stil, „in welchem die schönsten architektonischen Denkmale Wiens erbaut sind, auf das Wiener Barock zur Zeit Fischers von Erlach",[5] für Ungarn entschied man sich für den Stil „einer romanischen Abtei mit sehr wehrhaftem Charakter".[6]

Zwischen diesen beiden Repräsentationshäusern ließ die Verwaltungsbehörde von Bosnien-Herzegowina durch Architekt Karl Panek einen Pavillon „im Stil eines bosnischen Herrenhauses"[7] errichten. Anliegen der Ausstellungsleitung, des General-Commissärs von Bosnien-Herzegowina Henri Moser, war es, sowohl durch Baustil und Ausstattung als auch durch den umfangreichen Katalog und die in siebzehn Gruppen gegliederten Ausstellungsobjekte gleichsam ein Gesamtobjekt zu schaffen. Man war bestrebt, das Land, seine Geschichte und Kultur vorzustellen, die Förderung und den Aufschwung zu dokumentieren, die das Land unter österreichischer Verwaltung/Okkupation seit dem Mandat des Berliner Kongresses von 1878 v. a. auf dem Gebiet des Schul- und Bildungswesens, des Transportwesens, der Landwirtschaft, des Bergbaus, des Kunsthandwerks, des Sanitätswesens und der Krankenfürsorge erfahren hatte. Die von der Verwaltungsbehörde forcierte Wiederbelebung traditioneller Handwerkstechniken auf dem Gebiet der Holz- und Metallbearbeitung, der Teppichweberei, der Stickerei war so erfolgreich, daß Möbel, Textilien, Keramik, Metallgegenstände gezeigt werden konnten, die von renommierten Pariser Einrichtungshäusern in Zusammenarbeit mit der Kunstgewerbeschule in Sarajewo und den behördlichen Ateliers in Foca und Livno gefertigt worden waren.[8]

II.

Die Bauten an der Rue des Nations waren als ephemer gedacht und wurden nach Ende der Weltausstellung abgetragen. So ist auch der bosnische Pavillon (Abb. 1) nur durch Fotografien, Beschreibungen, Fragmente und Skizzen seiner Innenausstattung dokumentiert.

„Er ist weder eine Unterrichtsstunde in Archäologie, wie Italiens Palazzo in venezianischer Gotik oder das Pseudo-Pantheon der Vereinigten Staaten, noch eine versetzte Kopie wie das Rathaus Belgiens und das Kingston-House Großbritanniens, sondern ein eigenständiges Werk mit türkischem Gepräge. Mit ihrem Schiefer gedeckten Turm, ihren roten Dächern, ihren vorkragenden Muscharabien, ihren Laubengängen vor den inkrustierten Mauern, wo das Blau dominiert, bezaubert diese exotische Villa durch ihr Kolorit."[9]

Den Eintretenden bot sich in der zentralen Halle (Abb. 2) durch die dekorative Arbeit Alfons Muchas ein überraschendes Bild.

Die dem Eingang gegenüberliegende Seite ähnelte einer Quiblawand einer islamischen Moschee: Die zentrale Bogenöffnung, von einem rechteckigen ornamentierten Rahmenfeld umschlossen, von den allegorischen Figuren der Spinnerin und der Stickerin (nach Muchas Entwurf) flankiert, gab den Blick frei auf ein von Adolf Kaufmann[10] angefertigtes, 170 m² großes Diorama der Stadt Sarajewo.

Darüber hatte Mucha ein allegorisches Gemälde entworfen, das wiederum von zwei theatralisch arrangierten Rittergestalten unter Stalaktitbaldachinen flankiert war: Bosnien, in Gestalt einer seiner anmutigen idealen Mädchenfiguren, thront zwischen Rosenlorbeersträuchern vor einem Halbkreisnimbus inmitten des bosnischen Volkes, das den Weltausstellungsbesuchern die Produkte des Landes darbietet: Weizen, Früchte, Tabak, Wein, Holz, Felle, Wolle, Milch, Käse, Honig, Wachs, kunstgewerbliche Gegenstände.[11]

An den übrigen drei Seiten der Ausstellungshalle hatte Mucha einen dreizonigen Fries – in Aquarell auf Leinwand gemalt – angebracht[12]:

Der mittlere Streifen (ca. 2,5 m hoch) trägt die Bezeichnung Bosnischer Zyklus. In einer fortlaufenden Landschaft waren zwölf

Abschnitte der bosnischen Geschichte dargestellt, beginnend links vorne mit den drei prähistorischen und dem römischen Zeitalter, dann die Ankunft der Slawen, die Rechtsprechung durch den Ältesten, die Ankunft der christlichen Apostel, die Zeit der Bogumilen und deren Ahndung, die Zeit der bosnischen Könige und endend rechts vorne mit der Gegenwart, repräsentiert durch die drei herrschenden Religionen – Muselmanische Architekten präsentieren Pläne und Modell für eine Moschee, Die Wasserweihe bei den Orthodoxen, Die katholische Firmung.

Die Zeit unter der Herrschaft des Osmanischen Reiches, die immerhin 400 Jahre dauerte, blieb unerwähnt. Sie war in den oberen Abschluß des Frieses versetzt, in den Bereich der Poesie. Die vier dargestellten Geschichten sind bosnisch-kroatisch-serbischen Liedern[13] entnommen. Die Präsenz der Türken bildet darin eher den Hintergrund für die Schilderung zwischenmenschlicher Beziehungen und Gefühle, wie schmerzlicher Mutterliebe, Liebe über den Tod hinaus, tragischer, sehnsuchtsvoller Geschwisterliebe: Die Frau des Hasanaga, Langdauernde Liebe, Neun Brüder, eine Schwester, Ivo und Anitza.

Die Erzählungen waren in das Blau der Träume getaucht, abgerückt vom Betrachter durch eine mit bunten Motiven der Volkskunst geschmückte vorgehängte Arkadenreihe.

Den unteren Abschluß des Bosnischen Zyklus bildete eine Blütengirlande – Pfingstrosenzweige in Blauschattierungen mit dazwischengestreuten goldenen Sternen.

III.

Die Ausgestaltung des Pavillons von Bosnien-Herzegowina war nicht die einzige Arbeit, mit der Mucha auf der Weltausstellung von Österreich beauftragt wurde bzw. mit der er präsentiert wurde.[14]

Er entwarf das offizielle Ausstellungsplakat, das auf allen Bahnhöfen der Monarchie affichiert war und auch für den Titel des „offiziellen Führers durch die österreichische Abteilung" verwendet wurde. (Abb. 3) Der in Paris lebende österreichische Maler schien dafür besonders geeignet, „nachdem derselbe sich in Frankreich gerade durch Affichen von künstlerisch-vornehmer Conception und bester Wirkung einen bedeutenden Namen gemacht".[15] Das Plakat ist zweigeteilt und zeigt in der linken Hälfte, mit dem für Muchas Plakatkunst bekannten

Instrumentarium, die Personifikation Österreichs in Gestalt einer hochgewachsenen verschleierten jungen Frau, deren Gesicht für die Weltausstellung enthüllt wird – Paris révélant l'Autriche au monde. Ihr Attribut, der Doppeladler, erscheint auf der dekorativen Leiste ihres Kleides und im Kreisnimbus um Kopf und Schultern.

Die rechte Hälfte des Plakates zeigt unter der Schriftgestaltung von Mucha sechs Gebäude der österreichischen Sektion, gezeichnet von G. Rossmann.

Als Aussteller war Alfons Mucha naturgemäß in der „Gruppe II. Kunstwerke" der österreichischen Sektion vertreten.

Die Organisation von Auslandsausstellungen war bis zur Gründung der Wiener Secession beinahe ausschließlich Angelegenheit der Wiener Künstlerhaus-Genossenschaft. Vom Jahr 1897 an wurde vom Ministerium für Cultus und Unterricht ein Spezialkomitee zur Durchführung dieser Aufgabe ernannt. Es war ihm je ein Zweigkomitee in Prag und Krakau angegliedert.[16]

Für die Weltausstellung in Paris gab es neben dem „Specialcomité für die bildende Kunst in Wien" unter Vorsitz von Ministerialrath Friedrich Stadler von Wolffersgrün, dem „Zweigcomité für die bildende Kunst in Prag" unter Vorsitz von Geheimrath Karl Graf Buquoy und dem „Zweigcomité für die bildende Kunst in Krakau" unter Vorsitz des Professors der Universität Krakau Dr. Marian Sokolowski auch ein „Comité der in Paris lebenden österreichischen Künstler", dem u. a. Franz Kupka und Alfons Mucha angehörten.[17]

Aus Raummangel war es nicht möglich, daß alle österreichischen Künstler gemeinsam im Grand Palais ausstellten. Im Grand Palais wurden „die in Paris lebenden Künstler" und die „Genossenschaft der bildenden Künstler Wiens" gezeigt, beide installiert von Architekt Josef Urban, ferner die „Secession", installiert von Architekt Josef Hoffmann. Letztere hinterließ durch die Art ihrer Präsentation einen großen Eindruck.[18]

Die böhmischen und polnischen Künstler, installiert durch Architekt Ludwig Baumann, stellte man im österreichischen Repräsentationshaus an der Rue des Nations aus.

Unter den „in Paris lebenden österreichischen Künstlern" zeigte Alfons Mucha Beispiele seiner seit 1895 in seinem Œuvre gängigen und von der Öffentlichkeit hochgeschätzten dekorativen Medaillons, panneaux décoratifs und dekorativen Plastik, und zwar[19] unter Nr. 122 Die Monate (Zeichnung), zwölf Medaillons mit Monatsdarstellungen, entworfen für die Zeitschrift Le Mois littéraire et pitto-resque des Jahres 1899,[20] unter Nr. 123 und Nr. 124 Morgen, Abend (Aquarell), Entwürfe für zwei panneaux décoratifs,[21] unter Nr. 125 Das Weib (Zeichnung) und unter Nr. 153 Die Natur, eine ca. 70 cm hohe Frauenbüste in versilberter Bronze mit spiralig fließendem vergoldeten Haar und Edelsteinkopfschmuck, die auf die plastische Dekoration der Boutique Fouquet vorausweist[22].

Unter den „böhmischen Künstlern" im österreichischen Repräsen-tationshaus zeigte Mucha unter Nr. 43 Vater-Unser. Cyclus (Aquarell), fünfundzwanzig Originalvorlagen[23] zu dem am 20. Dezem-ber 1899 bei F. Champenois – H. Piazza et Cie in Paris in Buchform erschienenen Pater noster. (Abb. 4)

Jeder der sieben Anrufungen des Gebetes hat Mucha drei Blätter gewidmet: zwei in vielfarbigem Aquarell über Tuschfeder, auf denen Text und persönlicher Kommentar ornamental umfaßt werden, eines in monochromer Sepialavierung, ganzseitig eine bildliche Interpreta-tion als Vision des „stufenweisen Aufstiegs des Menschen zu einem göttlichen Ideal"[24] darstellend.

„Im ‚Pater noster' brachte Mucha seine gesamte ... Weltsicht zum Ausdruck. Muchas ‚Pater noster' bildet den spirituellen Hintergrund des ‚Slawischen Epos' ..."[25], eines Zyklus von zwanzig Monumental-gemälden zur Geschichte aller Slawen, an dem Mucha die folgenden drei Jahrzehnte arbeitete.

Anläßlich der offiziellen Übergabe des Slawischen Epos an die Stadt Prag und dessen Präsentation im Prager Messepalast im Jahr 1928 schreibt Mucha im Katalogvorwort:[26] „Bereits im Jahre 1900, in Paris, habe ich mir vorgenommen, die zweite Hälfte meines Lebens jener Arbeit zu widmen, die bei uns das Gefühl des nationalen Be-wusstseins aufbauen und stärken würde. Ich bin überzeugt, daß die Entwicklung jedes Volkes nur dann mit Erfolg weitergehen kann, wenn sie organisch und ununterbrochen aus den eigenen Wurzeln wächst, und daß zum Erhalten dieser Kontinuität die Kenntnis der historischen Vergangenheit unerlässlich ist ... Der Zweck meines Wer-kes bestand nie im Niederreißen, sondern immer im Aufbauen, im Brückenschlagen, denn uns alle muß die Hoffnung nähren, daß die gesamte Menschheit sich näher kommt, und zwar um so leichter, wenn sie sich gegenseitig kennenlernt."

Abb. 1: Weltausstellung 1900. Paris. Pavillon von
Bosnien-Herzegowina. (Repro Univ. Sbg. Inst. f. KG.)

Abb. 2: Weltausstellung 1900. Paris. Pavillon von
Bosnien-Herzegowina. (Repro Univ. Sbg. Inst. f. KG.)

Abb. 3: Weltausstellung 1900. Paris. Plakat der österreichischen Abteilung. (Repro Univ. Sbg. Inst. f. KG.)

Abb. 4: Weltausstellung 1900. Paris. Alfons Mucha in der Abteilung „in Paris lebende österreichische Künstler". Kat.-Nr. 153: Die Natur. Und in der Abteilung „böhmische Künstler". Kat.-Nr. 43: Vater-Unser, sechster Vers: „Dimitte nobis debita nostra". (Repro Univ. Sbg. Inst. f. KG.)

Anmerkungen

[1] Mucha, Alfons: Pařížská léta. In: Lidové noviny. 10. 10. 1936.

[2] Vgl. dazu: Heerde, Jeroen Bastiaan van: Staat und Kunst: staatliche Kunstförderung 1895 bis 1918. Wien, Köln, Weimar 1993. S. 160: „Die Einbeziehung der verschiedenen Kunstströmungen sowie die Darstellung der regionalen Verschiedenheit Österreichs wurde ab 1900 bei ihrer Beteiligung an internationalen Kunstausstellungen üblich und mag unter anderem auf den Erfolg der österreichischen Kunstabteilung in Paris zurückzuführen sein ..."

[3] Berichte über die Weltausstellung in Paris 1900. Hg. v. k. k. österr. General-Commissariate. Wien 1902. Bd. 1. S. 17.

[4] Ebenda. S. 102 f.

[5] Ebenda. S. 101 ff. und Bd. 2. S. 80. Chefarchitekt Ludwig Baumann wurde vom „Architektenclub der Genossenschaft der bildenden Künstler Wiens" für die Wahl einer „200 Jahre hinter uns liegenden Kunstperiode" scharf kritisiert.

[6] Taride, A. (Hg.): Exposition de 1900. Album Photographique. Paris o. J. o. S.

[7] Ebenda.

[8] Holzhausen, Adolphe (Hg.): La Bosnie-Herzégovine à l'éxposition internationale universelle de 1900 à Paris. Vienne 1900. S. 29 ff. und S. 117 ff. Das Aufblühen der okkupierten Provinzen war v. a. dem großen Kenner von Geschichte, Kultur und Sprachen des Orients und des Balkans, Reichsfinanzminister Benjamin von Kallay, zu danken.

[9] Beschreibung mit Illustrationen bei: Fabre, Abel: Un maître décorateur. Après une visite au pavillon de Bosnie. In: Le Mois littéraire et pittoresque. Mai 1900. S. 578–598.

[10] 1848 Troppau/Opava – 1916 Wien, Landschafts- und Marinemaler.

[11] Entwurf in Kohle auf Leinwand in Paris, Musée du Louvre (Musée d'Orsay). Inv. du Cabinet des Dessins RF. 37. 331.

[12] Kartons und Fragmente erhalten in Paris, Musée du Louvre (Musée d'Orsay). Cabinet des Dessins: RF 37. 328. Département des Peintures: RF. 1979. 67, RF. 1979. 68, RF. 1979. 69A, RF. 1979. 69BB, RF. 1979. 69C.

[13] Fabre (wie Anm. 9) spricht von „légendes bosniaques". Es handelt sich um Lieder, die mündlich tradiert wurden, deren Bekanntwerdung in Europa mit J. W. v. Goethes Nachdichtung Der Klaggesang von der edlen Frauen des Asan Aga, erschienen 1778, begann. Die erste Sammlung von Liedern „in der serbischen Volkssprache" gab Vuk Stefanovič Karadžič 1814 in Wien heraus.

[14] Abgesehen von den offiziellen österreichischen Aufträgen hat Mucha im Rahmen der Weltausstellung Teppichentwürfe für die Firma Ginzkey (Maffersdorf – Wien – Paris – London) angefertigt, weiters Entwürfe für Schmuckstücke und die Vitrine des Bijoutier Georges Fouquet (Paris), deren Erfolg im Anschluß zum Auftrag für die Gestaltung der neuen Boutique Fouquet an der Rue Royale führte, weiters den Entwurf für die Vitrine der Parfumerie Houbigant. Vgl. dazu: Bascou, Marc: Les arts décoratifs. In: Mucha 1860–1939 peintures – illustrations – affiches-arts décoratifs (Les dossiers d'Orsay). Paris 1980. S. 61–81.

[15] Wie Anm. 3. S. 82.

[16] Vgl. Waissenberger, Robert: Die Wiener Secession. Wien, München 1971. S. 68.

[17] Wie Anm. 3. Beilagen Nr. 73, 74, 75, 76.

[18] Im Rahmen der „Secession" wurde Gustav Klimts Philosophie gezeigt und erhielt nach den Wiener Protestaktionen hier den Grand Prix.

[19] Laut Katalog der österreichischen Abtheilung. Hg. von dem k. k. österreichischen General-Commissariate. Wien o. J. Heft 2.

[20] Heute Prag. Sammlung Jiří Mucha.

[21] Heute Gottwaldov, Galerie Inv. 0 189 und Zürich, Sammlung Wolfgang Swatek von Boskowitz.

[22] Heute Karlsruhe. Badisches Landesmuseum Inv. 76/197. Mehrere Repliken.

[23] Heute Privatsammlung.

[24] Fabre (wie Anm. 9). S. 598.

[25] Srp, Karel: Die Slawen: Muchas Lebensthema? In: Ders. (Hg.): Alfons Mucha – Das Slawische Epos. Krems-Stein 1994. S. 48.

[26] Zitiert nach: Srp, Karel (Hg.): Alfons Mucha – Das Slawische Epos. Krems-Stein 1994. S. 63.

Jiřina Pogodová

Arcivévoda Evžen a Bouzov
(Erzherzog Eugen und Bouzov)

V době, kdy jsem začínala se svou disertací o romantické přestavbě hradu Bouzova mnichovským architektem Georgem von Hauberrisserem, uvědomila jsem si skutečnost, že se na této rozsáhlé práci z velké části podílel, jak myšlenkově tak i finančně, tehdejší velmistr Řádu německých rytířů arcivévoda Evžen Habsburský.

Bouzov byl založen začátkem 14. století šlechtickým rodem pánů z Bouzova. Prvním z majitelů hradu byl Búz, v letech 1317–1339. Do konce 15. století patřil potom Bouzov pánům z Kunštátu. Je pravděpodobné, že se zde narodil i pozdější český král Jiří z Poděbrad, který se původně psal Jiří z Kunštátu a Bouzova. Tak jako se v dalších obdobích na hradě střídaly šlechtické rody, měnil se i jeho vzhled.

Ve druhé polovině 16. století hrad vyhořel a zůstal neobydlený. V roce 1617 započali tehdejší majitelé (rodina Friedricha von Oppersdorfa) s opravami, Bouzov již ale tehdy pozbyl své obranné funkce a stal se výhradně obytným objektem.

S příchodem Řádu německých rytířů (hrad byl řádem zakoupen v roce 1696) ztratil později Bouzov na významu i v tomto směru, protože celá řádová správa byla centralizovaná do Bruntálu. V té době zůstávají obydleny pouze objekty v předhradí, na konci 19. století zřícenina hradu slouží už jenom jako oblíbený cíl turistů. Bouzov, tak jak jej známe dnes, získal svoji podobu v letech 1895–1910 po rozsáhlé rekonstrukci provedené právě *Georgem von Hauberrisserem.* (Poslední práce v interiérech byly ukončeny v roce 1912.)

Z Hauberrisserových některých předešlých prací připomínám přestavbu nové radnice a kostel sv. Pavla v Mnichově, radnici v Landshutu a v Landsbergu, vnější renovaci kostela sv. Sebalda v Norimberku, přestavbu radnice v Ulmu, kostel Srdce Ježíšova ve Štýrském Hradci nebo radnici v Saarbrückenu.

19. ledna roku 1894 se tedy pánem na Bouzově i následníkem v hodnosti velmistra Řádu německých rytířů stává po zemřelém arcivévodovi Vilémovi arcivévoda Evžen.

Arcivévoda Evžen se chopil s velkým osobním zaujetím všestranné činnosti řádu. V mnohém byl i hlavním a neúnavným iniciátorem. A zde se právě dostáváme k myšlence renovace Bouzova. Se znovuobnovením činnosti na Bouzově plnil Řád německých rytířů mimo jiné i část svého kulturního poslání, totiž připomenout dvousetleté výročí vzniku řádu a jeho bohatou tradici.

Přestavba Bouzova v reprezentační sídlo řádu byla pojata velmi velkoryse, zároveň měl Bouzov sloužit i jako muzeum. Nesmíme také zapomenout na tehdejší situaci v širším pohledu, kdy se právě restaurování hradů stalo módním tématem v souvislosti s oživením ideálů romantického historismu. Jen namátkou zde jmenuji zámek Hluboká (přestavba proběhla v letech 1841–1871), Lednice (1843–1856) nebo Hrádek u Nechanic (1841–1854), Sychrov (1847–1862) či Žleby (1849–1868), počátkem 20. století dále ještě Křivoklát či Kokořín. Přestavbu Bouzova řadíme do období pozdního historismu. Romantismus, obracející se do minulosti, byl doprovázen i vlnou sběratelství.

Proč právě Bouzov? Jelikož bylo toto místo oblíbeným letním sídlem Evženovy matky, arcivévodkyně Alžběty, pravděpodobně spojovaly mladého arcivévodu s Bouzovem i vzpomínky z dětství. Vztah k tomuto místu ovlivnila zřejmě i skutečnost, že arcivévoda uměl česky. Hrad Bouzov se nachází třicet kilometrů od Olomouce, kde mladý Habsburk rovněž navštěvoval kadetku. Impozantní pozice hradu, a dále ještě arcivévodova záliba ve studiu dějin umění, vedla zřejmě později k tomuto rozhodnutí. Z dokumentace k historii hradu vychází i domněnka, že arcivévoda uvažoval o přestavbě již v roce 1888, když Bouzov navštívil právě se svým strýcem Vilémem, úřadujícím velmistrem.

Na základě císařského dekretu z 31. prosince 1850 zahájila na území celého tehdejšího Rakousko-Uherska svoji činnost nově zřízená Centrální komise pro výzkum a zachování stavitelských památek. V roce 1873 byla tato komise v souladu s vlastní naplní činnosti přejmenována na Centrální komisi pro výzkum a udržování památek uměleckých a historických. Tato komise připravovala v letech 1891–1909 zákon na ochranu stavebních památek, ten ovšem nebyl ve sněmovnách schválen. Roku 1911 byl při Centrální komisi zřízen Státní památkový úřad a ještě před koncem první světové války vzniká

Zemský památkový úřad pro Království české. (Sám arcivévoda Evžen byl protektorem Centrální komise pro památkovou péči od 12. listopadu 1916.) Mějme tedy, v souvislosti s Bouzovem a jeho renovací, na paměti i tyto okolnosti.

Své životní krédo udržovat, v pozitivním slova smyslu, míru ve všech požadavcích, zájmech a nárocích na život, pokládal arcivévoda za umění, kterému se, jak sám často podotýkal, musíme denně znovu učit. Za jednu z nejdůležitějších lidských vlastností pokládal trpělivost. Neměl rád rozepře, ale pokud bylo nutné prosadit vlastní mínění, počínal si neoblomně a dovedl stát na svém do té míry, že protivník nemohl než ustoupit. Pokládal za důležité vyslechnout si mínění druhého, a měl-li dotyčného partnera v diskusi za člověka hodného vážnosti, jehož názorem je možno se i řídit, kladl přímé a věcné otázky.

Tato uměřenost a střízlivost jej provázela celý život, můžeme ji vystopovat i v písemné dokumentaci k renovaci Bouzova. Jak patrno z nákresů plánů přestavby, tak i z korespondence mezi architektem Hauberrisserem a arcivévodou, trval Evžen na mnoha změnách předložených návrhů ve prospěch jednoduchosti a větší architektonické čistoty proti Hauberisserově přílišné dekorativnosti.

V tomto ohledu, pokud se jednalo o oboustranný podíl při tvorbě díla, nešlo o výjimečný případ. Připomínám podobnou situaci z období přibližně před dvaceti až třiceti lety před zahájením bouzovské přestavby, totiž spolupráci hraběte Johana Nepomuka Wilczeka a „jeho architektů" při obnově hradu Kreuzensteinu nedaleko Vídně. Hrabě Wilczek byl také svého času, stejně jako arcivévoda Evžen, členem jedné z komisí pro zachování památek.

Vlastně se tu jednalo i o jakési zhmotnění představ v rámci již zmíněné památkové péče. Architekt Hauberrisser vycházel při přípravě plánů z archeologických výzkumů, které probíhaly před samotnou přestavbou, rekonstrukce měla hrad přiblížit středověké podobě, na přání arcivévody mělo být vše „co se zachovalo" včleněno do přestavby. Bouzov byl v tomto smyslu jedinečnou možností, jak pro reprezentaci řádu, tak pro vytvoření nového domova. Arcivévoda určoval i vzhled vnitřního zařízení a vybavení. Vymýšlel také veršované průpovídky a žertovné nápisy, které měly, namalovány na stěnách či na nábytku, oživit atmosféru jednotlivých místností. Vytvořil například i jeden z návrhů na konsoly ve sloupové síni. S jistou hrdostí nechával již během přestavby přijíždět na Bouzov zvědavé návštěvníky a rád jim umožňoval shlédnout průběh konaných prací. Mezi těmito hosty byli například baron Theodor Podštatský, hrabě Filip Kinský, hraběnka Marie Kinská-Dubská a další.

Z písemných vzpomínek Zoe von Schildenfeldové, která pečovala o chod domácnosti arcivévody Evžena, se dozvídáme, že arcivévoda osobně velmi nerad psal a často nahromaděnou korespondenci, později sice zodpovědně, ovšem jen s velkým sebezapřením, vyřizoval. Doklady o písemných kontaktech s Hauberrisserem během let přestavby bouzovského hradu svědčí o arcivévodově nadšení pro věc. (K tomu patří mimo dopisy či telegramy i pohlednice z cest, snímky mnoha hradů a zámků, které měly sloužit jako podnět, inspirace, pro bouzovskou rekonstrukci, novinové výstřižky – články, vztahující se k dané problematice. Ale například i gratulace k Vánocům, narozeninám a i dalším soukromým příležitostem nebyly výjimkou.) Vzájemné průběžné sdělování si adres při pobytech na cestách, aby byli v souvislosti s děním na Bouzově oba pánové nepřetržitě ve styku, se rozumělo samo sebou. Ani všemožné další arcivévodovy povinnosti, ani revmatické potíže a s tím spojené pobyty v Karlových Varech tento kontakt nepřerušily.

Arcivévoda jezdil na Bouzov prakticky po celou dobu renovace, aby sledoval průběh stavebních prací. Získával, díky svému vystupování, přízeň bouzovského obyvatelstva, které mu bylo také vděčné za mimořádné pracovní příležitosti. Pamětníci popisovali osobní setkání s arcivévodou, jeho rozhovory s dělníky pracujícími na stavbě (arcivévoda sám ovládal stolařské řemeslo!), jeho zájem o bouzovské děti a jim projevovanou náklonnost, obhlídky prací na polích.

Rekonstrukce hradu měla vliv i na celkovou situaci ve vesnici. Téměř celou plochu nynějšího zámeckého parku a přilehlého okolí zabraly dřevěné boudy (dílny) kameníků, tesařů a dalších řemeslníků, kteří zde, díky zaměstnání, dočasně pobývali, nezřídka i se svými rodinami. (Toto provizorium bylo o něco později nahrazeno nově postavenými domky ve vesnici.) Bouzov v tomto období prokazuje výrazné zvýšení počtu obyvatel. A protože mezi přišlými řemeslníky nechyběli lidé s mnoha zkušenostmi, jak odbornými, tak praktickými, stalo se tehdy toto místo jakýmsi zdejším kulturním a společenským centrem pro celou oblast.

Na Bouzovsku přibyla železniční stanice Moravičany – Loštice, mezi Bouzovem a blízkou osadou Doly byla vybudována nová silnice. Pro kanceláře a bytové prostory pro hradní úředníky byly přestavěny hospodářské objekty. Arcivévoda Evžen dal také na vlastní náklady zřídit vodovod, kdy byla voda od pramene v Kadeříně vedena litinovým potrubím až do nádrže na kopci Bakuli. Jedno z potrubí vedlo potom vodu přímo na hrad, dolní větev do vesnice a řádového hospodářského dvora. Z arcivévodovy velkorysosti profitovaly i vzdálenější oblasti. Hrad Sovinec, též v majetku Německých rytířů, byl v roce 1897 přeměněn na řádové letní sídlo. (Zemědělská škola, zřízená zde v roce 1867, byla přestěhována do Hranic.) Na přilehlém pozemku kolem zámečku Řádu německých rytířů v Bruntále byl založen park, domy řádu v Olomouci a Opavě byly adaptovány na bytové, byly rozšířeny i civilní nemocnice. V lázních Karlova Studánka v Jeseníkách, kam Evžen velmi rád zajížděl, byla zavedena elektřina a opraveny místní cesty. Arcivévoda nechal dokonce dopravit z Alp do Jeseníků kamzíky.

Poslední písemná zmínka o stavebních úpravách na Bouzově je datována 14. března 1902. Ovšem již po dokončení přestavby hlavní věže proběhlo na Bouzově 8. července 1899 slavnostní setkání představitelů řádu, samozřejmě za účasti velmistra, arcivévody Evžena. Ten také symbolicky „zasadil poslední kámen". Při této příležitosti byly ve věži uloženy listiny o sepsání dějin hradu, tehdejší noviny a platidla. Na věži byla vztyčena korouhev, na které byl vyobrazen sv. Jiří s drakem. Český slavnostní projev pronesl bouzovský farář Janák, představitelé řádu potom promluvili německy. (Tolik pamětníci.)

Poslední práce na hradě jako takovém jsou zmiňovány v roce 1906. Rokem 1907 jsou datovány práce v předhradí. Stavební záznamy z roku 1910 uvádějí práci na hradní kapli. Podle záznamů ve stavebních denících, dnes uchovávaných v Zemském archivu v Opavě, se posléze ještě do roku 1912 pracovalo na posledních předmětech pro vnitřní zařízení.

Chceme-li „filozofovat", ptáme se, zda-li člověk skutečně potřebuje jisté symboly, t. j. jistá umělecká díla, která reprezentují jisté životní situace. Stal se Bouzov takovým symbolem? Organizuje architektura prostor obklopující člověka a jeho způsob života? Můžeme Bouzov posuzovat i z hlediska kulturního a sociálního dění? Je rekonstrukce Bouzova odrazem určité společenské reality? Je tato společenská realita určena jak materiálně tak ideově? Jsou zde reflektovány určité myšlenky? Je zde interpretováno vědomí určité společenské vrstvy? Určité společenské skupiny?

Odpovídám ano. Zásah do místní struktury byl markantní. Bouzov jako umělecká a historická památka osvětluje určitý myšlenkový vývoj, je odrazem určitého postoje a zachycuje některé tehdejší dobové hodnoty. Splňuje i další požadavek, nad kterým se ve své knize Genius loci zamýšlí Christian Norberg-Schulz, totiž, že „ví, čím chce být" ve vztahu k okolnímu prostředí.

Prakticky jediná stavba v tomto rozsahu zastupuje u nás, díky Hauberrisserovi, německé, případně rakouské (tyrolské) architektonické vlivy. Díky obsáhlé dokumentaci můžeme krok za krokem sledovat přeměnu starého objektu v novou stavbu.

O arcivévodovi Evženovi se již v „jeho době" mluvilo jako o jedné z posledních osobností rodu Habsburků – Lothringenů, byl označován za „ztělesnění dějin", za svědka „posledního lesku rozpadající se dunajské monarchie".

Zoe von Schildenfeldová zmiňuje ve svých pamětech určitou auru, vyzařování či fluidum, které arcivévodu obklopovalo. Každý, kdo s ním přišel do kontaktu, byl osobností arcivévody přitahován a vědom si její síly. Nechyběl ani smysl pro humor a schopnost sebeironie, dobrosrdečnost a ochota pomáhat všude tam, kde bylo potřeba. Arcivévoda býval charakterizován jako muž, ve kterém se hluboká vážnost a vojenská přísnost setkávala s ochotou umět se radovat i z maličkosti a chutí snažit se poskytovat pohodu a radost i svému okolí. Také jeho veliká obliba u poddaných a podřízených v armádě byla všeobecně známá.

Jako kultivovaný, vzdělaný člověk s přesnou představou o svých požadavcích, co se rekonstrukce řádového hradu týče, dbal Evžen i na plnění svých pokynů. Bouzov, jak už řečeno, měl splnit také arcivévodovu představu muzea řádu. Hradní prostory jsou naplněny stovkami uměleckých předmětů. Architekt Hauberrisser skloubil v jeden celek dva základní požadavky, totiž vytvořit dojem středověkého hradu a zároveň počítat i s možností dlouhodobějšího pohodlného obývání (koupelny, toalety, vytápění jednotlivých místností).

Arcivévoda Evžen byl náruživým a horlivým sběratelem, shromažďoval a vlastnil množství časopisů a novin, které momentálně pokládal pro sebe a případně i „pro později" za zajímavé. Ze způsobu, jakým svou sbírku vedl, a kterým oborům dával přednost, můžeme rovněž vyčíst jeho zájmy. Jednalo se skutečně o „studnici" informací z historie a politiky.

Arcivévoda Evžen plánoval i další projekty. Hauberrisser se již v průběhu prací na renovaci hradu zamýšlel nad plány pro bouzovský farní kostel a proboštský kostel v Opavě. S vypuknutím první světové války však už nedošlo k jejich realizaci. 22. prosince 1914 byl arcivévoda coby armádní velitel povolán na Balkán.

Po skončení první světové války v roce 1918, rozpadu Rakousko-Uherské monarchie a vzniku tehdejší Československé republiky odchází v květnu 1919 arcivévoda Evžen do exilu do Švýcarska. Dne 23. dubna 1923 dobrovolně rezignuje na úřad velmistra Řádu německých rytířů. Zdržuje se potom v Basileji až do května 1934. Řád německých rytířů se v průběhu let mění v řád čistě duchovní, Bouzov se po roce 1945 stává majetkem československého státu.

Zusammenfassung

Bei meinen Recherchen über den romantischen Umbau der Burg Bouzov (Busau) durch den Architekten Georg von Hauberrisser wurde mir klar, daß die Persönlichkeit des Erzherzogs für das heutige Aussehen der Burg auch eine entscheidende Rolle spielte. Er nahm an der Rekonstruktion nicht nur finanziell teil, sondern auch ideenmäßig. Die Burg gründete höchstwahrscheinlich das Adelsgeschlecht von Bouzov (das Haupt der Familie hieß damals noch Búz) zwischen 1317–1339. Im Jahre 1696 wurde Bouzov dann vom Deutschen Ritterorden gekauft. Am 19. Januar 1894 wurde Erzherzog Eugen Hochmeister des Ordens. Er beschloß dann gleich, die Burg zu renovieren. Sie sollte als Repräsentationssitz dienen.

Mit der Rekonstruktion, die von 1895 bis 1912 dauerte, beauftragte der Erzherzog den Architekten Georg von Hauberrisser. Die allgemeine Bautätigkeit bereicherte auf vielfältige Weise die ganze Gegend.

Erzherzog Eugen besuchte Bouzov ziemlich oft, um das Fortschreiten der Arbeiten persönlich zu sehen. Er hatte eine sehr positive Einstellung zu den Bewohnern Bouzovs, sie erinnerten sich an ihn immer mit großer Würde und Freude.

Bouzov verbindet die Forderung nach einer idealen Burg mit dem Anspruch an bequemes Wohnen. Erzherzog Eugen betrachtete Bouzov nämlich auch als seinen zukünftigen Wohnsitz. Mit dem Ausbruch des Ersten Weltkrieges kam es aber nicht mehr dazu.

Abb. 1

Abb. 2

Literatura:

Dolanský, Emil: Burg Busau. Smetanova knihtiskárna. Litovel 1900.

Fuchs, Karel: Geschichte der Deutschen Ordensburg und Herrschaft Busau. Wien (Komissionsverlag von I. W. Seidel & Sohn) 1905.

Gardavský, Zdeněk: Hrad Bouzov. Olomouc (Kraj. Nakl.) 1959.

Herout, Jaroslav: Staletí kolem nás. (Přehled stavebních slohů.) Praha (Panorama) 1981.

Maier, Dieter: Die schönsten Burgen und Schlösser in den Alpen. Erlangen (Karl Müller Verlag) 1997.

Melka, Václav: Historické a umělecké aspekty pseudogotické přestavby hradu Bouzova. (Dipl. práce.) /Strojopis/. UP Olomouc 1980.

Mukařovský, Jan: Studie z estetiky. Praha (Odeon) 1966.

Norberg-Schulz, Christian: Genius loci. (K fenomenologii architektury.) Praha (Odeon) 1994.

Pinkava, Viktor: Die Burg Busau. Olmütz (R. Promberger) 1905.

Pinkava, Viktor: Die Deutschordenburg Bussau in Mähren. Museumsgesellschaft in Kremsier. Kremsier 1926.

Schildenfeld, Zoe von: Erzherzog Eugen 1863–1963. Innsbruck (Felizian Rauch Verlag) 1963.

Strouhal, Martin: Hrad Bouzov. Litovel (CIS) 1950.

Váňa, Roman: Hrad Bouzov. Olomouc (Sprint) 1996.

Winterfeld, Dethard von: Befundsicherung an Architektur. In: Kunstgeschichte. Eine Einführung. Berlin (Dietrich Reimer Verlag) 1988.

Fotografie byly použity z publikace: Váňa, Roman: Hrad Bouzov. Olomouc (Sprint) 1996.

Odborný poradce pro technické zpracování textu a foto-přílohy: RNDr. Miloslav Dosedla, Firma Control Data, Olomouc.

Roman Prahl

Sepulkralkunst und Josef Bergler d. J.: Personen und Rollen[1]

Die Sepulkralkunst Prags zu Beginn des 19. Jahrhunderts war lange ein Stiefkind der Kunsthistoriker und der breiten Öffentlichkeit. Der Grund dafür lag sowohl in der schlechteren Zugänglichkeit und dem schlechteren Erhaltungszustand der Objekte, doch spielten auch subtilere Gründe eine Rolle. Die Sepulkralkunst entsprach dem allgemeinen Stereotyp einer nicht näher bestimmten Zeit zwischen Barock und tschechischer nationaler Wiedergeburt; ihre Werte konnten daher nur lokalen oder wiederum nur „zeitlichen" Charakters sein. Die Provinzialität Prags um 1800 als politisches und Kunstzentrum verschleierte die Augen der tschechischen Kunsthistoriker, die nur die „Weltkunst" im Sinne hatten und die damals vorhandene neue Energie und Konkurrenzfähigkeit dieser Stadt nicht sahen. Insbesondere die Gründung der Gesellschaft Patriotischer Kunstfreunde, die Errichtung ihrer Gemäldegalerie, die der Öffentlichkeit zugänglich war, sowie die Einrichtung der Kunstschule (Kunstakademie) waren eine revolutionierende Tat, die sich auch in der Entwicklung der Plastik, namentlich der Sepulkralkunst, niederschlug.

Eine Schlüsselstellung in dieser Entwicklung nahm der gebürtige Salzburger Josef Bergler (1753–1829) ein, Sohn des gleichnamigen Bildhauers (1718–1788). Zunächst in Passau tätig, siedelte er 1800 nach Prag über, wo er erster Direktor der hiesigen Kunstakademie wurde. Obgleich Bergler später, in der tschechischen Kunstgeschichte, als fremdes Element angezweifelt und der Störung der heimischen Entwicklung bezichtigt wurde, handelte es sich bei ihm um einen außergewöhnlich vielseitigen Künstler mit Organisationstalent; sehr rasch fand er Anerkennung und Auftraggeber, und zwar auch außerhalb der Gesellschaft der Patriotischen Kunstfreunde. Davon zeugt gerade seine Zusammenarbeit mit einheimischen Bildhauern, insbesondere im Bereich der Sepulkralkunst. So arbeitete Bergler in Prag mit seinem Zeitgenossen, dem Bildhauer Josef Malínský (1752–1827) zusammen; am engsten aber war seine Zusammenarbeit mit einem seiner ältesten und auch begabtesten Schüler: mit Wenzel Prachner (1784–1832), namentlich bei der Schaffung von Grabmälern. Prachner gehörte einer alten Prager Bildhauerfamilie an, die ihre Stellung seinem Großvater Richard Georg (um 1705–1782) und seinem Vater Peter (1744–1807) zu verdanken hatte. Allerdings hatte sich Vater Prachner mit dem Rückgang von Aufträgen in der Josefinischen Zeit noch schwerer abfinden können als seine Hauptkonkurrenten, weshalb die Verbindung zwischen dem jüngsten Prachner und Bergler von strategischer Bedeutung war. Sie verhalf der Familienwerkstatt nämlich nicht nur dazu, in der Prager Konkurrenz erneut ihren Platz zu finden, sondern machte diesen Rang sogar zu einem privilegierten.[2]

Die älteste datierte Grabmalskizze Berglers, die von Prachner verwendet wurde, stammt aus dem Jahr 1809. Auch die anderen Grabmäler dieses Künstlertandems, die man noch zu den jüngsten Werken zählen kann, waren für Personen entstanden, die um 1810 gestorben waren. Die letzten Grabmäler sind noch nach dem Tode beider Künstler vollendet worden. Das bekannteste gemeinsame Werk wurde das Prager Friedhofsdenkmal für Berglers ursprünglichen Arbeitgeber, den letzten Passauer Fürstbischof L. L. Thun-Hohenstein (1748–1826), der nach dem Autonomieverlust und der Säkularisierung des Passauer Fürstentums seine Residenz nach Prag verlegt hatte. Der Schwerpunkt der Zusammenarbeit zwischen Bergler und Prachner liegt in der Zeit um 1820, in der auch ihr Schaffen am produktivsten war. Das kürzlich erstellte Verzeichnis weist über vierzig Arbeiten Prachners für den Sepulkralbereich auf, bei denen man zumeist so oder so eine Mitwirkung Berglers annehmen kann.[3] Darüber hinaus war nicht weniger als ein Dutzend Arbeiten mit drei oder vier Figuren ausgestattet. Mitunter wiederholten sich die Figuren, wohl auf Wunsch der Auftraggeber, doch handelte es sich dabei in keinem Fall um Repliken. Dies wird auch durch die zeitgenössische, von der Kunstakademie vertretene Devise bekräftigt, wonach die Meisterschaft in gelungenen Variationen älterer und eigener künstlerischer Vorbilder bestand.

Detaillierte Kenntnisse darüber, wie Bergler in Prag zum Entwerfer von Grabmälern wurde und wie seine Zusammenarbeit mit dem Bildhauer aussah, fehlen noch immer. Der Bestand an Zeichnungen

Berglers in der Sammlung der Prager Nationalgalerie geht in die Tausende, enthält mehrere Grabmalskizzen und nur vereinzelt einen fertigen Entwurf. Das ist nur natürlich, denn dieser Bestand ist überwiegend aus dem Nachlaß des Künstlers erworben worden, wohingegen die fertigen Entwürfe für Grabmäler sich ursprünglich in den Händen des Bildhauers oder vielmehr bei den einzelnen Auftraggebern befunden haben.[4] Der älteste der uns heute bekannten von Bergler durchgearbeiteten Entwürfe hat sich nichtsdestoweniger in der Nationalgalerie erhalten (Abb. 1). Er ist ein Vorbote der späteren Skulpturen (die stets als „Relief" konzipiert wurden), Reliefs oder Tiefenreliefs Prachners. Er weist also bereits einen ausgeprägten Stil im Sinne des späteren Klassizismus auf und scheint zugleich einige Unterschiede gegenüber jenen Trends zu zeigen, die in der Sepulkralkunst des zeitgenössischen Prag vorherrschten. Es geht vor allem darum, daß Berglers Personifikationen der Tugenden hier kein größeres Maß an Trauer zeigen, und ferner um die Tendenz, mit dem Grabstein einen möglichst abgegrenzten Raum auszufüllen, also eine Nische in der Mauer. Dies zeugt allerdings nicht so sehr von dem Uneingeweihtsein des Künstlers, als vielmehr von seinem Dialog mit dem vorhandenen Milieu.[5]

Der erwähnte „Dialog" verlief am intensivsten zwischen Bergler und Prachner, deren Anteil am gemeinsamen Werk auch unterschiedlich bewertet zu werden pflegt. Die Beziehung zwischen beiden Künstlern erfolgte auf verschiedenen Ebenen, weshalb sie auch kaum durch einen Vergleich unterschiedlicher Gattungen beurteilt werden kann, wie beispielsweise Entwurfzeichnung auf der einen und dreidimensionale Realisierung als Plastik auf der anderen Seite.[6] Die bisherige Literatur hat über Berglers Einlage fast ausschließlich auf der Ebene von Kunstform und Stil gehandelt, während zur Beurteilung gerade der Sepulkralkunst sich auch noch ein weiterer, anderer Schlüssel anbietet, der ausprobiert werden sollte.

Personen und Rollen

Die Geschichte der Sepulkralkunst um 1800 wird verständlicher, wenn man sie im Lichte der weitreichenden Veränderungen sieht, die in den Beziehungen zwischen Verstorbenen und Hinterbliebenen erfolgt waren, also in der zeitgenössischen Perspektive von einem

Weiterleben nach dem Tode. Die damalige Erneuerung des antiken Totenkultes und die neue Gestalt der Friedhöfe wurde vor allem von den damals gesellschaftlich aufsteigenden Schichten getragen. Diese Seite der Sepulkralkunst fand in den für Prager Verhältnisse zutreffenden Worten Ausdruck, daß „die Hinterbliebenen sich mit den Verstorbenen eigentlich selbst feiern und daß die Pietät sich zu einer gesellschaftlichen Angelegenheit wandelt".[7]

Das Thema „Person und Rolle" in der Ausstattung der Grabmäler ist eine gute Gelegenheit, um den breiteren kulturhistorischen Aspekt in kunsthistorische Betrachtungen einzubeziehen. Zunächst ist zu fragen, wer denn die Auftraggeber der Sepulkralkunst Prachners und Berglers eigentlich waren. Sie entsprechen, so scheint es, eher den Prager und böhmischen Auftraggebern von figürlichen Grabsteinen jener Zeit als etwa dem Kreis der hiesigen Kunstliebhaber, wie wir sie aus der Prager Gesellschaft der Patriotischen Kunstfreunde kennen. Die meisten Verstorbenen bzw. Auftraggeber trugen Titel des niederen Adels. Unter den Verstorbenen finden wir Personen aus Finanz- oder Geschäftskreisen, aber auch Militärs, weniger häufig schon Angehörige alter Geschlechter. Einflußreiche oder bekannte Persönlichkeiten des Staates fehlen völlig, demgegenüber mehren sich Angehörige des dritten Standes, die heute nicht näher einzuordnen sind, insbesondere was Frauen betrifft.[8]

Unter den vierzig Sepulkralplastiken und Statuengruppen von Prachner und, so darf man annehmen, auch von Bergler finden wir mit Ausnahme des Grabmals von Thun-Hohenstein kaum ein direktes, ausgesprochenes Porträt des/der Verstorbenen, aber auch keine nur ganz allgemeine Allegorie oder Personifikation. Die französischen, britischen und italienischen Grabsteine des frühen 18. Jahrhunderts fußten ursprünglich auf einer Verbindung des Totenporträts mit einer Allegorie oder Personifikation und später auch auf einer Vermischung dieser Kategorien.[9] Eine Vermischung von Kategorien, wie auch die Vereinfachung einer komplizierten Struktur eines traditionellen Kunstwerkes in der Ära der Bourgeoisie, wird mitunter für das Symptom einer Kunstkrise gehalten. Indem man aber „mit Personen und ihren Rollen spielte", suchte man auf schöpferische Weise das entsprechende Dekorum, das im Grabmal sowohl dem Verstorbenen als auch den Hinterbliebenen angemessen wäre. Eine absichtliche Vermischung von Realität und Illusion war gerade in der Sepulkralkunst, in der Diesseits und Jenseits miteinander verkehren sollten, höchst erforderlich. Diesbezüglich sind wir bei Bergler und Prachner, in einer Zeit, da ihre Sepulkralkunst in Prag einen Boom zu verzeichnen hatte, Zeugen von oft sehr sophistischen Methoden.

Vor allem: Die Grabmäler sind für etwa zwanzig Frauen und dieselbe Anzahl von Männern bestimmt (abgesehen von zwei nicht näher zu bestimmenden Fällen, in denen das Grabmal den Eheleuten gemeinsam zugedacht war). Wie sieht das oben erwähnte Dekorum nun statistisch aus? Auf Grabsteinen mit Einzelskulptur sind der Trauergenius (sechsmal) und die Personifikation des Glaubens (sechsmal) für beiderlei Geschlecht besonders häufig. Für junge Mädchen und Frauen ist die Auswahl schon spezifischer: Putti mit Trauerfackel, Psyche oder fliegender Engel mit Urne. Diese Engel erhalten dann noch eine weibliche Gestalt, wie z. B. im Falle eines Trauergenius.[10] Eine Besonderheit der Glaubenspersonifikation ist die Tendenz, diese durch eine männliche Gestalt zu verkörpern, die deshalb bereits auf das Idealporträt des Toten abzuzielen scheint.[11] Das Defilé der einzelnen Skulpturen wird bei den Grabmälern durch drei trauernde Matronen ergänzt; eine Ausnahme bildet der mit zwei Urnen frei stehende Schutzengel.[12]

Die meisten Bergler-Prachnerschen Grabmäler waren ursprünglich für die jeweiligen Verstorbenen bestimmt, erst später kamen die Namen anderer Familienangehöriger hinzu. Damit sind, last but not least, die Grabmalinschriften angesprochen, die für die Hinterbliebenen und den Betrachter von entscheidender Bedeutung waren und zur „Entzifferung" der künstlerischen Grabmalausstattung beitrugen. Freilich: Obwohl wir in den von uns hier zu behandelnden Fällen die Identität der Verstorbenen kennen, fehlen uns leider zahlreiche Inschrifttafeln und vor allem jene gereimten Epitaphe, die zu der traditionell bedeutenden Grabmalausstattung gehörten (zwei unserer „Epitaphe" sind bereits so gut wie unleserlich). Dennoch können wir anhand des Erhaltenen folgende Regeln aufstellen. Die gereimten Epitaphe auf Prachners Grabsteinen hat, bis auf zwei Ausnahmen, der hinterbliebene Ehemann seiner verstorbenen Frau gewidmet; die Epitaphe geben Auskunft über die Konvention eines Gefühlsergusses des Witwers gegenüber der Verstorbenen.[13] Demgegenüber haben die Texte von Witwen kürzer und überhaupt maßvoller zu sein.[14]

Diese Rollenverteilung konnte zu Spannungen mit den Erneuerern der antiken Kunst führen, nach denen die Rolle des Helden Männern vorbehalten blieb, während sich die weibliche auf die von trauernden Opfern beschränkt.[15] Die traditionelle Stilisierung führt bei Bergler und Prachner mitunter dazu, daß der Witwer als antiker Krieger dargestellt wird, obgleich er von Beruf kein Soldat war. Diese kontrastreiche Stilisierung nun läßt mitunter Zweifel an der Identität der Figuren aufkommen, beispielsweise bei dem von Prachner und Bergler erstellten Grabmal für den Postmeister Remedius Tomášek. Die Identität der vier jungen Soldaten und der vier Frauen unterschiedlichen Alters, die dieses Grabmal umgeben, ist auf den ersten Blick nicht klar; die lapidare Aufschrift auf dem Grabsockel war offenbar als „Anweisung" gedacht.[16] Gleichfalls verwirrend – trotz Inschriftentafel – ist die Figurenkomposition auf einem anderen hervorragenden Werk unseres Künstlertandems, und zwar auf dem polyfiguralen Grabmal für die Familie Unwerth (Abb. 2). Die Skulpturengruppe stellt nämlich zwei Frauen und drei Männer dar, während in der Inschrift Vater, Bruder, Mutter, Schwägerin und die erste Frau des Auftraggebers dieses Grabmals genannt sind. Unter den Figuren fehlt also wohl die Schwägerin, während der Auftraggeber des Werkes nicht fehlen darf, der die Verstorbene, also seine erste Frau, begleitet.

Zur Identifizierung der Figuren bei Bergler und Prachner kann auch die zum Teil übernommene Konvention der antiken Kunst bei der Unterscheidung von Verstorbenen und Hinterbliebenen mit herangezogen werden: Die Verstorbenen sitzen, die trauernden Hinterbliebenen stehen. Da der weltlich Trauernde aber durch einen Genius bzw. Engel ersetzt wird, bekommt diese Unterscheidung einen anderen Sinn.[17] In der Abschiedsszene wird dadurch die Grenze zwischen den beiden Welten absichtlich unscharf gehalten.[18] Der Abschied als Versprechen eines Wiedersehens – dies wird auf dem Unwerth-Grabmal gekonnt in Szene gesetzt. Alle Beteiligten stehen, sind sich also gleichgestellt. Ins Jenseits begleitet wird die Erstverstorbene, doch ehe das Grabmal fertiggestellt war, haben sich auch die übrigen auf den Weg machen müssen – mit Ausnahme des Auftraggebers natürlich. Eine andere Abschiedsszene betrifft die Eheleute, hier assistiert der Trauergenius, der aber noch bei Mutter und Kind auftritt, wie in unserem Falle, wo allerdings die Plastik beschädigt ist und das Kind fehlt (Abb. 3). Ungeachtet dessen, welche Haltung die Verstorbene einnimmt, gründet das Kompositionsschema entfernt auf einer Variation der Kreuzabnahme oder sogar der Pietà.[19] In unserem Falle (Anna von Schirnding) treten gleichfalls nur Gestalten aus dem Jenseits auf, deren Anordnung aber viel tragischer wirkt: zum einen durch die größte Figur und dadurch, daß anstelle des Schutzengels der Trauergenius auftritt (heute mit fehlender Fackel), zum andern dadurch, daß die beiden übrigen Figuren der Verstorbenen dem Schutzengel den Rücken zukehren.

Für Prachners polyfigurale Grabmäler indes ist die „typisch Berglersche" Lösung die charakteristischste: nämlich die gegenseitige Verflechtung der Figuren, also vor allem durch ihre Hände, eventuell durch Blütengirlanden. Dieses grundlegende, oft geschickt variierte Schema beruft sich auf die Tradition des heiligen Gesprächs und ist in den religiösen Malereien und den thematisch heterogenen Grafiken Berglers gang und gäbe. Berglers polyfigurale Grabmäler bewegen sich kompositionell zwischen historischen Szenen und den Familienporträts des Empire.

Drei Grabmäler wirken bei Bergler und Prachner eher wie eine Ausnahme: Bei dem einen wünschte sich sein Auftraggeber eine Apotheose im traditionellsten Stil (Grabmal mit liegendem Verstorbenen, mit Trophäen, Obelisk, Ruhmesengel und trauernder Frauengestalt), auf einem anderen liest ein Jüngling in Begleitung des Trauergenius die Grabinschrift, während die Witwe von einem antiken Philosophen, der zum Himmel weist, getröstet wird. Auf einem dritten Grabmal wird eine Mutter und Wohltäterin gepriesen: Ein Engel bietet einer Alten mit Kind Gaben aus dem Füllhorn an. Dank der Betonung des Kreuzes gleicht das Grabmal somit einem Altar, vor dem eine weitere Frauengestalt betend kniet.[20]

Unbestritten ist, daß mittels der Sepulkralkunst „die Hinterbliebenen eigentlich sich und die Verstorbenen feiern und die Pietät zu einer gesellschaftlichen Angelegenheit wird". Dennoch war das Spiel, das die Urheber der Sepulkralkunst mit Personen und Rollen spielten, eine in der Tat meisterhafte Variation zu einem vorgegebenen Thema.

Fazit

Berglers und Prachners Werke bilden den Höhepunkt der böhmischen Sepulkralkunst des ersten Drittels des 19. Jahrhunderts. Nachdem auch diese Künstler ihre Nachfolger gefunden hatten, zielte der Hauptstrom der Aufträge auf einfachere, aber immer noch figurale Grabdekorationen ab. Dieser Umstand wird letztlich auch durch die Gräber der beiden Künstler selbst hinreichend illustriert. Das Grab von Josef Bergler befindet sich in jenem Teil des Friedhofes Olšany in Prag, der zu seiner Zeit der meistbesuchte Friedhofsabschnitt war. Von seiner Familie, die mit ihm einst aus Passau nach Prag gekommen war, hatte ihn nur seine Schwester und Erbin Anna (1760–1845) überlebt. Sein Grabmal, um das sich nach ihrem Tod wohl kaum einer hatte ständig kümmern können, wurde später in der maßvollen Gestalt eines schmiedeeisernen Kreuzes erneuert. Wohl gab es seitens der Prager Gesellschaft der Patriotischen Kunstfreunde den Plan, den ersten Direktor der Prager Kunstakademie mit einem figürlichen Grabmal zu ehren, doch war dieser Plan aus vielerlei Gründen schwerlich realisierbar. Als Entwurf für ein solches Grabmal darf nichtsdestoweniger die große endgültige Zeichnung von Franz Waldherr (1784–1835) gelten, also des ersten Schülers von Bergler, den dieser noch aus Passau mitgebracht hatte, und gleichzeitig Nachfolgers im Amt des Direktors der Prager Kunstakademie (Abb. 4). Dieser Entwurf ähnelt im übrigen sehr stark einem Grabmal in Leitmeritz, das einst als Prachners Werk gegolten hatte. Am Ende seines Lebens hatte Prachner mit seinem Zeitgenossen Waldherr genauso zusammengearbeitet wie zuvor mit Bergler. Das Leitmeritzer Grabmal kann aber kaum Prachner zugeschrieben werden. Vielleicht war Ferdinand Pischelt (1811–1852) sein Bildhauer oder eher Karl Benjamin May (1791–1837), ein anderer, älterer Schüler von Bergler, sofern es sich nicht um jemanden aus deutscher Nachbarschaft handelte.[21] Der Mangel an strenger Stilisierung, Handlung und Raum, wie dies in Waldherrs Grabmalentwurf und der Leitmeritzer Skulptur offenbar wird, macht im Nachhinein die seltene Geschlossenheit der von Bergler und Prachner geschaffenen Grabmäler deutlich.

Als Wenzel Prachner 1832 starb, endete auch die Geschichte einer Familienwerkstatt. Prachner wurde im Familiengrab auf dem Prager Friedhof Olšany beigesetzt. In älteren Friedhofsführern ist dieses Grab noch erwähnt, heute indes existiert es nicht mehr. Erhalten hat sich lediglich eine Aufnahme mit einer halbverfallenen und überwiegend unleserlichen Inschrifttafel. Man fühlt sich unweigerlich daran erinnert, daß „Prach" im Namen dieses Bildhauers auf tschechisch Staub heißt.[22]

Abb. 1: Josef Bergler. Entwurf eines Grabmals (1804).
Nationalgalerie Prag. (Foto NG Prag.)

Abb. 2: Wenzel Prachner. Grabmal der Familie Unwerth.
Mníšek bei Prag. (Foto NG Prag.)

Abb. 3: Wenzel Prachner. Grabmal der Anna von Schirnding.
Plandry (Bezirk Iglau/Jihlava). (Foto NG Prag.)

Abb. 4: Franz Waldherr. Entwurf für das Grabmal Josef Berglers.
Nationalgalerie Prag. (Foto NG Prag.)

Anmerkungen

[1] © Deutsche Übersetzung: Wolf B. Oerter

[2] Zum Werkverzeichnis W. Prachners einschließlich Dokumentation der Beteiligung J. Berglers s. Bulionová, Taťána: Václav Prachner – sochařské dílo a náměty Josefa Berglera. Ausstellungskatalog der Nationalgalerie. Museum Hořice 1994. Dieser Katalog (ohne Abb. und fremdsprachiges Resümee) dient uns im folgenden als Hauptquelle. Eine Monographie zu Prachner, unter Berücksichtigung des Berglerschen Anteils, fand sich als fast fertiges Manuskript im Nachlaß der leider im letzten Jahr verstorbenen Autorin. Ihr umfangreichster Text zu Bergler/Prachner ist: O kresbách sochařů a pro sochaře v první třetině? 19. století v Čechách. Umění 39. 1991. 159–168. Zu weiteren Studien T. Bulionovás und zu tschechischer Literatur vgl. den entsprechenden Abschnitt in: Prahl, Roman (Hg.): Prag 1780–1830. Kunst und Kultur zwischen den Epochen und Völkern. Prag 2000.

[3] Diese Arbeiten befinden sich zur Hälfte in Prag, zur Hälfte sind sie über Böhmen verstreut. Dem Verzeichnis von T. Bulionová (wie Anm. 2) können heute mit Sicherheit weitere Grabmäler hinzugefügt werden: das von Maria Anna Greif (Louny, nach 1822), Clara Mastna (Jičín, nach 1818) und Ignaz Nowack (Prag – Olšany, nach 1820). Bei zwei weiteren Grabmälern ist die Zuweisung nur sehr frei bzw. hypothetisch.

[4] Zwei endgültige Grabmalentwürfe Berglers haben sich in der Sammlung des Prager Kunstgewerbemuseums und im Schlesischen Museum Opava erhalten. Im Falle Prachners hat sich lediglich eine Entwurfszeichnung für ein Grabmal unbekannter Bestimmung erhalten, die vom Bildhauer signiert ist und sich von den „typisch Berglerschen" Arbeiten in den Draperien und in der Auswahl der Figuren beträchtlich unterscheidet (NG Praha, K 37485). Die Literatur kennt auch nur Prachners Grabmalmodelletto (Bulionová [wie Anm. 2]. Kat.-Nr. 60. Nach dem Ausstellungskatalog der Kunstakademie zum Jahre 1828.). In der Nationalgalerie gibt es allerdings eine Kopfstudie für das Friedhofsgrabmal L. L. Thun-Hohensteins.

[5] Berglers Entwurf von 1804 (NG Praha. K 2614) entspricht kompositionell einigen seiner gleichzeitig entstandenen Grafiken, die als Visitenkarten, Glückwünsche etc. gedacht waren, in denen der Künstler größere Flächen für Beischriften eventueller Benutzer freigelassen hatte. Außerdem entfaltet dieser Entwurf einen älteren Grabmaltyp: die Grabplatte an der Mauer, mit beiderseits hinzugefügten Personifikationen. Seine äußere Form kommt zeitlich und auch räumlich dem anonymen Grabmal des Astronomen Strnad aus der Zeit nach 1797 nahe (Chržín bei Velvary, Reproduktion Prahl [wie Anm. 2]. VI. 3. C. 8). Aktion und Ausdruck der Figuren sind bei Bergler noch äußerst begrenzt. Doch entsteht um die einstige Grabplatte an der Kirchenmauer bereits ein flacher Raum für das künftige figurale Geschehen. Später brachten Bergler und Prachner die Inschrifttafel oft über der Statuengruppe an und ermöglichten somit eine Erweiterung der Skulpturenausstattung des Grabmals.

[6] Dort, wo wir zwischen Bergler und Prachner Unterschiede ausmachen können, also im endgültigen Entwurf und seiner Ausführung, können wir derart zahlreiche oder durchgreifende Abweichungen feststellen, daß sie in ihrer Summe Charakter und Gesamtausdruck des Werkes ändern. Bestes Beispiel hierfür ist das Grabmal von

Barbara Tiegel aus Lindenkron (Sázava. Reproduktion des Entwurfs Prahl [wie Anm. 2]. II. 4. 16). Von zahlreichen Teiländerungen abgesehen, wurde in der ausgeführten Statuengruppe der vertikale Zug des Entwurfs zu einer quadratischen Komposition geändert, ohne daß dabei allerdings der Gesamteindruck verleugnet worden wäre, der durch die Suggestion der Schwere der Verstorbenen bzw. ihrer Stützung durch die assistierenden Figuren entsteht. Ähnliche Eingriffe dürften aber kaum auf das Konto des Auftraggebers gehen.

[7] Zitiert nach Bulionová (wie Anm. 2). Unpaginiert. – Zum „Totenkult" und dem neuen Gesicht der Friedhöfe s. u. a. Ariés, Philippe: Bilder zur Geschichte des Todes. (1984) München [6]1993.

[8] Von den Besitzern Berglerscher Bilder und den Freunden des Künstlers, die in einem Artikel zu seinem 70. Geburtstag erwähnt sind (Rittersberg, Johann Ritter v.: Joseph Bergler. Archiv für Geschichte, Statistik, Literatur und Kunst. Nr. 152 und 155. 1823. S. 805–808 und 821–825), finden wir in unserem Verzeichnis der auf den Grabmälern befindlichen Namen lediglich die Gräfin Cavriani und den Grafen Kuenburg. Möglicherweise waren die Beziehungen zwischen Bergler und Karl Kuenburg, der auch bei Salzburg ein Landgut besaß, älteren Datums oder enger als zu den anderen Auftraggebern; davon zeugt auch die Darstellung des Grabmals von Maria Anna Kuenburg auf einer Lithographie von Antonín Machek nach einem Entwurf Berglers.

[9] Außer Personifikationen traten in den Skulpturengruppen der Grabmäler üblicherweise nicht nur die Verstorbenen auf, sondern auch die Hinterbliebenen. Vgl. Irwin, David: Sentiment and Antiquity: European Tombs. 1750–1830. In: Whaley, Joachim (Hg.): Mirrors of Mortality. Studies in the Social History of Death. London 1981. S. 131–153.

[10] Hier sowie unten führen wir die Namen der Verstorbenen an. Zu Lokalisierung der Grabmäler und weiteren Angaben s. Bulionová (Anm. 2). Putti: Johanna Kolb und Clara Mastna. Psyché: ein Mädchen aus der Familie Veith. Fliegender Engel mit Urne: Karolina Hofmann, Marie Anna Greif. Weiblicher Genius: Franziska von Hack. – Bergler und Prachner haben fast nicht auf den „dynamischen" Typ der einfigurigen Grabmalausstattung reagiert, in dem der Flug der von den körperlichen Überresten befreiten Seele symbolisiert wird – also auf einen Typ, der insbesondere von der britischen und deutschen Plastik übernommen wurde. Sie gaben demgegenüber – und zwar am häufigsten – dem „statischen" Typ eines Engels, Genius oder einer trauernden Frauenfigur mit Grabstein den Vorzug, tendierten also dazu, den Akt der Totenverehrung zu betonen.

[11] So beispielsweise im Falle verstorbener Männer, wobei Prachner und Bergler die männliche Figur nicht nur ein massives, aus dem Sarkophag emporwachsendes Kreuz halten lassen, sondern sie auch noch mit einem Anker, dem Symbol der Hoffnung, ausstatten (Schmidt, Kuenburg). Bei den nächsten beiden Beispielen – Offiziere – stützt sich ein christlicher Ritter in Rüstung auf das mit einem Kreuz schließende Grabmal (Zopf, Nowack).

[12] Schutzengel für das Ehepaar Donat.

[13] Der Witwer schildert in Versen seine persönliche Beziehung zu dem Engelwesen, beispielsweise dem bereits erwähnten Grabmal der Barbara Tiegel: „Trauernd

245

steh ich hier am Leichensteine, / wo im Schoss der Erde die Verwesung wütet: / Tief erschüttert steh ich und beweine / Dich geliebte Gattin. Ach! Und keine / Seele ahnet was mein wunder Busen fühlt. // Blickte sanft und mild auf mich hernieder / aus den Lichtgefilden jener bessern Welt. / Dort verstummen alle Klagenlieder, / dort sehen wir uns theure Gattin wieder, / wo eine Thräne bitteren Scheidens fliesst." – Oft und immer mehr wird freilich die Tugend der Mutter betont, und man kann auch annehmen, daß am Ende des gemeinsamen Weges von Bergler und Prachner, um 1830, die besagte emotionale Konvention bereits schwächer wird (Epitaph von M. A. Kuenburg).

[14] „Hier ruht der Zukunft schöne Saat / Ein edler Mann in Wort und That / Der Menschen Freund / das Glück der seinen, / Die um ihn trauern, um ihn weinen." (Peter Ballabene). Ähnlich klingt es auch für F. L. Förster (freilich nicht sein wirklicher Epitaph).

[15] Wenn die Offiziere bei Bergler und Prachner ihre Frauen beweinen, während die Frauen die Grabmäler eher schmücken, als über ihre verstorbenen Partner in tiefe Trauer auszubrechen, zeigt dies im Vergleich zu früher eine Rollenverschiebung an.

[16] Die Widmung lautet: „Dem un(xxx) / Vater von (?) / seinen dankbaren / Kindern." Reproduktion des Entwurfs s. Prahl (wie Anm. 2). II. 4. 14. Bulionová erklärt die antiken Krieger bei Tomášek aus der Tradition, in der die Krieger an Christi Grab dargestellt werden (Bulionová (wie Anm. 2). S. 166).

[17] Die Reliefs Nur eine Weile für L. L. Thun-Hohenstein und ein anderes ähnliches Relief für das Grabmal von Josef Ignaz Bušek von Heraltice. In einem Fall tritt die Verstorbene als thronende Matrone auf, wie eine thronende antike Göttin oder auch wie Maria (Maria Anna Bušek von Heraltice).

[18] Zum Motiv des Abschieds in der Kunst um 1800 s. Keisch, Claude: Abschied, Reise, Heimkehr. Eine Motivgruppe zwischen Empfindsamkeit und Biedermeier. Ausstellungskatalog Nationalgalerie (DDR). Berlin 1978.

[19] Außer unserer Abbildung des Grabmals der Anna v. Unwerth handelt es sich um die Grabmäler der Aloisie v. Schirnding, Carolina Milessimo-Caretto (?) und Barbara Tiegel v. Lindenkron.

[20] Es handelt sich um das Grabmal des Barons Schirnding, um das eines Geschäftsmannes wohl aus der Familie Kutzer und schließlich um das der Johanna Cavriani.

[21] Zu Waldherrs Zeichnung s. NG Praha K 1039.

[22] Das Suffix „-ner" verrät allerdings seine deutsche Herkunft; die Familie dieses Bildhauers stammte tatsächlich aus Bayern.

Inge Rohan

Die Gruftkirche der Fürsten Schwarzenberg in Třeboň (Wittingau)
Familiengrablege und neogotisches Denkmal des Glaubens

Schwarzenbergische Grabstätten vor dem Neubau in Třeboň (Wittingau)[1] – mit einigen Verweisen auf die Familiengeschichte[2]

Schwarzenbergische Gräber und Grüfte finden sich über die Jahrhunderte an nahezu vierzig verschiedenen Orten in ganz Europa, viele davon in Deutschland, aber auch in Österreich, Böhmen, Belgien, Italien und Ungarn.[3] Eine vermeintlich endgültige, für alle Zukunft gedachte Familiengrabstätte für die Primogenitur, die ältere oder Krumauer Linie des fürstlichen Hauses, liegt in Südböhmen, in der Nähe von Wittingau und wurde im Auftrag des Fürsten Johann Adolf II. in den Jahren 1874–1877 im neogotischen Stil erbaut. (Abb. 1 und 2) Bereits etwa eine Dekade früher hatte Fürst Karl III. auf seinem Familiensitz Worlik (Orlík) eine ebenfalls neugotische Grablege für die Schwarzenbergische Sekundogenitur errichten lassen.[4] Die jüngere Schwarzenberg-Linie, auch Worlik- oder Karl-Linie genannt, war um 1802 mit Feldmarschall Karl I. Philipp zu Schwarzenberg, dem berühmten Sieger von Leipzig, begründet worden, da ein bereits hundert Jahre früher für eine zweite Linie gestiftetes Majorat eine Erbteilung ermöglichte, für den Fall, daß sich in einer kommenden Generation zwei gleich tüchtige Brüder den Familienbesitz aufteilen wollten. Im gegenwärtigen Fürsten Karl Johannes zu Schwarzenberg sind beide Linien quasi wieder vereint, da er aus dem jüngeren Familienzweig in die Primogenitur adoptiert worden war. Auf diese Weise hatte er auch den deutschen und österreichischen Besitz geerbt. Somit wurde nach dem Verlust aller böhmischen Besitzungen beider Familienzweige zwischen 1940 und 1948[5] die seit etwa 1600 in Schwarzenberg-Besitz befindliche Herrschaft Murau in der Steiermark zum Zentrum der Familie und zum Verwaltungssitz. Die heutige Familiengruft wurde 1950 im Garten des ehemaligen, 1645 von einem Schwarzenberg gestifteten Kapuzinerklosters von Murau errichtet. Seit der Einweihung dieser neuen Gruft hat man dort vierzehn Familienmitglieder bestattet. Im Jahr 1989 fand allerdings die Tradition des Hauses Schwarzenberg in seiner böhmischen Heimat erneut eine Fortsetzung, da der tschechoslowakische Präsident Václav Havel Fürst Schwarzenberg zu seinem Berater und 1990 zum Staatskanzler ernannte. Aufgrund der Bedingungen eines Restitutionsgesetzes von 1991 bzw. 1992, das allerdings nur nach dem 25. Februar 1948 enteignetes Vermögen berücksichtigt, wie das der Sekundogenitur, hat der tschechische Staat Schritt für Schritt Familienbesitz zurückerstattet, u. a. den ehemaligen Familiensitz des jüngeren Familienzweiges, Schloß Worlik.

1. Die Schwarzenberg, Abkömmlinge eines der ältesten fränkischen Adelsgeschlechter, sind 1660 mit Johann Adolf I. (1615–1683) in Böhmen seßhaft geworden, der in kaiserlichen Diensten das Recht, sich in diesem Land niederzulassen, sowie Ruhm und Reichtum für seine Familie erworben hatte, darunter die ansehnlichen Herrschaften Wittingau und Frauenberg (Hluboká). 1670 wurde er von Kaiser Leopold I. in den Reichsfürstenstand erhoben. Bereits 1656 hatte Johann Adolf gegen eine Spende von 1500 Dukaten an den Orden der Augustiner Eremiten in der Kloster- und Hofkirche zu Wien die Nikolauskapelle im Hochchor als Schwarzenbergische Grabkapelle und in der Krypta eine Familiengrabstätte einrichten lassen, vermutlich da unter dem Hochaltar bereits sein berühmter Großvater, Adolf I. (1547–1600), der ruhmreiche Sieger über die Türken 1598 bei Raab, bestattet war, vielleicht auch nach dem Vorbild des Kaiserhauses, das seit 1633 seine erlauchten Verstorbenen in der Gruft des Kapuzinerklosters beisetzen ließ. Bis zum Ende des 18. Jahrhunderts fanden in der Krypta der Augustiner in Wien siebzehn Mitglieder der Familie Schwarzenberg ihre letzte Ruhestätte, darunter Fürst Adam Franz (1680–1732), der 1719 von seiner Tante, einer geborenen Schwarzenberg, das gewaltige Eggenberger Vermögen von Krumau mit dem Herzogtitel geerbt und in den Schwarzenberg-Besitz eingebracht hatte. Auch Fürst Josef I. Adam (1722–1782) wurde dort bestattet, ein Barockfürst par excellence, der vor allem Schloß Krumau auf das Prächtigste ausbauen ließ. Zum Beispiel entstanden zu seiner Zeit die

berühmte mehrstöckige Mantelbrücke zum Park, das Gartenschlöß-
chen Belaria, die Winterreitschule und der berühmte von Josef Le-
derer ausgemalte Maskensaal; eifrig gebaut wurde aber auch in Wien,
im Fränkischen, in Nordböhmen und in der Steiermark.

Im Zuge der sozialen und kirchlichen Reformpläne Kaiser Josephs II.
wurden nicht nur während des sogenannten „josephinischen Klo-
stersturms" zwischen 1783 und 1787 mehr als 700 Klöster aufgehoben, sondern auch rigorose Bestattungsbestimmungen für die gesamten Erblande, einschließlich Böhmens, erlassen. Diese waren einerseits
gegen übertriebenen Begräbniskult und Aufwand gerichtet, vor allem
aber aus hygienischen Gründen gegen die Errichtung von Familien-
grüften und die Bestattung in bereits existierenden Grüften innerhalb
verbauter Ortschaften und in Kirchen und Klöstern.[6] Aufgrund hef-
tiger Proteste und Widerstände, vor allem des Adels und Klerus, gegen
eine Reihe allzu radikaler Reformen des Kaisers, mußten gewisse
Anordnungen wieder zurückgenommen oder modifiziert werden. So
erlaubte schließlich 1791 ein Zusatzdekret zu den Bestattungsverord-
nungen die Errichtung privater Grabstätten auf dem eigenen Grund
und Boden.

2. Die Augustinerkirche in Wien, seit 1783 auch Stadtpfarrkirche,
mußte auf Anordnung Kaiser Josephs II. einer totalen Renovierung,
einer gotisierenden „Veredelung" unterzogen werden, die in erster Linie aber gegen den barocken Prunk und auf die Schaffung eines über-
sichtlichen Raumes ausgerichtet war.[7] Die Krypta wurde ebenfalls
quasi „entrümpelt" und die Grüfte geschlossen, z. T. sogar abgemau-
ert, sie durften aufgrund der Bestattungsreform nicht mehr weiter
genützt werden. So verlor auch das Haus Schwarzenberg seine Familiengrablege in Wien, der von der Familie gestiftete Altar in der Nikolauskapelle wurde abgetragen und die Silberampel mit dem Ewigen
Licht an die Familie zurückgegeben.
    Damit begann für die Schwarzenberg die Suche nach einem geeig-
neten würdigen Bestattungsort in der böhmischen Heimat. Als erstes
dachte man an Wittingau, da diese Herrschaft 1660 erworben und
somit die erste schwarzenbergische Besitzung in Böhmen war. Wittingau ist eine kleine befestigte Stadt mit einem schönen Renaissanceschloß, inmitten einer stillen und romantischen Teichlandschaft, die
großteils bereits im 15. Jahrhundert angelegt worden war.[8] Die Klo-

sterkirche der Augustiner Chorherren, St. Ägidius, wo unter anderen wertvollen Kunstschätzen einst auch der berühmte Altar des Meisters von Wittingau stand[9] und wo die inneren Organe einer Reihe von Familienmitgliedern bestattet waren, kam freilich auch nicht mehr in Frage, weil 1785 dieses Kloster, wie zahlreiche andere Klöster auch, aufgehoben und die Kirche zu einer Dekanatskirche umgewidmet worden war. Daraufhin besann man sich des alten, im Südwesten der Stadt Wittingau am Teich „Svĕt" (Welt) gelegenen Friedhofskirchleins St. Ägidius, einer über einen Damm erreichbaren Doppelkapelle aus Rosenberger Zeit, die 1515 urkundlich erstmals faßbar ist und unter Wilhelm zu Rosenberg um 1575 umgebaut und erweitert worden war. Der begrenzte Raum dieses Kirchleins schien zwar nicht für alle Zukunft als würdige Familiengruft geeignet, dennoch diente es den Schwarzenberg beinahe ein weiteres Jahrhundert lang als Grabstätte. Von 1786 bis 1875 wurden dort sechzehn Familienmitglieder beigesetzt, darunter auch die schöne und künstlerisch hochbegabte Fürstin Pauline, geborene Prinzessin d'Arenberg, die 1810 auf tragische Weise in Paris ums Leben gekommen war, als bei einem Ball anläßlich der Vermählung Napoleons mit Marie Luise von Österreich Feuer ausbrach und sie versuchte ihre Tochter zu retten, ohne zu wissen, daß diese bereits in Sicherheit war. Alle im St. Ägidius Kirchlein bestatteten Schwarzenberg hat man dann 1877 in die große neue, vermeintlich endgültige Familiengruft in der Nähe dieses Kirchleins umgebettet. Lediglich der Sarg des Feldmarschalls Fürst Karl I. (1771–1820), des Begründers der Sekundogenitur, war bereits 1862 nach Worlik überführt worden.

3. Um 1800 jedenfalls war das Thema Familiengrablege wieder aufgenommen worden. Unter den verschiedenen Möglichkeiten kam zunächst die Errichtung einer Gruft in der großen aufgelassenen Zisterzienserkirche von Goldenkron (Zlatá Koruna), das auch zum Schwarzenberg-Besitz gehörte, in die engere Wahl. Dieser Plan wurde jedoch wegen der unwürdigen Industrieumgebung bald verworfen. Die Stadt Krumau bot sich daraufhin beflissen mit einigen Argumenten für die Errichtung einer Gruft in der Kirche St. Veit an, unter anderem damit, daß die Herrschaft Krumau die größte aller Schwarzenbergischen Herrschaften sei, die meisten Schwarzenberg-Bediensteten in Krumau lebten und in St. Veit bereits die Herzen der regierenden Fürsten und Fürstinnen ruhten. Außerdem stünden für die Aufstellung des gro-

ßen, inzwischen fertiggestellten, wertvollen Marmorgrabmals für den Fürsten Johann I. Nepomuk (1742–1789), das zu jener Zeit noch als Werk Canovas galt[10], zwei geeignete Plätze zur Auswahl. Es stellte sich die Krypta allerdings als zu klein heraus, sie war außerdem großteils belegt. 1819 brachte sich nun neuerlich die Herrschaft Wittingau mit einem Schulgebäude im ehemaligen Augustinerkloster in Erinnerung, das in der Nähe des Kreuzganges lag. Für die Aufstellung des monumentalen Marmorgrabsteines schlug man den Kreuzgang und als Gruft die Kellerräume vor. Allerdings sträubte sich die Stadtverwaltung von Wittingau mangels eines Ersatzgebäudes für die Schule gegen dieses Projekt, so daß schließlich erstmals der völlige Neubau einer Familiengruft in Erwägung gezogen werden mußte. Der Ort dafür schien festzustehen, nämlich Wittingau, die erste Schwarzenberg-Herrschaft in Böhmen. Einen geeigneten Standort hatte man vermutlich aber immer noch nicht gefunden, bis zu einer neuerlichen Planung sollten außerdem noch weitere dreißig Jahre vergehen.

Drei Brüder der älteren Krumauer Linie Schwarzenberg spielten im 19. Jahrhundert eine bedeutende Rolle. Der jüngste, Fürst Friedrich (1809–1885), wurde 1836 mit erst siebenundzwanzig Jahren Erzbischof von Salzburg, dem er sein Leben lang innig verbunden blieb. 1841 erhob ihn der Papst zum Kardinal und mit knapp vierzig Jahren wurde er Erzbischof von Prag. In diesem Amt und der Zeit des beginnenden Nationalitätenstreits machte sich Kardinal Schwarzenberg mutig und loyal um Böhmen und die Kirche verdient, die Vollendung des Veitsdomes war eine seiner zahlreichen kulturellen Leistungen. Sein Bruder, Fürst Felix (1800–1852), ein bedeutender Diplomat und Staatsmann, wurde 1848 von Kaiser Ferdinand zum Ministerpräsidenten ernannt und trug in den Unruhen der Revolutionsjahre entscheidend zu einer neuen Verfassung und zur Stabilisierung der Habsburger Autorität bei. Der Älteste und Familienchef, Fürst Johann Adolf II. (1799–1888), trat 1833 das Familienerbe des größten und reichsten Grundbesitzes in Böhmen an. Der „Fürst unter den Land- und Forstwirten und der erste Land- und Forstwirt unter den Fürsten"[11] war ein genialer Ökonom und Unternehmer, nicht nur auf seiner eigenen umfangreichen Herrschaft, sondern ganz Böhmen verdankte ihm eine Reihe von wichtigen landwirtschaftlichen und industriellen Einrichtungen und Neuerungen.[12] Der nüchtern pragmatische und bedächtige Fürst war mit der ebenso schönen und temperamentvollen wie geistreichen und kunstsinnigen Eleonore, geb. Prinzessin

Liechtenstein (1812–1873), vermählt. Wiederholte Auslandsreisen hatten das Paar auch etliche Male nach England und Schottland geführt. Der Fürst konnte dort die modernsten landwirtschaftlichen und industriellen Errungenschaften studieren, und die schwärmerische Vorliebe der Fürstin für diese Länder fand vor allem im Bau von Schloß Frauenberg (Hluboká) ihren Niederschlag.[13] Der Umbau der barockisierten, ehemaligen Burg über dem Moldautal in eine überaus monumentale neogotische Schloßanlage in der Art des englischen königlichen Schlosses Windsor stellte zu jener Zeit eines der ansehnlichsten Bauvorhaben dar und bedeutet für uns heute immerhin das hervorragendste und reinste Beispiel von „Windsorgotik" in der mitteleuropäischen Schloßarchitektur. Mit der Planung des Prestigebaus Frauenberg hatte man einen bedeutenden Wiener Architekten, Stadtbaumeister Franz Beer (1804–1861), beauftragt, die Bauausführung erfolgte unter Assistenz des fürstlich Schwarzenbergischen Baudirektors Damasius Deworezky (1816–1891). Die Bauarbeiten waren 1855 im großen und ganzen abgeschlossen.

4. Daß man erst Anfang der 1850er Jahre wieder an eine neue Familiengrablege dachte, ist vielleicht auf die umfangreichen und äußerst kostspieligen Bauarbeiten auf Schloß Frauenberg zurückzuführen. Es wäre auch denkbar, daß zudem die Unsicherheiten und einschneidenden Änderungen um das Jahr 1848, vor allem die umfassende „Bodenreform", einen Mausoleumsbau für den Moment nicht so wichtig erscheinen ließen. Der Schwarzenbergische Grundbesitz wurde durch die Grundablöse immerhin um zwei Drittel auf 178.000 ha dezimiert. Sowohl die Grundablöse als auch die Aufhebung der Fronarbeit[14] haben sich letztlich für die Schwarzenberg aber als positiv erwiesen. Der Fürst verstand die Gelder für die Ablöse anderweitig mindestens ebenso gewinnbringend einzusetzen, und die Motivation bezahlter Arbeit hat sich schließlich auch produktiver erwiesen als die längst nicht mehr zeitgemäße Robot.[15] Aus dem Jahr 1852 liegen nun erste Pläne für eine neue Schwarzenberg-Grablege vor. Sie wurden von dem begabten fürstlichen Baudirektor Deworezky erstellt und zeigen eine für das aufgelassene Kloster von Wittingau konzipierte Anlage in Form eines Campo santo, einen symmetrischen Gebäudekomplex mit einer schlichten einschiffigen, an drei Seiten von Arkaden umgebenen Kirche. Diese Pläne fanden aber offenbar keine Zustimmung.[16]

5. Erst acht Jahre später, 1860, hat man den Mausoleumsgedanken dann wieder aufgegriffen. Diesmal bekam den Planungsauftrag wieder ein berühmter Wiener Architekt, der durch den Unterrichtsminister Graf Leo Thun an die Akademie für mittelalterliche Baukunst berufene Professor Friedrich Schmidt (1825–1891), der anerkannte Fachmann seiner Zeit für den „gotischen" Stil, vor allem auch für den gotischen Kirchenbau.[17] Im Nachlaß Friedrich von Schmidts finden sich aus dem Jahr 1860 zwei datierte und signierte Entwürfe für ein Schwarzenberg-Mausoleum, die der ganzen Konzeption nach bereits für den endgültigen Standort am Teich Svět (Welt) in der Nähe von Wittingau gedacht waren. Schmidt unterschied bei seinen Entwürfen für Sepulkralanlagen ausdrücklich Gruftkapellen bzw. monumentalere Mausoleen, die für einzelne Familien bestimmt waren, von allgemein benützbaren Friedhofskapellen. Unter Mausoleen verstand er denkmalartige, doppelgeschossige Zentralbauten mit einem Altar- und einem Gruftraum.

Sein erster Entwurf für Schwarzenberg sieht einen zwölfeckigen, der zweite einen zehneckigen Zentralbau vor. Wie die Abbildung des ersteren zeigt, handelt es sich um ein turmartiges, prismatisches Polygon mit kranzförmig angeordneten Außenstreben und einem Spitzgiebelkranz, über welchem das zwölfseitige Pyramidendach aufsteigt. (Abb. 3 a) Das Dach wird durch Gaupen angereichert, die versetzt über den Giebeln in die Dachflächen eingeschnitten sind. Das Mausoleum ist doppelgeschossig und der Gruftraum nur halb versenkt, so daß der Kapellenraum quasi über einem hohen Sockel liegt und über eine zweiarmige repräsentative Treppe zu erreichen ist. Das Portal ist mit einem Wimperg ausgezeichnet und reich verziert, der Eingang zur Gruft zwischen den beiden Treppenläufen jedoch schlicht gehalten. Ein zweiter, hier nicht abgebildeter Entwurf von 1860, ein Zehneck, ist im Grundriß um einen konzentrischen Umgang bereichert, so daß im Aufriß eine basilikale Wirkung erzielt wird.[18]

Oberbaurat Schmidt scheint sich, wie eine Reihe seiner Kollegen der Denkmalpflege und der noch jungen österreichischen Kunstgeschichtsforschung um die Jahrhundertmitte, auch mit den als architektonische Kuriosa erachteten Zentralbauten von Karnern und Taufkapellen beschäftigt zu haben. In der einschlägigen Fachzeitschrift Mitteilungen der k. k. Central-Commission zur Erforschung und Erhaltung der Baudenkmale wurden Fragen hinsichtlich der Zweigeschossigkeit dieser Bauwerke, ihrer Zentralstruktur, ihres

Dekors und ihrer Steilhelme erörtert, vor allem aber hat man ausführlich über die tatsächliche, ursprüngliche Funktion dieser vermeintlichen Zeugnisse einer ruhmreichen Vergangenheit diskutiert.[19] Schmidts Auffassung dieses Themas läßt sich an seinem ersten Mausoleumsentwurf für Schwarzenberg ablesen, der eine erstaunliche Ähnlichkeit mit dem Karner von Pulkau aufweist. (Abb. 5 a)

6. Den eigentlichen Anlaß zum Neubau der Familiengrablege am Teich Svět, in einer Waldlichtung unweit des alten St. Ägidius Grabkirchleins, gab dreizehn Jahre später offenbar der Tod der Fürstin am 27. Juli 1873 – es ist daher anzunehmen, daß der Bau der Grabkirche ihr zu Ehren und zum Gedenken endlich in Angriff genommen wurde. Am 14. Juli 1874 war Baubeginn, am 29. Juli 1877 wurde das Mausoleum, wie am Eingang zur Krypta zu lesen ist, vom Bruder des Fürsten und Erzbischof von Prag, Kardinal Fürst Friedrich zu Schwarzenberg, eingeweiht. Zur Ausführung gelangte letztlich ein Projekt, so die Zeitschrift Bautechniker vom Dezember 1892, das nach den speziellen Angaben des Fürsten Johann Adolf vom Schwarzenbergischen Baudirektor Deworezky ausgearbeitet worden war.[20] (Abb. 4 a-c) Weitere im Historischen Museum in Wien befindliche, bislang noch nicht publizierte Entwürfe des berühmten Architekten und „Gotikers" Schmidt dürften jedoch als Bindeglieder zu dem von Deworezky ausgeführten Bau den jeweiligen Anteil der beiden Architekten hinlänglich klären, vor allem dahingehend, daß Deworezky, offenbar im Auftrag des Fürsten, die Grundkonzeption der Schmidt-Entwürfe beibehalten hat, den Bau jedoch einerseits durch eine gewisse Reduktion ausgewogener gestaltet, zum anderen aber bereichert hat. (Abb. 3 b und 3 c) Bei den noch nicht bearbeiteten Schmidt-Entwürfen handelt es sich um eine Handzeichnung vom September 1860 für ein oktogonales Mausoleum mit Umgang, Außenstreben und einer Fassade mit Doppeltürmchen. Die Eingangstreppe, die in allen übrigen Schmidt-Entwürfen einen gegenläufigen Richtungswechsel aufweist, ist hier als zweite Variante bereits in der etwas schlichteren Version gezeichnet, die Deworezky dann verwirklicht hat. Der Entwurf vom 16. Mai 1874 besteht aus einem Fassadenriß eines oktogonalen Mausoleums mit Ecktürmchen, einem Innenaufriß auf dem gleichen Blatt und einem separaten entsprechenden Grundriß, der je zur Hälfte die Krypta und die Oberkirche betrifft.[21] Deworezky verzichtet bei seinem Bau einerseits auf den gaupenartigen Spitzgiebelkranz, ein

Lieblingsthema Schmidts, zum anderen ersetzt er die Ecktürmchen durch schlichtere und „gotischere" Streben, die Schmidt bereits in der Handzeichnung vorgeschlagen hatte. Die Reduktion der Schauseite von einer Doppelturm- auf die mächtigere Einturmfassade klärt zum einen die Gesamtform, ändert vor allem aber den denkmalhaften Charakter der Schmidt-Vorschläge in Richtung Kirchenbau. Der Wimperg über dem Portal mit den aufsteigenden gotisierenden Blendbögen und die Doppelfenster am Umgang sind die Idee Schmidts. Die Dächer des Umgangs hat Deworezky flacher angelegt, so daß sie vom Boden aus nicht mehr wahrnehmbar sind und zudem dem mittleren Oktogon mehr Höhe und deutlicheres Aufstreben verleihen. Den dreiteiligen Innenaufriß wiederum hat er großteils von Schmidt übernommen, lediglich das Blendtriforium niedriger und zarter, dafür aber statt der Schmidtschen Rosetten dem gotischen Kanon besser entsprechende große Maßwerkobergadenfenster gestaltet. Die Krypta mit den vier freistehenden Säulen, die den mittleren Zentralraum stützen, entspricht komplett der Planung Schmidts.[22]

Friedrich von Schmidt hat sich in seinen Entwürfen zum Teil selbst zitiert, der Grundriß von 1874 ähnelt beispielsweise überraschend stark jenem der gerade vor der Fertigstellung stehenden Fünfhauser Kirche Maria vom Siege (erster Entwurf 1858, 1867 Zentralbauentwürfe, 1875 Weihe), vor allem durch die polygonalen Erweiterungen an den Ecken des Oktogons, die beim Mausoleum als Ecktürmchen in Erscheinung treten sollten. Zwei davon wären als Fassadentürme gedacht gewesen und sind ganz ähnlich angeordnet wie die Türme der Fünfhauser Kirche. Aber auch Deworezky hat sich offensichtlich für das endgültige Projekt an einer Reihe von Schmidt-Bauten in Wien Anregungen geholt, beispielsweise am hufeisenförmig eingeschnürten und nach außen als selbständiger Baukörper ausgewiesenen Chor der Kirche Maria vom Siege oder an der Brigittenauer Pfarrkirche (1867–1874), die eine Chorpartie aufweist, die stark an den endgültigen Zentralbau des Mausoleums erinnert. Der eigenwillige trapezoide Übergang am Schwarzenberg-Turm vom quadratischen Grundriß in den polygonalen Tambour kommt sowohl bei den Brigittenauer Chortürmchen als auch bei den Fünfhauser Türmen vor, und einen ähnlichen Tambour wie in Wittingau mit den hohen Schallfenstern und dem hütchenartig aufgesetzten, oktogonal gebrochenen Spitzhelm schlägt zum einen Schmidt selbst in den oben angeführten Mausoleumsentwürfen vor, ein solcher ist aber auch an anderen Kirchen

Schmidts zu finden, beispielsweise auch an den Chortürmen der Brigittenauer Kirche.[23]

Beschreibung des neogotischen Baus

Bei der endgültigen Fassung des Mausoleums, von Deworezky nach dem Entwurf von Schmidt aus dem Jahr 1874, in abgeänderter Form gebaut, handelt es sich schließlich um einen oktogonalen Zentralbau mit niedrigerem Umgang, angestelltem Chor und vorgelagertem Turm als repräsentatives Eingangselement. Eine breitgelagerte, zweiarmige Treppe führt zum dekorativen Portal, das mit einem hohen Wimperg ausgezeichnet ist. Zwischen den beiden Treppenläufen liegt der schlichtere Eingang zum halb in die Erde versenkten Gruftgeschoß. (Abb. 1, 4 a, b und c) Der Gruftraum selbst mit seinen an eine mittelalterliche Krypta erinnernden, angestellten und vier das zentrale Oktogon stützenden, freistehenden Säulen und Kreuzgratgewölben erstreckt sich über das komplette Untergeschoß und wurde für zweiundsiebzig Särge konzipiert, für je zwölf in den sechs dafür vorgesehenen Wandnischen unter dem Umgang. Tatsächlich wurden dort bis zur Enteignung des gesamten böhmischen Besitzes der Schwarzenberg-Primogenitur sechsundzwanzig Familienmitglieder bestattet, darunter die, die zunächst im nahen St. Ägidien ihre Grabstätte gefunden hatten. Für eine mystische Beleuchtung aus den Gruftnischen sorgen kleine Dreipaß-fenster, die kaum über dem äußeren Bodenniveau liegen. In der Apsis ist ein einfacher Altar aufgestellt, auf dem sich ein schlichtes weißes Marmorastkreuz erhebt. Die wenigen Betstühle waren offenbar nur für die Andacht des engsten trauernden Familienkreises gedacht. Um in dem feuchten Boden Eindringen von Grundwasser zu verhindern, wurde die gesamte Gruft von einem technisch anspruchsvollen, zwei Meter tiefen Drainage- und Lüftungssystem umfangen.

Turm, Zentralbau mit Umgang und Chor sind im Aufriß als drei gesonderte Baukörper ausgewiesen und ergeben eine klare und harmonische Staffelung im Aufbau. Die gotischen Streben sind sinnvoll in den Umgang eingebunden und übernehmen nicht nur die statische, sondern auch die optische Verspannung mit dem erhöhten Mittelbau. Horizontal gliedern das schlichte Gesims, das das Gruftgeschoß als Sockel erscheinen läßt, ein balustradenartiges Band aus Dreipässen als optischer oberer Abschluß des Umgangs[24] und ein gotisierender

Bogenfries, der harmonisch zum Pyramidendach überleitet. Etliche Zierelemente wie Fialen und Kreuzblumen, die Umgangsbalustrade und die repräsentative Eingangstreppe sind in hellem Haustein gehalten und geben den schlicht verputzten, Sandsteinquadermauern simulierenden Ziegelwänden einen noblen Akzent. Als einziger figürlicher Fassadenschmuck haben auf der Balustrade des Umgangs sechs anmutige, subtil individuell gestaltete, monumentale Engelfiguren als Geleiter der Seelen und Vermittler zwischen Diesseits und Jenseits ihren Platz gefunden, jeweils ein großes Maßwerkfenster des Mittelbaus als Hintergrund und das Kapitell eines Dienstes zwischen den schlichteren spitzbogigen Doppelfenstern der Umgangswände als Sockel. Die Dreipaßfenster der Gruft liegen knapp über dem Boden und sind nur aus der Nähe als geringfügiger Aufputz des Sockels wahrnehmbar. Über dem dekorativen Portal ist eine große steinerne Kartusche mit dem fürstlichen Wappen angebracht, das den unverwechselbaren Raben zeigt, der einem bezopften Türken den Schädel aufhackt, eine Wappenaufbesserung aus dem Ende des 16. Jahrhunderts, die dem Türkensieger Graf Adolf I. zu Schwarzenberg gewährt worden war. Das dunkle Schieferdach wird von vier Gaupen, von Kreuzen und geometrischen Zierbändern dezent belebt. Alles in allem handelt es sich um eine klare, würdevolle und großzügige Architektur, die durch keinerlei übertriebenen Aufputz von ihrer ernsten Bestimmung ablenkt.

Genausowenig ist im Inneren kleinteiliger Zierat zu finden. (Abb. 2) Hell getünchtes, gequadert wirkendes Mauerwerk bestimmt auch hier den dreiteiligen Wandaufbau, der sich dem frühgotischen Kanon entsprechend in Arkaden-, Triforium- und Obergadenzone gliedert. Bündelpfeiler führen zu einer achtteiligen Rippenkuppel, und die breiten hohen Maßwerkfenster mit grisailleartiger Glasmalerei sorgen für entsprechend helle Beleuchtung von oben, während aus dem Umgang nur gedämpftes Licht in den Andachtsraum dringt. Über der Kämpferzone der Eingangsarkade weist eine steinerne Vierpaßbrüstung auf eine Orgelempore hin. Der Umgang ist mit einem kielbogenornamentierten, schwarzen Gußeisengitter vom Hauptraum abgetrennt und über separate, schlichtere Treppen und Portale zugänglich. Er diente wohl der einheimischen Bevölkerung zur Teilnahme am Trauergottesdienst und für den auch heute bei uns auf dem Land noch üblichen „Umgang" um den Altar, worauf die zwei wimpergartigen Durchgänge links und rechts des Altares hinweisen. Dunkles, gotisierendes Eichengestühl für die erlauchte Trauergemeinde geben dem hohen, hellen und großzügigen Oktogon des Kirchenraumes nötigen Ernst und Würde und bieten obendrein, zusammen mit dem Gitter, einen wohlkalkulierten Kontrast. Ein anspruchsvoller, den gesamten Chorraum einnehmender und Kathedralarchitektur nachempfundener Altaraufbau mit Strebepfeilern, Wimpergen und Fialen aus weißem Marmor, Sandstein und auch Gips, bildet den Hintergrund für eine große vollplastische weiße Christusfigur und ist dem auferstandenen Erlöser geweiht.

Zu Stil und Ikonographie

Die gravierenden Josephinischen Bestattungsreformen hatten den Adel Ende des 18. Jahrhunderts seines Privilegs der Kirchenbestattung beraubt, ihm die Errichtung von Grabstätten auf eigenem Grund und Boden letztlich aber zugestanden, was die Schwarzenberg schließlich bewog, inmitten der melancholischen Teichlandschaft von Wittingau, dem Herzstück ihrer ersten Herrschaft auf böhmischem Boden, ihre Familiengrablege zu errichten. Zum einen lag das alte Kirchlein St. Ägidius in der Nähe, das bereits fast hundert Jahre Schwarzenberg-Gräber aufgenommen hatte. Andererseits wurde in der zweiten Hälfte des 19. Jahrhunderts, angeregt durch zahlreiche gartentheoretische und philosophische Abhandlungen, bereits allgemein die Landschaft als Bestattungsort als sakraler und der Kirche ebenbürtiger Raum betrachtet.[25]

Was die Zentralbauform und Doppelgeschossigkeit des Mausoleums betrifft, der Monumentalität wegen vielleicht besser als Gruftkirche bezeichnet, ist das, wie auch Schmidts Entwürfe zeigen, jahrhundertelange christliche Bautradition. Das Urbild die Grabeskirche Christi in Jerusalem, die in der Überlieferung als ein ringförmiger, außen polygonal gebrochener Bau über dem Felsengrab Christi[26] beschrieben ist, der seit der Spätantike bis in die Gotik, ja bis in das 16. und 17. Jahrhundert immer wieder nachgeahmt wurde, besonders aber bei den mittelalterlichen Heilig-Grab- und doppelgeschossigen Friedhofskirchen. Eine Sonderform stellen eben die in unseren Regionen häufig vorkommenden Karner dar, wobei in den Grüften, den sogenannten Ossuarien, die Gebeine nach Neubelegung der Friedhofsgräber wieder bestattet wurden. In der Kapelle darüber hat man die Totenmessen

gelesen, manchmal enthielt allerdings auch das Beinhaus einen eigenen Altar.[27] Daß auch Fürst und Fürstin Schwarzenberg solche Karner
gesehen haben, ist mit Sicherheit anzunehmen. Friedrich von Schmidt
hat sich jedenfalls, wie oben bereits erwähnt, für mehrere seiner
Mausoleumsentwürfe ganz offensichtlich von solchen Bauwerken
inspirieren lassen. (Abb. 3 a und 5 a) Dieser eindeutige Bezug könnte
beim Fürstenpaar, vor allem bei der anglophilen Fürstin, allerdings
auch noch andere Assoziationen hervorgerufen haben.

Daß das Schloß Frauenberg im Stil reinster Windsorgotik hauptsächlich nach den schwärmerischen Englandvorstellungen der Fürstin
erbaut wurde, ist hinreichend bekannt. Da sie die treibende Kraft in
allen Kunst- und kulturellen Angelegenheiten war, kann man auch
annehmen, daß sie ihre Wünsche bezüglich der endgültigen Form des
Mausoleums, vielleicht schon um 1860, kundgetan hatte – die oben
erwähnte Handzeichnung Schmidts von 1860 scheint darauf hin-
zuweisen. Lediglich mit der Erbauung der Grablege hat man nicht
allzu große Eile an den Tag gelegt, so daß dann erst ihr überraschen-
der Tod den Anstoß dazu gab.[28] Das Mausoleum könnte daher
ebenfalls englischen Vorbildern sein endgültiges Aussehen verdanken,
doch weniger im Detail als vielmehr in der Gesamtform. Als Aus-
gangsbasis sind die Entwürfe Friedrich von Schmidts zu sehen, die
zunächst stark an bodenständige Karnerarchitektur anknüpfen, an
die manchmal runden, oft aber polygonal gebrochenen, mittelalterlichen Zentralbauten, die immer in der Nähe von Pfarr- oder Klo-
sterkirchen zu finden sind. Auch in England gibt es eine Reihe solch
interessanter, vornehmlich gotischer Zentralbauten in unmittelbarer
Nähe der an sich schon großartigen Kirchen, die sogenannten Kapitelhäuser, kleinere und dennoch sehr beeindruckende polygonale
Bauwerke. Sie dienten den Domkapitularen als Versammlungsräume,
sowohl für kirchliche als auch weltliche, wie etwa wirtschaftliche
Belange. Allein auf dem Reiseweg der Fürstin seinerzeit von London
nach Schottland liegen drei berühmte Kapitelhäuser, das von West-
minster in London und die von Lincoln und York, alle drei ähnliche
Polygone mit Außenstreben und dem entsprechenden polygonal gebrochenen Pyramidendach. Vergleicht man die Handzeichnung von
Schmidt, seine Entwürfe von 1874 und die fertige Gruftkirche in
Wittingau beispielsweise mit dem Kapitelhaus von Lincoln – dieses
mit einem gedachten, zwischen die Strebepfeiler eingeschobenen Umgang –, so ergibt sich eine relative Ähnlichkeit in der Gesamtform.

(Abb. 3 b, 3 c, 4 a, 4 c u. 5 b) Vielleicht war die Erinnerung der Fürstin an ihr bewundertes England und derlei interessante, typische Bauwerke ausschlaggebend für den Auftrag an Friedrich von Schmidt bzw. später an Baudirektor Deworezky zur entsprechenden Umarbeitung der Schmidt-Entwürfe.[29] (Abb. 5 c zu Anm. 29)

Der grundsätzlichen Wahl der Gotik als Baustil für das Mausoleum liegen vermutlich auch mehrere Motive zugrunde. Zum einen weiß man, daß der „gotische Geschmack" dem Zeitgeschmack der patriotisch selbstbewußten, böhmisch-mährischen Aristokratie entsprach, die sich damit in gewisser Weise zum offiziell vom Wiener Hof propagierten Klassizismus abzugrenzen versuchte, vor allem mit seinen Schloßbauten, mit einem ausgeprägten Hang zu englischen Vorbildern zwar, da England ja auch die industriellen und wirtschaftlichen Vorgaben setzte und damit für die meist mehr pragmatischen als romantischen Bauherren auch in Kultur und Lebensweise vorbildhaft wirkte, wie dies offenbar auch bei den Schwarzenberg der Fall war. Daß die Gotik in Böhmen in der Zeit des aufkommenden Nationalbewußtseins gewissermaßen auch als eine Art Nationalstil betrachtet wurde, ist weiter nicht verwunderlich, war sie in diesem Land doch nie ganz versiegt, vor allem im Sakralbau. Man denke beispielsweise an die Nachgotik um 1600 oder die „Barockgotik" eines Satin-Aichel (1667–1723), der, vermutlich auf Wunsch seiner kirchlichen Auftraggeber, gotische Formen historisierend einsetzte, zu einer Zeit bereits, als dieser Stil andernorts noch abwertend, ja geradezu als barbarisch betrachtet wurde.

Zur relativen „Stilreinheit" des Schwarzenberg-Grabbaus (erste Planung 1860, Ausführung 1874–1877) wäre zu sagen, daß er stilistisch nach den von Renate Wagner-Rieger kreierten Termini in die klassische Phase des Historismus einzureihen ist[30], wonach die „stilechte" Form gefordert war und der romantische Stilsynkretismus – oftmals noch aus Mangel an den notwendigen Kenntnissen – zugunsten Aufgreifens historischer Stile großteils überwunden war. Die inzwischen erlangten Erkenntnisse durch Restaurierungen und über die ersten Schritte der Kunstgeschichtsforschung waren inzwischen zum Tragen gekommen. Der Mausoleumsbau hält sich im großen und ganzen an eine „reine gotische" Formensprache, vermutlich aber eben auch aufgrund der lebenslang strengen Maximen des in allen Kirchenbaufragen maßgeblichen Architekten Schmidt, der aus der Kölner Dombauhütte hervorgegangen war und dessen intensives Studium und langjährige Tätigkeit als Denkmalpfleger mit mittelalterlicher, gotischer

Kirchenbaukunst bestens vertraut war. Interessant ist der nochmals „bereinigende" Einfluß Deworezkys, der damit dem Ernst und der Würde einer Grabkirche entsprach, ansonsten aber, wie bereits in Anmerkung 22 erwähnt, zu gewisser Dekorfreudigkeit neigte.

Am wichtigsten für die Stilwahl im Fall der Schwarzenberg-Gruftkirche scheint mir aber die grundsätzliche Einstellung des Bauherrn zu Glauben und Religiosität zu sein, da der Auftraggeber letztlich ja immer unter den entsprechenden Vorschlägen die Entscheidung trifft. Die tiefe Verwurzelung des christlichen Glaubens in den böhmischen Ländern und die tiefe Religiosität des Adels, des Hochadels im besonderen, weisen darauf hin, daß für die Wahl des gotischen Stils und damit den Auftrag an den entsprechenden Architekten für die Familiengrablege wohl die Gläubigkeit des Fürstenpaares maßgeblich gewesen sein dürfte. Da die Gotik immer als ein architektonisches Symbol mittelalterlicher Frömmigkeit angesehen wurde, war daher die Neugotik in der Auffassung des 19. Jahhunderts imstande, das Kirchliche, den vollkommenen Glauben darzustellen. Ganz in diesem Sinne, aber auch im Sinne der konstruktiven Wahrheit und Materialgerechtigkeit des gotischen Bausystems, sind auch die Entwürfe Friedrich von Schmidts zu verstehen, der sich zeit seines Schaffens für die Verbreitung der Gotik als den „wahren christlichen Baustil" im Sakralbau eingesetzt hat. In der Gruftkirche zu Wittingau wird der zentrale Gedanke des christlichen Glaubens ganz deutlich, die Verheißung der Erlösung der Menschen nach ihrem Tod durch den Opfertod Christi am Kreuz und damit die Auferstehung zum ewigen Leben. Die Auferstehung wird durch die Doppelgeschossigkeit symbolisiert, zum einen im spannungsvollen Gegensatz zwischen mystisch dunklem Grabraum und lichtdurchfluteter Oberkirche, andererseits im Übereinander von Grab und Altar, auf dem im Meßopfer, sozusagen über dem Verstorbenen, der Tod Christi zur Erlösung nachvollzogen wird. In der Krypta des Schwarzenberg-Mausoleums deutet das schlichte Astkreuz mit seinen abgehackten Ästen auf dem einfachen Altar auf Leiden und Tod Christi hin, vielleicht auch auf den Lebensweg oder leidvollen Tod der Verstorbenen – und als Symbol des Lebensbaumes auf ein Fortleben nach dem Tode. Der Erlöser, dem die Kirche geweiht ist, steht auf dem Hauptaltar in der Kirche darüber, als Verbildlichung und Verheißung der Auferstehung zum ewigen Leben, und die Engel über dem Umgang walten ernst und würdevoll ihres Amtes und geleiten die Seelen hinüber in die andere Welt.

Nicht so bedeutend scheint hier, meiner Meinung nach, die in manchen Kreisen im 19. Jahrhundert häufige Funktion der Grablege primär als Familiendenkmal im Sinne des oft zitierten Ahnenkults des 19. Jahrhunderts gewesen zu sein, in dem man versuchte, möglichst viele einst verstorbene Familienmitglieder von überallher in einem neuen Grabbau zu vereinen, um sich selbst und den folgenden Generationen einen Platz unter seinen Ahnen zu sichern. Wäre das dem Haus Schwarzenberg ein besonders großes Anliegen gewesen, hätte man längst versucht, zumindest die wichtigsten der zahlreichen Ahnen aus dem süddeutschen Raum und den Habsburgerländern in Wittingau zu vereinen. Erst nach Fertigstellung der neuen Gruft wurden die Särge aus dem nahen und ursprünglich nur als Übergangslösung gedachten St. Ägidien in die neue Gruft umgebettet. Außerdem vermißt man im Mausoleum den im 19. Jahrhundert ständig prak-

Abb. 1: Gruftkirche der Fürsten Schwarzenberg in Třeboň (Wittingau). 1874–1877. (Foto: Schwarzenbergische Archive. Murau.)

tizierten Hinweis auf die Größe der entsprechenden Familie durch allerorts angebrachte heraldische Zeichen, lediglich über dem Portal zur Kirche findet sich ein großes Schwarzenberg-Wappen, wie auf einem edlen, aber schlichten Grabstein ein einfacher Name. Viel wahrscheinlicher scheint das Ziel Schwarzenbergs eine zwar repräsentative, aber in erster Linie im Gedenken an die Verstorbenen würdige Familiengrablege an einem würdigen Ort gewesen zu sein – der Ort die erste Schwarzenberg-Herrschaft in Böhmen, der repräsentative Zentralbau mit Turm eine Formel für selbstbewußte Würde und der gotische Stil mit seinen aufwärts strebenden Formen das Symbol für einen tief empfundenen christlichen Glauben. – Und dennoch ist die Schwarzenbergische Gruftkirche in Wittingau für uns heute auch ein Dokument einer glänzenden Vergangenheit und der Geltung eines bedeutenden Geschlechts.

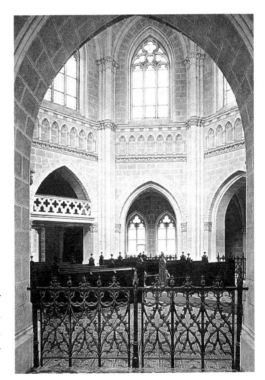

Abb. 2: Gruftkirche der Fürsten Schwarzenberg. Blick in das Oktogon. (Foto: Schwarzenbergische Archive. Murau.)

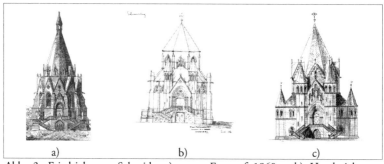

Abb. 3: Friedrich von Schmidt: a) erster Entwurf 1860 – b) Handzeichnung September 1860 – c) Entwurf 16. Mai 1874 (Historisches Museum Wien. Inv.-Nr. 157.068/2, 3 und 11)

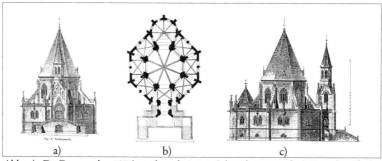

Abb. 4: D. Deworezky 1874 – überarbeiteter Schmidt-Entwurf: a) Fassadenriß der Oberkirche – b) Grundriß – c) Aufriß (Der Bautechniker, Centralorgan für das österreichische Bauwesen. Nr. 49. Wien 1892.)

Abb. 5: a) Der Karner von Pulkau (Niederösterreich). Um 1250. (Mitteilungen der k. k. Central-Commission zur Erforschung und Erhaltung der Baudenkmale. Wien 1860. Tafel X.) – b) Das Kapitelhaus von Lincoln. Um 1230. (Martin Hürlimann: Englische Kathedralen. Zürich 1956) – c) Die Ettaler Klosterkirche 1701. (Das Marienmünster zu Ettal im Wandel der Jahrhunderte. Augsburg 1927.)

Anmerkungen

[1] In der Folge möchte ich die deutsche Version Wittingau für die heute hauptsächlich unter Třeboň bekannte Stadt verwenden, da sie in der älteren Literatur und unter Schwarzenberg-Herrschaft so genannt wurde. Der Einheitlichkeit halber sind dann auch alle anderen Orte in Deutsch und anfangs in Klammern in Tschechisch angegeben.

[2] Zur Geschichte des Hauses Schwarzenberg: Wurzbach, Constant von: Biographisches Lexikon des Kaiserthums Oesterreich. Bd. 33. Wien 1877. – Schwarzenberg, Fürst Karl zu: Geschichte des reichsständischen Hauses Schwarzenberg. Neustadt a. d. Aisch 1963. – Záloha, Jiří: Kurzgefaßte Geschichte des Geschlechtes der Fürsten zu Schwarzenberg. Hluboká nad Vltavou o. J.

[3] Detaillierte Angaben in: Kubiková, Anna: Schwarzenbergische Begräbnisstätten. In: Blau-Weiße Blätter. Schwarzenbergische Zeitschrift. 1-1993. S. 16–18. – Wieland, Wolfgang: Schwarzenbergische Begräbnisstätten. In: Blau-Weiße Blätter. 2-2000. S. 16–18. Die Blau-Weißen Blätter erscheinen seit fast fünfzig Jahren halbjährlich, kostenlos für Betriebsangehörige und befassen sich mit Themen über die Familie Schwarzenberg, die Familienbetriebe und die Betriebsangehörigen.

[4] Die doppelgeschossige Kapelle über kreuzförmigem Grundriß wurde 1862–1864 nach den Plänen des fürstlichen Bauingenieurs der Worliker Herrschaft erbaut.

[5] Vgl. Blau-Weiße Blätter. 2-1992. S. 5: Das gesamte Vermögen der Primogenitur wurde 1940 von der Gestapo beschlagnahmt und 1947 nach der im Parlament beschlossenen „Lex Schwarzenberg" enteignet. Die Enteignung des Besitzes der Sekundogenitur erfolgte aufgrund des Bodenreformgesetzes von 1947 im Jahr 1948.

[6] Vgl.: Österreich zur Zeit Kaiser Josephs II. Ausstellungskatalog der Niederösterreichischen Landesausstellung in Melk. Wien 1980. S. 169–176. – Klassizismus in Wien. Architektur und Plastik. Ausstellungskatalog. Wien 1978. S. 162–168. – Mühlbacher-Parzer: Grab und Grabmal. Beiträge zur Sepulkralkunst des 19. Jhs. in Oberösterreich. Phil. Diss. Salzburg 1988.

[7] Vgl.: Oberhammer, Monika: Pustets Klosterführer. S. 119–121. – Czeike, Felix: Historisches Lexikon der Stadt Wien. Bd. 1. Wien 1992. S. 195–197.

[8] Bis heute werden dort die berühmten böhmischen Karpfen gezüchtet. Einst eine begehrte Fastenspeise, wurden sie für Ostern in Ledersäcken auf Pferden bis nach Rom versandt. Dazu Prof. Rokyta anläßlich einer Südböhmen-Exkursion: „Unsere Karpfen haben in der Karwoche auf dem Weg nach Rom in Ihren Fischkaltern in Kremsmünster übernachtet."

[9] Die drei namengebenden Tafeln dieses Altarretabels (1385–1390) sind heute als eines der Hauptwerke der Nationalgalerie Prag im Agneskloster ausgestellt.

[10] Der rote Marmorsarkophag trägt die Aufschrift „A. Trippel inv. & fecit Roma 1793". Von ihm stammen laut Angaben von Archivar Wolfgang Wieland aus Murau jedoch nur die beiden allegorischen Figuren, Vaterlandsliebe und Gerechtigkeit. Den Sarkophag fertigte der Wiener Bildhauer Josef Pokorny an. Die Büste des Fürsten stammt von Karl Mařák nach einem Entwurf von Victor Tilgner.

[11] Wurzbach (wie Anm. 2). S. 80.

[12] Vgl. Stekl, Hannes: Österreichs Aristokratie im Vormärz. Herrschaftsstil und Lebensformen der Fürstenhäuser Liechtenstein und Schwarzenberg. München 1973. S. 11–38.

[13] Vgl.: Kuthan, Jiří: Das Schloß Hluboká nad Vltavou. Die romantische Residenz des Fürstenhauses Schwarzenberg. České Budějovice 1991. – Ders. In: Böhmen im 19. Jh. vom Klassizismus zur Moderne. Frankfurt a. M. 1995. S. 114–117. Die wichtigsten Baudaten: 1820–30 detaillierte Dokumentation des alten Schlosses, 1837 Vorbereitung des Umbaus, Baubeginn 1840, 1855 weitestgehend fertiggestellt. Die Innenausstattung dauerte bis 1871, das ist die Jahreszahl auf dem von Kronprinz Rudolf selbst gesetzten Schlußstein. Lt. Hannes Stekl (wie Anm. 12). S. 27. betrugen die Umbaukosten 5 Millionen Gulden.

[14] Die Aufhebung der Leibeigenschaft und Einführung einer „gemäßigten Untertänigkeit" auch in Böhmen, Mähren und Schlesien war bereits 1781 durch Kaiser Josef II. erfolgt.

[15] vgl. Stekl, Hannes (wie Anm. 12). S. 11–38: Schwarzenberg erhielt 2,2 Mio. Gulden Ausgleichszahlung für die Grundablöse und investierte – hier nur einige Beispiele – in Brauereien, Ziegeleien, Steinbrüche, den Ausbau der Eisenwerke, die Modernisierung der Feldwirtschaft und Viehzucht, sorgte für moderne forstwirtschaftliche Nutzung der Wälder, förderte den Ausbau des Eisenbahnnetzes, gründete Zuckerfabriken, sorgte für eine erhebliche Ausweitung der Teichwirtschaft und lieferte ein Viertel der Graphit-Weltproduktion. Weiters bemühte sich der Fürst um gezielte Schulung der Arbeiter und gründete einschlägige Schulen in ganz Böhmen u. v. a. m.

[16] Vgl. Vybíral, Jindřich: Damasus Deworezky. Předběžný portrét. In: Marie Mžyková (Red.): Kamenná kniha, Sborník k romantickému historismu – novogotice. Sychrov 1997. S. 102–106.

[17] Aus der umfangreichen Literatur zu Friedrich von Schmidt: Neumann, Erwin: Friedrich von Schmidt. Phil. Diss. Wien 1952. – Planner-Steiner, Ulrike u. a.: Friedrich von Schmidt, Gottfried Semper, Carl von Hasenauer. In: Die Wiener Ringstraße. Bd. VIII/2. Wiesbaden 1978. – Friedrich von Schmidt 1825–1891. Ein gotischer Rationalist. Ausstellungskatalog. Wien 1991. – Österreichisches Biographisches Lexikon 1815–1950. Hg. v. d. Akademie der Wissenschaften. Bd. X. Wien 1994. S. 262–264. – Werkverzeichnisse in: Neumann, Erwin: Diss. Wien. – Planner-Steiner in: Die Wiener Ringstraße. VIII/2. S. 68–71. – Friedrich von Schmidt 1825–1891. Ein gotischer Rationalist. S. 224–230.

[18] Neumann, Erwin (wie Anm. 17). S. 114–118. befaßt sich mit Sepulkralanlagen, das Schwarzenberg Mausoleum ist im Werkverzeichnis S. 305–306 angeführt. Die Schmidt-Entwürfe sind im Historischen Museum Wien unter der Inventar Nr. 157.068/1-13 verwahrt.

[19] Beispiele dazu in: Mitteilungen der k. k. Central-Commission zur Erforschung und Erhaltung der Baudenkmale. Wien 1856: S. 53–60. 1858: S. 263–268. 1860: S. 124 und S. 337–341.

[20] Der Bautechniker. Centralorgan für das österreichische Bauwesen. Zeitschrift für Bau- und Verkehrswesen, Technik und Gewerbe. Jg. XII. Nr 49. Wien 1892. S. 925–927. Grundriß, Aufriß, Vorder- und Seitenansicht auf S. 926. Detailpläne wurden lt. S. 927 von Deworezkys Assistenten Johann Sedlázek ausgearbeitet, der

auch den Bau leitete, Steinmetz- und Bildhauerarbeiten führte der akademische Bildhauer Josef Pokorny aus. Daniel Eule aus Wien lieferte die vergoldeten Turm- und Kuppelkreuze und die Kreuzblume am Dach des Presbyteriums, Julius Schwab aus Wien die Schiefereindeckung und Franz Scholz aus Budweis das Kupferblech für die Nebendächer. Den Park um die Gruft plante der fürstliche Hofgärtner Rudolf Wacha. Die Kosten für den Bau beliefen sich auf 260.212 Gulden, die der Parkanlage auf 25.631 Gulden. Zur Größenordnung der Beträge: Vergleichsweise war lt. Jindřich Vybíral (wie Anm.

[21] 16) das Jahresgehalt des Baudirektors Deworezky, in der höchsten Schwarzenbergischen Dienststufe 1, um diese Zeit knapp 1900 Gulden, nämlich 630 in bar und 1248 in Naturalien.

[21] Es handelt sich um die Inventarnummern 157.068/3 und 11 des Historischen Museums Wien, die Blattnummer des oktogonalen Grundrisses konnte nicht identifiziert werden. Die Handschriften der beiden Datierungen von 1874 (detaillierte Zeichnungen auf dem Doppelblatt Nr. 11) und der Handzeichnung von 1860 (Nr. 3) differieren und müßten noch genauer identifiziert werden. Die Handzeichnung ist jedenfalls als Vorstufe zu den Plänen von 1874 zu betrachten.

[22] Vgl. Vybíral, Jindřich (wie Anm. 16). Drei undatierte Entwürfe Deworezkys für hexagonale Mausoleen, wo er hauptsächlich nur die Wirkung unterschiedlicher gotisierender Fensterformen ausprobiert hat, liegen heute im Staatlichen Archiv in Třeboň. Vybíral betont in seinem Aufsatz weiters, daß Schwarzenberg für seine Prestigeobjekte vorzugsweise berühmte Architekten aus Wien beauftragte, wobei die Bauausführung dann dem als besonders begabt und verläßlich bekannten Deworezky oblag. Zur Gänze wurden dem Baudirektor weniger spektakuläre Objekte wie Maierhöfe, Jagd- und Beamtenhäuser übertragen, auch mit Interieurentwürfen war er befaßt. Vybíral beschreibt Deworezky auch als außerordentlich dekorfreudig, mit besonderer Vorliebe für Formen aus der Spätgotik und dem Rokoko bis hin zum Schweizerhausstil des 19. Jahrhunderts.

[23] Zahlreiche Kirchen sind angeführt und zum Teil sehr ausführlich beschrieben und abgebildet in: Friedrich von Schmidt: Ein gotischer Rationalist (wie Anm. 17).

[24] Ganz ähnlich, mit breit ausladenden Streben, gotisierenden Balustraden und Fialen, allerdings ohne Umgang, hat Friedrich von Schmidt 1890 dann die Chorpartie seines letzten Kirchenbaus, der Herz-Jesu-Kirche in Köln gestaltet. Abb. in: Friedrich von Schmidt: Ein gotischer Rationalist (wie Anm. 17). S. 31.

[25] Beckmann, Regine: Der Ahnenkult des Habsburgischen Hochadels am Beispiel aristokratischer Grablegen in Böhmen und Mähren. In: Mžyková, Marie (Red.): Kamenná kniha (wie Anm. 16). S. 127–136. Anhand der Mausoleen der Fürsten Liechtenstein und Schwarzenberg hat Beckmann die sozial-politischen, philosophischen und formalen Kriterien des Grabbaus der Aristokratie im 19. Jahrhundert beleuchtet.

[26] Ein von Professor Rokyta öfter angeschnittenes Thema kam mir bei dieser Gelegenheit in den Sinn, die wohl auch von Jerusalem ausgegangene Legende des Heiligen Gral, der im christologischen Sinn mit einer ähnlichen Symbolik belegt ist wie die Grabeskirche. Professor Rokyta hat diesem Thema im Wintersemester 1990/91 eine ganze Vorlesung gewidmet, mit dem Titel Die Geschichtsquellen des Gral-Motivs in Böhmen.

[27] Vgl.: Reinle, Adolf: Zeichensprache der Architektur. Zürich, München 1976. S. 127–141. – Untermann, Matthias: Der Zentralbau im Mittelalter. Darmstadt 1989. S. 53–76, 147–166 und 220–225. – Bandmann, Günter: Mittelalterliche Architektur als Bedeutungsträger. Berlin ⁹1990. S. 45–49. Laut Reinle. S. 134. ist das dichteste Verbreitungsgebiet von Karnern Niederösterreich, wo 110 schriftlich belegt und 30 im wesentlichen erhalten sind.

[28] Schwarzenberg, Fürst Karl zu (wie Anm. 2) beschreibt, wie im Sommer 1873 Fürstin Eleonore nach einem Schlaganfall starb, tief betrauert von ihrem Gatten, den Kindern und Enkeln, die die letzten Wochen am Krankenlager ihrer geliebten „Go" geweilt hatten.

[29] Neumann, Erwin (wie Anm. 17). S. 130. Anm. 86. verweist auf die Verwandtschaft Schmidt'scher Zentralbauten, v. a. der Mausoleumsanlagen, in der Außenerscheinung mit der bayrischen Klosterkirche Ettal (Obb.) vor der Barockisierung. (Abb. 5 c) Zu Ettal: Reclams Kunstführer. Deutschland. Bd. I: Bayern. Stuttgart 1974. S. 293–294. – P. Dr. Pius Fischer in: Festschrift zum 600jährigen Weihejubiläum der Klosterkirche Ettal. Hg. v. Ettaler Mandl. Jgg. 49/22-2. München 1970. S. 23–27. Sowohl Reclam als auch P. Pius halten eine formale Abhängigkeit dieses bedeutenden Ettaler Zentralbaus von den wenig älteren gotischen Kapitelhäusern Englands durch dynastische Verbindungen für möglich, Kaiser Ludwig der Bayer war mit Edward III. von England verschwägert. P. Pius betont v. a. die große Ähnlichkeit Ettals mit dem Kapitelhaus von Lincoln. Zumindest handelt es sich hier um Hinweise, daß diese beeindruckenden englischen Bauwerke eventuell schon Jahrhunderte früher Nachahmung in unseren Regionen gefunden hatten. Zum Durchmesser des Ettaler Zwölfeckes mit Umgang, im Reclam mit 25,3 m angegeben, noch eine Parallele zur Schwarzenberg-Gruftkirche, die nach dem Maßstab im Bautechniker ebenfalls ca. 25 m im Durchmesser aufweisen müßte – beide stehen somit auch im Ausmaß in der Tradition der Grabeskirche in Jerusalem, die laut Reinle (wie Anm. 27). S. 127. im Mittelraum einen Durchmesser von 20 m und im Umgang 5 m aufwies. Es ist wahrscheinlich, daß Schmidt sowohl andere Heiliggrab-Nachahmungen als auch die Ettaler Kirche und ihre Genese genauer gekannt hat, vielleicht auch Deworezky, oder daß eventuell auch ein Bezug der Familie Schwarzenberg zu dieser berühmten Marien-Wallfahrt bestand.

[30] Einteilung nach Renate Wagner-Rieger: romantischer Historismus 1830–1860, klassischer oder strenger Historismus 1850–1880 und Späthistorismus 1880–1914.

Walburga Schobersberger

„Ceconi Vasen f. den Tronfolger Erzh. Franz Ferdinand"

Eine undatierte Zeitungsabbildung aus dem Nachlaß von Jakob Ceconi trägt den Titel:
„Schloß Konopischt und sein berühmter Rosengarten. Die Kaisertage in Konopischt." Handschriftlich ergänzt wurde der Titel von Jakob Ceconi mit: „Ceconi Vasen f. den (Tronfolger Erzh. Franz Ferdinand)."
Hier hat Jakob Ceconi persönlich jene Vasen mit Pfeilen bezeichnet, welche aus der Salzburger Zementwarenfabrikation seiner Firma stammen.[1] (Abb. 1)
Dieser Hinweis, daß sich im Park des Schlosses Konopiště in Böhmen Vasen aus der Zementwarenfabrikation der Salzburger Baufirma Jakob Ceconi befänden, führte mich anläßlich einer Prag-Reise im Herbst 2000 auch zum ca. 50 km südlich von Prag auf einer Anhöhe gelegenen Schloß Konopiště. Zu meiner großen Überraschung konnte ich feststellen, daß sich noch heute die Ceconi-Vasen im Rosengarten von Schloß Konopiště, so angeordnet wie um 1900, befinden.

Erzherzog Franz Ferdinand d'Este und Schloß Konopiště[2]

„Wer immer Konopischt besucht, entdeckt hier etwas, was ihm zusagt und ihn anspricht. Wer sich für ältere und neuere Geschichte interessiert, kommt ganz gewiß auf seine Kosten, wem der Sinn nach Kunst und Ästhetik steht, wird nicht enttäuscht, und wer sich nach Naturschönheit sehnt, ist bestimmt von der herrlichen Umgebung beeindruckt."[3]

Der österreichische Thronfolger Franz Ferdinand d'Este, seit 1887 neuer Besitzer von Schloß Konopiště, der durch die Erbschaft aus Modena zu einem beträchtlichen Vermögen gekommen war, entschied sich, Schloß Konopiště als eigenes Stammschloß zu betrachten. Hier fand er ein Refugium, wo es ihm möglich war, sich zurückziehen zu können. In dieser „idealen" Welt empfing Franz Ferdinand, geradezu abgeschirmt von der „wirklichen" Welt, seine Gäste.

Das Stammschloß des Erzherzogs sollte die Eigenschaften eines Palastes aufweisen, aber auch die einer Art von Museum, da ein Teil der Estensischen Sammlung, die 1896 nach Wien gekommen war, dort Platz haben mußte.[4] Der Herrschaftswille der Habsburger war in Franz Ferdinand besonders stark ausgeprägt.

Es begann der Plan Gestalt anzunehmen, das ausbesserungsbedürftige Schloß unter Einbeziehung der ganzen Umgebung umzuwandeln, wobei die Wünsche des Bauherrn das gesamte Vorhaben dominierten.

Gebäude, die der wirtschaftlichen Nutzung oder einer Erzeugung dienten, wie z. B. der Gutshof mit Scheunen, Kuh- und Pferdeställen und die Zuckerfabrik, mußten aus der Umgebung des Schlosses entfernt werden. Auch die Wohnhäuser der Bewohner des Dorfes unterhalb von Konopiště wurden abgerissen. Angrenzend an den alten Schloßgarten, mußten Felder dazugekauft werden, um die Fläche eines neu entstehenden englischen Parks vergrößern zu können. Dem Park sollten mit der Zeit künstlerische und dendrologische Qualitäten verliehen werden. Seine Ausmaße betragen 225 Hektar. Die Parkanlage wurde mit Gartenskulpturen, die zum Erbe Franz Ferdinands als Hinterlassenschaft des Modenaer Herzogs gehörten, geschmückt. Der Gartenarchitekt und Botaniker Camillo Karl Schneider sorgte für die Anpflanzungen.

Parallel zur Neugestaltung des Schloßareals, an der fast ununterbrochen vom Erwerb bis zum tragischen Tod des Thronfolgers gebaut wurde, sollte auch das Schloßgebäude gründlich umgebaut werden. Die Entwürfe dazu stammten von dem Restaurator historischer Bauten in Böhmen, dem Architekten Josef Mocker. Die fachliche Oberaufsicht hatte der Wiener Architekt Max Fabiani, ein Schüler Otto Wagners. Erzherzog Franz Ferdinand war ein Kenner und Verehrer historischer Gebäude, und es steht außer Zweifel, daß das Projekt wesentlich vom Erzherzog selbst beeinflußt wurde. Die Bauarbeiten am Schloß begannen 1893 und wurden 1896 beendet.

Der Rosengarten

Der Rosengarten, der unsere ganze Aufmerksamkeit verdient, befindet sich inmitten des Schloßparks. 1898 legten der Wiener kaiserliche Gärtner Karl Mössmer und der Obergärtner aus dem königlichen Prager Gehege Karel Rozinek anstelle des geometrisch angelegten Barockgartens einen Rosengarten an, der erst 1904 fertiggestellt wurde. An der Nordseite des Rosengartens befinden sich Gewächshäuser für tropische Pflanzen und eine Aussichtsterrasse, deren Brüstung aus keulenförmigen Balustern besteht. 1913 entstanden im Südteil des Gartens ein Steingarten und ein Gartenteich. Entwerfer dieses Gartenteichs war der Engländer Marchan. Außer dem Rosengarten besitzt die Parkanlage noch Gebiete, die einerseits vom Terrain, andererseits von der Bepflanzung bestimmt sind.[5]

Anstelle des Rosengartens befand sich ein um 1725 geometrisch angelegter Lustgarten, über dessen Aussehen allerdings keine Einzelheiten bekannt sind.

Der Rosengarten ist eine geometrisch durchkomponierte Parterreanlage, die durch Steinskulpturen eine Ergänzung gefunden hat. Der Großteil der Skulpturen, sowohl in der umgebenden Parkanlage als auch im Rosengarten, sind Erbstücke aus der Modenaer Sammlung von Gartenskulpturen des Thronfolgers. Die klassizistische Säule mit einer Skulptur der Kleopatra in der Mitte des Gartenparterres gehört ebenso dazu wie die steinernen Kapitelle aus altchristlichen Bauten neben dem Eingang zum Rosengarten. Weitere Statuen aus dem Nachlaß des Herzogs von Modena sind im Schloßpark verstreut zu sehen. Ergänzt wurden die historischen Skulpturen durch Objekte aus der Zementwarenfabrikation des Jakob Ceconi, welche teilweise Kopien aus dem Salzburger Mirabellgarten sind. Sowohl Hans Sedlmayr[6] als auch Franz Fuhrmann[7] nehmen den kaiserlichen Hofarchitekten Johann Bernhard Fischer von Erlach als Schöpfer des Salzburger Mirabellgartens an. Dieser wurde unter Erzbischof Johann Ernst Thun um 1689 umgestaltet.[8] Es darf daher angenommen werden, daß eine Anzahl von Vasen-Entwürfen von Johann Bernhard Fischer von Erlach stammt.

Im Blumenparterre des Rosengartens von Konopiště sind verschiedene Vasen und eine Herme so angeordnet, daß sie sich unaufdringlich den historischen Objekten aus Modena unterordnen. Auf der Brüstung und am Stiegenaufgang zur Aussichtsterrasse der Gewächshäuser können drei unterschiedliche Typen von Ceconi-Vasen nachgewiesen werden. Es ist aber nicht auszuschließen, daß sich auch noch andere Ceconi-Exponate in Konopiště befinden. Obeliske deuten ebenso wie Baluster und Voluten auf eine Salzburger Provenienz hin.

Einige Gartenskulpturen, die nachweislich aus der Ceconischen Zementwarenfabrikation stammen, konnten eruiert werden:

Laut Firmenkatalog[9]

Tafel 2. Figur 8. Vase ohne Deckel mit Schlangen. 15 K.[10] Dazugehöriges Postament: Tafel 16. Figur 68. Modernes Postament mit Aegir-Neptunköpfen. 48 K.

Tafel 3. Figur 11 (ebenso die Vasen auf den Brüstungen der Gartenterrasse): Vase. Kannelliert, gerade, offen, für Blumenschmuck geeignet. (0,60 m hoch) (0,54 m breit) 12 K.

Tafel 10. Figur 49. Kollossal-Rokoko-Vase. Type aus dem Mirabellgarten. (ohne Postament 1,50 m hoch) Mit Ranken und Rosen, Steinbockköpfen und Girlanden verziert. 80 K. (Abb. 2)

Tafel 11. Figur 51. Große Mirabell-Vase, glatt mit Voluten. (1,02 m hoch) 36 K.

Tafel 12. Figur 57. Bachantin-Herme samt Basis, Schaft mit Wein- und Musikemblemen. (2,28m hoch) 50 K. (Abb. 3)

Tafel 14. Figur 62. Große Oval-Vase, einfach kannelliert. 35 K.

Jakob Ceconi

Der Name der aus Friaul eingewanderten Familie Ceconi ist untrennbar mit der Salzburger Stadterweiterung im 19. Jahrhundert verbunden. Die Baumeisterfamilie Ceconi – Valentin (1823–1888), sein Sohn Jakob (1857–1922) und wiederum dessen Sohn Karl (1884–1946) – hat das gründerzeitliche Gesicht Salzburgs entscheidend geprägt.

Für diesen Beitrag ist das Wirken von Jakob Ceconi von besonderer Bedeutung. Er war der Einflußreichste der Familie Ceconi, kam doch die Zeit um die Jahrhundertwende die Baufirma zu höchster Blüte.

Jakob Ceconi wurde 1884 nach seiner Ausbildung am Polytechnikum beim Wiener Ringstraßenarchitekten Heinrich von Ferstel Teilhaber am Baugeschäft seines Vaters Valentin und führte nach dessen Tod 1888 die Firma selbständig. Die Baufirma Ceconi wurde zu einer der größten in den Alpenländern. Jakob Ceconi gehörte zu jenen gründerzeitlichen Bauunternehmern, die beim Wohnungsbau von der Parzellierung angefangen bis zur fertigen Herstellung der Wohnung alle Bereiche des Baugewerbes beherrschten. Er entfaltete eine rege baugewerbliche und bauindustrielle Tätigkeit. Ein in Fragmenten erhaltenes Bautenalbum zeigt 280 größere und kleinere Objekte, die im Zeitraum von 1888 bis 1898 geschaffen wurden.

Angrenzend an seine Villa in der Auerspergstraße 69 in Salzburg, besaß er den Bauhof und die Zementwarenfabrik, welche für dieses Thema von großer Wichtigkeit ist.

Weiters zählte zu seinen Betriebsanlagen eine Gipsmühle in Scheffau, ein Dampfziegelwerk in Itzling, zwei Ziegeleien in Berg, eine Tischlerei, eine Fußbodenfabrik, zwei Dampfsägen, eine Schmiede, eine mechanische Holzbearbeitungswerkstätte und die Kalkbrennerei Rositten. Den Konglomeratsteinbruch am Rainberg hatte er von den Erben des Baron Schwarz gepachtet.

Für Jakob Ceconis Bauten ist ein ausgeprägtes Stilbewußtsein in der Ornamentik charakteristisch. War doch im Zeitalter des Historismus bis nach der Jahrhundertwende der Schmuck an den Hausfassaden von größter Bedeutung. Dominiert von Neorenaissanceformen gehört eine Abfolge von Neostilen bis hin zu Anklängen an den Sezessionsstil zum Formenvokabular des Jakob Ceconi. Eine große Ausgewogenheit zwischen Künstlerischem und Funktionellem ist vor allem bei seinen Villenbauten zu sehen.[11]

Die „Cementwarenfabrik" der Firma Ceconi

Wie schon erwähnt, hatte Jakob Ceconi eine Zementwarenfabrikation betrieben.

(Abb. 4) Eine in Fragmenten erhaltene undatierte illustrierte Preis-Liste existiert aus dem Ceconi-Nachlaß. Es heißt darin:

„Ich erlaube mir speziell auf meine K o p i e n der prächtigen, im Garten des Mirabellschlosses zu Salzburg aufgestellten Barock-Marmorvasen aufmerksam zu machen. Auserdem werden auch schöne, runde Marmor-Mosaikplatten für Gartentische mit den verschiedensten Musterzeichnungen erzeugt. Erzeugnisse in Fassade- und Garten-Architektur in Kunststein, vom Steinmetz überarbeitet, werden in bester, fast naturgetreuer Art erzeugt und richtet sich deren Preis nach Übereinkommen. Künstliche Marmor-Imitationen und Stukko-Lustroarbeiten sowie Kunststeinarbeiten an Ort und Stelle, können jederzeit und billigst ausgeführt werden."[12]

Erzherzog Franz Ferdinand d'Este und seine Beziehung zu Salzburg

Die Liebe zur Jagd erweckte das Interesse des Erzherzogs zum Erwerb von Schloß Blühnbach, einem Jagdschloß aus der Zeit des Erzbischofs Wolf Dietrich südlich von Salzburg. Das geschah ungefähr zu der Zeit, als die Umbauarbeiten für Schloß Konopiště begonnen hatten.

1892 hielt sich der Thronfolger das erstemal in Blühnbach auf, und von 1908 bis zu seinem Tod 1914 war er viele Wochen und Monate jährlich im Kronland Salzburg anwesend. Obwohl Franz Ferdinand ein ausgeprägtes Interesse für EB Wolf Dietrich hatte, ließ er den Renaissancebau des Erzbischofs[13] Schloß Blühnbach durch Ludwig Baumann, der in Wien u. a. beim Bau der Hofburg und des Kriegsministeriums beteiligt war, gänzlich verändern. Der Wiener Dombaumeister Ludwig Simon lieferte ebenfalls Pläne zu Schloß Blühnbach. Wie in Konopiště erfolgte die Innenausstattung nach dem persönlichen Geschmack des Thronfolgers.

Über das Kunstverständnis des Erzherzogs gab es verschiedene Meinungen. Max Fabianis Urteil über den Thronfolger:
„Der Erzherzog war durchaus nicht hochkultiviert. Er hatte nur geringes Kunstverständnis. Er war ein großer Jäger, aber von Natur aus mit einem starken Gefühl und großer Ahnung für viele Ereignisse ausgerüstet."[14]

Die Meinung des Kunsthistorikers Hans Tietze zur Sammlungstätigkeit des Erzherzogs:
„Diese Sammlungen verraten Wesen und Charakter des Sammlers. Erzherzog Franz Ferdinand war bekanntlich ein leidenschaftlicher Erwerber von Gegenständen verschiedenster Art; aber was ihn an ihnen lockte, war nicht die geniale Einzelleistung, die höchste Qualität, deren Urheber sich weit über das durchschnittliche erhebt, sondern

die Masse. [...] wir fühlen, daß es ein starker Mann gewesen sein muß, der den Dingen, die ihn umgaben, seinen Willen dermaßen aufzuprägen wußte und über den Tod hinweg ein Staatswesen, das jede Erinnerung an die Habsburger verleugnet, dennoch nötigt, das Andenken an den letzten starken Vertreter ihrer dynastischen Lebensenergie unangetastet zu erhalten."[15]

Im Jahrzehnt vor 1914 spielten Stadt und Land Salzburg im Leben von Thronfolger Franz Ferdinand, v. a. sein Verhältnis zu Kunst und Denkmalpflege dieser Gegend, keine geringe Rolle.

Max Dvořák und Franz Ferdinand waren vor 1914 in Österreich maßgebend an der Denkmalpflege beteiligt. Als Protektor bei der Zentralkommission für Kunst- und Denkmalpflege hat sich der Thronfolger besonders um Denkmalschutz und Altstadterhaltung in Stadt und Land Salzburg verdient gemacht.[16] Ein bleibendes Verdienst, das bis heute weitgehend in Vergessenheit geraten ist.

Der Thronfolger suchte zwar immer wieder in künstlerischen Belangen fachmännischen Rat, agierte dann aber autoritär. Durch sein rigoroses Eintreten für die Belange des Altstadtschutzes von Salzburg hatten Stadtgemeinde und Geistlichkeit zu ihm ein einigermaßen gestörtes Verhältnis. Der Thronfolger beobachtete das Baugeschehen in Salzburg genau. Sein größter Erfolg aber war die Vereitelung des Baus des Mönchsbergtunnels, der teilweise die Zerstörung des St. Peters Friedhofs zur Folge gehabt hätte und die nicht durchgeführte Neutorverbreiterung.

Die Heimatschutzbewegung war Franz Ferdinand ebenfalls ein großes Anliegen. Vom 13.–14. September 1911 fand „unter dem Protektorate Seiner kaiserlichen und königlichen Hoheit des Durchlauchtigsten Herrn Erzherzogs Franz Ferdinand von Österreich-Este die Gemeinsame Tagung für Denkmalschutz und Heimatpflege"[17] statt:

„Was hat sich von Franz Ferdinands vielfältigem Salzburgbezug im allgemeinen Bewußtsein erhalten? Im wesentlichen nur die Erinnerung an einen überaus streitbaren und von gigantomanischer Jagdleidenschaft beseelten Fürsten. Franz Ferdinands Verdienste um die Ausgestaltung des österreichischen Denkmalschutzes im allgemeinen sowie um den Erhalt von Salzburgs Altstadt im besonderen verdrängten dagegen bereits die Zeitgenossen erfolgreich aus ihrem Bewußtsein. [...] und vielleicht wird sich beim Anblick des St. Peters-Friedhofes zukünftig der eine oder der andere darauf besinnen, daß dieses

Salzburger Kleinod ohne Franz Ferdinands Veto zu Beginn dieses Jahrhunderts in seiner originalen Form zerstört worden wäre. Franz Ferdinand verdient, daran ist kein Zweifel, in den – noch ungeschriebenen – Annalen von Altstadterhaltung und Denkmalschutz in Salzburg einen Ehrenplatz an der Seite von Josef Mayburger und Hans Sedlmayr."[18]

Man wird sich naturgemäß fragen, warum der Thronfolger ausgerechnet Ceconi-Vasen bei der Gestaltung des Rosengartens in Konopiště bevorzugte. Hier sind mehrere Theorien wahrscheinlich.

Franz Ferdinand hat um die Jahrhundertwende bis zu seinem Tod 1914 in Belange von Kunst und Kultur in Salzburg Position bezogen. Er kannte die Stadt gut. Der Name Ceconi müßte ihm bekannt gewesen sein.

Die Baufirma Ceconi war damals die größte in Stadt und Land Salzburg und eine der größten in den Alpenländern. Jakob Ceconi war Mitglied des Technischen Clubs, hielt städtebauliche und gemeindepolitische Vorträge und arbeitete an Veröffentlichungen und Planungen mit. Oftmals seine eigenen früheren Arbeiten kritisch prüfend, trat Jakob Ceconi als katholisch-konservativer Gemeinderat gegen „die Schablone der Stadtregierung auf und forderte eine künstlerisch-wirtschaftliche Planung". In der Zementwarenfabrik Jakob Ceconis wurden u. a. Kopien von Vasen des Salzburger Mirabellgartens hergestellt. Als Kunstliebhaber wird der Thronfolger sicherlich des öfteren bei seinen Salzburg-Aufenthalten den Mirabellgarten besucht haben und davon begeistert gewesen sein.

Franz Ferdinand hat zu seinen Skulpturen aus der Estensischen Sammlung Ergänzungen gesucht. Daß er sie in Salzburg in der Zementwarenfabrik des Jakob Ceconi gefunden hat, ist kein Zufall, da, wie erwähnt, die Baufirma Ceconi in Salzburg allseits bekannt war und einen guten Namen gehabt hatte. Es kann auch vermutet werden, daß der Architekt Max Fabiani, der bereits die Umbauarbeiten von Konopiště geleitet hatte, seinen Einfluß bei der Auswahl der Objekte für den Rosengarten geltend machen konnte. Eine Verbindung Fabiani – Ceconi kann insofern nachgewiesen werden, als in den Jahren 1907/08 am Grand Hotel de l'Europe in Salzburg ein Anbau von der Baufirma Ceconi nach Plänen von Max Fabiani ausgeführt wurde. Eine Abbildung, die sich im Salzburger Museum Carolino Augusteum befindet, weist darauf hin, daß Ceconi-Vasen auch im Garten des Hotels aufgestellt waren.

Es zeugt vom Kunstverständnis des Erzherzogs, der regen Anteil am Kulturgeschehen der Stadt Salzburg hatte und der an den Vasen, die teilweise Kopien jener aus dem Salzburger Mirabellgarten gewesen sind, Gefallen gefunden hatte.

„Die Schloßbauten des 19. Jahrhunderts waren ein Phänomen, das sich angemessen mit dem Begriff ‚Gesamtkunstwerk' bezeichnen läßt. Es umfaßte die Architektur, ihre dekorative Gestaltung und die Interieurs, in denen, insbesondere in der Epoche des Historismus, zeitgemäße Ausstattung und kostbare Gegenstände verschiedener Stilrichtungen und Epochen zu einer unteilbaren Einheit fanden. Dabei griff der künstlerische Gestaltungswille oft weit über die Tore der eigentlichen Schloßarchitektur hinaus. Bestandteile dieser Kultur waren die Gestaltung der Parkanlagen und zuweilen auch der weiteren Umgebung der Schlösser. Konopischt ist ein typisches ‚Gesamtkunstwerk', an dem der Bauherr nach dem Vorbild bedeutender Adelsbauten aus vergangenen Epochen großen Anteil hatte."[19]

Abb. 1: Schloß Konopiště, Rosengarten

Abb. 2

Tafel 10. Figur 49. Kollossal-Rokoko-Vase, Type aus dem Mirabellgarten, mit Ranken und Rosen, Steinbockköpfen und Guirlanden verziert. 80 K.

Mirabell-Vase aus Konopiště (Ansicht etwas versetzt)

Vorbild aus dem Salzburger Mirabellgarten

Abb. 3

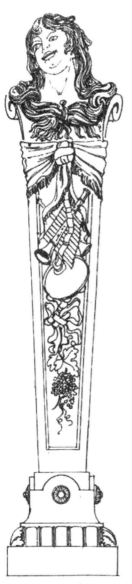

Bacchantin-Herme, samt Basis, Schaft mit Wein- und Musik-Emblemen (2,28 m hoch). 50 K.

Bacchantin-Herme aus Konopiště

Abb. 4: Ausschnitt aus dem Briefkopf des BAU- UND BAUMATERIA-LIEN-FABRIKS-GESCHÄFTS JACOB CECONI SALZBURG.

Anmerkungen

[1] Da Jakob Ceconi 1922 starb und der Rosengarten um 1904 fertiggestellt wurde, kann es sich nur um eine Zeitschrift handeln, welche zwischen 1904 und 1922 erschienen war.

[2] Als der letzte der Familie Vtrba, František Josef Vtrba, 1830 starb, erbte alle seine Besitztümer der kaiserliche Kämmerer Jan Karel z Lobkovic. Dessen Sohn Franz Eugen verkaufte Schloß Konopiště mitsamt den Herrschaften Konopiště, Týnec nad Sázavou und Benec im Jahr 1887 um sechs Millionen Gulden an den österreichischen Thronfolger Erzherzog Franz Ferdinand d'Este.

[3] Brožovský, Miroslav: Schloß Konopiště. Hg. v. d. Anstalt für Denkmalschutz in Mittelböhmen. Prag 1995. S. 3.

[4] 1875 fiel die berühmte Este-Sammlung dem Thronfolger als Erben des letzten Herzogs von Modena-Este gemeinsam mit dem Namen zu. Die Erbstücke aus dem Familienbesitz der Este, die Kunstsammlungen aus Modena, Ferrara und Cataja wurden 1904 in der Wiener Hofburg der Öffentlichkeit gezeigt. Ein Teil blieb in Wien, ein Teil kam nach Konopiště, während Gegenstände aus Cataja nach Schloß Ambras übersiedelt wurden.

280

[5] Ein Entwurf von Jakob Ceconi Schloß Konopischt Einfahrtsthor beim Schloßeingang M 1:20 nach Salzburger Motiven befindet sich im Salzburger Museum Carolino Augusteum.

[6] Sedlmayr, Hans: J. B. Fischer von Erlach. Wien ²1976.

[7] Fuhrmann, Franz: Salzburg in Alten Ansichten. Salzburg 1981.

[8] Ein weiterer Salzburg-Bezug findet sich am neobarocken Eingangsportal, das in den Rosengarten führt. Es besteht aus Salzburger Konglomerat. Jakob Ceconi hatte auch einen Konglomeratsteinbruch betrieben.

[9] Die Bezeichnungen stammen aus der in Fragmenten erhaltenen undatierten Preis-Liste zum illustrierten Katalog, über Fassade- und Garten-Architekturen der Firma Jakob Ceconi, Architekt und Baumeister in Salzburg.

[10] K = Preisangabe in Kronen

[11] Schobersberger, Walburga: Baumeister einer Epoche. Das gründerzeitliche Wirken der Baumeister- und Architektenfamilie Ceconi in Stadt und Land Salzburg. In: Mitteilungen der Gesellschaft für Salzburger Landeskunde. 125. 1985. S. 703–745.

[12] Preis-Liste über Fassade- und Garten-Architekturen der Firma Jakob Ceconi, Architekt und Stadtbaumeister in Salzburg.

[13] Das vermutlich im 11. oder 12. Jahrhundert erbaute Jagdschloß Blühnbach wurde im Jahre 1603 unter Erzbischof Wolf-Dietrich neu erbaut. Siehe: Aschaber, Maria-Katharina: Blühnbach als Idee eines herrschaftlichen Jagdsitzes. Phil. Dipl.-Arbeit. Salzburg 1994. S. 41.

[14] Pozzetto, Marco: Max Fabiani. Ein Architekt der Monarchie. Wien 1983. S. 95.

[15] Tietze, Hans. In: Neues Wiener Journal. 8. 4. 1928. S. 11.

[16] In der erzherzoglichen Militärkanzlei in Wien gab es auch ein Referat für Kunst, das eng mit der Wiener Zentralkommission für Kunst und Denkmalpflege zusammenarbeitete. In Zusammenhang mit Max Dvořák gelang es, die Kommission in eine moderne fachmännisch geleitete Institution umzuwandeln.

[17] In der Teilnehmerliste befindet sich auch: „Jakob Ceconi, Baumeister, Salzburg".

[18] Hoffmann, Robert: Erzherzog Franz Ferdinand und der Fortschritt. Altstadterhaltung und bürgerlicher Modernisierungswille in Salzburg. Wien, Köln, Weimar 1994. S. 114. Ich danke dem Autor herzlich für seine Hilfsbereitschaft.

[19] Muchka, Ivan/Kuthan, Jiří: Schlösser des Klassizismus, der Romantik und des Historismus. In: Seibt, Ferdinand (Hg.): Böhmen im 19. Jahrhundert. Vom Klassizismus zur Moderne. München 1995. S. 130.

Kurt F. Strasser

Von Gemeinsinn und Gemeinheit

I. Gedankenschmiede Biedermeier

Im Jahre 1998 erschien Hugo Rokytas Buch über Vinzenz Weintridt, einen der vielen fruchtbaren Wissenschaftler der Zeit des Biedermeier, die aus Böhmen, Mähren, Schlesien und Österreich stammten und wechselweise hier und dort wirkten. „Manche von ihnen haben sich durch ihr Lebensschicksal der schematischen Kategorisierung entzogen, weil ihre progressiven Gedanken oft über ihre Zeit hinausreichten", so Rokyta.[1] Nun verbindet man mit „Biedermeier" heutzutage bestenfalls einen schlichten und handwerklich untadeligen Stil in Möbelbau, Malerei oder Literatur, aber nicht Progressivität und Zukunftsperspektive. Eine der Ungerechtigkeiten der Nachwelt.

Hugo Rokyta stellt seinem Buch folgendes Motto voran:

> „Wähle von allen dir möglichen Handlungen immer diejenige,
> die, alle Folgen erwogen,
> das Wohl des Ganzen, gleichviel in welchem Teil,
> am meisten befördert".

Es ist dies das grundlegende Sittengesetz in der Definition des Prager Philosophen Bernard Bolzano. Darüber wollen wir reden, denn Bolzanos Denken war geradezu eine unerschöpfliche Quelle von Progressivität und Zukunftsperspektive, und seine Philosophie begründete eine eigenständige philosophische Strömung im Haus Österreich.

Bolzano, am 5. Oktober 1781 in Prag geboren und am 18. Dezember 1848 ebendort gestorben, verstand sich als „Böhme deutscher Zunge". Sein Vater kam aus Nesso am Comersee im Herzogtum

Mailand, ebenso wie das Königreich Böhmen Teil des habsburgisch regierten Hauses Österreich. Seine Mutter stammte aus einer Prager deutschsprachigen Familie. Der Sohn studierte an der Prager Universität zunächst Philosophie und Mathematik, daraufhin Theologie. Er brachte es in all diesen Bereichen zu besonderen Leistungen, die viele Jahrzehnte später erst in ihrer Größe erkennbar wurden. In der Theorie der reellen Funktionen und in der Mengenlehre hatte Bolzano Wesentliches vorweggenommen, und Edmund Husserl, der seine Phänomenologie unter Anwendung des Bolzanoschen Systems zustandebrachte, erkannte in ihm einen der größten Logiker aller Zeiten – zwei Generationen später. Bolzano hatte mit seiner „Wissenschaftslehre" ein System geschaffen, das auf „Wahrheiten an sich" ruhte und das die dem Aufbau aller wissenschaftlichen Bereiche grundlegenden Regeln durchsichtig und einsichtig machen sollte.

Bolzano war katholischer Geistlicher. „Katholisch" bedeutete ihm, die Gesamtheit der Gläubigen umfassend. Aus dem Glauben hatte der aufgeklärte Denker freilich das Irrationale weitgehend herausgefiltert. Glauben schien ihm das beste Mittel, die Menschen auf eine höhere Stufe des Erkennens und Daseins zu führen. Die Kirche, so wie Bernard Bolzano sie verstand, sollte eine wirksame, formbewahrende Einrichtung zum Wohl der Menschen und geradezu die Bewahrerin vor Irrationalismen sein, die Grenze des Wissens angeben, die dort zu suchen war, wo eine wohltätige Ansicht, die nicht wissenschaftlich erwiesen werden kann, aus diesem Grund allein nicht verworfen werden sollte. In dieser Bescheidung war die Demut des Wissenden angelegt, das war die Schranke zur Hybris des allwissenden Philisters.

Als Universitätskatechet hatte Bolzano vor den Studenten sogenannte „Erbauungsreden" (ER) zu halten[2], in denen er die anfangs skeptischen Studierenden durch ungeheuer vernünftige und zeitlose Ansichten tief beeindruckte. So trat er stets gegen blinden Gehorsam auf, beschrieb die wesentliche biologische Gleichheit aller Menschen (ER 1810.33) und kämpfte um ihre Durchsetzung und damit gegen jede Art von Unterdrückung, forderte etwa auch die Gleichberechtigung der Frauen (ER 1810.52) und verlangte unverblümt eigenes Denken von seinen Hörern, nicht ohne ihnen moralische Anhaltspunkte und Richtlinien zu zeigen, für die sein eigenes Leben jedem ein anschauliches Beispiel bot.

Dem deutschen Idealismus gegenüber, der auch im Geistesleben der Monarchie immer mehr den Ton angab, bot Bolzanos Denken entschiedene Vorteile: Nachdem seine Gedanken auf ganz konkreten, vorgelebten und nachvollziehbaren menschlichen Handlungsweisen beruhten, die ihr Regulat im Gemeinwohl fanden und im gesunden Menschenverstand immer wieder geerdet wurden, war ihr Aufsteigen in den Ideenhimmel ausgeschlossen. Wo Fichte die Vaterlandsliebe beispielsweise aus dem Wesen des Volkes und aus dem Wesen der Liebe destillieren zu müssen glaubte, verflüchtigte sich die Heimat zur Idee, und Nationalismus verdichtete sich unter Herders geistiger Mithilfe zum *Glauben* an nationale Auserwähltheit. Bolzanos bescheidener, aber exakt faßbarer Begriff von Vaterland ließ das nicht zu: Vaterland bedeutete in seinem Sinn jenes Land, *von welchem jemand bisher die meisten Wohltaten empfangen hat und dem er fürderhin die meisten Dienste zu leisten sich im Stande sieht.* Das Vaterland blieb somit eine *menschliche* Größe, die an konkret zu erfahrenden Verdiensten zu messen war und der man nach Kräften zuarbeitete. Nationale Auserwähltheiten waren dem deutschsprachigen Böhmen mit italienischem Vater eine viel zu ungenaue Größe, eine, die sich im Haus Österreich auch erübrigte.

Ein anderes Beispiel: Kants kategorischer Imperativ mag ähnlich klingen wie Bolzanos Sittengesetz, aber es trennen sie Welten: Kant baut auf der Idee der Pflicht auf: „Handle so, daß die Maxime deines Willens jederzeit zugleich als Prinzip einer allgemeinen Gesetzgebung gelten könne." Bernard Bolzanos „ewiges Sittengesetz" besagt, der Mensch solle *glücklich sein, die anderen glücklich machen und das Wohl der Menschheit insgesamt verfolgen – und darin stets fortschreiten.* Pflichtbewußtsein und Glücklichsein sind grundverschiedene Umstände; und: „Es ist zum Glück eine wahrhaft ungeheure Reise ..."[3] Pflichtbewußtsein, das heißt Regelfolgen, ließe sich theoretisch auch von einer Maschine erwarten. Und wie sich bald herausstellte: Der Absolutsetzung der Technik in einer von den menschlichen Bedürfnissen und vor allem vom Gemeinwohl abgehobenen Dialektik der Aufklärung setzt der Idealismus nichts entgegen; Bolzanos Denken aber alles. Daß der technologische Fortschritt die Menschen nicht geradewegs zum Glück führt, ist ja mittlerweile schon deutlich geworden.

Für den Wert des einzelnen und sein Recht auf Glückseligkeit hat Bolzano zeitlebens gekämpft, mit unerschrockenem Mut – Mut bedeutet in seiner Definition (ER 1810.22) nicht etwa, sein Leben irgendwelchen Ideen zu opfern, sondern: *„Nur der, behaupte ich, besitzet echten Muth, der sich mit voller Besonnenheit zu einem Schritte* *zu entschließen vermag, der ihn bedeutenden Gefahren oder Leiden aussetzt, und wenn diese eingebrochen sind, nicht gleich bereuet, den Schritt gethan zu haben."* Diesen Mut hat Bolzano selbst bewiesen, und der hat ihn um seine Ehre, seinen Beruf und seine Wirkung auf die Nachwelt gebracht. Denn: „Seine k. k. Majestät haben für die an der philosophischen Anstalt studierenden Jünglinge, um sie in den Jahren, wo die Leidenschaften immer mehr und mehr erwachen, und die Vernunft zum Nachdenken über die Gegenstände um sie her selbst durch den Unterricht geweckt wird, vor Irrthum und Ausschweifung zu sichern, einen Unterricht in der Religion anzuordnen, und dazu einen Religionslehrer anzustellen geruhet." Und was der „Religionslehrer" zu besorgen hatte, war, „die Schüler der Philosophie zu guten Christen und rechtschaffenen Bürgern zu bilden"[4] – und nicht zu kritischen Geistern. Bolzano wurde abgesetzt, „unschädlich" gemacht durch Lehr- und Veröffentlichungsverbot.[5] Ein Pyrrhus-Sieg für den österreichischen Kaiser Franz und seine Staatsmänner.

II. Untergang

Mit solchen Maßnahmen hatte sich das Haus Österreich – genauer: seine Verwalter hatten ihm – den Boden unter den Füßen weggezogen: die eigene Philosophie geraubt. Eine eigenständige österreichische Philosophie, wie sie Bolzano begründet hatte, wäre eine tragfähige Klammer für sehr verschiedenartige Denk- und Lebensformen geworden, und somit eine sehr moderne, dem deutschen Idealismus und der Dialektik der Aufklärung überlegene Denkweise. Bolzanos Philosophie hatte ihren Ausgangspunkt in den ethisch begründeten, konkreten Lebensformen. Sie ging den mühsamen Weg einer ständigen Klarstellung der Begriffe und ihres verantwortungsbewußten Gebrauchs im alltäglichen Leben. Ihr Ende lag im „Glück eines Jeden" so Grillparzer an Radetzky. Denker und Dichter waren eins in dieser Philosophie. Es war sehr kurzsichtig und geradezu ein Verbrechen gegen Humanität und Zivilisation, eine solche Philosophie „unschädlich" zu machen.

„Aus eignem Schoß ringt los sich der Barbar ..."[6] – Franz Grillparzer führt in seinem Drama über Rudolf II. aus, was es heißt, alles Große, „die Kunst, die Wissenschaft, den Staat, die Kirche" zur Oberfläche

eigener Gemeinheit" zu erniedrigen; er ist der Seher des kommenden Unheils. Der böhmische Historiker František Palacký hat die Wichtigkeit des großen alten mitteleuropäischen Reiches im Krisenjahr 1848 klar erkannt: Die Stärkung der Existenz Österreichs, sagt er in seinem Brief an das deutsche Parlament in Frankfurt, sei „eine hohe und wichtige Angelegenheit nicht meines Volkes allein, sondern ganz Europas, ja der Humanität und Zivilisation selbst." Wie recht er hatte, das zeigt das folgende Schicksal Mitteleuropas.

Robert Musil wies in seiner grandiosen Rückschau auf den vergangenen Staat darauf hin, daß dessen Stärke gerade darin bestand, daß er „sich selbst irgendwie nur noch mitmachte", und daß er somit „ein Land für Genies"[7] sein konnte – daß seine Schwächen genau betrachtet Stärken waren. „Wir hätten theoretisch mit unserer Völkerdurchdringung der vorbildlichste Staat der Welt sein müssen"[8], meint er später mit dem ihm eigenen „Möglichkeitssinn".

Joseph Roth, der wie kein anderer den Untergang des alten Mitteleuropa als Mythos besungen hat, sagte: „Das Wesen Österreichs ist nicht Zentrum, sondern Peripherie".[9] (Während das Wesen Frankreichs, das mit seiner Revolution dem modernen Europa die neue Richtung vorgeben sollte, immer Zentrum war.) Mit dem Ende der Monarchie ist er, der nie eine Heimat im engen Sinn hatte, vollkommen heimatlos geworden, in einem tiefen, fast kosmischen Sinn.[10] Seine Figur Graf Morstin läßt Roth sagen: „Ich bin gewohnt, in einem Haus zu leben, nicht in Kabinen."[11]

Ludwig Wittgenstein, auch einer jener heimatlos gewordenen Denker, setzt der so beschriebenen österreichischen Philosophie einen Endpunkt, der auch als große Wende im philosophischen Denken aufgefaßt wurde, zumal er Idealismus und Dialektik der Aufklärung völlig überwindet. Wie kein anderer Philosoph hat er das große Umdenken nach dem Zerfall des alten Reiches angeregt und zugleich *gelebt*. Er spricht in den Dreißiger Jahren vom *Verschwinden* einer Kultur. „Die Kultur ist gleichsam eine große Organisation, die jedem, der zu ihr gehört, seinen Platz anweist, an dem er im Geist des Ganzen arbeiten kann, und seine Kraft kann mit großem Recht an seinem Erfolg im Sinne des Ganzen gemessen werden. Zur Zeit der Unkultur zersplittern sich die Kräfte ..."[12] Wittgenstein setzt hier das Kriterium der alten Welt an; aber er wertet nicht. Der Wert des Menschen *zeigt* sich in diesen Zeiten eben in einer anderen Weise, meint er, aber er verschwindet nicht. Ein Trost. Dazu später. Vorerst ein Nachtrag:

Im Jahr 1996 erschien in Mailand das Buch Esilio (Exil) des in Dalmatien geborenen und in Italien lebenden Journalisten und Schriftstellers Enzo Bettiza. Es ist eine Mischung aus Autobiographie, Essay, Roman und wurde mit einem der renommiertesten italienischen Literaturpreise, dem Premio Campiello, ausgezeichnet. In diesem Buch beschreibt Bettiza seinen Vater, der in Split, noch zu Zeiten der Habsburgermonarchie, einem großbürgerlichen Haushalt vorstand:

„Ich muß vorausschicken, daß mein Vater alles andere war als ein Fanatiker oder Starrkopf. Im Gegenteil, er war, was Gemütsart und Lebensgewohnheiten betraf, Studiengang und Wiener Eleganz der Kleidung, auf seine Art eine Inkarnation jener seltenen kosmopolitischen Kreatur, die einst ‚homo austriacus‘ genannt zu werden pflegte, die sich von Wien bis Krakau fand, um schließlich bis nach Split vorzudringen, und die eine eigene Art von Kultur, von Umgangsformen, von elastischer imperialer Mentalität mit sich brachte, die aber eines nicht bedeutete: Nationalität, – diese blieb, seltsam und danebenlaufend, eher getrennt als einbezogen in das Verständnis von Kultur. Ein Bewohner des Kaiserreiches konnte sich in Gesellschaft in vollkommen natürlicher Weise benehmen, als perfekter ‚homo austriacus‘, und sich gleichzeitig als Slowene, Böhme, Pole, Jude, Kroate oder Italiener fühlen."
(Übers. d. A.)[13]

III. Was bleibt

Das große Haus ist nach der Zerstörung Mitteleuropas auch in eifersüchtig bewachte Kammern aufgeteilt worden, das Gemeinsame mit der Zeit in Gemeinheiten untergegangen. Kleinbürger traten als die neuen Herren auf.[14] Die dutzendjährige Episode des Dritten Reichs war eine besonders markante Frontwelle einer weltweiten Zerstörungsflut über kulturelle Werte und folglich menschliche Lebensgrundlagen. Die Vielfalt der alten Welt wurde und wird, ebenso wie ihr verbindliches Formenkleid, vernichtet, um so ihre Beherrschbarkeit zu ermöglichen. Neue, umfassende Beherrschungsstrukturen wurden entwickelt, soziale Unterschiede – Gemeinheiten von nie gekannten Ausmaßen – sind keineswegs Schatten der Vergangenheit, sondern moderne Phänomene. Was sich ändert, ist im Grund das *Selbstverständliche*, die menschliche Grundlage der abendländischen Kultur; ihre *Lebensformen* ändern sich.[15]

Das alles ändert aber gar nichts an der Tatsache, daß der Gedanke des Gemeinwohls als Lebensprinzip nichts an Bedeutung verloren hat. Heute müßte er, den technischen Möglichkeiten gemäß, notwendigerweise global, und auch im Sinne zukünftiger Generationen, von einem jeden verstanden werden. – „Verstehen" im Sinn von Ludwig Wittgenstein als etwas gesehen, das sich im Verhalten dessen, der verstanden hat, *zeigt*, und nicht bloß als Behauptung aufgestellt. Bei aller Veränderung sind die Grundelemente der österreichischen Philosophie bei Wittgenstein erhalten geblieben – ihre Verankerung in den konkreten Lebensformen, der Weg der Begriffs- und Sprachklärung, den sie geht, und ihr Ziel in einer über rationale Programme hinausgehenden Art mystischer „Welt des Glücklichen".

„Die Österreicher sind – seit dem Krieg – so bodenlos tief gesunken, daß es traurig ist, davon zu reden", schreibt Ludwig Wittgenstein 1921 an seinen Freund Bertram Russell. Tatsächlich hat gerade in Österreich ein vollkommener Bruch mit der eigenen, größeren Vergangenheit stattgefunden, und die vergangene Größe erscheint heute noch oft als unverstandene Bürde. Auch von den Regierungen der meisten Länder der ehemaligen Monarchie wird eine Erinnerung an sie und ihre „guten alten Zeiten" als Beleidigung empfunden. Es ist nach wie vor nicht opportun, über die vergangene Welt positiv zu sprechen, und ich setze mich hier dem Vorwurf der Nostalgie oder des Monarchismus aus, wenn ich positive Aspekte, auch wenn es nur *Möglichkeiten* sind, anführe. Es hat oft den Anschein, als ob mit der Verbannung der Vergangenheit aus den Gedanken gerade auch Bolzanos so manchem unangenehme Lebensprinzip des Gemeinwohls „unschädlich" gemacht werden sollte. Hugo Rokytas Motto ist heute jedenfalls weder in der Kunst noch in der Wissenschaft und schon gar nicht in Wirtschaft und Politik bedeutsam, es ist alles andere als *selbstverständlich*.

Jaromír Loužil, den ich bei meiner Suche nach Handschriften Bernard Bolzanos in Prag kennengelernt habe, erzählte mir, sein Vater sei Arzt gewesen im nordböhmischen Jaroměř; seine Mutter eine geborene Molnár aus Wien. Seine Ausbildung hatte der Vater den hervorragenden Bildungseinrichtungen der Monarchie zu verdanken, für die Bolzano-Schüler sich besonders eingesetzt hatten. Loužils

Patienten waren zu einem Drittel deutschsprachig, was niemals irgendwelche Schwierigkeiten bereitet hatte. Jan Loužil wurde bald nach dem Einmarsch der deutschen Truppen in der Tschechei von der Gestapo verhaftet, ins Konzentrationslager gebracht und während des Krieges dort behalten. Er hatte sich, als Bürgermeister des Ortes, immer für seine Landsleute eingesetzt – das war ihm jetzt zum Verhängnis geworden. Jaromír Loužil, der Sohn, wurde nach der Matura zum „Totaleinsatz" in der sogenannten „Nordhilfe" zu Grabungsarbeiten eingeteilt. Er hatte keine Gründe, den Deutschen gewogen zu sein.

Nach dem Krieg setzte sich das menschliche Elend auf andere Art fort. Daria Razumovsky, eine der etwa drei Millionen Enteigneten und aus ihrer angestammten Heimat Böhmen und Mähren vertriebenen Deutschen, notiert am 29. Oktober 1945 in ihr Tagebuch: „... wenn man sich das Leben der Deutschen anschaut, kann man doch nichts Ärgeres finden. Dieses Leben im Lager, dieses Elend und diese Ungerechtigkeiten, man findet einfach weder Worte noch irgendeinen Ausweg ..."[16] Die kommunistische Partei hatte sich übrigens besonders mit der Hetze auf die Besitzenden, und das waren besonders die Deutschen, ihre Vormachtstellung im Land erkämpft. Franz Dubský berichtet, daß das Schloß seiner Tante, der großherzigen mährischen Dichterin Marie von Ebner-Eschenbach, nach der Beschlagnahmung auf Geheiß der tschechoslowakischen Regierung kurzerhand ausgeräumt wurde, so auch die Bibliothek. Diese wurde, nachdem sie vorwiegend aus deutschsprachigen Büchern bestand, nicht weiterverwendet, sondern auf einen Lastwagen geladen und einer Papiermühle zugeführt, darunter auch ihr Briefwechsel mit Freunden wie Gottfried Keller oder Franz Grillparzer.[17] Jaromír Loužil wies mich darauf hin, daß derartiges nur in der anfänglichen, „wilden" Phase der Enteignung geschehen konnte, daß in der Folge alle Schloßbibliotheken unter den Schutz und die Verwaltung des Staates gestellt wurden und insgesamt sehr sorgsam mit Kulturgut umgegangen wurde. Sein eigenes Beispiel war mir dazu ein eindrucksvoller Beleg.

Enzo Bettiza schreibt, daß er Franz Grillparzers Prophezeiungen, wonach der Nationalismus in die Barbarei führe, erfüllt gesehen habe. Er berichtet davon, daß die kommunistische Regierung seiner früheren Heimat Ende der fünfziger Jahre angeordnet habe, den Friedhof Santo Stefano in Split/Spalato – einen der schönsten und historisch interessantesten des ganzen Mittelmeerraumes, auf einem zum Meer abfallenden Felsen angelegt, mit Grabsteinen in verschiedensten Sprachen, für Admirale der Serenissima, dalmatinische Kapitäne, napoleonische Offiziere, altösterreichische Generäle, ungarische Aristokraten und böhmische Bürokraten, dazwischen zauberhaft unberührte mediterrane Flora, mit Schubraupen einzuebnen und darauf eine Hotelanlage zu stellen – eine Gemeinheit, die dann, wie so oft, aus Geldmangel oder Unfähigkeit doch nicht zur Ausführung kam.

Jaromír Loužil ging als junger Mensch mit allerhand Idealen in den fünfziger Jahren zur kommunistischen Partei. Er wurde Bibliothekar und schließlich Leiter des Literaturarchivs, in dem die Literatur des Landes zentral verwaltet werden sollte. Ein gewissenhafter, arbeitsamer Mensch, der keinerlei Grund hatte, der deutschen Kultur besonders gewogen zu sein. Und doch, bei seinen Studien stieß er auf den Nachlaß Bolzanos, der ihn in seinen Bann zog und um den er sich größte Verdienste erworben hat. An diesem Nachlaß forschten auch Pavel Křivský und dessen Frau Marie Pavlíková sowie Hugo Rokyta. Sie galten als Katholiken und wurden während der Zeit der kommunistischen Herrschaft als Kriminelle angesehen und behandelt. Křivský, den Loužil als gebildeten, würdigen Herrn bezeichnet, war ein hervorragender Wissenschaftler, der es freilich unter diesen Umständen nie über eine Hilfsstelle hinausbringen konnte. Während seiner Jahre in Haft hielt er vor den Mithäftlingen Vorlesungen in Philosophie, die auf Zetteln und Pappendeckeln notiert und weitergegeben wurden. Rokyta habe, heißt es, während seiner fünf Jahre im Konzentrationslager Buchenwald geheime Vorträge über Goethe, Stifter und andere Dichter gehalten. Die Beschäftigung mit dem Philosophen Bolzano galt dem Regime als verdächtig, und auch Loužil hatte nach und nach Schwierigkeiten mit der Partei bekommen und war ausgetreten. In der durch den Schriftsteller Jaroslav Hašek bekannt gewordenen Schwejk-Taktik erklärten die geheimen Bolzano-Forscher diesen zum Sozialutopisten, der er natürlich auch war – er hatte eine eindrucksvolle Utopie Von dem besten Staate geschrieben –, und so konnten ihnen die Behörden wenig anhaben. Damit ist also Bolzanos Gedankenwelt noch fünf Generationen später den Machthabern verdächtig, und das zurecht, weil sie jede Art von Machthaberei in Frage stellt.

Allerdings hält sich die Gefahr, daß Bolzanos Philosophie allgemein bekannt wird, in Grenzen, weil sie zum einen schwer zugänglich und noch immer nicht vollständig herausgegeben ist und andererseits, weil sie in dem ungeheuren Getöse der Informationsgesellschaft einen leisen, subtilen Ton anschlägt. Außerdem gibt es die Wissenschaftler, die mehr als einzelne Aspekte von Bolzanos Denken – unserer Zeit gemäß findet der logisch-mathematische besondere Beachtung – zu einer Gesamtsicht im Sinn Bolzanos verbinden, kaum mehr. Auch sie haben sich in immer kleinere, spezielle Kammern verzogen.

Aber es könnte sein, das jene Denkweise, die wir hier als „österreichische Philosophie" angedeutet haben – jener das Gemeinwohl nie verlassende Weg, der in immer weitere Bereiche des Lebens erhellende Klarheit in Ausdruck und Einsicht bringen und schließlich zum Glück des einzelnen führen soll –, dem Menschen auf Dauer nicht „erspart" bleibt. Der menschliche Wert ist jedenfalls, auch wenn der alte Rahmen zerfallen ist, noch lange nicht aus der Welt geschafft – er zeigt sich am Beispiel von Jaromír Loužil, Hugo Rokyta und vielen anderen Denkern aus Österreich, Schlesien, Mähren, Böhmen, die einst ein gemeinsames Haus bewohnt und für eine zukünftige gemeinsame Welt gedacht und gewirkt haben.

Anmerkungen

[1] Rokyta, Hugo: Vinzenz Weintridt (1778 –1849). Wien 1998. S. 5.

[2] Bolzanos Erbauungsreden. Zitiert nach den Ausgaben: Prag 1849; Prag, Wien und Leipzig 1852 und Prag 1813 (in dieser Reihenfolge).

[3] Kafka, Franz. In: Der Aufbruch. In: Sämtliche Erzählungen. Frankfurt a. M. 1969. S. 321. – Vgl. Neues Testament, Lk. 9, 3–7.

[4] Unger, Wilhelm: Systematische Darstellung der Gesetze über die höheren Studien in den gesammten deutsch–italienischen Provinzen der österreichischen Monarchie. II. Theil. (Wien 1840) S. 542 f.

[5] Vortrag der Studienhofkommission vom 19. September 1819. In: Eduard Winter: Der Bolzanoprozeß. Brünn, München, Prag 1944. S. 137: „Der oberste Kanzler Graf von Saurau billigt durchgehends die vorgeschlagene Maßregel, um den Professor Bolzano für die Zukunft unschädlich zu machen ..."

[6] Grillparzer, Franz: Ein Bruderzwist in Habsburg. (1848) 3. Akt. Monolog des eingesperrten Rudolf II. auf dem Hradschin.

[7] Robert Musil im bekannten „Kakanien"-Kapitel seines Romans „Der Mann ohne Eigenschaften" (1930–1942).

[8] Buridans Österreicher (1919). In: Musil, Robert: Essays und Reden. Reinbek 1978. S. 1031.

[9] Roth, Joseph: Die Kapuzinergruft. In: Roth, Joseph: Werke in 4 Bänden. Köln 1975. Bd. 2. S. 873.

[10] Der Schluß von Joseph Roths Roman Die Flucht ohne Ende drückt dies besonders klar aus: „... so überflüssig wie er war niemand auf der Welt".

[11] Roth, Joseph: Die Büste des Kaisers. Vgl.: „Im Haus meines Vaters gibt es viele Wohnungen ..." Vgl. Neues Testament, Joh. 14, 2.

[12] Wittgenstein, Ludwig: Zu einem Vorwort (1930). In: Ders.: Vermischte Bemerkungen. Frankfurt 1987. S. 20 f. Man könnte fast mit Thomas S. Kuhn vermuten, daß dort, wo die Tradition besonders stark ist, die Möglichkeit, sie zu überwinden, am größten ist. Vgl. Kuhn, S. In: Die Entstehung des Neuen Frankfurt. 1978. S. 310.

[13] Bettiza, Enzo: Esilio. Milano 1996. S. 30: „Devo premettere che mio padre era tutt' altro che un fanatico o un cocciuto. Era anzi, per umori e consuetudini di vita, per studi universitari, per l'eleganza molto viennese dei modi e degli abiti, un' incarnazione a suo modo esemplare di quella rara creatura cosmopolita che si chiamava una volta ,homo austriacus', che poteva estendersi da Vienna a Cracovia per scendere fino a Spalato, implicava un marchio di civiltà, di costume, di elastica mentalità imperiale; non implicava però il connotato della nazionalità, che restava, in qualche modo strano e parallelo, separato più che assimilato al marchio di civiltà. Un cittadino dell' impero poteva agire e comportarsi in società, in maniera affatto naturale, da perfetto ,homo austriacus' e contemporaneamente sentirsi sloveno, boemo, polacco, ebreo, croato o italiano."

[14] Eine sehr schöne dramatische Darstellung dieses Umstands: Ödön von Horváths Figaro läßt sich scheiden (1933–1936).

[15] Doderer, Heimito von: Die Dämonen. München 1956. S. 754: „Selbstverständlichkeiten sind Ungeheuer, die neben uns geschlafen haben ... Nur Selbstverständlichkeiten können Gegenstände wirklicher Denkakte bilden."

[16] Razumovsky, Maria, Daria und Olga: Unser Abschied von der tschechischen Heimat. Tagebücher 1945–1946. Wien, Köln, Weimar 2000. S. 233.

[17] Ebner-Eschenbach, Marie von: Krambambuli. Stuttgart 1966. Nachwort von Franz Dubský.

Gerhard Walterskirchen

Deliciae musicae
Böhmisch-österreichische Tafelmusik des Barock

Eines der „merkwürdigsten Phänomene der Musikgeschichte", meint
Nikolaus Harnoncourt, „ist die Konzentration der wesentlichsten
stilbildenden und schöpferischen Kräfte auf bestimmte, deutlich ab-
gegrenzte Länder oder Landschaften. Ohne erkennbaren Grund entstehen einmal hier, einmal dort Zentren von weltweiter Strahlkraft,
die nach einigen Generationen höchster schöpferischer Potenz wieder, wie ausgebrannt, schwinden. So hat fast jedes europäische Land
einmal, manchmal sogar mehrmals, seine ‚große Zeit' in der Musik
gehabt."[1] Verständlich erscheint ein Erklärungsversuch für dieses Faktum, wenn die kulturellen Metropolen zugleich die politischen Zentren der Zeit waren – wie etwa um das Jahr 1500, als der Höhepunkt
der franko-flämischen Musik konform verlief mit dem Prozeß der
Machtentfaltung des französischen Regimes wie auch des Kaiserhofes
Maximilians I. Wenngleich auch häufig Wechselwirkungen bestanden,
so zeigt gerade das 17. Jahrhundert, daß nicht bloß Machtkonzen-
tration und fürstliche Kennerschaft, sondern auch Musikerfreund-
schaften und herausragende Leistungen einzelner Musiker – selbst an
kleinen Residenzen – dieses geschilderte Phänomen ermöglicht und
getragen haben. Konkret ist hier die Konstellation Wien – Salzburg –
Kremsier gemeint: Neben dem Kaiserhof wurde sie repräsentiert von
zwei fürsterzbischöflichen Residenzen, deren führende Musiker in der
zweiten Hälfte des 17. Jahrhunderts Geschichte gemacht haben.

Die Italianisierung des Wiener Hofes

Wien hatte, als Residenz der Babenberger und später der Habsburger, schon lange vor dieser Zeit eine reiche musikalische Tradition. Entscheidende Impulse lieferten immer wieder auch auswärtige Künstler. Bereits in der Hofkapelle Rudolfs II. waren mit Vizekapellmeister Camillo Zanotti, dem Organisten Liberale Zanchi und dem Trompeter Alessandro Orologio prominente Italiener vertreten. Damals zeichnete sich ein „Ultramontanismus" ab, der von Dauer sein sollte. Obwohl Österreich gegen Ende des 16. und zu Beginn des 17. Jahrhunderts zahlreiche kriegerische Auseinandersetzungen zu bestehen hatte, scheint die Wiener Hofkapelle davon in ihrem Niveau nicht betroffen gewesen zu sein. „Es sieht fast so aus, als ob man sich hier, inmitten all dieser Erschütterungen, der Schrecknisse von Haß und Tod, die Musik als einen letzten Zufluchtsort der Sanftheit und des Geistes bewahrt hatte."[2] Maßgeblich für die Italianisierung des Wiener Hofes erwies sich letztlich 1622 die Eheschließung Ferdinands II. mit Eleonore Gonzaga, die den Künsten besonders zugetan war. 1624 wurde Antonio Bertali, der bei Stefano Bernardi seine musikalische Ausbildung erhalten und bis 1622 in Verona das Amt des *maestro di cappella* bekleidet hatte, am Wiener Hof als Geiger angestellt. Damals war die Hofkapelle bereits von italienischen Musikern beherrscht: Sowohl Hofkapellmeister Giovanni Priuli als auch sein Nachfolger Giovanni Valentini waren aus der Lehre von Giovanni Gabrieli in Venedig gekommen und hatten in Wien die Tradition der venezianischen Mehrchörigkeit mit ihren charakteristischen Besetzungen – Zinken, Posaunen, Dulzian und Streichern – fortgesetzt, und das zu einer Zeit, als die Musik in Italien sich längst zugunsten der Streichinstrumente verlagert hatte. Kaiser Ferdinand II. scheute keine Kosten, sich der Dienste der besten italienischen Musiker zu versichern, und war Widmungsträger führender „moderner" Komponisten wie Dario Castello. Dessen revolutionierender Musikdruck der S o n a t e c o n c e r t a t e von 1629 mit ihrem breiten Spektrum an Affekten konnte daher nicht ohne Einfluß auf die Musikkultur am Wiener Hof bleiben. Der Begriff „Sonate concertate" war erstmals in den 1620er Jahren im Titel einschlägiger venezianischer Drucke für eine besondere Kategorie der Ensemblesonate mit konzertierenden Elementen, Kontrastbildung sowie Ripieno- und Concertino-Abschnitten verwendet worden.

Das Hofzeremoniell sah Musik bei mannigfaltigen Gelegenheiten vor: Sonaten für spezielle Festtags-Messen, aber auch Kammermusik von der Solosonate bis zu den groß angelegten Sätzen *con trombe solenni*. Bedenkt man, welche Wertschätzung Bertali als Geiger genoß, so überrascht es nicht, daß er den Violinvirtuosen ein hohes Maß an Technik abverlangt. Bezeichnend für den Wiener Hof erscheint auch der Umstand, daß an dem Tag, an dem Bertali 1649 zum Hofkapellmeister ernannt wurde, mit Johann Heinrich Schmelzer ein weiterer Geigenvirtuose und Komponist in Personalunion verpflichtet wurde. Erst zur Zeit Kaiser Leopolds I. erhielten mit Schmelzer bzw. Johann Joseph Fux einheimische Musiker die Leitung der Hofkapelle übertragen. Wenn damit nach Jahrzehnten am Wiener Hof wieder „österreichische" Musik komponiert wurde, blieben diese Komponisten dennoch weiter mit dem italienischen Stil der Musik bestens vertraut.

Italienische und französische Stileinflüsse in Salzburg

Umgekehrt erregte die Spielweise der französischen Orchester im Zuge der Opernreform durch Jean-Baptiste Lully Aufsehen in Europa und wurde bald im deutschsprachigen Raum nachgeahmt. Salzburg erhielt beide Stile in der Musik seines Hoforganisten Georg Muffat vermittelt. Dieser Stilunterschied hat seinen Grund primär in der „gegensätzlichen Mentalität der Italiener und der Franzosen: Die ersten extrovertiert, Freude und Schmerz laut zeigend, spontan, gefühlsbetont, Freunde der Formlosigkeit – die anderen beherrscht, kühl, von klarer Verständnisschärfe, Freunde der Form."[3] Die andernorts unvereinbar scheinende Gegensätzlichkeit dieser beiden Richtungen wurde in Österreich von genialen Komponisten wie eben Muffat, Fux und Heinrich Ignaz Franz Biber zu einer neuen, faszinierenden Struktur verbunden. In Paris hatte Muffat „die Balletten auff Lullianisch-Frantzösische Arth zu producieren"[4] gelernt, ein Aufenthalt in Rom als Schüler von Bernardo Pasquini brachte die Begegnung mit Arcangelo Corelli, der Kunst des italienischen Violinspiels und der damals entwickelten Gattung des Concerto grosso. „Als ich manche Verschiedenheit darinn vermerckte", schreibt Muffat, „componirte ich etliche von disen gegenwärtigen Concerten, so in vorgemelten Hrn. Archangelo Corelli Wohnung probirt worden, (deme wegen viler mir großgünstig communicirten nutzlichen observationen disen Stylum betreffend ich mich verbunden profitiere) und auff dessen approbation, gleichwie schon längstens in meiner zu Ruckkunfft auß Frankreich ich der Erste die Lullianische Ballet-Arth ... in Teutschland gebracht ..."[5]

Die ersten eigenen Versuche im neuen italienischen Stil der Concerti veröffentlichte Muffat in seiner Sammlung Armonico tributo 1682 unter dem traditionellen Titel Sonate di Camera und widmete sie Erzbischof Max Gandolph. 1701 publizierte er die Neuredaktion von fünf dieser Concerti, vermehrt um neue weitere Werke in der Außerlesenen Instrumental-Music. Die Ergebnisse seiner französischen Studien erschienen in den beiden Teilen des Florilegium von 1695 und 1698 mit fünfzehn Suiten für fünfstimmiges Ensemble.

Muffat war demnach der erste, der die beiden konträren Stilarten bewußt und mit europäischer Gesinnung vereint hat: „Die Noten, die Saiten, die liebliche Musik-Thonen geben mir meine Verrichtungen, und da ich die Französische Art der Teutschen und Welschen einmenge, keinen Krieg anstifte, sondern vielleicht derer Völcker erwünschter Zusammenstimmung, den lieben Frieden etwann vorspiele."[6] (Abb. 1)

Seine außergewöhnliche Karriere vom untergeordneten Diener und Instrumentalisten in der kleinen Residenz Kremsier zum gefeierten Virtuosen und hochdotierten Hofkapellmeister in Salzburg begann für Heinrich Ignaz Franz Biber abenteuerlich: Im Spätherbst des Jahres 1670 entsandte der im mährischen Kremsier residierende Olmützer Fürsterzbischof Karl von Liechtenstein-Castelcorn Biber nach Absam in Tirol, um bei dem berühmten Geigenbauer Jakob Stainer ein bestelltes Ensemble von Streichinstrumenten abzuholen. Doch Biber nutzte die Gelegenheit, sich „insalutato hospite"[7] zu empfehlen und in Salzburger Dienste zu treten. Olmütz und der fürsterzbischöfliche Landsitz Kremsier befanden sich nach den Verwüstungen des Dreißigjährigen Krieges noch im Wiederaufbau, der immense Gelder verschlang. Bei aller Vorliebe des Erzbischofs für Musik mußten die zur Verfügung stehenden Mittel und damit auch die Einkünfte der Musiker knapp bemessen werden. Überdies lag Kremsier weitab von den musikalischen Zentren der Habsburgermonarchie. Diese Umstände machen verständlich, daß Biber die Chance zum sozialen Aufstieg, die ihm Salzburg bot, nutzte, freilich ohne formellen Abschied zu nehmen, was für ihn mit Sanktionen verbunden gewesen wäre. Jiří

Sehnal[8] vermutet, daß Biber bereits von Kremsier aus mit dem Salzburger Hof in Kontakt stand, eine Intervention von hoher Stelle bei Fürst Liechtenstein erfolgte und so dieser Vertrags- und Vertrauensbruch für Biber ohne Folgen blieb. Offiziell kam es erst 1676 zur Normalisierung der Beziehungen – in diesem Jahr war ein diesbezügliches Schreiben von Liechtenstein an Erzbischof Max Gandolph persönlich überbracht worden –, doch Biber hatte schon zuvor seine neuesten Kompositionen aus Salzburg nach Kremsier übersandt – nicht bloß die gedruckten, sondern auch seine handschriftlichen Werke.[9] Da keine Widmungsbriefe an den Erzbischof erhalten sind, nimmt Sehnal an, daß Pavel Vejvanovský, Leiter der Olmützer Kapelle und *tubicen campestris*, der zusätzlich das Musikarchiv in Kremsier betreute und selbst eine Musikalien-Sammlung besaß, die auch Werke Bibers umfaßte, der Adressat war. So bleibt es eine ebenso erfreuliche wie „paradoxe Tatsache"[10], daß der Großteil von Bibers Schaffen in Kremsier erhalten geblieben ist, jener Stadt, aus der er 1670 entwichen war. Schließlich ist das Kremsierer Archiv das einzige, das Autographen von Bibers Hand verwahrt.[11] Darüber hinaus macht diese Sammlung so einzigartig, daß sie auch Musik aus dem Umkreis des Wiener Hofes verwahrt, da Fürsterzbischof Karl regelmäßig die Musik der habsburgischen Festlichkeiten, namentlich Werke von Bertali und Schmelzer, erhielt.

Banchetto musicale

Seine Reihe gedruckter Opera hatte Biber 1676 mit den in Salzburg bei Johann Baptist Mayr publizierten Sonate, Tam Aris, quam Aulis servientes eröffnet: Den geistlichen wie auch weltlichen Würden seines Fürsten trug Biber durch die doppelte Zweckbestimmung – neben Altar auch Tafel – Rechnung. Diese Würden sollten ihr Abbild in der Musik haben: Jeder Sonate ist eine fürstliche Tugend zugeordnet. Mit der Sammlung Mensa sonora/Die Klingende Taffel/Oder Instrumentalische Taffel-Music Mit frischlauthenden Geigen-klang (Salzburg 1680) legte Biber dagegen schlichte Kammersonaten für vier Streichinstrumente und Continuo vor. Ihre Bestimmung scheint – ähnlich den Sonaten und Balletti der Kremsierer Sammlung – bei der „einfachen Tafel" zu liegen, war damit Gebrauchsmusik für den Alltag. (Abb. 2)

Seit dem ausgehenden 17. Jahrhundert versahen Hofmusiker ihren Dienst in Kirche, Kammer und Theater. „Kirche und Kammer unterschieden sich weniger durch die Faktur der darin dargebotenen Stükke als durch die Art und Weise ihrer Wiedergabe und Kenntnisnahme ... Angesichts der großen Dauer eines festlichen Mahls (bis zu fünf Stunden) und seiner Mannigfaltigkeit (viele unterschiedliche Gänge) kann die Gestaltenfülle der Tafelmusik nicht überraschen. Sie umfaßt sowohl geistliche als auch weltliche Stücke, vokale wie instrumentale, ernste und heitere, große und kleine Besetzungen, laute und leise Klangwirkungen ... Vor dem Mahl erklangen Trompetensignale; sie riefen die Hofgesellschaft zusammen, stimmten sie passend ein, markierten für die Dienerschaft den großen Auftritt ...“[12] Im Vorwort zu seinem Musicalischen Tafel-Confect (Frankfurt 1672) schreibt Wolfgang Carl Briegel: „Es scheint aller Orten gebräuchlich und üblich zu seyn bey vorfallenden Tafel-Aufwartungen mit geistlichen oder andern musicalischen Stücken (biss die heiss-hungrigen Mägen erfüllet) den Anfang zu machen ...“[13] Erst danach, „bei Aufsetzung des Konfekts, wenn die Geister durch Wein ermuntert würden, bringe man lustige und kurzweilige Sachen.“[14]

Fest und Musik stehen in einem ursprünglichen Zusammenhang, haben ähnliche soziale Ursachen und Aufgaben. Doch scheint die Funktion der Musik, vor allem der Tafelmusik, so selbstverständlich gewesen zu sein, daß die Chronisten ausführlich über Festivitäten und deren Anlässe berichten, doch kaum konkrete Angaben zur Musik machen, sieht man etwa von den Hochzeitsfeierlichkeiten am Kaiserhof in Wien ab.[15] Die erhaltenen Berichte bestätigen das vielfältige und abwechslungsreiche Repertoire. 1628 empfing Erzbischof Paris Lodron den Großherzog von Toskana, Ferdinand II., der mit einem Gefolge von über einhundert Personen in vierundvierzig sechsspännigen Wagen in die Stadt einzog. „Als der Einzug über eine schöne gedeckte Brücke über den Salzachfluß ging, hörte man ein großes Konzert von Posaunen, von einem Turme aus veranstaltet ... Die hochgelegene Burg oder Festung, die sich bisher nicht hören ließ, begann nun mit ihren wuchtigen Salven. Kurz, der Lärm der Schüsse, der Trompeten und Trommeln war weltbetäubend ... Inzwischen bereitete man sich zum Mittagmahl vor einem großen, schönen Salon am Eingang zu den großherzoglichen Gemächern ... Beim Eintritt zur Tafel ertönten im Hofe drunten die Trompeten und Pauken und mitten unter der Tafel wurde ein großes Musikstück aufgeführt und zwar in demselben Salon mit Gesang und Instrumenten."[16]

1660 musizierten an der kaiserlichen Tafel „10 Musiker auf Violinen, 2 Violen da gamba, 1 Theorbe und Clave Cymbel", eine Kirchensonate soll auf 20 Violen vorgetragen worden sein. Paul Nettl meint, daß es sich hier um „eine der vielen vier- oder fünfstimmigen von Bertali, P. A. Ziani, Schmelzer und vielen anderen komponierten Sonaten à 4 oder 5" gehandelt hat, „die bei 10 Pulten gewiß eine klanglich hervorragende Wirkung gehabt haben."[17] (Abb. 3)

1672 wird über ein vom Grafen Sinzendorf ausgerichtetes Fest berichtet, zu dem sogar das Kaiserpaar erschien. Nach einem Besuch des Gartens begab sich die Gesellschaft „auff dem schönen großen Saal, welcher von unterschiedlichen ungemeinen und Kunstreichen Gemählden behangen war, anfänglich mit einer vortrefflichen Collation tractirt, und zugleich mit einer ansehnlichen Taffel Music von 24 Violinen bedient wurden; Nachgehends verfügten sie sich in ein besonders Cabinet, so ebenmässig mit allerhand künstlichen Bildern und kostbaren Tapeten geziert war, in welchem sie gleichfals mit einer annehmlichen Vocal- und Lauten-Music belustiget worden, über dieses spazierten sie in den Garten und besahen solchen durchaus, da sich dann die Trompeten und Pauken so lang hören liessen, bis sich beide kayserl. Mayest. wiederum in Wagen setzten."[18]

An Anlässen zu höfischen Festen gab es keinen Mangel. In einer Eingabe an das Obersthofmeisteramt gab der Wiener Hofmusiker Johann Joseph Hoffer zu verstehen, daß er „bey allen geburths-, Nahmens und gala Tagen, auch Comoedien, Hof und Faschingsfesten oder Decorationen" sehr „okkupiert" sei und daher eine Aufbesserung seiner Besoldung „wohl verdiene".[19]

Mitunter gab es Geld, gelegentlich bloß Naturalien – so beispielsweise von Erzbischof Karl Liechtenstein-Castelkorn, als Hofkapellmeister Schmelzer ihm Musikalien nach Olmütz übersandt hatte. Schmelzer revanchierte sich am 31. Jänner 1674 mit Faschingskrapfen: „Das Ew. Hf. Gn. abermahl meiner Kuchel gedenkhen lassen mit 6 Desen schmalz, habe ich mich in underthenigsten Gehorsam zu bedankhen. Weilen ich dan durch disen Succurs an fasching-krapfen kein mangel zu besorgen habe, als hab ich gleich warmer aus der pfannen ... gebachen worden, dero hf. gnedigsten Audienz ein paar zu verkosten übersenden wollen, und so diese belieben (sintemalen doch bei mier die pfanne mues immer zu übergehalten sein) von allerley backwerckh meine underthenigste schuldigkeit machen wollen." Der

Fürst antwortete eine Woche danach: „Die überschickten Faschings-krapfen seind mir gar angenehm gewesen und seind allhier in aller fertigkeit verzehrt worden."[20] Doch bereits Nettl vermutete, daß sie „etwas altbacken" den Adressaten erreicht haben.

Der große Bedarf an Musik ließ eine enorme Zahl an Instrumental-kompositionen entstehen. Dabei dachten die Komponisten primär an Unterhaltung. Programmgebundene Werke fanden, nicht zuletzt wegen ihrer leichteren inhaltlichen Verständlichkeit, besonderen An-klang. Die Häufigkeit der Wasser-, Gewitter- und Vogelstimmenmu-siken hat jedoch auch einen Grund darin, daß das Publikum auf derartige „Reize" hörte, während die Musik häufig von den Gesprä-chen bei Tisch und dem Klirren des Tafelgeschirrs übertönt wurde. Ähnlich erfindungsreich wie die Köche waren die Musiker und prä-sentierten ihre Tafelmusik mit tonmalerischen Köstlichkeiten oder durch Erzählhandlung verbundene Bilder. An der Imitation von Glok-ken, Tieren und Schlachten bis hin zur musikalischen Schilderung von Operationen oder Blähungen mit „hörbaren" Folgen entzündete sich die barocke Phantasie. Bibers S o n a t a V i o l i n o S o l o representa-tiva, seine sechsstimmige Streichersonate D i e P a u e r n K i r c h f a r t h genannt und die B a t t a l i a à 1 0 sind ebenso exemplarische Bei-spiele dafür wie Schmelzers sechssätziges Balletto D i e F e c h t s c h u e l und die fünfstimmige Kammersonate A l g i o r n o d e l l e C o r r e g-g i a (Der Tag des Furzes). (Abb. 4)

Neben der primär höfischen Überlieferung instrumentaler Tafel-musik scheint der Akzent klösterlicher Tafelmusik in der zweiten Hälfte des 17. Jahrhunderts auf unterhaltsamen Vokalstücken gelegen zu haben. So verzeichnet das Inventar des Zisterzienserstiftes Ossegg in Böhmen an „Vokalsachen" für eine bis vier Stimmen u. a.[21]

A a a T r i u m p h a t A u s t r i a
E x o t i s c h e K l a n g f a n t a s e y d e r F r a n t z o s e n
S c h ö n e G e s e l l s c h a f t 4 B ü r g e r n v o n A m s t e r d a m b
S c h m i e d e g e s a n g o d e r H a m m e r k l a n g
R e q u i e m q u o d l i b e t i c u m
Q u o d l i b e t à 5 E i n s u n d z w e y s i n d u n s r e r d r e y
E i g e n s i n n i g e r K o p f f i m L e b e n
D e r g r o ß e G e o r g d e r L a n g e i ß t g e r n S a u e r k r a u t h
K o c h u n d K e l l e r
H o n o r B a c c h i

Schließlich wollte auch der Landadel es den Fürsten gleich tun, konnte sich jedoch bloß „Bierfiedler" für die Tafelmusik leisten. Darüber ereiferte sich der aus St. Georgen am Attersee gebürtige Johann Beer, Konzertmeister und Bibliothekar in Weißenfels, in seinen Musicalischen Discursen (Nürnberg 1719): Sie „streichen in dem Land hin und wieder auf adeliche Häuser / singen vom alten Obristen Joh. de Werth Ritterliche schlacht-Stücklein / geigen dazwischen ein Rittornello vom blinden Valentin, und machens mit einem Wort so curi, daß die Kettenhunde als summi admiratores suae artis / die Augen so rund machen / wie das Scheften-Taus aussieht ... Auf solch ihr bicinium von 4. Stimmen lassen sie sich mit einem Stücklein Brod / Käß / Knackwurst / oder auch mit einem wol proportionirten und orthographischen Hering abspeisen / nehmen kupffern Geld vor kupfferne Seel-Messen / und geben keine geringe Ursach / daß der einfältige Pövel die music, und also concomitanter auch die musicos, sine gradus comparatione, vor einerley und auf einen so viel hält / als den andern."[22] Die „Unterhaltung vornehmer Gästen bey herlichen Mahlzeit"[23] scheint dieses Defizit nicht gestört zu haben, da die Musiker – im Gegensatz zur höfischen Praxis – nicht im „Tafelgemach", sondern in einem Nebenraum aufwarteten. So wurde die Musik lediglich als mehr oder weniger „angenehmes Geräusch während der Tischunterhaltung"[24] empfunden und erfuhr im Verlauf des 18. Jahrhunderts eine pejorative Einschätzung. Die „ästhetische Gegenwart der alten Musik"[25] in unserer Zeit hat jedoch die europäische Geltung der „böhmisch-österreichischen Tafelmusik des Barock" wiederhergestellt.

ARMONICO TRIBUTO,

Cioé

Sonate di Camera commodissi-
me a pocchi, ò a molti stro-
menti:

Consacrate All' Altezza Reu.ᵐᵃ del suo
Clem.ᵐᵒ Prencipe

MASSIMILIANO
GANDOLFO

dei Conti di Küenburg Arciue-
scouo di Salisburg, Prencipe del S. R. Imp.
Primate di Germania, Nato Legato della S.ᵗᵃ Se-
de Apostolica &c. &c.

per la Centenaria memoria della fondatione del
Arcivescovato:

Da GEORGIO MUFFAT,
Organista e ajutante di Camera
di S. A. R.ᵐᵃ

M. DC. LXXXII.

CEMBALO.

In SALSBURGO,
Nella stampa di Giou: Batt. Mayr Stampatore
di S. A. Rᵐᵃ.

Abb. 1: Georg Muffat: Armonico tributo. Salzburg 1682.

Abb. 2: Titelseite der Mensa sonora
von H. I. F. Biber. Salzburg 1680.

Abb. 3: Tafelmusik anläßlich der Hochzeit der Erzher-
zogin Eleonora Maria mit Herzog Karl V. von Lothrin-
gen in der Burg zu Wiener Neustadt. 1678.

Abb. 4: H. I. F. Biber, Beginn der Sonata
Violino Solo representativa.

Anmerkungen

[1] Harnoncourt, Nikolaus: Österreichische Barockkomponisten – Versöhnungsversuche. In: Musik als Klangrede. Wege zu einem neuen Musikverständnis. Salzburg 1982. S. 199–212. Hier S. 199.

[2] Grange, Henry-Louis de La: Wien. Eine Musikgeschichte. Frankfurt 1997. S. 27.

[3] Harnoncourt, Nikolaus: Der italienische und der französische Stil. In: Musik als Klangrede. Wege zu einem neuen Musikverständnis. Salzburg 1982. S. 192–198. Hier S. 193.

[4] Muffat, Georg: Vorrede zu Florilegium secundum (Passau 1698).

[5] Muffat, Georg: Vorrede zu Instrumental-Music (Passau 1701).

[6] Muffat, Georg: Widmung zu Florilegium primum (Augsburg 1695).

[7] Nettl, Paul: Heinrich Franz Biber von Bibern. In: Studien zur Musikwissenschaft. 24. 1960. S. 65.

[8] Sehnal, Jiří: Heinrich Bibers Beziehungen zu Kremsier. In: De editione musices. Festschrift Gerhard Croll zum 65. Geburtstag. Laaber 1992. S. 315–327.

[9] Sehnal. S. 323–326.

[10] Sehnal. S. 327.

[11] Sehnal, Jiří/Pešková, Jitřenka: Catalogus artis musicae in Bohemia et Moravia cultae Vol. V/1: Caroli de Liechtenstein-Castelcorno episcopi Olomucensis operum artis musicae collectio Cremsirii reservata. Prag 1997.

[12] Neues Handbuch der Musikwissenschaft. Bd. 4: Braun, Werner: Die Musik des 17. Jahrhunderts. Laaber 1981. S. 52.

[13] Reimer, Erich: Tafelmusik. In: Handwörterbuch der musikalischen Terminologie. Stuttgart 1971. S. 4.

[14] Braun. S. 52.

[15] Vgl. Seifert, Herbert: Der Sig-prangende Hochzeit-Gott. Hochzeitsfeste am Wiener Hof der Habsburger und ihre Allegorik 1622–1699. Wien 1988.

[16] Spies, Hermann: Ein italienischer Bericht über den Besuch des Großherzogs Ferdinand II. von Toscana in Salzburg im Jahre 1628. In: MGSLK 86/87 (1946/47). S. 36 f.

[17] Nettl, Paul: Die Wiener Tanzkomposition in der zweiten Hälfte des 17. Jahrhunderts. In: Studien zur Musikwissenschaft. 8. 1921. S. 103.

[18] Ebenda.

[19] Ebenda. S. 150.

[20] Ebenda. S. 171.

[21] Nettl, Paul: Weltliche Musik des Stiftes Ossegg (Böhmen) im 17. Jahrhundert. In: Beiträge zur böhmischen und mährischen Musikgeschichte. Brünn 1927. S. 33–40.

[22] Beer, Johann: Musikalische Diskurse. Reprint der Ausgabe: Nürnberg 1719. Leipzig 1982. S. 162.

[23] Muffat, Georg: Vorrede zu Instrumental-Music (Passau 1701).

[24] Reimer. S. 6.

[25] Stephan, Rudolf: Die ästhetische Gegenwart der alten Musik. In: Funkkolleg Musikgeschichte. 1. Weinheim 1987. S. 93.

Alois Woldan

Prag – Krakau – Wien:
Interkulturelle Beziehungen im Rahmen der
mitteleuropäischen Moderne

Die Moderne um die Jahrhundertwende führte nicht nur zu einer Reihe von analogen Erscheinungen in der Literatur und Kunst in West-, Mittel- und Osteuropa, sie stellt auch ein Geflecht intensiver Beziehungen zwischen einzelnen Strömungen, Autoren, Zeitschriften und ästhetischen Konzepten dar, das in Mitteleuropa besonders dicht ist. In diesem Raum steht die tschechische Moderne quasi in der Mitte, zwischen dem „Jungen Berlin" im Westen, dem „Jungen Wien" im Süden, dem „Jungen Polen (Młoda Polska) im Osten und der noch weiter östlichen „Jungen Muse" (Moloda Muza) in Lemberg. Dieses Netz von Beziehungen und Analogien stellt zugleich eine Fülle von interkulturellen Beziehungen dar, die sich als ein ständiger Austausch verstehen lassen – als ein Geben und Nehmen, Entlehnen und Aneignen von Ideen und Vorstellungen, die damit zu einer Art Gemeingut in diesem kulturellen Raum werden. Einzelne Persönlichkeiten – Dichter, Maler, Philosophen und Kritiker – wie auch bestimmte Institutionen – Zeitschriften, Verlage, Ausstellungen und Theater – spielen in diesem Prozeß eine hervorragende Rolle, sie wirken als Vermittler zwischen den mitteleuropäischen Kulturhauptstädten.

Stanisław Przybyszewski (1868–1927), der „geniale Pole", wie ihn August Strindberg nannte, ist einer der wichtigsten Vermittler zwischen dem deutschen, skandinavischen und slawischen Raum.[1] Im preußischen Teil Polens geboren, besuchte er ein deutsches Gymnasium in Thorn und kam 1889 nach Berlin, wo er sich nach wenig erfolgreichen Studienversuchen (Architektur, Medizin) als skandalumwitterter Autor einen Namen machte. Die Geste und Maske des Bürgerschrecks, der sich als Bohemien bewußt und provokativ dem Spießer, dem Philister, entgegensetzt, hat Przybyszewski auch erfolgreich nach Osten vermittelt – weniger an die tschechischen Jungen, als an die polnischen und ukrainischen Enfants terribles, die, je weiter sie von den Ursprüngen der Moderne entfernt waren, sich umso enger an importierte Vorbilder klammerten.

In Berlin war Przybyszewskis Stern, der dort kometenhaft aufgestiegen war, bald schon im Sinken begriffen. Gesellschaftliche Skandale, Probleme mit Verlegern und Zerwürfnisse mit ursprünglichen Freunden – etwa dem Dichter Richard Dehmel und dem Schriftsteller Franz Servaes –, aber auch wachsende Vorbehalte in bezug auf seine Sprache, Stil und Themen lassen vielfach Kritik am „genialen Polen" laut werden, wie etwa die des erwähnten Franz Servaes in seinem Essay Jung-Berlin. Zehn Jahre Literatur-Bewegung (1896):

„Man erkannte in ihm jetzt einen Blender, der durch berückende gesellschaftliche Talente und durch die Rattenfängerweise seiner Dichtung und Diktion die Leute ihrer Urteilskraft beraubte. Aber der Rattenfänger hatte nur ein einziges Stücklein zu spielen, und das war schnell heruntergegeigt."[2]

Der Vorwurf der Beschränktheit des Repertoires des „Rattenfängers" mag berechtigt sein, er trifft aber nicht auf dessen Instrumentarium zu – Przybyszewski vermochte noch auf ganz anderen Instrumenten zu spielen, und das zeigen seine Kontakte mit Prag. Bevor er nämlich 1898 endgültig Berlin verließ, um nach Krakau zu übersiedeln, hatte er diesen Abgang durch intensive Kontakte mit der Prager Zeitschrift Moderní revue vorbereitet, ohne noch zu wissen, daß sein zukünftiger Ruhm in Polen sich zum Großteil tschechischer Vermittlung verdanken sollte.

Von 1894 bis 1925 erschien in Prag eine Zeitschrift, die sich zum Ziel gesetzt hatte, ein Forum für alle „Modernen" zu sein, und das nicht nur für die junge tschechische Literatur, sondern auch für die damals vielfach noch unbekannten Ausländer. Neben der Literatur und Kritik war in der von Arnošt Procházka und Jiří Karásek ze Lvovic herausgegebenen Moderní revue auch die bildende Kunst ausführlich vertreten und verfolgte diese Zeitschrift schon von ihrer äußeren Gestaltung her eine synästhetische Konzeption des Zusammenwirkens von Literatur und bildender Kunst, was für die gesamte Moderne typisch ist. Im Herbst 1895, im zweiten Jahr des Bestehens der Moderní revue, setzt ein intensiver Briefwechsel zwischen Przybyszewski und

Procházka ein, der über zwanzig Jahre dauern sollte: Mehr als fünfzig vorwiegend deutsch geschriebene Briefe Przybyszewskis an Procházka stammen allein aus den Jahren 1895–1898.[3] Sie geben ein beredtes Zeugnis davon, in welcher Weise Przybyszewski zum Profil der noch jungen Zeitschrift beitrug und wie auf diese Weise Impulse aus Berlin nach Prag kamen.

Schon im ersten Brief an Procházka vom 9. Oktober 1895 gibt Przybyszewski „mit Vergnügen" sein Einverständnis zur Übersetzung und Publikation seiner Schrift Zur Psychologie des Individuums, die unter dem ursprünglichen Untertitel Chopin und Nietzsche in der Übersetzung von B. Chaloupek im 3. Band der Moderní revue (1895/96) erschien.[4] Nietzsche ist erwartungsgemäß in der Moderní revue kein Unbekannter – es gibt unter den ersten zehn Jahrgängen kaum einen, der nicht Texte von oder über Nietzsche enthält – Przybyszewskis Skizze paßt also sehr gut in den Rahmen des Blatts. Wenig später betätigt sich Przybyszewski zum ersten Mal als Konsultant in Fragen europäischer Moderne – er verweist Procházka auf die in Belgien erscheinende, „verwandte" Zeitschrift Le Coq Rouge, in der mit Maeterlinck und Verhaeren die besten Kräfte vertreten seien, und teilt auch gleich die Adresse der Redaktion mit.[5] Auch Kontakte zu anderen Dichtern, wie etwa dem führenden Lyriker der Berliner Moderne, Richard Dehmel, stellt Przybyszewski für Procházka her. In einem Brief vom Februar oder März 1896 dankt er für das tiefe Verständnis, das die Moderní revue ihm und seinem Werk entgegenbringt, und geizt auch nicht mit Lob für die Prager Zeitschrift, die ihm mehrmals auch finanziell aus der Patsche geholfen hat:

„Teraz gram na loterii. Gdy wygram dużo pieniądze, przyjadę do Pana i założę polsko-niemiecki przegląd w tym samym wytwornym stylu, jak Pańska Moderni Revue. Z Pragi podbijemy świat."[6]

(Jetzt spiele ich Lotterie. Wenn ich viel Geld gewinne, komme ich zu Ihnen und gründe eine polnisch-deutsche Revue in eben diesem hervorragenden Stil, wie Ihre Moderni Revue. Aus Prag erobern wir die Welt.)

In einem Brief vom 10. April 1896 fällt zum ersten Mal der Name jenes Malers, der für die ganze tschechische Moderne von ähnlich großer Bedeutung werden sollte, wie er es für Deutschland war: Edvard Munch (1863–1944). Przybyszewski kündigt einige Photographien von Munchs Werken an, die man in der Moderní revue drucken könnte.[7] Die Schwarzweiß-Reproduktion von Munchs berühmten Bild Der Schrei im Band 5 der Zeitschrift (1896/97) könnte nach diesen Photographien hergestellt worden sein. Im Sommer 1896 schickt Przybyszewski im Brief an Procházka zwei Lithographien Munchs, mit dem er seit seiner Berliner Zeit befreundet ist und in Briefwechsel steht – ein Selbstporträt und eine seiner „Madonnen", die dann auch in Band 5 der Zeitschrift reproduziert wurde. Neben Munch sind es Félicien Rops und Gustav Vigeland, auf die Przybyszewski immer wieder in seinen Briefen an Procházka hinweist und die sich auch in der Zeitschrift finden, wenngleich ihre Bedeutung für die Entwicklung der jungen tschechischen Kunst ungleich geringer scheint als die Munchs.

Es steht außer Zweifel, daß Munchs expressive Bildhaftigkeit zusammen mit Przybyszewskis Interpretationen auf die erste große Doppelbegabung der tschechischen Moderne gewirkt haben, den jung verstorbenen Maler und Dichter Karel Hlaváček (1875–1898), der in den ersten vier Jahren des Bestehens von Moderní revue wesentlich für die graphische Gestaltung dieser Zeitschrift verantwortlich war. Als Autodidakt steht Hlaváček in seiner Malerei ganz unter dem Einfluß Munchs und Félicien Rops, die beide über Przybyszewskis Vermittlung in Procházkas Zeitschrift und damit nach Prag gekommen waren; sein mit Mein Christus betiteltes Selbstporträt ist wesentlich von den Munchschen Selbstporträts geprägt,[8] von denen eines auch in Moderní revue erschienen war. Dabei kommt dem Selbstporträt als dem Ort des Zugangs zu den tiefsten Tiefen des eigenen Ichs bis hinab zur „nackten Seele", einem der Lieblingsbegriffe Przybyszewskis, in der Ästhetik des Modernismus eine besondere Bedeutung zu.

Es verwundert nicht, daß auch umgekehrt Przybyszewski sich für Hlaváček interessierte und in seinen Briefen an Procházka um Zusendung von dessen Gedichten bat.[9] Nach Otokar Březina ist Hlaváček der zweite Vertreter der Prager Moderne, der in Przybyszewskis Briefen explizit genannt und lobend erwähnt wird. Im Band 5 der Moderní revue (1897) sind alle drei auch räumlich nebeneinander präsent – Hlaváček mit kritischen Essays und seinen Illustrationen zu Procházkas einzigem Gedichtzyklus, Prostibolo duše, Munch mit drei Reproduktionen und Przybyszewski mit einer dreiteiligen Arbeit über Munch. Lyrik und bildende Kunst gehen hier eine für die Ästhetik der Moderne typische Verbindung ein, die von der kritischen

Interpretation herausgearbeitet wird. In einem Aufsatz Przybyszews-kis in derselben Nummer – einer Arbeit über den heute vergessenen deutschen Dichter Alfred Mombert, für den der Übersetzer den Titel Ecce poeta gewählt hatte – zieht er Parallelen zwischen Lyrik, Musik und Malerei; dort, wo bei Mombert „Bilder und Visionen ohne jeden ursächlichen Zusammenhang auftauchen", hört Przybyszewski „das Chopin'sche Himmelfahrtspräludium" und sieht „ganz im Hintergrund der Seele ein Bild, das Munch gemalt hat: Abenddämmerung an einem norwegischen Fjord im späten Herbst".[10]

Drei Jahre nach Moderní revue wird in Krakau eine Zeitschrift gegründet, die sich, was die Orientierung auf die nationale und internationale Moderne, aber auch, was die Verbindung von Literatur und bildender Kunst betrifft, mit der tschechischen Revue vergleichen läßt: Życie. Tygodnik illustrowany literacki naukowy i społeczny (Das Leben. Illustrierte Wochenschrift für Literatur, Wissenschaft und Gesellschaft), deren Herausgeber und Chefredakteur zunächst Ludwik Szczepański ist. Die dort abgedruckten Texte stammen in der Mehrzahl von Vertretern des Jungen Polens – K. Tetmajer, J. Kasprowicz, B. Leśmian, T. Miciński u. a., die reproduzierten Graphiken und Bilder von prominenten polnischen Malern der Jahrhundertwende: St. Wyspiański, L. Wyczołkowski, J. Małczewski, J. Stanisławski u. a. Den Wettbewerb um die Titelvignette aber hat kein polnischer, sondern ein tschechischer Künstler gewonnen – der schon erwähnte Karel Hlaváček, dessen preisgekrönter Entwurf die Titelseite der Nr. 11 vom 4. Dezmber 1897 ziert. Auf der letzten Seite dieser Nummer kommentiert die Redaktion die Vignette der Titelseite wie folgt: „znany czeski ‚modern' artysta Karol Hlaváček obrazuje filozoficzną idee życia: salutujące przed śmiercią, z którą walkę wiekuistą toczy" (Der bekannte tschechische ‚moderne' Künstler Karel Hlaváček bildet die philosophische Idee des Lebens ab: Es salutiert vor dem Tod, mit dem es einen ewigen Kampf führt.).

Ansonsten sind die tschechischen Beiträge in der ersten Phase des Życie gering – Nr. 7 und Nr. 12 des ersten Jahrgangs bringen je ein Gedicht von Otokar Březina und Antonín Sova, beide in der Übersetzung von Maciej Szukiewicz, Nr. 13 des zweiten Jahrgangs einen Prosatext von Otokar Březina. Daneben beginnt man sich für die Wiener Moderne zu interessieren: In den Nummern 3–6 des zweiten Jahrgangs (1898) findet sich ein dreiteiliger Essay Z literatury młodo-wiedeńskiej von A. Cybulski, der Hermann Bahr, Arthur

Schnitzler und Peter Altenberg gewidmet ist, die auch mit Proben aus eigenen Werken vertreten sind.

Als Przybyszewski ein Jahr später in Krakau die Redaktion der Zeitschrift Życie übernimmt, um daraus ein führendes Organ der Moderne zu machen, orientiert er sich wesentlich an der Moderní revue, wenngleich die graphische Gestaltung nicht mehr von Hlaváček, sondern von Wyspiański übernommen wird. Die tschechischen Beiträge häufen sich, die österreichischen verschwinden. Jiří Karásek schreibt über Otokar Březina (1899. Nr. 3) und Karel Hlaváček (1899. Nr. 15/16), Arnošt Procházka über den flämischen Modernisten Joris-Karl Huysmans (1899. Nr. 10 und 11). Dazu kommen Reproduktionen von Plastiken František Bíleks (1899. Nr. 10). Wenn auch Przybyszewski nicht über das organisatorische Geschick Procházkas verfügte und das mit so viel Ambition unternommene Projekt einer Krakauer Zeitschrift der Moderne keine zwei Jahre später aus finanziellen Gründen Schiffbruch erlitt, so teilte er aber Procházkas ästhetische Vorlieben für die westeuropäische Moderne bei gleichzeitigem Vorbehalt gegen deren Wiener Variante. Das geht auch aus einem Brief hervor, den er kurz nach Procházkas Tod im Jänner 1925 an den Mitherausgeber, Jiří Karásek, schreibt:

„Otwarł on (Procházka – A. W.) dla literatury czeskiej wielkie, szerokie okno na Europę, tj. Francję (nie ma Europy prócz Francji – Paryża) i wielką jego zasługą jest to, że nawiązał właśnie do Francji, a nie – co miało stać się szkodliwe dla Polski – do Młodego Wiednia, tego straszliwie banalnego Młodego Wiednia, i Bahra i Altenberga – hu, hu!"[11]

(Er – Procházka – hatte der tschechischen Literatur ein großes, breites Fenster nach Europa geöffnet, d. h. nach Frankreich (es gibt kein Europa außer Frankreich, außer Paris), und sein großes Verdienst ist es, daß er eben an Frankreich anknüpfte, und nicht – was für Polen von Nachteil sein sollte – an das Junge Wien, dieses schrecklich banale Junge Wien, und Bahr und Altenberg, hu, hu!)

Ist eine solche Einschätzung der Wiener Moderne nur auf eine subjektive Voreingenommenheit Przybyszewskis, auf seine eigenen Erfahrungen in Wien, zurückzuführen, oder trifft sie auf den interkulturellen Nord-Süd-Austausch zwischen Prag und Wien generell zu? Die Chronologie der wichtigsten Kunstausstellungen in Prag in jenen Jahren scheint Przybyszewskis Sicht zu bestätigen: 1900 gibt es in Prag eine Rodin-Ausstellung, 1902 eine solche zur zeitgenössischen französischen Malerei, 1903 zur Künstlergalerie Worpswede, 1904 ist „Mir Iskusstva" aus Petersburg an der Reihe, und 1905 kommt es schließlich zur ersten Ausstellung von Edvard Munch in Prag.[12] Klimt und Schiele sucht man hier vergebens. Auch sind die großen Vertreter des literarischen Jungen Wiens in Prag kaum vertreten – in der Moderní revue findet sich ein einziger Beitrag von Peter Altenberg (Bd. 6. 1897), in der Reihe Knihovna Moderní revue ein Band von Hugo von Hofmannsthal (Nr. 45. 1906), in der Reihe Moderní bibliotéka schließlich je ein Band von Peter Altenberg (Výbor drobné prózy (Auswahl kleiner Prosa). 1906.) und von Leopold von Andrian-Werburg (Zahrada poznání (Der Garten der Erkenntnis). 1907.).

In umgekehrter Richtung, von Norden nach Süden, scheint die Achse Prag – Wien allerdings stärker frequentiert worden zu sein, zumindest seitdem in Wien im selben Jahr wie die Moderní revue, 1894, eine Zeitung mit ähnlicher Zielsetzung gegründet wurde, die Wochenzeitung Die Zeit. Nach Aussage eines ihrer Gründer, des bekannten Kritikers, Dramatikers und Essayisten Hermann Bahr, sollte sie eine „Revue der Moderne für die guten Europäer" sein (diesen Ausdruck gebrauchte Bahr übrigens in einem Brief an Przybyszewski, in dem er diesen um die Mitarbeit an der geplanten neuen Zeitung ersuchte[13]).

Die „Moderne" und die „guten Europäer" sind beides Lieblingsbegriffe Hermann Bahrs. Für ihn ist die Moderne wesentlich eine europäische Angelegenheit, und eine isolierte Betrachtung ihrer einzelnen, nationalen Erscheinungsformen hält er für unnötig. Sie setzt einen umfassenden Europa-Begriff voraus, der über die westeuropäischen Zentren Paris und Berlin hinausgeht und, wie man an den in der Zeit vertretenen Autoren und Beiträgen sehen kann, Skandinavien ebenso wie den Balkan, Frankreich und England umfaßt, wie auch Rußland und natürlich alle jenen mitteleuropäischen Länder, die zur Habsburgermonarchie gehörten – Böhmen und Mähren, Ungarn, Slowenien, Kroatien, Dalmatien und Galizien mit seiner polnischen und ruthenischen Komponente.

Hermann Bahrs besonderes Interesse für die tschechische Kultur erklärt auch die relativ starke Präsenz tschechischer Autoren in der Zeit. Als Gewährsmann für tschechische Fragen wollte Bahr für seine Zeitung zunächst den in Wien lebenden Autor Josef Svatopluk Machar gewinnen, der aber verwies Bahr auf den jungen Prager

Kritiker und späteren Professor F. V. Krejčí, der in der Folge eine Art von Monopol auf die Darstellung der tschechischen Literatur in der Zeit hatte, wobei sich seine Ansichten nicht unbedingt mit dem Standpunkt der jungen Generation deckten.[14] Das wird schon aus Krejčís erstem Beitrag in der neu gegründeten Zeitung deutlich, den er mit Die neuesten Strömungen in der böhmischen Literatur[15] übertitelt. Zwar sieht Krejčí im gesamten tschechischen Kulturleben vielversprechende Neuanfänge, die aber, was die Literatur betrifft, nicht über die Spätromantik hinausgehen: Jaroslav Vrchlický, Julius Zeyer und Svatopluk Čech stehen im Mittelpunkt seiner Ausführungen, von der Moderní revue, die zu diesem Zeitpunkt schon besteht, und ihren Autoren ist keine Rede. Noch deutlicher wird diese Tendenz in Krejčís nächster Überblicksdarstellung vom Jänner 1896, die schon im Titel – Die czechische Décadence[16] – bestimmte Akzentverschiebungen ahnen läßt. Anstelle der „neuesten Strömungen" ist nun pointiert von der „Décadence" die Rede, die Literatur ist nicht mehr von ihrem Raum her „die böhmische", sondern von ihrer Sprache her „die tschechische", aber die Vorbehalte gegen diese Richtung haben noch zugenommen. Die neuen Namen in der jungen tschechischen Literatur läßt Krejčí nur dort gelten, wo sie sich als Kritiker betätigen – sobald sie aber selbst Gedichte verfassen, geht er hart mit ihnen ins Gericht:

„Ihre Impotenz und ihr Nachäffen der fremden Größen streift bis ans Komische. Als der grellste Beleg dafür kann ‚Prostibolo duše' von Arnošt Proházka gelten. Man weiß wahrlich nie, ob das alles seriös gemeint ist, oder ob man es nur als eine Parodie der modernen Sataniker und sensualistischen Mystiker nehmen soll. – Der zweite Hauptstern dieser Schule, Jiří Karásek, versprach bei seinem Debut viel Gutes; ... Aber seine unbändige Lust am Kokettieren mit allem, was der Tag Neues bringt, macht ihn immer mehr nur zu einer Wetterfahne der Modernität ...

Das Organ dieser Schule ‚Moderní Revue' ist ein Tummelplatz der allerneuesten Torheiten und Excesse, die die jüngste Phase der europäischen Literaturentwicklung mit sich bringt."[17]

Von den Jungen läßt Krejčí nur einen gelten, Otokar Březina, der sich von prominenten europäischen Modernisten – hier nennt er auch Przybyszewski – dadurch unterscheide, daß er, der arme Lehrer vom Lande, ein Mystiker der Seele sei, dessen künstlerische Technik am besten mit dem Begriff „Symbolismus" bezeichnet werde: „Sein ganzer Bilderreichtum ist nur eine Anhäufung von Symbolen, die einen übertragenen Sinn haben und auf eine suggestive Wirkung zielen."[18] Damit wird auch klar, welche Variante der Moderne Krejčí schätzt, nachdem er für deren dekadente Erscheinungsform nur wenig Sympathie aufgebracht hatte: die symbolistische. Diese Art des modernistischen Diskurses läßt sich in Ansätzen auch schon bei den von Krejčí so geschätzten Spätromantikern feststellen, sie bedeutet also keinen generellen Bruch mit der Tradition; auch scheint der symbolistische Diskurs der Moderne vielmehr dem Jungen Wien zu entsprechen, vor allem, wenn man an die Lyrik eines Hugo von Hofmannsthal und Leopold von Andrian-Werburg denkt. Krejčí scheint diesbezüglich also die ästhetischen Vorlieben der Wiener Moderne zu teilen, sei es, weil er in einer bestimmten Distanz zu deren Prager Spielart steht, sei es, weil er für eine Wiener Zeitung schreibt. Auch in seiner Terminologie lassen sich eindeutig Anklänge an zentrale Begriffe des „Papstes" des Jungen Wiens, Hermann Bahr, feststellen: Immer wieder ist bei ihm von den „Nerven" die Rede als dem Organ, dessen feinste Schwingungen die Lyrik zu gestalten hätte. Das erinnert an Bahrs Aufsatz über die Décadence: „Aber es ist nicht der Geist, nicht das Gefühl, es sind die Nerven, welche sie (die Décadence – Anm. d. V.) ausdrücken will."[19]

Im Rahmen der literarischen Beziehungen zwischen Prag und Wien stellt Josef Svatopluk Machar zweifellos einen Sonderfall dar – er verbrachte dreißig Jahre lang in Wien, zu einer Zeit, da in Prag und in Wien die Moderne ihre Blüte hatte, ohne aber von dieser besonders beeindruckt oder auch beeinflußt gewesen zu sein. Machars Verhältnis zur Moderne wird bis heute diskutiert – Krejčí bezeichnet ihn in seinem ersten Aufsatz schlechtweg als den „Führer der czechischen Moderne",[20] weil er seit seinem Manifest Confiteor (1887) mit „allen poetischen und patriotischen Conventionen" gebrochen und zugleich die „Wendung von der äußeren zur inneren Welt" vollzogen hätte, weiß zugleich aber auch, daß Machars Dichtung „modern in dem engsten, heute geläufigen Sinne eigentlich nicht ist". In der Besprechung des „Neuen Buchs von J. S. Machar", der Gedichtsammlung 1893–1896, stellt Krejčí schließlich Machar der Dekadenz gegenüber, ohne ihn aber aus dem größeren Ganzen der tschechischen Moderne auszuschließen:

„In der modernsten böhmischen Poesie bedeutet Machar ein Gegenstück zu der Dekadence, besonders aber zu dem tiefen, ascetischmystischen Symbolisten Ottokar Březina ... Seine und Machars Individualitäten bedeuten die zwei einander gegenüberliegenden Abhänge des Flussbeckens, zwischen welchen der Strom der heutigen poetischen Production in Böhmen schäumt und in die unvorsehbare Zukunft seine Wellen drängt."[21]

Forschungen der letzten Jahre betonen die Distanz Machars gegenüber der Moderne in ihrer spezifisch Wienerischen Form: Gerade die Texte Machars, die einen spezifischen Wienbezug aufweisen – man denke etwa an seine Sammlung Tristium Vindobona von 1892 – stehen in deutlichem Gegensatz zu „einer Welt, die sich als ästhetisches Phänomen zu rechtfertigen sucht"[22]. So unterscheidet sich ein- und derselbe Topos, die Hauptallee im Wiener Prater, in der Darstellung der Jung-Wiener und Machars: Während für Leopold von Andrian-Werburg und Hugo von Hofmannsthal der Garten und damit der Prater als ein von der lärmenden Alltagswelt abgeschlossener „locus amoenus" erscheint, läßt Machar in seinem Gedicht Prvního května (Am Ersten Mai) die Wiener Arbeiter links und rechts der Prater Hauptallee aufmarschieren und damit in diesen Raum des aristokratischen Müßiggangs eindringen[23] – keine Verachtung des Pöbels also bei Machar, der bei Hofmannsthal in einem Gedicht aus dem gleichen Anlaß ohnehin keinen Sinn für das Schöne hat, sondern Beachtung und ungeteilte Aufmerksamkeit für jene soziale Kraft, die bald einmal die Oberschicht in ihrem exklusiven „Garten" ablösen und den „hortus conclusus" aufbrechen könnte.

So wie die Nord-Süd-Achse zwischen Prag und Wien dem interkulturellen Austausch vorwiegend literarischer Impulse diente, so stand die Ost-West-Achse von Krakau nach Wien vor allem im Zeichen eines Transfers der bildenden Kunst. Als 1898 die Vereinigung der bildenden Künstler Österreichs, besser bekannt unter dem Titel der Wiener „Sezession", ihre berühmte Zeitschrift Ver sacrum herausgibt, finden sich schon in den ersten Nummern Reproduktionen von Werken polnischer Maler – von Józef Mehoffer, Leon Wyczółkowski, Stanisław Wyspiański, Jan Stanisławski und Theodor Axentowicz. Auch bei den ersten Ausstellungen der „Sezession" in Wien sind die Krakauer Maler vertreten und verkaufen ihre Bilder gut. Prompt findet sich auch in Życie eine ausführliche, dreiteilige Besprechung der ersten Ausstellung der „Sezession" vom Frühjahr 1898,[24] deren Verfasser, Roman Lewandowski, vor allem von den französischen Teilnehmern begeistert ist – über Gustav Klimt, Kolo Moser, Josef Hoffmann

u. a. verliert er kein Wort, geht aber zum Schluß auf seine polnischen Landsleute ein, die man auf dieser Ausstellung sehr schlecht behandelt hätte:

„Gdyby obrazy tej grupy byłyby lepiej umieszczone, bo niezawodnie więcej by o nich pisano i mówiono. Niech nam się nie zdaje, że w Wiedniu na nas czekają i gwałtem proszą. Nie, nas tutaj nie lubią, a jeżeli proszą, to potrzebują."[25]

(Wenn man die Bilder dieser Gruppe besser plaziert hätte, wäre zweifellos mehr darüber geschrieben und gesprochen worden. Wir sollten nur nicht glauben, daß man in Wien auf uns wartet und uns mit Nachdruck einlädt. Nein, man mag uns dort nicht, und wenn man uns einlädt, dann braucht man uns.)

Das sollte sich aber ändern. Bei einer der nächsten Ausstellungen im Dezember 1902 widmet man der Krakauer Künstlervereinigung „Sztuka" einen ganzen Saal; der berühmte Kritiker Ludwig Hevesi sprach von einem „großen Wiener Erfolg unserer Polen", deren Malerei er sehr schätzte, auch wenn sie sich in spezifischer Weise von den österreichischen Vertretern des Jugendstils unterscheidet:

„Sie atmen von jeher eine andere Luft und haben andere Gedankengänge. Selbst ihre Zukünftigen haben gleichsam Vergangenheit in sich, eine Tendenz, Tote mitzunehmen ins Leben, Gram hineinzutragen ins Hoffen. Sie haben, um es kurz zu sagen, historische Stimmung."[26]

Die Krakauer Sezessionisten heben sich also deutlich ab von ihren Wiener Kollegen, mit denen sie zusammen ausstellten. Am ehesten scheint noch Wyspiański ins Paradigma des Wiener Jugendstils gepaßt zu haben, wie verschiedene seiner Beiträge in Ver sacrum beweisen; so ist im Juli-Heft von 1898 ein gemalter, farbiger Entwurf zu einem Glasfenster von Wyspiański kombiniert mit einem gezeichneten Zierbäumchen des übrigens aus Prag stammenden Architekten Josef M. Olbrich. Für Berta Zuckerkandl, neben Hevesi eine der führenden Kritikerinnen der modernen Kunst, die in Österreich das erste Buch zur polnischen Malerei verfaßte,[27] gipfelt diese im Werk Wyspiańskis. Sie weiß auch um die Zeitschrift Życie und vergleicht diese mit dem Wiener Ver sacrum, was die Gestaltung, aber auch was die Bedeutung für die Entwicklung der jungen Kunst in beiden Ländern betrifft.

Noch einmal zurück zur Achse Wien-Prag, wie sie sich auf den Seiten der Wiener Zeit darstellt. Zu deren prominentesten Mitarbeitern aus dem damaligen Königreich Böhmen gehörte auch ein Freund Machars, Thomas Garrigue Masaryk, der nach dem Besuch des deutschen Gymnasiums in Brünn als Student, Dozent und Abgeordneter zwölf Jahre lang in Wien verbrachte, bevor er 1882 an die tschechische Universität in Prag ging. Als Universitätsprofessor ist der zukünftige Staatspräsident regelmäßig mit seinen Arbeiten in der Zeit vertreten – er schreibt dort über Die wissenschaftliche und philosophische Krise des gegenwärtigen Marxismus[28], über die russischen Studentenunruhen[29] und den russischen Staatsmann K. P. Pobedonoscev[30], vor allem aber zu Fragen, die mit der rechtlichen, politischen und kulturellen Stellung der Tschechen in der Habsburgermonarchie zusammenhängen. Diesbezüglich darf Masaryk zweifellos als einer der „Vermittler" gelten, der als Gründer der sogenannten „realistischen Gruppe"[31] sich sowohl gegen einen tschechischen wie auch deutschen Nationalismus stellte. Realistisch ist seine Einschätzung in bezug auf die völlige Unabhängigkeit des böhmischen Staates unter den damaligen politischen Bedingungen:

„Ein selbständiger böhmischer Staat nach dem absolutistischen und absolutistisch-centralistischen Begriffe ist nicht möglich, aber die *Selbständigkeit der böhmischen Länder* nach dem modernen Begriffe der Autonomie und Föderation ist möglich. Und nicht nur möglich, auch nothwendig und geradeso nothwendig für die böhmischen Länder wie für ganz Österreich."[32]

Selbständigkeit nicht im Sinn voller staatlicher Souveränität, sondern einer politischen, wirtschaftlichen und kulturellen Autonomie – das war für Masaryk eine Formel, die das Zusammenleben von Tschechen und Deutschen, und damit auch das Überleben des alten Vielvölkerstaates Österreich-Ungarn ermöglichen sollte. Als Tscheche und Österreicher zugleich hatte Masaryk neben aller Sympathie für seinen Staat auch einen geschärften Blick für die Mißstände, die letzten Endes zum Untergang dieses Staatswesens führten:

„Der Hauptfehler der Wiener Regierungen besteht eben in der Farbenblindheit des centralistischen Apparates. Der Blinde kann nicht von den Farben reden, wenigstens nicht über sie entscheiden. Oesterreich ist, Gott sei Dank, von Natur buntfarbig; aber in Wien will man alle diese Farben zu einer einzigen vermischen, und die sieht auch darnach aus – ein unreines Grau."[33]

Anmerkungen

[1] Vgl. dazu Papiór, Jan: Stanisław Przybyszewski – Vermittler europäischer Moderne zwischen Ost und West. In: Arcadia. Zeitschrift für Vergleichende Literaturwissenschaft. Bd. 24. 1989. S. 271–283.

[2] Die Zeit (Wien). Nr. 114. 5. 12. 1896. S. 156.

[3] Vgl. Przybyszewski, Stanisław: Listy. Zebrał, życiorysem, wstępem i przypisami opatrzył St. Helsztyński. T. 1. Gdańsk 1937.

[4] Alle Angaben zu Moderní revue nach dem Band: Moderní revue 1894–1925. Uspořádali Otto M. Urban a Luboš Merhaut. Praha 1995.

[5] Do Ernesta Procházka w Pradze. Listopad 1895. In: St. Przybyszewski: Listy. T 1. S. 110 f.

[6] Do Ernesta Procházki w Pradze. Październik 1896. In: St. Przybyszewski: Listy. T. 1. S. 132.

[7] Do Ernesta Procházki w Pradze. 10 kwietnia 1896. In: St. Przybyszewski: Listy. T. 1. S. 115.

[8] Vgl. Urban, Otto M.: Screams out of the Dark. Hlaváček, Munch, Przybyszewski. In: Totenmesse. Modernism in the Culture of Northern and Central Europe. Editor Piotr Paszkiewicz. Warsaw 1996. S. 153–159.

[9] Do Ernesta Procházka w Pradze. Lipiec – sierpień 1896. In: St. Przybyszewski: Listy. T 1. S. 127.

[10] Przybyszewski, Stanisław: Der Glühende. In: Die Zeit (Wien). Nr. 114. 5. 12. 1896. S. 158.

[11] Do Jerzego Karáska ze Lvovic w Pradze czeskiej. 29 stycznia 1925. In: Przybyszewski, Stanisław: Listy. T. 3. 1918–1927. Wrocław 1954. S. 601.

[12] Vgl. dazu Stern, Joseph Peter: Das Wien der Jahrhundertwende aus tschechischer Sicht. In: Österreichische Osthefte. 1986. Heft 1. S. 6–21.

[13] Abgedruckt in: Taborski, Roman: Stanisław Przybyszewski und Wien. In: Österreichische Osthefte. 1967. Heft 2. S. 130.

[14] Vgl. dazu Jähnichen, Manfred: Hermann Bahr und die Tschechen. In: Kraus, W./Belič, J./Borkowski, W. I. (Hg.): Slawisch-deutsche Wechselbeziehungen in Sprache, Literatur und Kultur. Berlin 1969. S. 363–377.

[15] Die Zeit (Wien). Nr. 2. 13. 10. 1894. S. 25 f. sowie Nr. 3. 20. 10. 1894. S. 39 f.

[16] Die Zeit (Wien). Nr. 66. 4. 1. 1896. S. 10 f.

[17] Ebd. S. 10.

[18] Ebd. S. 11.

[19] Bahr, Hermann: Studien zur Kritik der Moderne. Frankfurt 1894. S. 23.

[20] Krejčí, F. V.: Josef Svatopluk Machar. In: Die Zeit (Wien). Nr. 48. 31. 8. 1895. S. 137.

[21] Krejčí, F. V.: Das neueste Buch von Josef Svatopluk Machar. In: Die Zeit (Wien). Nr. 120. 16. 1. 1897. S. 41.

[22] Stern, Joseph Peter (wie Anm. 12). S. 13 f.

[23] Vgl. Simonek, Stefan: Josef Svatopluk Machars Parallel- und Gegenwelten zur Wiener Moderne (Schnitzler, Andrian, Hofmannsthal). In: Germanoslavica. Zeitschrift für germano-slavische Studien. Slovanský ústav. Praha 1998. Jg. 5 (10). S. 55–61.

[24] Życie. Rok 2. Nr. 14. 2. 4. 1898. Nr. 15. 9. 4. 1898 und Nr. 17. 23. 4. 1898.
[25] Życie. Rok 2. Nr. 17. 23. 4. 1898. S. 198.
[26] Hevesi, Ludvig: Acht Jahre Sezession. Wien 1906. S. 325.
[27] Zuckerkandl, Berta: Polens Malkunst. Wien 1915.
[28] In: Die Zeit (Wien). Nr. 177–179. Februar/März 1897.
[29] In: Die Zeit (Wien). Nr. 340. 6. 4. 1901.
[30] In: Die Zeit (Wien). Nr. 342. 20. 4. 1901.
[31] Vgl. Stern, Joseph Peter (wie Anm. 12). S. 19.
[32] Masaryk, Tomáš Garrigue: Zur deutsch-böhmischen Ausgleichsfrage. In: Die Zeit (Wien). Nr. 82 vom 25. 4. 1896. S. 53.
[33] Ebenda.

Jiří Záloha

O Schwarzenberském plavebním kanálu

(památce p. dr. Rokyty)

Je tomu tak dávno, kdy dr. Rokyta přicházel po druhé světové válce na Českokrumlovsko, aby tam účinně pomáhal prosazovat kulturní zájmy, které byly tehdejší společnosti a většině okresních činitelů celkem lhostejné. Málokdo dokázal pro ně udělat něco víc, než hrát ochotnické divadlo a uspořádat pár přednášek, či dva tři koncerty za rok. Duchovní útlak v padesátých a dalších desetiletích nepřál myšlenkám o mezinárodní spolupráci, připomínání místních slavných rodáků německé národnosti v čele s Adalbertem Stifterem, Josefem Rosenauerem a mnoha dalšími, které nebylo žádoucí vůbec, ba dokonce bylo odsouváno na téměř poslední kolej. A právě v této době upozorňoval prof. Rokyta na nutnost připomínání těchto osobností, aby se národ mohl podílet na kulturním dědictví. Práce a snahy dr. Rokyty v tomto směru byly nenápadné, jak ani jiné nemohly být. Dr. Rokyta byl skutečným vůdčím duchem mezi představiteli kulturního života, jak na české, tak na rakouské straně, a byl iniciátorem akcí, které mají dodnes svůj nepomíjitelný význam. Vzpomeňme na jeho spolupráci a na praktickou vědeckou pomoc při otevírání první expozice ve Stifterově rodném domku v Horní Plané. Tenkrát, 23. října 1960, se v den 155. narozenin velkého spisovatele a básníka Šumavy sešlo mnoho oficiálních hostí i domácího obyvatelstva, aby vzdali svou účastí úctu člověku, jehož památka přece jen neupadla v úplné zapomenutí. Zásluhu o obnovení úcty ke spisovateli měl právě v první řadě dr. Rokyta.

V dalších letech bylo už pak na místních a okresních činitelích, aby se zavedená expozice nadále zlepšovala. Dnes je domek péčí Okresního vlastivědného muzea v Českém Krumlově celoročně otevřen a přístupný návštěvám doslova z celého světa.

Velkou láskou dr. Rokyty byla krajina jižní Šumavy se všemi jejími krásami a půvaby, které dovedl Stifter ve svých pracích tak mistrně popsat a přiblížit čtenáři. Byl to právě Stifter, který byl s touto svou rodnou krajinou natolik spjat, že ji dokázal jako nikdo jiný dokonale přiblížit svým čtenářům i po mnoha desetiletích.

Do Stifterovy krajiny a do krajiny jeho „Hvozdu" neoddělitelně náleží projektant a stavitel Schwarzenberského plavebního kanálu Josef Rosenauer původem z Chvalšin (1735–1804). Rosenauerovo dílo vtisklo šumavské krajině nový ráz a novou krásu. Zatímco o Adalbertu Stifterovi mohl dr. Rokyta ve svých studiích prezentovat rozšíření znalostí o životě a díle tohoto „básníka Šumavy" na podkladě jeho díla a korespondence, nebyly jeho snahy o poznání díla Josefa Rosenauera tak přínosné, neboť prameny k popsání Rosenauerova života nebyly dosud natolik prozkoumány, aby z nich mohl těžit nové poznatky. To učinili s odstupem asi 30 let jeho přátelé na Českokrumlovsku ještě za Rokytova života. Tyto vědecké poznatky dr. Rokytu velmi zajímaly a dával si o nich čas od času referovat.

Přátelé dr. Rokyty se v úctě sklánějí před jeho památkou. Dokázal proniknout do podstaty Stifterova díla a vysvětlit čtenářům, v čem spočívala jeho velikost. Čeští čtenáři i čtenáři z jiných států, zejména rakouští a němečtí, mu za to nemohou být dost vděčni.

Povšimněme si nyní, jak vznikl Schwarzenberský plavební kanál, jaký měl význam pro lesní hospodářství na jižní Šumavě a jak přispěl k zásobování hlavního města monarchie Vídně palivovým dřívím. Bylo to v dobách, kdy rozsáhlé lesní porosty v oblasti Plešného zůstávaly nedotčeny zásahem lidské ruky. O dříví zde nebyl valný zájem, bylo ho všade dost a pouze několik málo skláren, vyrábějících proslulé šumavské sklo, dokázalo ho spotřebovat větší množství. To byli vedle místního obyvatelstva jediní zájemci o dřevní hmotu. Jiným problémem bylo, jak dopravit dříví ke vzdálenějšímu spotřebiteli. Jediná tehdejší cesta nebyla pro dopravu dřeva sjízdná, a tak od pradávných časů zbývala jen doprava po vodě. Plynulé dopravě po řece vadily balvany v korytě řeky u Čertovy stěny nad Vyšším Brodem.

Zásluhu na tom, jak tento dopravní problém vyřešit a pohádkové bohatství lesů využít, a tím i posloužit člověku, měl chvalšinský rodák Josef Rosenauer (1735–1804). Pocházel z neobyčejně skrovných poměrů (jeho otec byl tkalcovským tovaryšem) a již v mladém věku se dokázal prosadit. Nedaleko Chvalšin je zámek Červený Dvůr, který náležel Schwarzenberkům, a v jeho blízkosti byla bažantnice, kde se mladý Rosenauer vyučil myslivcem. Od počátku projevoval mimořádné nadání, které mu mělo později pomoci k úspěšné úřednické kariéře v knížecích službách. Snad ho někdo doporučil pozornosti některého z vyšších panských úředníků, snad mu pomohla i nějaká jiná příhodná okolnost. Po vyučení se Rosenauer stal roku 1758 adjunktem lesního úřadu v Českém Krumlově. Rád se zabýval zeměměřičskými pracemi, což neušlo jeho nadřízeným. Když viděli jeho nevšední schopnosti a píli, upozornili na něho knížete, a ten ho poslal studovat do Vídně na tamní inženýrskou akademii. Jeho profesor Gerlach a ředitel akademie mu po ukončení studií vydali osvědčení, že „sledoval svůj záměr naučit se kreslení map a vyznat se v mechanice s tak velkým zanícením, pílí a dobrou pozorovací schopností, že mohl být výtečně hodnocen nejen ke svému vlastnímu prospěchu, ale i ke cti a obecnému uznání tak znamenité vědy". Po studiích se Rosenauer vrátil v květnu 1770 do Českého Krumlova a zde byl 21. listopadu 1771 jmenován knížecím inženýrem. Od této doby byl pověřován jen speciálními zeměměřičskými projekty. Jeho služební postavení bylo zcela výjimečné, neboť měl pouze jeden nadřízený úřad, jehož prostřednictvím dostával přímé rozkazy od knížete. Měl slušný plat na penězích a v naturáliích. Zprvu bydlel v myslivně Nový Dvůr pod Kletí a teprve, když se oženil, přestěhoval se do města.

Rosenauerova činnost spadala do doby, kdy byl v Českém Krumlově čilý společenský i kulturní život. Postavení význačného úředníka mu dovolovalo seznámit se poněkud důvěrněji se zámeckým prostředím, které bylo jinak širšímu okruhu lidí nepřístupné. V době, než uskutečnil svůj největší záměr vybudování plavebního kanálu na jižní Šumavě, a rovněž v pozdějších letech pracoval občas i mimo svůj rodný kraj. Bylo to vyměřování lesů, rozsáhlé meliorační práce, odvodnění třeboňských močálů a bažin v Podskalí pod hlubockým zámkem, vyměřování silnic a cest. Zlepšil přečerpávací zařízení z tzv. vodotrysku, dopravujícího vodu do českokrumlovské zámecké zahrady, a zřídil vodotrysk v parku v Červeném Dvoře. Jistě není bez zajímavosti, že vyměřování schwarzenberského statku Jinonice u Prahy se stalo důvodem k Rosenauerově ustanovení přísežným zeměměřičem Království českého. Z podnětu knížete se Rosenauer totiž přihlásil ke zkouškám u Úřadu zemských desek v Praze a v únoru 1779 je složil s výborným prospěchem.

Rosenauer byl dvakrát ženat: Jeho první žena se jmenovala Anna Antonie a byla dcerou váženého českokrumlovského měšťana Antonína Břeského. Sňatek se svobodnou měšťanskou dcerou uvolnil Rosenauera z dosavadního poddanského svazku a učinil ho českokrumlovským měšťanem. Po krátkém manželství Anna Antonie zemřela ve věku necelých 28 let. Měli spolu čtyři děti, z nichž však přežil pouze syn Josef. Náročné povolání nutilo Rosenauera být větší část roku mimo domov. Aby nemusel svěřit vedení své domácnosti a výchovu svého syna cizím lidem, oženil se podruhé v roce 1778 s Alžbětou, dcerou někdejšího knížecího osobního kuchaře Valentina Neumanna. Tímto sňatkem se Rosenauer stal švagrem knížecího stavebního rady a dvorního kavalíra Reissingera, o němž se dá předpokládat, že svým vlivem pomohl Rosenauerovi konečně splnit jeho plán. Také se svou druhou ženou měl Rosenauer řadu dětí, z nichž ho přežili jen dva synové a pět dcer.

Rosenauer zemřel 10. března 1804 v Českém Krumlově ve věku 69 let. Když umíral, pověřil svého koncipistu Jandu, aby jeho jménem poděkoval knížeti za všechna prokázaná dobrodiní a tlumočil mu Rosenauerovo ujištění, že opouští tento svět, aniž by si byl, jako věrný služebník, vědom nějakého zanedbání povinností. Kníže byl o Rosenauerově zdravotním stavu informován a 10. března, tedy ve stejný den, kdy Rosenauer zemřel, mu poslal dopis, který ho pochopitelně již nezastihl naživu. Stálo v něm:

„Mit tiefem Bedauern und mit rührendem Herzen haben wir die traurige Nachricht über Ihren ernsthaften Gesundheitszustand erhalten. Es würde uns sehr schmerzlich berühren, wenn wir einen Mann verlieren sollten, der in unseren Diensten ergraute und der uns bei jeder Gelegenheit seine Bereitschaft, seine Treue und seine Fähigkeit beweiste, und der unserem Fürstengeschlecht ausgiebige Dienste leistete. Wir wünschen Ihnen von ganzem Herzen, dass Sie zu unserer besonderen Erfreuung und zum Trost Ihrer zahlreichen Familie von dieser gefährlichen Krankheit sehr bald und gänzlich genesen. Wenn aber die göttliche Vorsehung Sie von dieser Welt in eine bessere Welt abrufen sollte, möchten wir Ihnen unsere gänzliche Zufriedenheit mit Ihren Leistungen zusichern und möchten uns für Ihre Treue bedanken, die Sie uns und unseren Vorgängern erwiesen haben. Vielleicht kann zu Ihrer Beruhigung unsere Zusicherung beitragen, dass wir nach Ihrem Tod niemals auf Ihre Dienste vergessen werden, und dass wir väterlich um Ihre Frau und Kinder sorgen werden."

Schwarzenberg se o pozůstalou Rosenauerovu rodinu skutečně dobře postaral tím, že vdově určil slušnou vdovskou penzi na penězích a v naturáliích a dětem poskytl příspěvky na výchovu a vzdělání. Na stavbu plavebního kanálu u osady Jelení vrchy se Rosenauer připravoval řadu let a počátkem května roku 1789 zahájil první stavební práce. Po nadlidském výkonu 800 až 1000 dělníků byla do listopadu téhož roku hotova trasa kanálu, vedoucího dosud neschůdným a skalnatým terénem na rakouském a českém území, dlouhá 26,8 km. Kanál sám se vléval v Rakousku do řeky Grosse Mühl, a ta do Dunaje. Plavené dříví se u ústí Mühly vytahovalo z vody a nakládalo na lodi, které je dopravily do Vídně. V dalším roce byl kanál přiveden až do Jeleních Vrchů, kde je dnes východiště k jeho prohlídce. Zároveň byl potok vytékající z Plešného jezera upraven tak, aby svými vodami usnadnil hladký průběh plavby. Privilegium pro plavení dříví a využívání tohoto plavebního zařízení obdržel kníže Schwarzenberg od císaře Leopolda II. až když byla plavba v plném proudu – 18. června 1790. Bylo to velké Rosenauerovo vítězství, jehož hodnotu ocenily i následující generace.

Již samotná technická příprava projektu dokumentuje skutečnost, že Josef Rosenauer patřil ve své době k nejlepším zeměměřičům celé monarchie. Vždyť vyprojektovat několik desítek kilometrů dlouhý kanál se zachováním spádu a se systémem přítoků v tak členité horské krajině by bylo i dnes velkým dílem. Neméně obdivu zasluhuje i práce dělníků. Ta spočívala v kácení a odstraňování stromů a pařezů z úseků, kudy kanál procházel, dále z vyhlubování rýhy a odstřelování skály a balvanů, které stály v cestě. Nebylo to snadné: kámen se musel pracně navrtat, potom se otvor naplnil napěchovaným černým střelným prachem a nakonec odstřelil. Jiní dělníci osekávali kamenné desky, jimiž bylo vyloženo dno kanálu a boční stěny. Ubytování dělníků a dozorčího personálu bylo skromné. Prakticky to byly pouhé přístřešky vystlané mechem. Stravovali se stejně nenáročně a jedli jen to, co si přinesli z domova.

Plavit se dalo jen bezvadné, rovné a zdravé dříví. Větve a nerovná a nahnilá polena se neplavily, protože nasakovaly vodu, potápěly se a bránily plavení. Organizace plavby byla důmyslná a přitom velmi jednoduchá. Na každém úseku bylo ve dne v noci ve službě několik osob, které dohlížely na plynulou plavbu (neplavilo se ovšem celý rok, ale jen na jaře a někdy v srpnu). Tyto práce, spočívající zejména v odstraňování nahromaděných polen v zátočinách, obstarávali hoši a výrostkové. Nejednalo se tak ani o těžkou práci, jako o schopnost rychlého přesunu z místa na místo při odstraňování závad. Polena se vytahovala na břeh háky na dlouhých bidlech, při čemž bývalo zaměstnáno až 350 osob. Tam, kde kanál křižoval veřejné nebo soukromé cesty, byly postaveny můstky, z nichž mnohé se dochovaly až do dnešní doby.

Protože plavba dříví po kanálu měla dobré vyhlídky do budoucna a platnost privilegia byla v roce 1821 prodloužena o dalších 30 let, byla trasa kanálu vedena do dosud nevyužitých porostů směrem k zemské hranici, a k překonání dopravní trasy byl vybudován podzemní tunel. Je dodnes dokladem podivuhodné a promyšlené práce a po odborných restauračních zásazích byla v 90. letech celá jeho trasa zpřístupněna veřejnosti. Protože nyní potřeboval kanál více vody, byla vybudována další zařízení a nádržky, upraveny vhodné potoky a prodloužena suchozemská dopravní cesta – silnička podél kanálu. Celkem byl kanál napájen z 27 potoků, Plešného jezera a tří umělých nádrží.

I v následujících desetiletích byl kanál různým způsobem vylepšován. Mimo jiné byl na české straně přizpůsoben k plavení dlouhého dříví a na želnavském nádraží (dnes železniční stanice Nová Pec) byl vybudován speciální sklad dříví a vybaven na svou dobu znamenitým jeřábem, jehož pomocí se mohlo rovnané dříví nakládat přímo do železničních vagónů.

Podobně jako mnohé jiné vymoženosti netrvají věčně, měl plavební kanál nakonec jen omezenou dobu trvání. Plavba po kanálu do Vídně byla v roce 1891 zastavena, ale na české straně Šumavy se v plavení pokračovalo. Bylo zrušeno až po roce 1950. Plavební zařízení přestalo sloužit, jeřáb byl zničen vichřicí a nahrazen novým. Kanál zarostl travou a křovím a zanášel se pískem. Přesto ale lidé v čas rozpoznali jeho význam, povýšili jej na technickou památku a již několik let se snaží o jeho obnovení. Zásluhu na tom má ředitelství Vojenských lesů a statků v Horní Plané jako majitel kanálu a okolních lesů, odbor kultury Okresního úřadu v Prachaticích, žáci lesnické školy v Písku, Spolek přátel schwarzenberského kanálu ve Vyšším Brodě a ve Frymburku a mnozí další, kteří svou prací přispívají k obnově tohoto jedinečného technického zařízení. Stojí jistě za uvedení, že podobnou péči projevují o úsek kanálu na svých územích i rakouští občané a instituce.

Velký úspěch, kterého Rosenauer dosáhl se svým Vídeňským plavebním kanálem, byl důvodem k pozvání hraběte Hackelberga, aby mu zařídil plavení dříví po řece Aist na jeho statcích v Horním Rakousku, určené rovněž pro Vídeň. Mezitím, co byl Rosenauer zaměstnán ještě přípravnými pracemi na tomto projektu, vznikla podle jeho plánů a za jeho vedení tzv. prášilská plavba dříví, sledující dopravu dříví do hlavního města českého království Prahy. Trasa této plavby vedla od tak řečeného Vchynicko-tetovského kanálu, potom po Otavě a konečně od Zvíkova po Vltavě do Prahy. Po této trase se každoročně odplavilo do Prahy na 45.000 prm dříví. I v tomto případě se Rosenauerova realizovaná myšlenka považovala za vlastenecký čin. Rosenauer sám se však dokončení tohoto díla nedočkal. Ještě krátce před svou smrtí se zabýval plánem zařídit účelnou plavbu dříví po Horní Vltavě.

Šumava vděčí svému krajanovi za zařízení, které bylo ve své době svědectvím velkého technického pokroku i lidského umu. Zůstalo jím po téměř celé devatenácté století a ve století následujícím, i když během doby ztratilo svůj význam a bylo zrušeno. Doba a technický pokrok je překonaly. Dnes má na celém díle největší význam, že se současná společnost na obou stranách hranic hlásí k Rosenauerovu odkazu a oceňuje jeho zásluhy o zkulturnění šumavské krajiny.

Schwarzenberský plavební kanál byl také ve své době jedinou vhodnou komunikací v rozsáhlém lesním masívu, která umožnila hospodářsky využít velké lesní bohatství a dopravit dříví tam, kde ho bylo nezbytně třeba. Stavba i provoz na plavebním kanálu zajišťovaly mnoha lidem v chudé šumavské oblasti obživu na celý život. Kanál přinesl nepřímo i pokrok v pěstování lesa na Šumavě tím, že po vykácení plavebního dříví musely tu být založeny paseky a na nich zavedena přirozená i umělá obnova lesa. Pro svou jedinečnost byl Schwarzenberský plavební kanál prohlášen Ministerstvem kultury České republiky za technickou památku. Tak řečené kanálové lesy zůstaly trvalou nádhernou okrasou význačné části jihočeské krajiny.

Der Schwarzenbergische Schwemmkanal
im südlichen Böhmerwald
(dem Andenken an Prof. Dr. Rokyta)

In die Gegend des Schaffens Adalbert Stifters gehört unvermeidlich auch das Hauptwerk des Projektanten und Erbauers des Schwarzenbergischen Schwemmkanals Josef Rosenauer aus Kalsching (Chvalšiny) unweit von Český Krumlov (Krumau), 1735–1804. Sein Werk gab dem südlichen Böhmerwald einen neuen Charakter und neue Schönheit.

In der zweiten Hälfte des 18. Jahrhunderts gab es in den Fürst-Schwarzenbergischen Wäldern im Böhmerwald große Vorräte von Holz. Der meiste Teil davon konnte nicht an den Holzmarkt kommen, es gab auch keine Möglichkeit, das Holz zum Verkauf ins Inland zu bringen. Dabei herrschte in Wien ein Holzmangel, und niemand wußte diese Situation zu lösen. Der fürstliche Forstmann Josef Rosenauer, der sich mit verschiedenen Wasserbauten beschäftigte, war der einzige, der Abhilfe schaffen konnte. Nach mehrjährigen Vorbereitungen erarbeitete er den Plan zu Erbauung eines Kanals, auf dem man dann auf der Großen Mühl in Oberösterreich und der Donau das begehrte Holz nach Wien bringen konnte. Nach mühsamer Arbeit von vielen Leuten war der erste Teil des Schwemmkanals fertig und für das Holzschwemmen nutzbar. Die Situation in Wien wurde gerettet. Die Holzlieferungen nach Wien wurden im Jahr 1891 unterbrochen und auch die Benutzung des Kanals auf böhmischem Gebiet für den Holztransport im Jahre 1950 definitiv beendet. In der Gegenwart ist die Sorge der Behörden auf tschechischem sowie österreichischem Gebiet auf die Revitalisierung des genialen Werkes orientiert.

Pavel Zatloukal

Vranovská hrobka a tři „revoluční" architekti – Moreau, Engel, Esch
(Die Wranauer Gruft und drei „revolutionäre" Architekten – Moreau, Engel, Esch)

V roce 1818 nahradil dosavadního liechtensteinského stavebního ředitele Josepha Kornhäusela (1782–1860) architekt Engel. Po svém předchůdci přebírá některé nedokončené úkoly, například rozpracovaný projekt na přestavbu knížecí *rodinné hrobky* ve Vranově u Brna. Engel vzápětí Kornhäuselovy návrhy na mauzoleum mění, takže hrobka může být podle jeho nového projektu v letech 1819–21 skutečně provedena.[1]

Paulánský klášter u dvojvěžového kostela z let 1616–33 založili v roce 1633 Max kníže Liechtenstein s chotí Kateřinou z Boskovic a Černé Hory. Původní rodinnou hrobku vybudovali pod hlavním oltářem v roce 1624. V rámci josefinských reforem byla ovšem „skromná čtvercová budova" kláštera roku 1784 zrušena.[2] Johann I. Joseph kníže Liechtenstein (1760–1836) pak v druhém desetiletí 19. století rozhodl o zvětšení hrobky formou mauzolea pod celým kostelem.

Vranovská hrobka představuje pravděpodobně největší neoklasicistní dílo svého druhu v českých zemích. Zatímco k její stavbě existuje řada pramenů a publicistických dokladů, o jejím autorovi toho známe velmi málo. Nevíme, kde a kdy se narodil (uvádí se, že to mohlo být kolem roku 1776), z jakého prostředí pocházel, případně kde vystudoval; víme jen, že dvě léta nato, co v roce 1825 odešel z liechtensteinských služeb, zemřel v kterémsi ústavu pro choromyslné.[3] Donedávna vlastně nebylo jasno ani kolem jeho jména: v roce 1970 například uváděla Wagner–Riegerová Josefa, Bibó zase roku 1972 Franze, Zádorová v roce 1985 dokonce dva architekty – Josefa a Ference a teprve roku 1996 hovoří Sisa o jednom tvůrci Josephu Franzi Engelovi. Z architektova díla známe sice řadu prací, ale zase jen zhruba z posledního desetiletí jeho tvorby. Z toho, co doposud víme, je zřejmé, že je uskutečňoval v Uhrách, patrně i ve Vídni a také na moravských panstvích Liechtensteinů; jeho pracovní pobyty se z časového hlediska nezřídka prolínaly.

Z Engelovy samostatné tvorby vynikají zejména dva okruhy staveb: k prvnímu patří *farní kostel* patrona Józsefa Ürményiho v mad'arském Válu (1813–18) a snad i tamní *rodinné mauzoleum* – v prvním případě neoklasicistní obdélná stavba s antikizujícím portikem, v druhém centrála.

A dále práce pro *benediktinský klášter* Pannonhalma (1823–26) – jak celkový návrh monumentální přestavby areálu, tak uskutečněné řešení interiéru *knihovního sálu*, pojaté jako apoteóza vědy a vzdělání a vytvořené za sochařské a malířské spolupráce Josefa Kliebera (1773–1850). Pro klášter ovšem pracoval v době, kdy již byl – jak jsme slyšeli – zaměstnán u Liechtensteinů; kromě úprav jejich vídeňského paláce a stavby *zámečku Wiesenthof* u rakouského Mödlingu (1820–22) se věnoval především dotváření jejich lednicko – valticko – břeclavského areálu. Hardtmuthův *Nový dvůr* zde dokončil stavbou saletu (1820), dokončoval i Kornhäuselem rozestavěný *Apollonův chrámek* (1817–19), pro lednický zámek navrhl *divadlo* (1821); jeho hlavními samostatnými stavbami se zde staly *Chrámek Tří grácií* (1824–25) a patrně jeho vůbec poslední dílo *Hraniční zámeček* (1824–27). Pro některá další moravská panství Liechtensteinů navrhoval i úpravy některých patronátních kostelů.[4]

Citovaní mad'arští umělečtí historikové – naposledy Sisa – považují Engela vedle Józsefa Hilda (1789–1867) za hlavního představitele uherské neoklasicistní architektury. Domnívám se, že Engel je důležitou postavou i v rámci neoklasicismu v českých zemích. Mimo jiné byl totiž členem zajímavého autorského kroužku, který se pohyboval a tvořil mezi Paříží, Vídní, Uhrami, Moravou a Čechami. Při přestavbě kláštera v Pannonhalmě se stal Engelovým nástupcem Johann Baptist Packh (1796–1839). Engelovu knihovnu doplnil o další přidružené prostory, ale především pokračoval v jeho návrzích na celkovou dostavbu komplexu (1827–39). Z toho, co bylo nakonec uskutečněno, je pozoruhodná především věž, zakončená centrálou věnčenou kruhovou kolonádou – tedy bramantovským tempiettem, které však často exploatovali i francouzští „revoluční" architekti, například Ledoux u vstupu do pařížského parku Monceau.

Motiv tempietta – jiného *chrámku* pojmenovaného po kněžně Leopoldině, sestře představitele jedné větve rodu Esterházy Miklóse II. (1765–1833) – byl v letech 1818–19 zasazen do anglického parku kolem jejich hlavního stavebního podniku, přestavby *zámku Kismarton* (dnes rakouský Eisenstadt). Vedle Antonia Canovy (1757–1822) se na jeho vybudování v roli stavbyvedoucího podílel Engel.[5] Projekt však vytvořil architekt Karl von Moreau (1758–1840).[6] Tento francouzský rodák (Charles de Moreau) byl absolventem pařížské akademie – žákem Louis – Françoise Trouarda (1729–1794). V první polovině osmdesátých let se několikrát zúčastnil soutěže o římskou cenu (dvakrát 1782, 1783, dvakrát 1784), kterou v letech 1783–85 skutečně třikrát získal. Díky tomu mohl v letech 1785–88 společně se známějším architektem Pierre – François – Léonard Fontainem (1761–1853) žít a pracovat v Římě. Ať již tehdy navrhoval *„Un arc de triomphe á l'occasion de la paix"* nebo *„Un lazaret"* či konečně *„Un monument sépulcral pour le souverains d'un grand empire [...]"*, vždy vycházel z kombinace pyramidy s centrálou. Nejradikálněji u posledně jmenovaného námětu – uprostřed rozlehlé čtvercové terasy obklopené třemi křídly se měla na další čtvercové základně tyčit centrála, sloupovým portikem obkroužený válec ukončený kupolí.[7] Touto fantazií – jakousi adorací absolutních tvarů – dospěl až na krajní mez dobového výrazového rozpětí. Po návratu do Paříže si pak rozšiřoval vzdělání studiem malířství ve škole Jacquese Louise Davida (1748–1825). Nebyl v tomto směru a v okruhu tzv. *revolučních* francouzských architektů výjimečným. *„A také já jsem malíř"*, oznamoval Etienne – Louis Boullée (1728–93); *„Vy, kteří se chcete stát architekty, začněte nejprve jako malíři"*, nechal se zase slyšet Claude–Nicolas Ledoux (1736–1806)[8]. I Moreau však především ve své tehdejší i následující tvorbě usiloval o naplnění, či přesněji o vyhrocení základních idejí francouzské architektury 18. století až do extrémních poloh, o směřování k maximální formální důslednosti, o ztělesnění ideálu monumentality, o charakteristické spojení krásy s velikostí a nezřídka i s patosem, které rovněž i on odvozoval od studia římské antiky. Také i on směřoval k redukování architektury na základní geometrické formy prosté ornamentu. I Moreau – podobně jako jeho známější souputníci – navrhoval *chrámy Rozumu* a současně *svatyně Přírody*.

Ale i on měl zřejmě problematický vztah k té skutečné revoluci, když nakonec přišla. V kritických letech se totiž pohyboval mezi dvěma znepřátelenými tábory – mezi Paříží a Rakouskem. Roku 1794 odjíždí s Miklósem a jeho chotí rozenou Francouzkou z Paříže do Uher; roku 1803 se jejich vztah formalizuje a Moreau se stává stálým zaměstnancem. Z manželského páru, považovaného za představitele liberální uherské aristokracie (kníže, někdejší Rousseauův ctitel, například před léty navštěvoval společnou zednářskou lóži s Mozartem), se zároveň stával propagátor radikálního neoklasicistního projevu. Moreaua pověřili projektem rozsáhlé přestavby zmíněného *zámku* Kismarton. Měla se uplatnit zejména u zahradního průčelí, které chtěl architekt rozšířit v trojdílnou kompozici: za grandiózní kolonádou ve střední části byl adaptován rozlehlý sloupový sál. Ředitel dvorní opery Joseph Haydn (1732–1809) zde totiž dosud postrádal patřičně dimenzovaný hudební interiér. Jiný esterházyovský kapelník Johann Nepomuk Hummel (1778–1837) pak tady v rámci mozartovského cyklu provedl i *„Kouzelnou flétnu"* – oponu k ní vymaloval Engel. Neprovedeny však zůstaly dva symetrické postranní pavilony (v levém mělo být divadlo, v pravém muzeum s obrazovou galerií), které měly s hlavním objektem propojit sloupové chodby. Přestavba střední části se uskutečnila v letech 1797–1808. Roku 1805 byl rovněž Moreauem navržený a teprve 1828 dokončený anglický park doplněn ještě loveckým zámečkem, *„kaplí techniky" (Maschinenhaus)* a později (1818) i zmíněným tempiettem. Jako stavbyvedoucí se na všech těchto fázích podílel Engel. S největší pravděpodobností právě Moreau pro Esterházy zprostředkovával styk i s dalšími francouzskými umělci; Leopoldinu Esterházy například kolem roku 1806 potrétoval jiný Davidův žák François Gérard (1770–1837), Moreauovy projekty si při své návštěvě zámku v roce 1805 prohlížel i proslulý teoretik zahradního umění Alexander Laborde.[9]

Mezitím (v letech 1799–1800) Moreau pracoval zase v Paříži, kde se věnoval interiérovým úpravám *Théâtre Française* a zúčastnil se i soutěže na *pomník* na Place de la Concorde. O rok později se však již zabývá komponováním umělých zřícenin z římských náhrobků a středověkých kamenických článků někdejšího benediktinského opatství jako dominant chateaubriandovsky pojatého *lidového parku* v Tata pro Josefa hraběte Esterházy. V roce 1808 projektoval *mauzoleum* Esterházyů spojené s *farním kostelem* v Nagyganna (dnes Ganna). Na opět trojdílné kompozici užil výrazně palladiánských forem, přičemž do osové části (inspirován nepochybně římským *Pantheonem)* vložil centrálu. Proti původnímu návrhu však realizace (uskutečněná v letech 1813–18) doznala podstatných změn – za sochařské spoluúčasti Kliebera ji prováděl Engel. A konečně, opět pro rod Esterházy – a opět společně s Engelem – uskutečnili v letech 1814–23 i podstatné úpravy *zámku* Csákvár; charakteristickou se tady stala nejen přístavba vstupního dórského portiku, ale i řešení interiérů, které pompejánskou výmalbou opatřil divadelní dekoratér Lorenzo Sacchetti (nar. 1759). Nově navržené zámecké *divadlo* již provedeno nebylo a neuskutečněn zůstal i návrh *kostela* – opět s aplikací trojdílné kompozice.

V té době již Moreau působil převážně ve Vídni, kde se nakonec i trvale usadil. O jeho dobové popularitě svědčilo především to, že i tady dostával zakázky k úpravám paláců vysoké, zprvu především uherské aristokracie.[10] Jeho zdejší kariéra pak vrcholila objednávkami jak pro knížete Metternicha[11], tak i pro císařskou rodinu.[12] Obecné proslulosti se však těšily zvláště dva jeho přední dobové vídeňské interiéry, halový areál *Apollonova sálu* (1807–08)[13], který byl považován za prestižní a také nejkrásnější společenské místnosti *Vídeňského kongresu*. A dále *Dianiny lázně* (1808–10), komplex budov v palladiánském pojetí, který formoval společně s jiným francouzským emigrantem malířem Karlem (Charlesem) Hummelem (de Bourdon, kolem 1769–1840)[14]. Moreau se v roce 1812 stal členem vídeňské akademie, na Metternichovu přímluvu ve stejném roce i jejím kurátorem, v době Vídeňského kongresu byl jmenován rytířem čestné francouzské legie. Není pak divu, že se v roce 1816 vedle Josefa Kornhäusela a Petra von Nobileho uchází po zemřelém Fedinandu Hetzendorfovi von Hohenberg o nejprestižnější funkci ve svém oboru v celé říši – o místo ředitele vídeňské Akademie výtvarných umění. Na základě Metternichova rozhodnutí byl jak známo nakonec jmenován Nobile.[15]

Jak jsme již předeslali, Moreau patřil k vyhraněným neoklasicistům. Jeho přínos pro středoevropský neoklasicismus je rakouskými i maďarskými badateli hodnocen jako zásadní. Proti Montoyerovu pojetí prostoupenému ještě barokními rezidui sem Moreau přináší koncepci velkých forem mohutných kubických bloků, kolonád, portiků, tedy motivů příznačných pro tak zvanou *revoluční* architekturu.[16] Vedle toho však přímo ovlivňoval i tvorbu předních rakouských (Kornhäusel) stejně jako uherských architektů (Engel, Hild) – jak v zámecké, tak i v sakrální architektuře.

V českých zemích jsou doloženy pouze dvě Moreauovy práce: radikální přestavba (nebo novostavba) *zámku Vintířov*,[17] kterou v letech 1817–23 uskutečnil pro Josefa Niklase von Windischgrätz, a nedochovaný objekt z komplexu někdejšího *Tepelského domu* v Mariánských Lázních (1820)[18]. O tom jak se Moreau – v té době na výsluní proslulosti a zájmu – k zakázce pro čile se rozvíjející západočeské letovisko dostal, nebude zřejmě pochyb. Nejpozději od roku 1806, kdy spolupracovali na zařízení *císařovniných komnat* ve Vídni, se totiž znal s posledním z trojice architektů, s nimiž se dnes setkáme.

Bonnský rodák Joseph Esch (1784–1854) vystudoval v rodném městě filozofii, matematiku, fyziku a architekturu a ve studiích pokračoval i v Mergentheimu, v Řezně a ve Vídni. V Řezně pak jako stavbyvedoucí pracoval u fortifikačního inženýra hejtmana d'Iricoyena; po zmíněné vídeňské spolupráci s Moreauem začal v letech 1807–09 působit na českých panstvích Dietrichsteinů. Na doporučení arcivévody Antonína a architektů Gerstnera a Fischera byl v roce 1811 přijat za kresliče u zemského stavebního ředitelství v Praze. V rámci pozvolného úředního postupu byl roku 1828 povýšen na inženýra – patrně i díky tomu, že nedlouho předtím získal pochvalné uznání gubernia za soubor staveb v západočeských lázeňských městech. Roku 1835 se mu splnilo dlouholeté přání – byl jmenován ředitelem a o rok později vrchním zemským stavebním ředitelem pro Moravu v Brně. Jeho kariéra kulminovala povýšením na vrchního stavebního inspektora na Moravě v roce 1850.[19]

Z tvůrčího hlediska spadá vyvrcholení jeho díla nepochybně do třetího desetiletí 19. století. Guberniální komise zkoumající poměry v západočeských lázních doporučila roku 1824 provedení pronikavých změn. Hlavním projektantem byl jmenován Esch, který pak na dílčích úkolech ve Františkových Lázních, v Karlových Varech i v Mariánských Lázních spolupracoval jak s Jiřím Fischerem (1768–1828), tak se zahradníkem Václavem Skalníkem (1775–1861). K jeho úkolům tady patřilo zejména projektování nových přístřešků pro léčebné prameny. Řešil je vesměs formou glorietů – kruhových pavilonů s kupolemi nesenými sloupovím – nebo kolonád.[20] Pravděpodobně nejpůsobivější stavební soubor vybudoval v Mariánských Lázních, když zdejší střední terénní terasu (jejíž konec byl o několik let dříve opatřen přístřeškem nad *Křížovým pramenem*) doplnil o rozlehlý objekt kolonády (1823–25) a na její začátek současně zasadil pavilon *Karolinina pramene* (1823). Vytvořil tak mnohonásobně hierarchizovaný urbanistický okrsek lázeňského centra. Nad podnoží Skalníkova parku byl lemován věncem lesů a přesto mohl do jisté míry evokovat základní urbanistické rozvržení athénské *Akropole*. V další fázi pak dotvářel i širší vztahy výstavbou pavilonu *Ferdinandova pramene* (1826–27) – jakési brány k lázeňskému centru, vzniklé přehrazením údolí Úšovického potoka. Představuje trojdílnou kompozici glorietu propojeného kolonádami s postranními pavilony a s největší pravděpodobností ovlivněného Schinkelovým návrhem na *pavilon Minerálního pramene* v Cáchách, uskutečněným v letech 1823–26.[21] Trojdílně koncipoval i *Nový lázeňský dům* (1827–28), kterým uzavřel nejníže položenou část lázeňského okrsku.

Jak je zřejmé, Esch se s nápadnou utkvělostí vracel k inspiraci výchozím zdrojem, který nepochybně představují chrámky lásky a přátelství ze zámeckých parků 18. století. Motivy antikizujícího kruhového chrámku se snažil uplatnit i na počátku svého brněnského působení, zejména při parkových úpravách pevnostních bastionů a přilehlého koliště (1836–37). Do brněnského prostředí však zasáhl především návrhem prvního *regulačního plánu*, kterým v roce 1845 reagoval na nutnost novodobého urbanistického rozvoje starého centra.[22] I v tomto případě však zůstával věrný svým neoklasicistním východiskům: svoje řešení (které bylo nakonec, byť již v jiných souvislostech, skutečně uplatněno v rámci zdejší varianty *okružní třídy*) založil na protnutí dvou základních os. Formou *via triumphalis* propojil prostranství před místodržitelstvím s vyhlídkovou terasou akcentovanou starším obeliskem.

Triumfální nebo přesněji řečeno výrazně slavnostní charakter měla současně s novou podobou získat i *Staroměstská radnice* v Praze, z jejíž starobylé srostlice byla k zachování určena pouze nárožní věž. Jakési soutěže na novou podobu pravého i levého křídla se v roce 1828 za městský stavební úřad zúčastnil Josef Schöbl a za české místodržitelství Esch. Řešení představuje jediný autorův známý návrh v neogotice. Zřejmě právem vyslovil o několik let později k oběma projektům vážné výhrady Peter von Nobile (1774–1854); na jejich základě pak navrhl vlastní, jak známo ještě kritičtěji přijaté řešení.[23]

Ale vraťme se na začátek, k vranovské hrobce. Její vstupní průčelí Engel koncipoval ve formě kamenného dórského portiku, v jehož štítu lemují knížecí znak reliéfně provedení andělé držící vyhaslé pochodně. Po několika schodech je pak možné vstoupit do předsíně s valenou klenbou traktovanou pasy a opatřenou iluzivním kazetováním. Dominují jí čtyři sochařské skupiny, které stejně jako reliéfy pro průčelí vytvořil jeden ze stálých liechtensteinských spolupracovníků, ředitel rytecké školy vídeňské akademie Klieber.[24] Teprve odtud se vystupuje do vlastní krypty, rozlehlého trojlodního prostoru, jehož křížové klenby vynášejí dvojice osmi dórských sloupů. Trojlodí je prosvětlováno šesti termálními okny, přičemž boční lodě jsou zvýšené a poskytují místo pro litinové katafalky. V kombinaci litiny s mramorem je proveden i oltář, tvarovaný jako vstupní brána ke staré kryptě. Zejména vnější vzhled hrobky představuje kompromis. Jak bylo shora poznamenáno, na původních, neuskutečněných plánech pracoval v letech 1813–17 Kornhäusel. Vranovské mauzoleum koncipoval ve formě, která patřila v tomto žánru a v okruhu revolučně naladěných architektů k nejfrekventovanější – jako pyramidu.[25] Kdo nakonec od pyramidálního motivu ustoupil, zda Liechtensteinové nebo Engel, který úkol převzal, nevíme. Pozoruhodné však je, že pyramidu a dokonce s totožným určením – jako *mauzoleum* nedávno zesnulého György Festeticse v Kesthely navrhoval ve stejné době (1820) právě i Engel.[26] U realizovaného díla od pyramidy ustupuje nebo je nucen ustoupit, u nakonec neuskutečněné stavby ji naopak uplatňuje. Její spodní část měla být prakticky shodná s podnoží vranovského areálu. Není možné sledovat v této souvislosti motiv pyramidy jako jeden ze základních fenoménů neoklasicistní a v jejím rámci především funerální architektury 18. století.[27] Poznamenejme pouze, že pojetí, které rozvíjeli Kornhäusel a Engel, souviselo jak s francouzskou (Boullé, Ledoux ad.), tak později i s německou *revoluční* linií (Friedrich Gilly, Carl Gotthard Langhans, Friedrich Weinbrenner ad.).[28] Kdybychom chtěli být v hledání případných vzorů konkrétnější, bylo by možné odkázat na návrh N. H. Jardina na *mauzoleum* ve formě pyramidy prolomené na všech čtyřech stranách antikizujícími chrámovými portiky, z něhož vycházel ve své známé kresbě Friedrich Gilly a snad i Engel.[29] Pozoruhodné je však i to, že nakonec uskutečněné průčelí představuje prakticky doslovnou obdobu jiné neoklasicistní architektury. Byl jí kostel Vzkříšení Páně, který nechal v letech 1786–89 postavit ve Slavkově u Brna jeden z předních rakouských osvícenců Wenzel Anton kníže Kaunitz – Rietberg (1711–94) podle návrhu ředitele vídeňské akademie Johanna Ferdinanda Hetzendorfa von Hohenberg (1732–1816). Tytéž proporce, tentýž antikizující portikus, totéž termální okno nad ním. Doklad stylové setrvačnosti nebo vzpomínka na dávno uplynulý zlatý věk rakouského osvícenství? Jako jeden z jeho symbolů byl totiž slavkovský kostel vnímán již v době svého vzniku. Jinými z jeho replik se ostatně stala i průčelí zmíněných kostelů v Nagyganna a ve Válu.

Co může spojovat dílo těchto tří umělců a načas i spolupracovníků? V nejobecnějším smyslu zejména recepce francouzské kultury, která se na přelomu 18. a 19. století takhle výrazně projevovala i v architektuře. Jejím zprostředkovatelem byl v našem případě nepochybně především Moreau a okruh jeho přímých či nepřímých spolupracovníků. Spolupráce s ním se jistě stávala i zdrojem podnětů pramenících přímo v pařížském prostředí. Francouzská kultura zde zprostředkovávala zejména antikizující linii neoklasicismu. Jak jsme měli možnost vidět, v obou základních pólech. Ten jeden představoval *chrámek lásky*, například jako ohlas stejnojmenné stavby z Malého Trianonu; v rámci neoklasicismu nepochybně reprezentoval všeobecně akceptovatelnou sentimentální linii. Zejména Esch jej vytrvale aplikoval pro přístřešky nad lázeňskými prameny. *Pyramida* na druhé straně představuje výmluvné ztělesnění funerálních funkcí, ale i radikální *revoluční* proud neoklasicistní kultury.

Dále je zřejmé, že život a tvorba tří architektů, které jsme naznačili, zřetelně vypovídají i o pozoruhodné propojenosti středoevropského prostředí – jak z hlediska personálního, tak i po stránce přenosu idejí.

Vlivy francouzské „*revoluční*" architektury na vídeňskou, respektive celoříšskou rakouskou tvorbu samozřejmě nebyly tak výrazné, jako tomu například bylo v Prusku nebo v Bavorsku. Přesto však existovaly a navíc s dlouhou setrvačností – až hluboko do 19. století.[30] A konečně, dlouhá setrvačnost některých základních myšlenek 18. století, která se v tak zřetelné míře projevovala ještě ve 20. a 30. letech následujícího věku, nemusela nutně představovat pouze retardační aspekt, ale stejně tak mohla být výrazem dlouhé životnosti ideálů josefinské doby a vůbec osvícenství. Možná především v Rakousku, kde se ovšem mohly ve zřetelnější formě uplatňovat pouze v okruhu liberálně orientované aristokracie a některých umělců.

Zusammenfassung

Seit dem Jahr 1794 ist die Arbeit von Karl von Moreau (Charles de Moreau) in Mitteleuropa nachweisbar. Dieser Absolvent der Pariser Akademie und später auch Schüler der Malschule von Jacques-Louis David gehört zur Gruppe der sogenannten neoklassizistischen „Revolutionsarchitekten". Erste Aufträge bekam er in Ungarn, wo er insbesondere für die Familie Esterházy gearbeitet hat (Kismarton – heute Eisenstadt, Tata, Nagyganna, Csákvár). Sein dortiger Mitarbeiter war Joseph Franz Engel, der zusätzlich auch selbständig für Vál und das

Benediktinerkloster Pannonhalma entwarf. Wahrscheinlich arbeitete er auch in Wien und seit 1818, wo er nach Joseph Kornhäusel Baudirektor der Familie Liechtenstein wurde, auch in deren Grundherrschaft Lednice (Eisgrub) – Valtice (Feldberg) – Břeclav (Lundenburg). Spätestens seit dem Jahr 1806 ist die Zusammenarbeit von Moreau auch mit einem anderen Architekten, Joseph Esch, Landeskind aus Bonn, nachgewiesen. Dieser wurde später Angestellter der Landesverwaltung in Böhmen und Mähren. Das Wesentlichste aus seinem Werk ist eine Gruppe von Objekten – überwiegend Glorietten – in den westböhmischen Kurorten Franzensbad, Marienbad und Karlsbad. Im Zeitraum, als er Landesbaudirektor in Brünn war, entwarf er einen Regulierungsplan der Stadt – Keim eines Teiles der Ringstraße. Engel und auch Esch knüpften an das Beispiel des Schaffens von Moreau an, aber jeder anders. Esch entwickelte die Linie, die vom Temple de l'amour, Freundschaftstempel, ausgegangen ist – ein Bestandteil der Ausrüstung zeitgemäßer Schloßparks, auch für andere Funktionen angewandt. Engel andererseits knüpfte an den Teil des Schaffens von Moreau an, der mit der radikalen französischen vorrevolutionären Linie zusammenhängt. Nach Kornhäusel übernahm er einen nicht vollendeten Entwurf der Liechtensteinschen Gruft in Wranau bei Brünn. Während Kornhäusel sie in Form einer Pyramide entwarf, realisierte Engel eine Kompromißkonzeption, in der er das Schema der Front des Prototyps des aufgeklärten Josephinischen Kirchenbaus, der Auferstehungskirche in Austerlitz von Johann Ferdinand Hetzendorf von Hohenberg, wiederholte. Zur gleichen Zeit hat er das Mausoleum in ungarisch Kesthely als eine Kombination von Pyramide und dorischem Portikus entworfen. Das Werk dieser drei Architekten deutet auf den Einfluß der französischen bildenden Kunst auf Mitteleuropa um 1800 hin, dokumentiert Personal- und Gedankenverflochtenheit im hiesigen Milieu, die lange Schwungkraft einiger aufgeklärter Ideen.

Stručný obsah

Od roku 1794 je doložena práce Karl von Moreau (Charles de Moreau) ve střední Evropě. Tento absolvent pařížské akademie a později i žák malířské školy J.-L. Davida patřil ke skupině tzv. revolučních neoklasicistních architektů. První zakázky získal v Uhrách, kde pracoval zejména pro Esterházy (Kismarton – dnes Eisenstadt, Tata, Nagyganna, Csákvár). Jeho zdejším spolupracovníkem byl Joseph Franz Engel, který navíc samostatně projektoval pro Vál a benediktinský klášter Pannonhalma, pracoval pravděpodobně i ve Vídni a od roku 1818, kdy se stal po Josephu Kornhäuselovi stavebním ředitelem Liechtensteinů i v jejich lednicko – valticko – břeclavském panství. Nejpozději od roku 1806 je doložena Moreauova spolupráce i s dalším architektem, bonnským rodákem Josephem Eschem. Ten se později stal zaměstnancem různých stupňů zemské stavební správy v Čechách a na Moravě. Nejpodstatnější z jeho díla byla skupina objektů v západočeských lázeňských městech Františkovy Lázně, Mariánské Lázně a Karlovy Vary, které většinou navrhoval jako gloriety. V době, kdy byl zemským stavebním ředitelem v Brně, vypracoval návrh na regulační plán města – zárodek jedné části okružní třídy. Engel i Esch navázali na příklad Moreauovy tvorby, ale každý jinak. Esch rozvíjel tu linii, která vycházela z chrámku lásky nebo přátelství (Temple de l' amour, Freundschaftstempel) – součásti vybavení dobových zámeckých parků, aplikovaného i pro jiné funkce. Engel zase navazoval na tu část Moreauovy tvorby, která souvisela s radikální linií francouzského předrevolučního neoklasicismu. Po Kornhäuselovi převzal nedokončený projekt liechtensteinské hrobky ve Vranově u Brna. Zatímco Kornhäusel ji navrhoval ve formě pyramidy, Engel uskutečnil kompromisní pojetí, v němž zopakoval schéma průčelí prototypu osvícenské josefinské svatyně – kostela Vzkříšení Páně ve Slavkově u Brna od Johanna Ferdinanda Hetzendorfa von Hohenberg. Ve stejné době však naopak projektoval mauzoleum v uherském Kesthely jako kombinaci pyramidy s dórským portikem. Dílo tří architektů dokládá jak vliv francouzské výtvarné kultury na střední Evropu kolem roku 1800, dokumentuje personální a myšlenkovou propojenost zdejšího prostředí, tak dlouhou setrvačnost některých osvícenských idejí.

Obr. 1: Karl von Moreau, Návrh na přestavbu zámku Kismarton (Eisenstadt), kolem 1800, akvarel, papír, Maďarský státní archiv Budapešť, snímek J. Sisa.

Obr. 2: Joseph Franz Engel, Návrh na mauzoleum G. Festeticse v Keszthely, 1820, akvarel, papír, 625 x 485 mm, Maďarský státní archiv Budapešť, snímek J. Sisa.

Obr. 3: Joseph Franz Engel, Návrh na liechtensteinskou hrobku ve Vranově u Brna, (1819), tuš, papír, 390 x 520 mm, Liechtensteinský archiv Vídeň, snímek I. Přešek.

Obr. 4: Josef Esch, Pavilon Ferdinandova pramene v Mariánských Lázních, 1826–27, anonymní ocelorytina, (1842), papír, 93 x 141 mm, soukromá sbírka, snímek P. Zatloukal.

Poznámky/Anmerkungen

[1] Wolny, G.: Die Markgrafschaft Mähren. Topographisch, statistisch und historisch geschildert von ... Bd. 2. Brünner Kreis. 2. Abtheilung. Brünn 1837. S. 343–346. – Hawlik, E.: Zur Geschichte der Baukunst, der bildenden und zeichnenden Künste im Markgrafthume Mähren. Brünn 1838. S. 75. – Wolny, G.: Kirchliche Topographie von Mähren. Meist nach Urkunden und Handschriften, durch ... 2. Abtheilung. Brünner Diöcese. Bd. 1. Brünn 1856. S. 318. – Bauer, F.: Krypta na Vranově. Stručné životopisy všech členů z knížecích rodin Liechtenštejnských pohřbených v knížecí rodinné kryptě na Vranově. Brno 1882. – Weinlich, A.: Krypta knížecího rodu z Liechtensteinů na Vranově. Brno 1890. – Slavík, A.: Vlastivěda moravská. Brněnský okres. Brno 1897. S. 362. – Prokop, A.: Die Markgrafschaft Mähren in kunstgeschichtlicher Beziehung. Bd. 4. Wien 1904. S. 1349–1352. Obr. 1637–1639. – Král, A. B.: Liechtensteinská hrobka na Vranově u Brna. In: Vlastivědný věstník moravský. 21. 1969. S. 129–131. – Wilhelm, G.: Die Fürsten von Liechtenstein und ihre Beziehungen zu Kunst und Wissenschaft. In: Jahrbuch der Liechtensteinschen Kunstgesellschaft. Vaduz 1976. S. 149–150. – Kräftner, J.: Ein Vergangener Biedermeierarchitekt Joseph Kornhäusel. In: Parnass. 1987. 3. Heft. S. 51. – Burian, V.: Zobrazení pohřbu prvního panujícího knížete z Liechtenštejna do empírové hrobky na Vranově u Brna roku 1836. In: Vlastivědný věstník moravský. 43. 1991. S. 473–474. – Kuthan, J./ Muchka, I.: Aristokratická sídla období klasicismu. Praha 1999. S. 177.

[2] Hálová-Jahodová, C.: Andreas Schweigl. Bildende Künste in Mähren. In: Umění. 20. 1972. S. 184.

[3] Wagner-Rieger, R.: Wiens Architektur im 19. Jahrhundert. Wien 1970. S. 36, 43. – Bibó, I.: Europäische Einflüsse und lokale Entwicklung in der ungarischen Architektur um 1800. In: Acta Historiae Artium. 18. 1972. S. 284–288. – Zádor, A.: Die Architektur des Klassizismus und der Romantik in Ungarn. Budapest 1985. Nestr. Obr. 13, 14, 29, 33, 49. – Nerdinger, W./Philipp, K. J./Schwarz, H. P.: Revolutions-Architektur. Ein Aspekt der europäischen Architektur um 1800. München 1990. S. 234, 235, 335. – Perschy, J. (red.): Die Fürsten Esterházy. Magnaten, Diplomaten & Mäzene. Eisenstadt 1995. – Sisa, J.: Klassizistische Bauten des 19. Jahrhunderts. Die Bibliothek und der Thurm von Pannonhalma. In: Acta Historiae Artium. 38. 1996. S. 167–184.

[4] Kostel sv. Kateřiny v Horním Benešově (1823–24) a zejména kostel Nanebevzetí Panny Marie v Bučovicích (1826–30).

[5] Liechtensteinům jej později mohla doporučit právě choť knížete Miklóse Josepha Hermenegilda roz. von Liechtenstein (1768–1845). Naopak, Leopoldine von Esterházy se roku 1806 provdala za Moritze knížete Liechtensteina. V rámci správy panství u Esterházyů bylo roku 1804 nově organizováno i stavební ředitelství.

[6] Thieme-Becker. 25. S. 128–129. – Kastner, R. H.: Das Werk des Architekten Karl Moreau – Die Konstruktionsgebundenheit als Wesensmerkmal der Baukunst. In: Alte und moderne Kunst. 12. 1967. Seš. 92. S. 8–15. – Wagner-Rieger, R. (wie Anm. 3). S. 33–34. – de Montclos, J.-M. Pérouse: „Les Prix de Rome". Concours de l'Académie royale d'architecture au XVIII Siécle. Paris 1984. S. 181, 190, 193. –

Jacques, A./Mouilleseaux, J.-P.: Les architectes de la liberté. Paris 1988. S. 29, 93, 108, 109. – Sisa, J.: A Csákvári Esterházy – Kastély. In: Müvészettörténeti Értesítö. 46. 1997. 1.–2. číslo. S. 1–43.

[7] Kaufmann, E.: L'architettura dell'Illuminismo. Torino 1966. S. 241, 243, 254. – de Montclos, J.-M. Pérouse (wie Anm. 6). S. 181, 190, 193.

[8] Kruft, H. W.: Dejiny teórie architektúry od antiky po súčasnosť. Bratislava 1993. S. 168.

[9] V knížecí knihovně bylo i jeho nejznámější dílo Description des nouveaux jardins de la France et ses anciens chateaux melee d'observations sour la vie de la campagne et la composition des jardins. Paris 1808. Perschy, J. (wie Anm. 3). S. 243–244, 331–332, 405–406.

[10] Paláce Palffy, Esterházy, dále Lubomirskich ad.

[11] Navrhoval dřevěné stavby v zahradě jeho vídeňského paláce (1814) a později zejména úpravy jeho úřední budovy kancléřství (1816–18).

[12] Patřily k nim úpravy redutního sálu Hofburgu (1815) i návrh výzdoby k sňatku velkovévodkyně Leopoldiny (1817).

[13] Komplex řady interiérů koncipovaných v duchu romantiky z Laxenburgu (jejich součástí byla například umělá jezírka, jeskyně, vodopády a zvláště velký taneční sál) otevřel v roce 1808 císařský pár. Od roku 1839 byla v areálu zřízena továrna na svíčky. Witzmann, R.: Wiener Walzer und Wiener Ballkultur. Von der Tanzekstase zum Walzertraum. In: Bürgersinn und Aufbegehren. Biedermeier und Vormärz in Wien 1815–1848. Wien 1987. S. 135.

[14] Lázně založila manželka známého vídeňského jakobína Johanna Hackela Kateřina, jejich prvními obyvateli se stali právě Hummel a Moreau (ten zde ostatně bydlel až do smrti). Lázně však byly v letech 1841–43 radikálně přestavěny na zimní plaveckou školu. Wagner, R.: Wien's vorzüglichste Monumente von Tranquillo Mollo. Graz 1986. Obr. 49. – Das Bild der Stadt. In: Bürgersinn und Aufbegehren. Biedermeier und Vormärz in Wien 1815–1848. (wie Anm. 13) S. 460.

[15] Wagner, W.: Die Geschichte der Akademie der bildenden Künste in Wien. Wien 1967.

[16] Wagner-Rieger, R. (wie Anm. 3). S. 33-34. – Sisa, J. (wie Anm. 3).

[17] Vlček, P.: Ilustrovaná encyklopedie českých zámků. Praha 1997. S. 122 a 500.

[18] Gnirs, A.: Topographie der historischen und kunstgeschichtlichen Denkmale in den Bezirken Tepl und Marienbad. Augsburg 1932. S. 185. – Benešová, M.: Několik poznámek k stavebnímu vývoji Mariánských Lázní. In: Mariánské Lázně. Prameny, dějiny, lidé. Karlovy Vary 1958. S. 101.

[19] Österreichisches biographisches Lexikon. Bd. 1. Wien 1957. S. 267. – Kubíček, A.: Architekt českých lázní. In: Umění. 6. 1958. S. 296-301. – Zatloukal, P.: Brněnská okružní třída. Brno 1997. S. 26-28, 52-54.

[20] V Karlových Varech pracoval na dvou areálech – u Vřídla a u Mlýnského pramene, ve Františkových Lázních je jeho dílem pavilon Františkova pramene (neuskutečněn zůstal návrh na kolonádu mezi Solným a Lučním pramenem).

[21] Schinkel, K. F.: Sammlung Architektonischer Entwürfe. Berlin 1866. Taf. 30.

[22] Zatloukal P. (wie Anm. 19). S. 52-54.

[23] K tomu např. Teige, J./Herain, J.: Staroměstský rynk v Praze. Praha 1908.

[24] Tvoří je dvě ženská sousoší Loučení a Shledání a dále dva o urny podepření truchlící andělé.

[25] Kräftner, J. (wie Anm. 1). S. 51.

[26] V roce 1820 se již začaly stavět základy, ale pyramida zůstala nedokončena. Nerdinger, W./Philipp, K. J./Schwarz, H. P. (wie Anm. 3). S. 234 a 235.

[27] K tomu např. Werner, F.: Ägyptenrezeption in der europäischen Architektur des 19. Jahrhunderts. Weimar 1994. – Ägyptomanie. Ägypten in der europäischen Kunst 1730-1930. Wien 1994-95.

[28] Bibó, I. (wie Anm. 3). S. 285-288.

[29] Harris, J.: Sir William Chambers. Knight of the Polar Star. London 1970. Obr. 17.

[30] Tabor, J.: Baumassen/Volksmassen. Zur Wirkung französischer Architektur auf die Wiener Moderne. In: Freiheit, Gleichheit, Brüderlichkeit auch in Österreich? Auswirkungen der Französischen Revolution auf Wien und Tirol. Wien 1989. S. 256.

Eine Biographie in Stichworten

Zusammengestellt von Erhard Koppensteiner

„Und es werden Zeiten kommen, daß die Völker nicht mehr allein sind, daß sie sind wie Mensch und Mensch, wie Nachbar und Nachbar, wie Freund und Freund." (Adalbert Stifter: Witiko. 2. Bd. 1. Kap.)

1912
Josef Hugo Rokyta wurde am 24. November als Sohn des in Brünn tätigen Innenarchitekten Josef Rokyta während eines Aufenthaltes seiner Eltern in Kamiensk geboren. Die Stadt liegt heute im südlichen Mittel-Polen, westlich von Czenstochau. Rokyta entstammte einer seit 700 Jahren in Mähren (Fulnek) und Schlesien (Troppau/ Opava) ansässigen landständischen Familie. Das eigentliche Elternhaus stand in Langendorf (Dlouhá Loučka) bei Olmütz (Olomouc) in Mähren. Die Kindheit und Jugend verbrachte Hugo Rokyta, zweisprachig erzogen, in der mährischen Landeshauptstadt Brünn (Brno), die er als seine eigentliche Heimatstadt ansah. Besuch des Gymnasiums in Brünn, wo er als Oktavaner vom Direktor des dortigen Mährischen Museums, Jaroslav (Freiherr von) Helfert, für kulturhistorische Belange, insbesonders die Denkmalpflege, begeistert wurde.

1931
Abitur und Maturareise u. a. zur Adalbert-Stifter-Gedenkstätte in Oberplan (Horní Planá) und nach Linz.

1931–1938
Universitätsstudien an der Prager Karlsuniversität in Geschichte, Kunstgeschichte und Slavischer Philologie. Zugleich studierte er an der Deutschen Universität in Prag Germanistik und Volkskunde und an der

Hochschule für Politik und Diplomatie Kuriale Geschichte und Politikwissenschaften.

1937
Parlamentarischer Sekretär des Prager Abgeordnetenhauses (bis März 1939) für die deutschen Christlichsozialen, die damals in der Regierungskoalition tätig waren.

Vor 1939
Studienaufenthalte in Wien, Breslau und Budapest. Reise zu Elemer Hantos, dem damaligen Verfechter des Mitteleuropa-Gedankens und Initiator der Mitteleuropa-Institute in Wien, Brünn und Budapest. Reise nach Paris zu dem katholischen Philosophen Jaques Maritain, und Besuch der Salzburger Hochschulwochen.

1938
Herausgeber und Redakteur der kulturpolitischen Zeitschrift Abendland – Unabhängige Deutsche Europäische Stimmen für Christliche Gesellschaftserneuerung. Die Blattlinie war gegen die Diktatur in NS-Deutschland und für die Völkerversöhnung von Tschechen und Deutschen in der Tschechoslowakei. In dieser stürmischen Zeit konnte nur Heft 1 im Februar 1938 in Prag erscheinen.

August 1939
Verehelichung mit Brigitta Neumann (geb. 30. September 1915), der Nichte des katholischen Volksbildners Klemens Neumann.

1939–1944
In Adolf Hitlers „Protektorat Böhmen und Mähren" wurde Rokyta als Parlamentsangehöriger durch die Gestapo zusammen mit fast eintausend weiteren Intellektuellen am 5. Mai 1939 verhaftet und im KZ Dachau interniert. Anlaß war sein öffentliches Engagement gegen das NS-Regime auf nationaler und internationaler Ebene. Noch im September 1939 bis 1944 weitere Internierung im KZ Buchenwald. Dort begegnete er dem oberösterreichischen Landeshauptmann (von 1934–1938 sowie 1945–1971) Dr. Heinrich Gleißner, mit dem ihn dann eine lebenslange Freundschaft verband, sowie dem katholischen Priester Otto Neururer. Seine Gattin Brigitta wurde fünf Jahre im KZ Ravensbrück festgehalten.

1944
Auf dringliches Verlangen des Internationalen Roten Kreuzes wurden Hugo und Brigitta Rokyta aus der KZ-Haft entlassen.

1945
Geburt des behindert zur Welt gekommenen Sohnes Kliment/Klemens.

1946–1948/50
Dozent am katholischen Hochschulinstitut „Studium Catholicum" in Prag, das nach dem kommunistischen Putsch aufgelöst und verboten wurde.

1948–1955
Lektor beim Staatsverlag Orbis, wo er in der Tradition seiner Lehrer Václav Vojtěch Štech und Zdeněk Wirth, dem bedeutenden Oberhaupt der tschechischen Denkmalpflege, mit der Herausgabe kunsttopographischer und volkskundlicher Schriften, insbesondere Kunstführer, beschäftigt war. Nach dem Tod des Dichters und Landmannes František Halas 1949, der im Verlag seine schützende Hand über Rokyta gehalten hatte, begannen gegen den erklärten Antikommunisten staatlicherseits ideologische Anfeindungen, Demütigungen und Herabsetzungen, die, von Ausnahmen abgesehen, eigentlich bis zu seiner Pensionierung im Jahr 1981 mehr oder minder spürbar waren.

1948–1989
Verfolgung durch die tschechoslowakische kommunistische Staatspolizei, hauptsächlich wegen seiner religiösen Einstellung und Aktivitäten.

Ab 1951
Reiche Publikationstätigkeit, ab 1958 in immer stärkerem Maße auch in Österreich und Deutschland.

1952
Approbation der Dissertation Legenda o sv. Kateřině v lidové víře (Die Katharinenlegende im Volksglauben) durch die Professoren Karel Chotek und Doz. Drahomíra Stranská, Institut für Völkerkunde.

1952
Promotion zum „PhDr." an der Prager Universität. In nachfolgenden
Zeiten wurden ihm allerdings eine akademische Lehrtätigkeit sowie
eine Habilitation unmöglich gemacht, allein den akademischen Titel
„Candidat der historischen Wissenschaften" (CSc.) durfte er führen.

1955–1981
Wissenschaftlicher Referent am Staatlichen Institut für Denkmalpflege
und Naturschutz, Prag.

1960
Konzeption und Gestaltung der Adalbert-Stifter-Gedenkstätte in dessen
Geburtshaus in Oberplan (Horní Planá). Nach Vorarbeiten ab
1956 zusammen mit dem Direktor des Bezirksmuseums von Krummau
(Český Krumlov), Jan Huleš.

1963
Hugo Rokyta nahm in Liblice, dem Schloß der Tschechoslowakischen
Akademie der Wissenschaften, u. a. mit seinem Freund, dem Germanisten
und tschechischen Reformer Eduard Goldstücker, an der
Kafka-Konferenz teil, die den „Prager Frühling" einleitete. Entgegen
bisherigen offiziellen Gepflogenheiten während internationaler Konferenzen
hielt Rokyta seinen Vortrag in der Muttersprache des Dichters.
Daraufhin erging an ihn das Verbot, öffentlich deutsch zu sprechen.

1965
erhielt er als erster tschechoslowakischer Wissenschafter den Johann-
Gottfried-Herder-Preis der Stiftung F. V. S. zu Hamburg durch die
Universität Wien. Vortragsreisen an die Universitäten Graz, Salzburg,
Frankfurt, Jena, Halle, Rostock und Straßburg.

1968
Zur Zeit des „Prager Frühlings" wurde Rokyta einer offiziellen internationalen
Prominenz als deren exklusiver und intellektueller Reisebegleiter
durch Prag und die ČSSR bekannt.

1969
Ernennung zum Honorarprofessor für „Vergleichende Bildungslehre
mit besonderer Berücksichtigung der böhmisch-mährischen Länder"

am 13. November an der Paris-Lodron-Universität in Salzburg. Er übte bis 1997 seine Lehrtätigkeit an den Instituten für Pädagogik, Geschichte und Kunstgeschichte aus, mit einer Unterbrechung in den Jahren von 1974 bis 1976, als er keine Ausreisegenehmigung erhielt.

Die Themen seiner Vorlesungen waren u. a.:

WS 1970/71: Bildungswesen in der Tschechoslowakei,
SS 1978: Der Erzieher in der Schloßlandschaft der Böhmischen Länder,
WS 1987/88: Denkmalkult und Tradition in den österreichischen und böhmischen Ländern als Geschichtsquelle,
WS 1988/89: Böhmen und Österreich und die Tradition der Wiener Schule (der Kunstgeschichte) von Max Dvořák,
SS 1989: Böhmische und Mährische Schlösser als Gesamtkunstwerk und Schauplatz geschichtlicher und musischer Ereignisse,
SS 1990: Die geschichtlichen Modelle zu Adalbert Stifters Rosenhaus,
SS 1991: Einführung in die Kunstgeschichte der böhmischen Länder,
SS 1993: Die alten Pilgerstraßen Europas und ihre sakrale Architektur,
WS 1995/96: Ringstraßenarchitektur in Böhmen,
SS 1996: Die bürgerliche Fassade. Die letzte historische Architektur.
Er leitete auch Exkursionen nach Prag, Böhmen und Mähren.

1970
Im Salzburger Verlag St. Peter erschien die erste Auflage seines Lebenswerkes: Die Böhmischen Länder. Handbuch der Denkmäler und Gedenkstätten europäischer Kulturbeziehungen in den Böhmischen Ländern. Hans Sedlmayr bezeichnet das bahnbrechende Werk als „geistesgeschichtlichen Dehio".

1971/1972
Erfolgreicher Einsatz für das damals vom Abbruch bedrohte Wohn- und Sterbehaus von Adalbert Stifter an der Donaulände in Linz, dem heutigen Adalbert-Stifter-Institut des Landes Oberösterreich.

1980–1990
Berater von František Kardinal Tomášek, Prag.

1990 und 1991
Festvorträge anläßlich der Eröffnung der zweisprachigen Stifter-Ausstellung Adalbert Stifter – Schrecklich schöne Welt. Adalbert Stifter – Děsivý krásný svět im O. Ö. Landesmuseum in Linz und in der Tschechischen Nationalbibliothek im Kloster Strahov in Prag.

1990er Jahre
Regelmäßiger Mitarbeiter des deutschsprachigen Prager Wochenblattes. Aufenthalt in Rom als Kronzeuge im daraufhin abgeschlossenen Seligsprechungsprozeß des früher ebenfalls im KZ Buchenwald inhaftierten katholischen Pfarrers Otto Neururer aus Tirol.

1994 bis 1998
Mentor und Mitarbeiter im Prager Verlag Vitalis, wo er am Geschehen des tschechisch- und deutschsprachigen Buchverlages, gewissermaßen als letzter Zeitzeuge des „Prager Kreises", regen Anteil nahm.

1997
Die Böhmischen Länder erschien in überarbeiteter Neuausgabe in drei Bänden unter den Titeln: Prag, Böhmen, Mähren und Schlesien im Verlag Vitalis, Prag.

1999
Hugo Rokyta starb am 16. März in Mährisch Budwitz (Moravské Budějovice), wo er die zwei letzten Jahre im von Borromäerinnen-Schwestern geführten Pflegeheim, in unmittelbarer Nähe seines dort lebenden schwer behinderten Sohnes, verbrachte. In Salzburg wurde mit anschließender Trauerfeier eine Gedenkmesse in der Mariazeller-Kapelle der Stiftskirche von St. Peter gelesen.
Rokyta ruht neben seiner Frau in der Familiengruft auf dem städtischen Friedhof in Troppau (Opava), in Schlesien. Der mit dem Wappen des Malteser-Ordens gezierte Steinsockel, von einem alten gemalten Kruzifixus überhöht, trägt die Inschrift: „Die Lieben, die der Tod getrennt, vereint der Himmel wieder".

1999

Bei der Sonderausstellung in der KZ-Gedenkstätte Buchenwald Waffen der Nacht wurde in Text und Bild u. a. auch über Hugo Rokyta berichtet.

2000

In der Adalbert-Stifter-Gedenkstätte (Geburtshaus) in Oberplan (Horní Planá) wurde innerhalb der neugestalteten Foto-Dokumentation Vierzig Jahre Albert-Stifter-Gedenkstätte 1960–2000 mit zahlreichen Belegen auch auf das verdienstvolle Wirken Rokytas für Oberplan eingegangen.

Mitgliedschaften, Ehrungen, Orden:

1958 Mitglied des Adalbert-Stifter-Institutes des Landes Oberösterreich, in Linz.

1972 Jan-Amos-Komenský-Medaille der Stadt Fulnek und Johann-Kepler-Medaille der Stadt Prag.

1973 Mitglied der Winckelmann-Gesellschaft in Stendal.

1976 Ehrenmedaille der Stadt Kamenice nad Lipou.

1978 Winckelmann-Medaille der Winckelmann-Gesellschaft in Stendal und Vorstandsmitglied der Gesellschaft, 1990 Ehrenmitglied.
Wahl in die Bolzano-Kommission der Österreichischen Akademie der Wissenschaften, Wien.

1981 Korrespondierendes Mitglied der Österreichischen Akademie der Wissenschaften, Wien.

1990 Ehrenvorsitzender der 1990 gegründeten Tschechischen Adalbert-Stifter-Gesellschaft in České Budějovice.

1990 Mitglied der Akademie gemeinnütziger Wissenschaften in Erfurt.
Mitglied der Oberlausitzischen Gesellschaft der Wissenschaften in Görlitz.

1992 Goethe-Medaille der Goethe-Gesellschaft in Weimar (es erhielt sie zugleich auch Sir Karl Popper).

1995 Ehrenbürger der Gemeinde Oberplan (Horní Planá), des Geburtsortes von Adalbert Stifter.

1997 Ehrenring der Görres-Gesellschaft, Köln.
Mitglied beim „Klub für das alte Prag".

Ehrenkonsistorialrat der Erzdiözese Olmütz (Olomouc).
Tertiar des Franziskanerordens.

Österreichisches Ehrenkreuz für Wissenschaft
und Kunst I. Klasse (1991),
Großes Verdienstkreuz der Bundesrepublik Deutschland (1992),
Comenius-Orden der Tschechischen Republik (1997),
Offizierskreuz (1968), Magistral-Kreuz (1978) sowie Großkreuz des
Souveränen Malteserritter-Ordens (1980),
Große silberne Pontifikats-Medaille Papst Paul VI. (1968),
Kommandeurkreuz des päpstlichen Gregoriusordens (1972).

Verzeichnis der Schriften Hugo Rokytas

Zusammengestellt von Erhard Koppensteiner und Ludwig Maresch

Bemerkung:
Die hier vorliegende Bibliographie des Schrifttums von Hugo Rokyta stellt das erste Bemühen um eine Auflistung dar. Es werden vor allem noch weitere tschechischsprachige Zeitschriftenaufsätze existieren, deren Eruierung mit in Österreich zur Verfügung stehenden bibliothekarischen Hilfsmitteln eine relative Schwierigkeit bedeuten. Wenn man aber die Bedingungen, denen zeitweise Rokytas Publikationsmöglichkeiten und deren Verzeichnung im eigenen Land unterlagen, berücksichtigt, hoffen wir, daß man die folgende Arbeit dennoch als brauchbare Zusammenstellung annimmt. Den Großteil der tschechischsprachigen eigenständigen Titel hat dankenswerterweise Ludwig Maresch aus den verschiedenen Bänden der Tschechischen Bibliographie verzeichnet.

A) Selbständige Schriften, Herausgeberschaft bzw.
   Mitarbeit und Übersetzungen: deutsch
B) Selbständige Schriften bzw. Mitarbeit: tschechisch
C) Zeitschriften – Aufsätze: deutsch
D) Zeitschriften – Aufsätze: tschechisch
E) Rezensionen von Büchern Rokytas
F) Biographisches/Bio-Bibliographisches

A) Selbständige Schriften, Herausgeberschaft bzw. Mitarbeit und Übersetzungen: deutsch

1938
Rokyta, Hugo (Hg.): Abendland. Unabhängige Deutsche Europäische Stimmen für Christliche Gesellschaftserneuerung. Jg. 1. Folge 1. Prag-Břevnov (Abendland) Februar 1938. 24 S. [Mehr nicht erschienen]. (Mit einigen Artikeln, s. unten).

1957
Josef Kyselak. Portrét milovníka starožitností doby předbřeznové. Praha 1957 [Manuskript].

1965
Burgen und Schlösser in den böhmischen Ländern. Hg. von einem Autorenkollektiv unter der Leitung von Hugo Rokyta und Jiří Hilmera. Aus dem Tschechischen übersetzt von Brigitta Rokytová. Prag 1965. 286 S. [Auflage 15.000 Stück].
Burgen und Schlösser in den böhmischen Ländern. In: Burgen und Schlösser in den böhmischen Ländern. Prag 1965. S. 7–12.
Kynzvart (Königswart). In: Burgen und Schlösser in den böhmischen Ländern. Prag 1965. S. 150–153.
Adalbert Stifter und Prag. Linz 1965. 56 Seiten. 11 Abb. Schriftenreihe des Adalbert-Stifter-Institutes des Landes Oberösterreich. 24.

1966
Das Schloß im „Cornet" von Rainer Maria Rilke. Wien (Bergland) 1966. 54 S. 47 Abb. auf 40 Taf. (Österreich-Reihe. Bd. 323/325.)

1967
Hilmer, Jiří: Taus. Prag 1967 [Übersetzung eines Reiseführers].

1968
Adalbert Stifter und Böhmen. Hg. von der Kreisbibliothek České Budějovice. České Budějovice 1968. 24 S. 10 Abb. (Untertitel:) Zum hundertsten Todestag Adalbert Stifters aus Anlaß der Ausstellung Adalbert Stifter und Böhmen in Zlatá Koruna (Kloster Goldenkron) im Jahre 1968. [und in tschechischer Sprache]

1970

Die Böhmischen Länder. Handbuch der Denkmäler und Gedenkstätten europäischer Kulturbeziehungen in den Böhmischen Ländern. Salzburg (St. Peter) 1970. 350 S. 164 SW-Abb. und 3 Pläne bzw. Landkarten.

1971

Adalbert Stifter und Magister Johannes Hus. In: Weiss, Gerhard/Zelewitz, Kurt (Hg.): Peripherie und Zentrum. Studien zur österreichischen Literatur. Festschrift für Adalbert Schmidt. Salzburg, Stuttgart, Zürich (Bergland) 1971. S. 265–267.

Hansgirg, Karl Viktor: „Begebnisse auf einem böhmischen Gränzschloß." (1863) – Ein Epigone von Adalbert Stifter und Božena Němcová. In: Marginalien zur poetischen Welt. Festschrift für Robert Mühlher zum 60. Geburtstag. Berlin 1971. S. 261–270.

1978

Rokyta, Hugo/Záloha, Jiří: Adalbert Stifter. Bezirksmuseum Krumau. Krumau 1978. [sowie tschechische Fassung]

1979

Winckelmann und Böhmen. In: Husar, Irene: Johann Joachim Winckelmann in den ostslawischen Ländern – Hugo Rokyta, Winckelmann und Böhmen. Stendal 1979. S. 69–102. (Beiträge zu der internationalen Wirkung Johann Joachim Winckelmanns. Teil 2/3.)

1982

Miszellen zu den franziskanischen Orden in den böhmischen Ländern. In: Katalog der Ausstellung: 800 Jahre Franz von Assisi, in Krems-Stein 1982. Wien 1982. S. 332–334.

1983

Mozartische Gedenkstätten und Traditionen in den böhmischen Ländern. In: Von Österreichischer Kunst. Franz Fuhrmann gewidmet. Hg. vom Institut für Kunstgeschichte der Universität Salzburg. Klagenfurt (Ritter) 1983. S. 147–151.

1995

Die Böhmischen Länder. Prag. Handbuch der Denkmäler und Gedenkstätten europäischer Kulturbeziehungen in den Böhmischen
Ländern. Zweite überarbeitete und erweiterte Auflage. Prag (Vitalis) 1995. 374 S. Zahlreiche SW-Abb.

1997

Die Böhmischen Länder. Bd. 1: Prag. Handbuch der Denkmäler und
Gedenkstätten europäischer Kulturbeziehungen in den Böhmi-
schen Ländern. Dritte, überarbeitete und erweiterte Auflage. Prag
(Vitalis) 1997. 382 S. 1 Abb. [die restlichen Abb. in Bd. 3]
Bd. 2: Böhmen. Zweite, neu bearbeitete Auflage. Prag (Vitalis) 1997.
352 S.
Bd. 3: Mähren und Schlesien. Zweite, neu bearbeitete Auflage. Prag
(Vitalis) 1997. 152 S. 64 Seiten SW-Abb.

1998

Prags letzter deutscher Poet. Erinnerungen an Paul Leppin. [Nach-
wort] In: Leppin, Paul: Severins Gang in die Finsternis. Ein Prager
Gespensterroman. Prag (Vitalis) 1998. S. 139–142. (Bibliotheca
Bohemica Bd. 19)
Vorwort. In: Salfellner, Harald: Franz Kafka und Prag. Dritte, er-
weiterte Auflage. Prag (Vitalis) 1998. S. 9–12.
Mit Neruda zur Reife. [Nachwort] In: Neruda, Jan: Kleinseitner
Geschichten. Eine Woche in einem stillen Hause. Prag (Vitalis)
1998. S. 102–104. (Bibliotheca Bohemica Bd. 7)
Nachwort. Das Schloß in Mörikes Novelle „Mozart auf der Reise
nach Prag". In: Mörike, Eduard: Mozart auf der Reise nach Prag.
Prag (Vitalis) 1998. S. 102–107. (Bibliotheca Bohemica Bd. 1)
Vincenz Weintridt (1778–1849), der „österreichische Bolzano". Le-
ben und Werk eines Repräsentanten des Vormärz in Österreich und
Mähren. Wien (Edition Atelier im Wiener Journal) 1998. 107 S.

B) Selbständige Schriften bzw. Mitarbeit: tschechisch

1951

Rokyta, Hugo: Šternberk na Moravě. St. hrad, město a okolí. Průvodce. Praha (Čedok) 1951. (Sternberg in Mähren. Staatl. Schloß
und Umgebung. Führer.)

Mikysa, Karel: Dvořáková Nelahozeves. Po stopách Antonína Dvořáka.
Red. Hugo Rokyta. Praha (Čedok) 1951. (Mikysa, Karel: Dvořák's
Nelahozeves [Mühlhausen an der Moldau]. In den Fußstapfen An-
tonín Dvořáks. Mitherausgeber Hugo Rokyta.)

Strnad, Vladimír: Jeskyně na Pozemí. Jesenický kraj. Místopisnou
část zprac. Hugo Rokyta. Praha (Čedok) 1951. (Die Höhlen. Das
Gebiet von Jesenitz. Die Ortsbeschreibung. Teilbeitrag von Hugo
Rokyta.)

1952

Legenda o sv. Kateřině v lidové víře. Disertace pražské university.
Praha 1952. (Die Katharinenlegende im Volksglauben. Dissertation an der Prager Universität) [Begutachter: Univ.- Prof. Karel
Chotek und Univ.-Doz. Drahomíra Stranská. Institut für Völker-
kunde].

Rokyta, Hugo (Red.): Parníkem po Vltavě a Labi. Praha (Čedok)
1952. (Rokyta, Hugo (Hg.): Mit dem Dampfschiff auf der Moldau und Elbe.)

Bratislava. Kult. hist. práce. Urbanskou část Hugo Rokyta. Praha,
Bratislava (Čedok) 1952. (Preßburg. Eine kulturhistorische Arbeit.
Teil: Urbanisierung von Hugo Rokyta. Prag, Preßburg 1952).

Líbal, Dobroslav: Český Šternberk. St. hrad a okolí. Spoluprac. Hugo
Rokyta a. j. Praha (Čedok) 1952. (Líbal, Dobroslav: Böhmisch Sternberg. Staatl. Burg und Umgebung. Mitarbeit von Hugo Rokyta.)

Pokorný, Miloslav: Moravský kraj. Red. Hugo Rokyta. Praha
(Čedok) 1952. (Pokorný, Miloslav: Mähren, ein Land. Hg. von
Hugo Rokyta).

Stork, Josef: Teplice, nejstarší lázně v Čechách. Urbanistickou část
zprac. Hugo Rokyta. Praha (Čedok) 1952. (Stork, Josef: Teplitz
[-Schönau], die älteste Badestadt Böhmens. Teil: Die Urbanisierung
von Hugo Rokyta).

1953

Rokyta, Hugo: Kynžvart. Brno (Čedok) 1953. (Rokyta, Hugo: Königswart [Schloß].)

Rokyta, Hugo: Slovanský klášter sv. Prokopa. Praha (Čedok) 1953. (Rokyta, Hugo: Das slawische Kloster des hl. Prokop.)

Rokyta, Hugo (Red.): Bechyně. St. zámek, město a okolí. a. j. Praha (Čedok) 1953. (Rokyta, Hugo u. a. (Hg.): Bechin. Staatl. Schloß, Stadt und Umgebung.)

Rájec nad Svítavou. St. zámek a okolí. Spoluprac. Hugo Rokyta a. j. Sborník st. hrady a zámky. Praha 1953. (Rajetz an der Zwitau. Staatl. Schloß und Umgebung. Mitarbeit von Hugo Rokyta.)

Storm, Břetislav: Stavby přírodního parku v Lednici. Naps. Hugo Rokyta a. j. Sbírky na státních hradech a zámcích. Praha (Čedok) 1953. (Storm, Břetislav: Bau des Naturparks in Lednitz. Mitarbeit von Hugo Rokyta. Sammlungen in staatl. Burgen und Schlössern.)

Kam na rekreaci v Praze a okolí? Kam – kdy – jak! Naps. Hugo Rokyta a. j. Průvodce rekreační. Praha 1953. (Wohin zur Erholung in Prag und Umgebung? Wohin – wann – wie! Mitarbeit von Hugo Rokyta. Ein Führer der Erholung.)

Babiččino údolí. St. zámek v Ratibořících. Spoluprac. Hugo Rokyta a. j. Průvodce. Praha (Čedok) 1953. (Tal der Großmutter. Staatl. Schloß in Ratiborschitz. Ein Führer. Mitarbeit von Hugo Rokyta.)

1954

Pavel, Jakub: Rychnov nad Kněžnou, st. zámek a město a okolí. Spoluprac. Hugo Rokyta. Praha 1954. (Pavel, Jakub: Reichenau an der Knjeschna, staatl. Schloß, Stadt und Umgebung. Mitarbeit von Hugo Rokyta.)

Wirth, Zdeněk: Kynžvart. Státní zámek. Napsal Hugo Rokyta (Dům v ružích) a. j. Vyd. st. památ. správa. 1. Praha 1954. (Wirth, Zdeněk: Königswart. Staatl. Schloß. Mitarbeit von Hugo Rokyta (Das Rosenhaus) u. a. Hg. von der staatl. Denkmalverwaltung. 1.)

Pešina, Jaroslav: Hradní kaple na Švihově. Naps. Hugo Rokyta a. j. Praha 1954. (Pešina, Jaroslav: Die Burgkapelle in Schwihau. Mitarbeit von Hugo Rokyta.)

Bartušek, Antonín: Velké Losiny. St. zámek, město a okolí. Naps. Hugo Rokyta a. j. Praha 1954. (Bartušek, Antonín: Groß-Ullersdorf. Staatl. Schloß, Stadt und Umgebung. Mitarbeit von Hugo Rokyta.)

Birnbaumová, Alžbeta: Křivoklát. St. zámek, hrad a okolí. Naps.
Hugo Rokyta a. j., Praha 1954. (Birnbaumová Alžbeta: Pürglitz.
Staatl. Schloß, Burg und Umgebung. Mitarbeit von Hugo Ro-
kyta.)
Urban, Jan: Karlova Studánka. Lázně pod Pradědem. Naps. Hugo
Rokyta (průvodce). Praha 1954. (Urban, Jan: Karlsbrunn. Bäder
unter dem Altvater. Führer. Mitarbeit von Hugo Rokyta.)
Hilmera, Jiří: Prachatice. Spoluprac. Hugo Rokyta. Brno 1954.
(Hilmera, Jiří: Prachatitz. Mitarbeit von Hugo Rokyta.)
Podzemská, Jiřina: Hořovice. St. zámek, město a okolí. Spoluprac.
Hugo Rokyta a. j. Brno 1954. (Podzemská, Jiřina: Horschowitz.
Staatl. Schloß, Stadt und Umgebung: Mitarbeit von Hugo Rokyta.)
Lifka, Bohumír: Knihovny státních hradů a zámků. Přel. do něm.
Hugo Rokyta. Praha 1954. (Lifka, Bohumír: Bibliotheken der
staatl. Burgen und Schlösser. Ins Deutsche übersetzt von Hugo
Rokyta.)

1955
Barunčina „paní Knežna" v dobovém dění. Ratibořice, Státní zámek a
Babiččino údolí. Praha 1955. (Barunčina „Die Fürstin" im Alltag.
Ratibor, Staatsschloß und Babička-Tal.)
Fulnek. Město Jana Amose Komenského. Naps. Hugo Rokyta a. j.
Praha (Orbis) 1955. (Fulnek. Stadt des Johann Amos Komenius.)
Olomoucký okruh. Naps. Hugo Rokyta. Červený Kostelec 1955.
(Rokyta, Hugo (Hg.): Olmützer Kreis. Rothkosteletz 1955.)
Blažíček, Oldřich: Karlův most. Spoluprac. Hugo Rokyta a. j. Pražké
kult. památky. Praha 1955. (Blažíček, O.: Karlsbrücke. Mitarbeit
von Hugo Rokyta u. a.)
Lejsková-Matyášová, Milada: Lemberg. St. zámek a okolí. Spoluprac.
Hugo Rokyta a. j. Praha 1955. (Lejsková-Matyášová M.: Lemberg.
Staatl. Schloß und Umgebung. Mitarbeit von Hugo Rokyta.)
Novotný, Anton: Malostranský hřbitov v Praze. Úvodem „Hřbitov
národních buditelů", přispěl Hugo Rokyta. Praha, Červený Koste-
lec 1955. (Novotný, Anton: Kleinseitner Friedhof in Prag. Einlei-
tung „Der Friedhof der nationalen Aufklärer", ein Beitrag von Hugo
Rokyta.)
Stehlík, Miloš: Boskovice, st. zámek a hrad, město a okolí. Spoluprac.
Hugo Rokyta. Praha 1955. (Stehlík, Miloš: Boskowitz. Staatl.
Schloß und die Burg, Stadt und die Umgebung.)

Samanková, Eva: Jihlava. Spoluprac. Hugo Rokyta. Praha 1955.
(Samanková, Eva: Iglau. Mitarbeit von Hugo Rokyta.)

Lifka, Bohumír: Zámecké, hradní a palácové historické knihovny
Českých zemí ve sféře Národního muzea. Přel. do něm. Hugo Rokyta. Separát Čes. Národního Muzea, roč. 124, Praha 1955. (Lifka, Bohumír: Die historischen Bibliotheken der Schlösser, Burgen
und Paläste in Böhmen im Bereich des Nationalmuseums. Übersetzt von Hugo Rokyta. Separatum des Tschechischen Nationalmuseums. Jg. 124.)

1956

Santiniho stavby ve Zďáře nad Sázavou. Spoluprac. Hugo Rokyta a. j.
Sbírky na st. hradech a zámcích. Praha 1956. (Santini, Bauten in
Saar. Mitarbeit von Hugo Rokyta.)

Orlík. St. zámek a okolí. Naps. Hugo Rokyta a. j. Praha 1956. (Rokyta, Hugo u. a. (Hg.) Worlik. Staatl. Schloß und Umgebung.)

Ratibořice. St. zámek a Babiččino údolí. Spoluprac. Hugo Rokyta a. j.
Praha 1956 (Ratiborschitz. Staatl. Schloß und „Tal der Großmutter". Mitarbeit von Hugo Rokyta.)

1957

Náchod. Státní zámek a okolí. (Průvodce). Spoluprac. Hugo Rokyta
a. j. Praha (Orbis) 1957. (Náchod. Das staatliche Schloß und die
Umgebung. Mitarbeit von Hugo Rokyta u. a.)

Vranov nad Dyjí. Státní zámek a památky v okolí. Spoluprac. Hugo
Rokyta. Praha (Orbis) 1957. (Frain an der Thaya. Staatliches Schloß
und Denkmäler in der Umgebung.)

Sychrov. Státní zámek a okolí. Spoluprac. Hugo Rokyta a. j. Praha
(Orbis) 1957. (Sychrow. Staatl. Schloß und Umgebung. Mitarbeit
von Hugo Rokyta u. a.)

Mencl, Václav: Tisíc a sto let české stavební tvorby. Přel. Hugo Rokyta. Übersetzt von Hugo Rokyta unter Mitarbeit von Brigitta
Rokytová-Neumannová. Praha 1957. (Mencl, Václav: Elf Jahrhunderte tschechischer Architektur. Deutschsprachige Ausgabe.)

1958

Hrádek u Nechanic – státní zámek a okolí. Spoluprac. Hugo Rokyta
a. j. Praha (Orbis) 1958. (Hradek bei Nechanitz – staatl. Schloß
und die Umgebung. Mitarbeit von Hugo Rokyta u. a.)

Hrady a zámky. Sborník krátkých monografií o státn. hradech a zámcích v Čechách na Moravě. Za ved. Jiřího Hilmery. Spoluprac. Hugo Rokyta. Praha 1958 [folgend]. (Hilmer, Jiří (Hg.): Burgen und Schlösser. Sammlung kurzer Monographien über Burgen und Schlösser in Böhmen und Mähren. Mitarbeit von Hugo Rokyta.) Innerhalb dieser Reihe erschienen zahlreiche Hefte in zwei verschiedenen Formaten, wie zum Beispiel Karlštejn und Ratibořice, 1961. Rokyta, Hugo/Hilmera, Jiří (Red.): Karlštejn. Publikace státní památkové správy. Praha 1958. 44 S. Umschlag und Abb. [21,5 x 15 cm, größeres Format]

1959
Hlávka, Karel: Napsal: Památná hora Říp. Spoluprac. Hugo Rokyta. Praha (Orbis) 1959. (Hlávka, Karel: Die denkwürdige Stätte St. Georgsberg. Mitarbeit von Hugo Rokyta.)
Jindřichův Hradec. Spoluprac. Hugo Rokyta. Praha (Orbis) 1959. (Neuhaus – Nova domus. Mitarbeit von Hugo Rokyta.)
Blažíček, Oldřich/Rokyta, Hugo: Kuks. Hospitál a Bethlém. Praha (Orbis) 1959. (Blažíček Oldřich/Rokyta, Hugo: Kuks. Spital von Bethlehem. Zweite, erweiterte Auflage.)

1960
Dačice. (Průvodce). Publikace Státního ústavu památkové peče a ochrany přírody. Brno 1960. Spoluprac. Hugo Rokyta. (Veröffentlichung des staatlichen Instituts für Denkmalpflege und Naturschutz. Mitarbeit von Hugo Rokyta.)
Fischer v. Erlach [...] o něm., dvojjazyčná publ. Text z čes. přel. Hugo Rokyta, Brno 1960. (Über Fischer v. Erlach; eine doppelsprachige Publikation, den Text aus dem Tschechischen übersetzte Hugo Rokyta.)
Darin: Rokyta, Hugo: Výtvarná ikonografická symbolika ve Fischerově návrhu krásný Parnas v Brně, S. 30–32. (Die architektonische und ikonographische Symbolik am Entwurf des Schönen Parnaßbrunnens in Brünn von J. B. Fischer von Erlach. Brünn 1960.)
Novogotický interiér Jana Rinta v hřbitovní kapli v Nezamyslicích. V: Rábí. Státní hrad a památky v okolí. Praha 1960. (Das neugotische Interieur des Johann Rint in der Friedhofskapelle von Nezamysl. Ráb. – Staatliche Burgen und Schlösser des Kreises.)

Romantický Křivoklát. In: Křivoklát. Státní hrad a památky v okolí. Praha 1960 (Druhé vydání) Edice Státního ústavu památkové péče a ochrany přírody. (Romantisches Pürglitz.)

1961

Ratibořice. Vydalo v roce 1961 Krajské středisko památkové péče a ochrany přírody východočeského kraje ve spolupráci se Státním ústavem památkové péče a ochrany přírody v Praze a cestovní kanceláří Turista. Text dr. Hugo Rokyta a arch. ing. Břetislav Storm, snímky O. Hilmerová, V. Obereigner. (4) und 8 S. Praha 1961 [15 x 10,5 cm, kleineres Format]. (Schloßführer Ratibořice).

Adalbert Stifter. In: Samánková, Eva [und] Vondra, Jiří: Český Krumlov. Městská památková rezervace. Státní zámek a památky v okolí. Praha 1961. S. 47–51. 4 Abb. (Adalbert Stifter. Städtischer Denkmalschutz. Staatliche Schlösser und Denkmäler des Kreises.)

1962

[Rokyta, Hugo], Vávra, Václav Tomáš: Kulturní porady. Klatovy. Listopad 1962. (Kulturelle Betrachtungen, November 1962.)

1963

František Antonín Špork a hospitál v Kuksu. In: Kuks. Hospital a Betlém. Praha 1963. (Franz Anton Sporck und das Hospital in Kuks. In: Kuks. Hospital zu Bethlehem.)

1964

Kult památek v období mezi romantismem a realismem. Praha 1964. (Der Denkmalkult im Zeitraum zwischen Romantik und Realismus. Ein Beitrag zur Geschichte des Denkmalkultes und der frühen Formen der Denkmalpflege besonders in den böhmischen Ländern.) [These zur Erlangung des akademischen Grades des Kandidaten der historischen Wissenschaften bei der Tschechoslowakischen Akademie der Wissenschaften in Prag.]

1968

Adalbert Stifter a Čechy. České Budějovice 1968. (Die weiteren Angaben siehe bei der deutschsprachigen Ausgabe.)

1971

Jihočeský zámek Korneta Rilka. České Budějovice, Blatná 1971. (Das südböhmische Schloß des Kornet von Rilke.) Rainer Maria Rilke (1875–1926), básník něm. Život a dílo. Kamenice nad Lipnou (Zámek) 1971. Rainer Maria Rilke (1875–1926), deutscher Dichter. Leben und Werk. Studie. Kamenitz a. d. Leipa (Schloß) 1971.

1973

Rokyta, Hugo (Red.): Památková péče 1945–1970. Sborník st. o úkolech a výsledcích st. památkové péče v letech 1945–1970 v oblasti dnešní České soc. rep. a příspěvky zahr. představitelů pam. péče. Ústav památkové péče a ochrany přírody. 5. 1973. v téz: Rokyta, Hugo: Novotný Vladimír (1901 historik umění čes.) Život a dílo st. a bibliografie. Péče památková 1945–1970. Sborník. (Rokyta, Hugo (Red.): Denkmalpflege 1945–1970. Handbuch. Aufgaben und Ergebnisse der Denkmalpflege in den Jahren 1945– 1970 auf dem Gebiet der heutigen Tschech. Soz. Republik und Beiträge der ausländischen Denkmalpfleger. Denkmalpflege und Naturschutz. 5. 1973. Ebenda: Rokyta, Hugo: Novotný Vladimír (1901 tschechischer Historiker. Leben und Werk und Bibliographie). Denkmalpflege 1945–1970. Handbuch.)

1975

Hobzek, Josef/Koukal, Pavel/Rokyta, Hugo: Duchcov státní zámek. Ústí nad Labem, Kraj. středisko st. památkové péče a ochrany přírody, Praha 1975. (Hobzek, Josef/Koukal, Pavel/Rokyta, Hugo: Staatliches Schloß Duchcov.)

1978

Hugo Rokyta – Jiří Záloha: Adalbert Stifter. čes. orig. do něm. Přel. Čes. Krumlov. Bezirksmuseum t. JCT. Čes. Budějovice 1978. [Sowie deutsche Fassung Čes. Budějovice 1978.]

Ohne Jahresangabe

Hilmer, Jiří: Hluboká nad Vltavou a okolí [...] do něm. přel. Hugo Rokyta (Hilmer, Jiří: Frauenberg und Umgebung.)

C) Zeitschriften – Aufsätze: deutsch

1938

Wort und Weg. In: Rokyta, Hugo (Hg.): Abendland. Unabhängige Deutsche Europäische Stimmen für Christliche Gesellschaftserneuerung. Jg. 1. Folge 1. Prag-Břevnov (Abendland) Februar 1938. 24 S. [Mehr nicht erschienen] S. 1–2 (gemeinsam mit der Schriftleitung).

Sowie: Rokyta, Hugo: Prager Brief, S. 6–7; Adalbert Stifter, S. 18; Geheimer Kabinettsrat, S. 19; 1937 18. Feber 1938, S. 22.

1958

Amalia Maria Mohaupts Geburtsort Kojetein in Mähren. In: Vierteljahrsschrift des Adalbert-Stifter-Institutes des Landes Oberösterreich (VASILO). 7. F. 3/4. Linz 1958. S. 81–82. 1 Abb.

Friedrich Schwarzenberg und Emilie von Binzer. Der „letzte Landsknecht" und „die Comtesse". Ein Beitrag zum literarischen Empire auf böhmischen Schlössern. In: VASILO. 7 F. 3/4. Linz 1958. S. 82–87. 1 Abb.

1959

Prager Bericht über das Stifterjahr 1958. In: VASILO. 8 F. 1/2. Linz 1959. S. 55–56.

Das „Rosenhaus-Motiv" bei Božena Němcová. In: VASILO. 8. F. 3/4. Linz 1959. S. 110–114.

Hugo Siebenschein zum 70. Geburtstag. In: VASILO. 8. F. 3/4. Linz 1959. S. 134–135.

1960

Ein unveröffentlichter Brief Adalbert Stifters an Maria Anna Schwarzenberg. In: VASILO. 9. F. 1/2. Linz 1960, S. 35–38. 1 Abb.

Ein Beitrag zur Biographie von Johann und Josef Rint. In: VASILO. 9. F. 3/4. Linz 1960. S. 135–137.

Zur feierlichen Eröffnung der Stifter-Gedenkstätte im Geburtshaus des Dichters in Oberplan. In: VASILO. 9. F. 3/4. Linz 1960. S. 147.

Karel Hlávka. In: VASILO. 9. F. 3/4. Linz 1960. S. 147–148.

1961

Tschechoslowakische Kundgebungen zum Gedächtnis an Prof. Max Dvořák. In: Österreichische Zeitschrift für Kunst und Denkmalpflege (ÖZKD). Jg. XV. Wien 1961. S. 143.

1962

Zur ältesten Ikonographie von Oberplan. In: VASILO. 11. F. 1/2. Linz 1962. S. 33–34. 4 Abb. [Nachruf auf Dr. Zdeněk Wirth, gest. 25. 2. 1961]. In: VASILO. 11. F. 1/2. Linz 1962. S. 56–57. Prager Bericht. [Adalbert-Stifter-Veranstaltungen in Oberplan und Prag] In: VASILO. 11. F. 1/2. Linz 1962. S. 57.

Eine Adalbert-Stifter-Gedenkstätte im Geburtshaus des Dichters in Horní Planá (Oberplan), Böhmerwald. In: Ethnographica. Brno 1962. 3. und 4. Heft.

1964

Theodor-Körner-Gedenkstätten und die tschechoslowakische Denkmalpflege. In: Mitteilungen des Institutes für Denkmalpflege. Arbeitsstelle Schwerin. Nr. 17/1964.

1965

Josef Helfert (1791–1847) und die Anfänge des Denkmalkultes im böhmisch-österreichischen Vormärz. In: ÖZKD. Jg. XIX. Wien 1965. H. 1/2. S. 31.

Kynzvart (Königswart). In: Burgen und Schlösser in den böhmischen Ländern. Prag 1965. S. 150–153.

Der Grabstein der Eheleute Duschek auf dem Kleinseitner Friedhof in Prag. In: Wiener Figaro. Mitteilungsblatt der Mozartgemeinde Wien. Jg. 33. Heft 1/2. Mai 1965. S. 6–10. 3 Abb.

Die Gestalt der Schloßherrin in Božena Němcovás „Babička", ihr Prototyp und deren Erzieherin, die Schwester J. G. Forsters. In: Zeitschrift für Slawistik. X. Berlin 1965. Heft 2. S. 244–256.

1966

Ein unbekanntes Grillparzer-Porträt und Realien zur Grillparzer-Forschung von der tschechoslowakischen Denkmalpflege. [Gemälde von Josef Axmann] In: Jahrbuch der Grillparzer-Gesellschaft. 3. Folge. Bd. 5. Wien 1966. S. 35–43. 3 Abbildungen [Frontispiz und auf 2 unpaginierten Seiten].

1967

Das Schloß in Mörikes Novelle „Mozart auf der Reise nach Prag". In: Jahrbuch des Wiener Goethe-Vereins. IX. Folge XXX. 71. Bd. Wien 1967. S. 127–153.

Carl Freiherr von Sainte-Marie-Eglise und sein Buch „Die Pflicht der baulichen Unterhaltung und Wieder-Erbauung der Cultus-Gebäude." (Augsburg 1832). Ein Beitrag zur Begriffsbestimmung von frühen Formen der Denkmalpflege. In: Jahrbuch des Kunsthistorischen Instituts der Universität Graz. Bd. 2. 1966/67. Graz 1967. S. 111–116. 1 Abb.

1972

Georg Bippert und die Anfänge des Stifterkultes in Böhmen. In: VASILO. 21. F. 1/2. Linz 1972. S. 41–44. [Prager Altphilologe und Univ.-Prof. 1816–1892]

1973

Ein Reisebericht von 1791 über die Kleinarchitekturen des Landschaftsparks von Schloß Schönhof in Böhmen. In: ÖZKD. Jg. XXVII. Wien 1973. S. 24–29.

Jaroslav [Frh. v.] Helfert. In: ÖZKD. Jg. XXVII. Wien 1973. S. 87.

Max Dvořák und seine Schule in den böhmischen Ländern. In: ÖZKD. Jg. XXVIII. Wien 1974. H. 3. S. 81–89.

1979

P. Paulus Johann Baptist Rath OSB aus Seitenstetten (1807–1887). Erzieher im Hause Metternich, Direktor der Sammlungen auf Schloß Königswart – Ein Beitrag zur Entstehungsgeschichte von Adalbert Stifters Bildungsroman „Der Nachsommer". In: Studien und Mitteilungen zur Geschichte des Benediktinerordens und seiner Zweige 90. St. Ottilien 1979. S. 356–419.

1984

In memoriam Heinrich Gleißner. In: VASILO. 33. F. 1/2. Linz 1984. S. 13–17.

Zur Entstehung von Adalbert Stifters „Witiko" aus böhmischer Sicht. (Für Aldemar Schiffkorn). In: VASILO. 33. F. 3/4. Linz 1984. S. 99–108.

In memoriam O. F. Babler. In: VASILO. 33. F. 3/4. Linz 1984. S. 188–189.

Max Brod im Stammcafe. Erinnerungen an ein Stück Prager Literaturgeschichte. In: Die Presse. Wien. 18./19. August 1984. S. V.

1985

Cyrill und Method in der Kunst. Zur Statuengruppe in der Basilika von Velehrad in Mähren. In: Salzburger Nachrichten. Salzburg 17. August 1985. S. 20.

1991

Mit Adalbert Stifter durch die Nacht von KZ und KP-Diktatur. Der literarische Lebensweg eines Prager Denkmalpflegers. In: Salzburger Nachrichten. Salzburg 26. März 1991. S. 3.
Max Dvořák. Unterwegs mit dem Denkmalpfleger Prof. Hugo Rokyta. (Serie: Was nicht im Fremdenführer steht.) In: Prager Wochenblatt. Unabhängige Tschechoslowakische Wochenzeitung in deutscher Sprache. Hg. von Felix Seebauer, Prag, Pařížská 11. Prag 21.–27. Oktober 1991. S. 10. [In diesem Periodikum zahlreiche weitere Artikel].

1992

Wo Mozart sein erstes Denkmal erhielt „Weil die Prager mich so gut verstehen ...". In: Salzburger Nachrichten. Salzburg 13. Januar 1992. S. 3. 1 Abb.
Österreich und sein Nachbarland Mähren. Identität und Nachbarschaft. In: Revue d'Allemagne er des pays de langue allemande. Tome. XXIV. Nr. 4. Octobre–decembre. Strasbourg 1992. S. 437–445. [L'Identite Austrichienne. Actes du Colloque de Strasbourg (1–3 octobre 1992) organisé par l'Institut autrichien et le Centre d'Etudes germaniques].

D) Zeitschriften – Aufsätze: tschechisch

1955

Adalbert Stifter. K stopadesátému výročí narozenin rakouského klasika a ideového průkopníka ochrany památek. In: Zprávy památkové péče. Praha, Státní pedagogické nakladatelství 1955. S. 41–43. (Adalbert Stifter. Zum 150. Jahrestag der Geburt des österreichischen Klassikers und ideenhaften Pioniers des Denkmalschutzes. In: Berichte der Denkmalpflege.)

1956

Dům v růžích. In: Zprávy památkové péče. XVI. Praha 1956. S. 41–43. (Das Rosenhaus. In: Berichte der Denkmalpflege.)

1957

Emilie von Binzer. Prototyp „komtesy Hortensie" v „Babičče" Boženy Němcové. Časopis společnosti přátel starožitností v Praze. Praha 1957. H. 1. (Emilie von Binzer, die Urgestalt der „Komtesse Hortensie" in der „Babička" der Božena Němcová. In: Zeitschrift der Freunde der Altertümer in Prag.)

1958

Ernst Welker (1788–1857). K stému výročí úmrtí prvního malíře zámku v Ratibořicích. Zprávy památkové péče. Praha 1958. Cis. 1–2. (Zum hundertsten Todestag des ersten Schloßmalers in Ratibor. In: Berichte der Denkmalpflege.)

Jaroslav Helfert. K 75. narozeninám (27. 9. 1883). Zprávy památkové péče. XVIII. Praha 1958. Cis. 5–6. (Jaroslav [Frh. v.] Helfert zum 75. Geburtstag.).

Kateřina Klouczková. K stému výročí smrti zapomenuté romantické básnířky – 9. ledna 1958. Časopis společnosti přátel starožitností. LXVI. Praha 1958. Cis. 2. (Kateřina Klouczková. Zum hundertsten Todestag der vergessenen romantischen Dichterin – 9. Januar 1958.)

1960

Obnovený náhrobní kámen manželů Duškových na Malostranském hřbitově. In: Ochrana památek. 60 let. Sborník Klubu za starou Prahu na rok 1960. Praha (Orbis) 1960. (Der erneuerte Grabstein der Eheleute Duschek auf dem Kleinseitner Friedhof. In: Denkmalschutz. 60 Jahre Sammlung des Klubs für das alte Prag im Jahr 1960.)

1961

Josef Helfert (1791–1847) a začátky kultu památek v českých zemích. In: Umění. IX. Praha 1961. Nr. 5. S. 484–492. 3 Abb. (Josef Helfert und der Beginn des Denkmalkultes in den Böhmischen Ländern. In: Kunst.)

1962

Zámek Vrchotovy Janovice v životě a díle R. M. Rilka. Sborník vlastivědných prací z Podblanicka. 4/1962. (Das Schloß Janowitz im Leben und Werk R. M. Rilkes. – Sammlung heimatkundlicher wissenschaftlicher Arbeiten aus Podblanitz.) Emilie von Binzer. Praha ČSPS. R. 70 (1962). No. 1.

1963

Vztahy básníka Theodora Körnera k českým zemím. V: Muzejní a vlastivědná práce. Roč. 1/71. 1963. (Die Beziehungen des Dichters Theodor Körner zu den Böhmischen Ländern. In: Museums- und Heimatkundearbeiten.) Rakouský skansen. In: Památkové péče. Orgán československé památkové péče. 23. Praha 1963. S. 209–210. (Das österreichische Freilichtmuseum. In: Denkmalpflege, Organ der tschechoslowakischen Denkmalpflege.)

1964

Vincenz Weintridt a začátky péče o památky v Rakousku a na Moravě v době předbřeznové. In: Umění. Časopis ústavu pro teorii a dějiny umění Československá akademie věd. XII. Praha 1964. S. 86–93. (Vinzenz Weintridt und der Anfang der Denkmalpflege in Österreich und Mähren im Vormärz. In: Kunst. Zt. des Instituts für Theorie und Kunstgeschichte der Tschechoslowakischen Akademie der Wissenschaften.) Dazu: Rezension: Norbert Wibiral: In: ÖZKD. Jg. XIX. Wien 1965. S. 175–176.

1967

Ida von Düringsfeld. Překladatelka Boženy Němcové a Karla Jaromíra Erbena. In: Muzejní a vlastivědná práce. V (75), 1967–3. (Ida von Düringsfeld. Übersetzerin der Božena Němcová und des K. J. Erben. In: Museums- und Heimatkundearbeiten.)

1968

Památky a vojenské hřbitovy z války v roce 1866. In: Památková péče. 28. Praha 1968. S. 314–316 (mit dt. Resümee). (Denkmäler und Militärfriedhöfe aus dem Kriegsjahre 1866. In: Denkmalpflege.)

1969

Adalbert Stifter (1805–1868) a památkova péče. In: Památková péče. 29. Praha 1969. S. 39. (Adalbert Stifter und die Denkmalpflege. In: Denkmalpflege.)

1994

Katedrála. In: Zprávy památkové péče. Roč. 54. Praha 1994. 9. S. 286–287. (Die Kathedrale. In: Nachrichten der Denkmalpflege.)

E) Rezensionen von Büchern Rokytas
[Auswahl]

Gebhard, T.: (Die böhmischen Länder. Salzburg 1970.) In: Deutsche Kunst und Denkmalpflege. 29. München, Berlin 1971. S. 94.

Schwarzenberg, [Karl Fürst]: (Die böhmischen Länder. Salzburg 1970.) In: Adler. Zeitschrift für Genealogie und Heraldik. 9 (XXIII.). H. 2. Wien 1971. S. 44.

Kučera, Petr: (Die böhmischen Länder – Prag. Prag 1995.) In: Zt. Germanoslavica. 3 (8). Prag 1996. Nr. 2. S. 326–327.

Schulmeister, Otto: Brücke über die Zeiten. Erlebte Stadt: Hugo Rokyta führt durch Prag. (Die Böhmischen Länder – Prag. Prag 1995.) In: Die Presse. Wien 23./24. 3. 1996. S. VI.

Jetschgo, Johannes: Die böhmischen Länder. Die tschechisch-jüdische Kulturgemeinschaft. (Die böhmischen Länder. Prag. Böhmen. Mähren und Schlesien. – 3 Bände in Kassette.) In: Salzburger Nachrichten. Salzburg 23. 8. 1997. S. VIII.

F) Biographisches/Bio-Bibliographisches
[Auswahl, chronologisch]

Speler, Ralph-Torsten: Exkursion durch Böhmen 1975. In: Mitteilungen der Winckelmann-Gesellschaft. Nr. 40. Stendal 1976. S. 14–19.

L[orenz], W[illy]: Geburtstage (Hugo Rokyta zum 65. Geburtstag). In: Salzburger Nachrichten. Salzburg 24. 11. 1977. S. 6.

Schiffkorn, Aldemar: Hugo Rokyta – 25 Jahre Institutsmitglied. Ein Leben im Geiste Herderscher Humanität. In: VASILO. 32. Linz 1983. F. 1/2. S. 3–10. Mit Porträtfoto von Karel Lojka. Mělník.

Kürschners Deutscher Gelehrten-Kalender. 16. Ausgabe. Bd. 2. Berlin – New York 1992. S. 72. 14. Ausgabe w. o. 1983.

Lebeda, Josef: Jubilejní ohlédnutí vědce. In: Svobodné slovo. Jg. 43. Praha 24. 11. 1987. S. 5.

Goethe Medaille an Sir Karl Popper, Hugo Rokyta und Elisabeth Augustin. In: Kurier. Wien 23. 3. 1992.

Lorenz, Willy: Der Kunstgeschichte verpflichtet. Dem Historiker und Denkmalpfleger Hugo Rokyta zum 80. In: Salzburger Nachrichten. Salzburg 23. November 1992. S. 6.

Prof. Rokyta 80. In: Prager Wochenblatt. 8. Jg. II. Nr. 44. Prag 23.–29. November 1992. S. 1–2.

Maier, Hans: Laudatio anläßlich der Verleihung des Ehrenringes der Görres-Gesellschaft an Prof. Dr. Hugo Rokyta (Prag). In: Jahres- und Tagungsbericht der Görres-Gesellschaft 1997. Köln o. J. S. 123–127.

Rokyta, Hugo: Dankwort. In: Jahres- und Tagungsbericht der Görres-Gesellschaft 1997. Köln o. J. S. 128–131.

Hugo Rokyta in memoriam. In: Mitteilungen der Winckelmann-Gesellschaft Stendal. Nr. 62. Stendal 1999. S. 11–12. Abb.

Dummer, Jürgen: Nekrolog. Zum Gedenken an den Kunsthistoriker Hugo Rokyta, Prag. Auswärtiges Mitglied der Akademie gemeinnütziger Wissenschaften zu Erfurt. In: Mitteilungen der Akademie gemeinnütziger Wissenschaften zu Erfurt. Bd. 14. Erfurt 1999. S. 123–124.

Lebeda, Josef: Hugo Rokyta – Leben und Werk. In: Sammeln – Erforschen – Bewahren. Zur Geschichte und Kultur der Oberlausitz. Ernst-Heinz Lemper zum 75. Geburtstag. Hg. von der Oberlausitzischen Gesellschaft der Wissenschaften zu Görlitz e. V. Görlitz 1999 (Neues Lausitzisches Magazin, Beiheft). S. 417–422. 2 Abb.

Weiss, Walter: Hugo Rokyta [Nachruf]. In: Österreichische Akademie der Wissenschaften – Almanach. 150. Jg. 1999/2000. Wien 2000. S. 517–518. Abb. (S. 519)

Koppensteiner, Erhard: Böhmen und Österreich. Hugo Rokyta zum Gedenken. In: Berger, Günther (Hg.): Insieme, Kunst- und kulturgeschichtliche Beiträge. Frankfurt, Berlin, Bern etc. 2001. S. 287–292.

Anderes

Stadler, Gerhard: Böhmen. Schlösser, die Geschichte machten. In: Eurocity. Wien April/Mai 2000. S. 29–30. [ÖBB-Illustrierte mit Hinweis auf das dreibändige Werk: Handbuch der Historischen Stätten.]

Hugo Rokytas dreibändiges Hauptwerk bei Vitalis:

Hugo Rokyta:
Die Böhmischen Länder – Böhmen. Handbuch der Denkmäler und Gedenkstätten europäischer Kulturbeziehungen in den Böhmischen Ländern.
352 Seiten, 24 x 17 cm, gebunden, Schutzumschlag.
Ausgabe letzter Hand mit einem Vorwort von Ludwig Scharinger und einem Geleitwort von Josef Pühringer.
ISBN 80-85938-23-5
€ 29,50/sFr 59

Hugo Rokyta:
Die Böhmischen Länder – Mähren. Handbuch der Denkmäler und Gedenkstätten europäischer Kulturbeziehungen in den Böhmischen Ländern.
152 Seiten, 24 x 17 cm, gebunden, Schutzumschlag, mit Bildtafeln zu allen drei Bänden.
Ausgabe letzter Hand mit einem Vorwort von Peter Niesner und einem Geleitwort von Erwin Pröll.
ISBN 80-85938-17-0
€ 24,50/sFr 49

Hugo Rokyta:
Die Böhmischen Länder – Prag. Handbuch der Denkmäler und Gedenkstätten europäischer Kulturbeziehungen in den Böhmischen Ländern.
384 Seiten, 24 x 17 cm, gebunden, Schutzumschlag.
Ausgabe letzter Hand mit einem Vorwort von Michael Häupl und einem Geleitwort von Rudolf Kirchschläger.
ISBN 80-85938-28-6
€ 29,50/sFr 59

„Es ist das bei weitem Reifste, Schönste, was es über den an sich so reichen Gegenstand gibt ..."

Golo Mann